基于标准的教师教育新教材

教师专业发展

主编◎胡惠闵　王建军

华东师范大学出版社

·上海·

图书在版编目（CIP）数据

教师专业发展／胡惠闵，王建军主编.—上海：
华东师范大学出版社，2014.5
教师教育课程标准新教材
ISBN 978-7-5675-2099-8

Ⅰ.①教…　Ⅱ.①胡…　②王…　Ⅲ.①师资培训—高
等学校—教材　Ⅳ.①G451.2

中国版本图书馆CIP数据核字（2014）第098557号

教师专业发展

主　　编　胡惠闵　王建军
策划编辑　王　焰
组稿编辑　朱建宝
项目编辑　蒋　将
审读编辑　贾　斌
责任校对　王　卫
装帧设计　卢晓红

出版发行　华东师范大学出版社
社　　址　上海市中山北路3663号　邮编 200062
网　　址　www.ecnupress.com.cn
电　　话　021-60821666　　行政传真 021-62572105
客服电话　021-62865537　　门市（邮购）电话 021-62869887
地　　址　上海市中山北路3663号华东师范大学校内先锋路口
网　　店　http://hdsdcbs.tmall.com/

印 刷 者　常熟市大宏印刷有限公司
开　　本　787 毫米×1092 毫米　1/16
印　　张　17.75
字　　数　409 千字
版　　次　2014 年 8 月第 1 版
印　　次　2024 年 1 月第 24 次
书　　号　ISBN 978-7-5675-2099-8/G·7381
定　　价　42.00 元

出 版 人　王　焰

前言

党的二十大报告提出了全面建设社会主义现代化国家的路径，对建设教育强国、科技强国、人才强国作了重要部署。在2023年5月29日举行的中共中央政治局第五次集体学习中，习近平总书记对建设教育强国的性质、意义、价值作出了全新论述，提出"教育兴则国家兴，教育强则国家强。建设教育强国，是全面建成社会主义现代化强国的战略先导，是实现高水平科技自立自强的重要支撑，是促进全体人民共同富裕的有效途径，是以中国式现代化全面推进中华民族伟大复兴的基础工程"；同时，强调"强教必先强师。要把加强教师队伍建设作为建设教育强国最重要的基础工作来抓，健全中国特色教师教育体系，大力培养造就一支师德高尚、业务精湛、结构合理、充满活力的高素质专业化教师队伍"。

《教师专业发展》教材从理论与实践两个角度系统回答了如何促进教师专业发展、培养高质量教师队伍的问题。本教材主要面向未来教师和在职教师。相对而言，未来教师在学习"教师专业发展"课程时会有一定的难度，因为他们缺少实践的体验和现实的行动。而教师专业发展除了一部分理论知识外，更多地应该是一种行为实践。基于这样的思考，本教材试图提供一系列的思考框架，以帮助未来教师和在职教师更好地认识教师专业发展问题。

本教材共分上下两篇。上篇的重点是"认识教师这个专业，了解和理解有关教师专业发展的知识"，试图为将要成为教师的师范生和已经入职的教师规划和设计自己的专业发展奠定基本的知识基础。在上篇中，我们将着重围绕着与"教师专业发展"密切相关的这些话题展开：(1)教学作为一种专业。教师专业发展的前提是要了解什么是专业、专业的表现特征是什么，进而判断"教学作为一种专业"是否成立。也只有这样，才能更清楚地看到教师专业发展中的"非专业"问题及明确努力方向。(2)理想的教师形象。专业发展的目的，无论就个人而言，还是就群体来说，无非是为着塑造一种理想中的教师形象，对于有志于从事教育事业的大学生或有志于提升自己的在职教师来说，明确理想教师的形象，是专业发展的起点。(3)教师专业发展的取向。对于教师的专业活动来说，究竟什么东西最为重要、最有可能影响教师的专业活动质量？所谓"发展"又究竟是什么意思？专业知识增加了就算是发展了呢，还是原有的知识与经验得以重构才是真正的发展？对于这些问题的回答不同，也就出现了教师专业发展的不同取向。(4)教师专业发展阶段及影响因素。教师从接受职前培养到入职成为一名正式的教育工作者，从一个教育上的新手到一名合格的教师，从合格教师到成为教育上的行家里手成为一位教育专家，直到退休离开这个工作岗位，要经历一系列的发展阶段。虽然每个人的专业发展轨迹不尽相同，但这中间也有一些基本稳定的轨迹可循。了解教师专业发展的通常周期和发展阶段，才有可能站在职业生涯的始端，对整个职业生涯中自己的专业发展过程有所把握和规划。(5)教师专业发展的多维理论视角。在最近的三四十年间，教育界对教育本身、对教育活动中的教师以及教师的专业发展，都出现了大量新的理解视角，大大丰富了我们对于教师及其相关问题的认识。这些富有启发性的新视角，对于我们认识身为教师自己的角色和发展都大有裨益。(6)教师专业发展的全程规划。教师专业发展不只是职前的事情，也不只是职后的工作，它贯穿从未来教师到在职教师的整个生涯过程，因此需要站在教师教育一体化的角度全程规划教师专业发展。我们期望读者能够通过上篇的学习，为自己规划和设计自身专业发展确立一个理智的框架。

下篇重点介绍了教师在入职之后、在学校的背景中可以通过哪些途径来实际获得专业上的提升和再塑。这些途径既包括可以完全由个人掌控的方法，如个人发展规划、自我反思、个人自传；也包括可以通过同事间相互学习和指导而获得的发展的方法，如师徒结对、学校教研活动、合作研究等等。了解这些途径，才有可能根据自己的实际情况，对这些途径善加运用，使之成为促进自己专业发展的有力支持。

本教材每章的内容主要由四个部分构成：(1)知识，介绍某一主题的有关理论。(2)案例，呈现与知识直接相关的案例。案例有多种形式，可以是来自一线的实践案例，也可以是人物案例（比较著名的人物，由人物带出其思想或理论），也可以是理论案例（某一著名的理论以案例的方式呈现）。特别是上篇中的案例，更多是后两种。(3)作业单或练习单，即每章末的"思考与讨论"，列出能运用所学的知识或理论来分析案例、设计行动或反思实践的作业单或练习单。(4)延伸阅读，提供与章、节内容密切相关的有权威、有价值的参考资料，特别是对完成作业单或练习单有帮助的参考资料。

本教材是团队合作的产物，参与本教材撰写的作者都在不同的教师教育机构里开设了与教师专业发展相关的课程，所呈现的内容也是他们多年教学及研究的结晶。撰写分工如下：第一章、第三章，王建军；第二章、第六章，王艳玲；第四章，白益民；第五章，姜勇；第七章，王少非；第八章，姜勇、陈妍；第九章，刘良华；第十章，胡惠闵、池春燕；第十一章、第十二章，胡惠闵。全书由胡惠闵、王建军负责统稿。

本教材得以出版，要特别感谢"基于标准的教师教育新教材"编委会的认可，感谢华东师范大学出版社的支持！

胡惠闵　王建军

关于教师专业发展

第一章　教学作为一个专业

通过本章的学习,你能够

◆ 理解在不同的历史发展阶段教育活动对教师的不同要求;

◆ 认识教师专业化的基本追求和主要措施;

◆ 认识教师专业发展的基本内涵;

◆ 认识今天的教师为什么应该成为专业的教师。

....

无论是对整个人类的发展,还是对个体的成长,教育活动都发挥重要的作用。教育活动的组织离不开教师。随着人类对于教育的自觉程度越来越高,教育活动的复杂程度也越来越高。进入20世纪以后,在制度化的学校教育系统中,教师对于提升教育质量的重要性受到了越来越多的重视,尤其是到了最近的二三十年,自觉地促进教师在职前和职后的专业发展,已经成为教育界最重要的追求之一。

第一节　从非职业化到职业化:
　　　　教育发展不同历史阶段中的教师

教育学界通常根据教育活动的自觉程度和组织化程度,把教育的历史发展进程概括为三个阶段,即非形式化教育阶段、形式化教育阶段和制度化教育阶段。

一、非形式化教育中的教师

简单地说,所谓非形式化教育,即在一般社会生活中通过社会互动对下一代进行的教育,这种教育形式最为典型的代表是家庭或家族中的长者对幼者的养护、教导和指导。在漫长的人类发展史上,这种非形式化的教育都是社会的新生一代获得教育的最主要形式。这样的教育,通常发生在日常生活中,孩子通过观察和参与成年人的社会活动,学习基本的生活技能:习得语言,了解和遵从社会规范,直到理解更复杂的社会目的、理想和意义。

案例 1-1

在亚马逊的丛林中,至今生活着很多原始部落,他们的生活方式很大程度上能够向我们展现人类社会早期的一些状况。在其中一个原始部落中,人们几乎完全没有我们熟悉的"教育"概念,下一代的生活技能,完全是孩子在和成年人的共同生活中，潜移默化地习得的。这个部落的主要食物是木薯和香蕉，当孩子长到一定年龄时，他们就会和成年人一起种植这些植物，在这个过程中慢慢学习如何种植和收获木薯和香蕉。他们也收摘野生棉花，用来制作绳索和装饰，孩子也是在与成年人的共同活动中学会寻找、收摘野生棉花和制作绳索或装饰的技能的。这个部落所处的亚马逊河支流中有很多鱼，捕鱼也是部落成年人的一项基本技能。他们捕鱼的方法很特别，既不钓鱼，也不用叉或网捕鱼，而是挤压当地的一种植物，用流出来的白汁浇到河里，将鱼麻醉，然后捡拾。当成年人进行捕鱼活动时，孩子也往往兴高采烈地参加，帮着成年人寻找和挤压这种具有麻醉功能的植物，争先恐后地在下游捡拾被麻醉而浮上水面的鱼。在这样的活动中，孩子也逐渐学会了如何捕鱼。部落对于大自然以及自然与人的关系也有很多特别的观念，这些观念通常会以某种特殊仪式的形式表达出来，孩子在与成年人的共同活动中，逐渐习得这些观念和相应的仪式。例如，当他们砍倒一棵树或者捕获一只野兽时，通常会用手臂做一种动作，请求树或野兽的原谅。参与砍树或捕兽的孩子也跟着成年人做这样的动作，并逐渐了解这些动作的含义。

在这种非形式化的教育活动中，教育者通常具有这样一些特点。

第一，"教师"还没有从他（或她）的一般社会身份（如父母）中独立出来，成为一种专门的、独立的社会职能，也就是说，教师还没有职业化。在非形式化教育中，教师并不依靠教育别人来维持自己的生计，他们有赖以维系自己生活的职业（如农民、手工业者），只是兼带着对下一代发挥教育者的功能。

第二，在教师职业化之前，教育者和受教育者之间通常依靠血缘纽带建立关系，社会中的成年人往往只对与自己有血缘关系的未成年人（如自己的子女、孙子、孙女等）进行教育，未成年人也只能向与自己有血缘关系的成年人学习。这一方面使得教育者与受教育者之间保持了密切的个人关系，但在另一方面，也大大地限制了教育和被教育的范围。

第三，在这样的教育活动中，身为教育者的成年人并不需要专门为了教育活动接受训练和准备，他们主要是依靠自己在社会生活中积累的生活经验进行教育，这使得教育的内容和过程难免狭隘。在非形式化教育活动中，教育者通常并不专门地为了下一代的教育而设计课程、组织教学活动，教育活动缺乏组织性，限制了教育活动的效率。

当社会生活比较简单、未来一代不需要经过复杂而系统的准备就能够比较顺利地融入成人社会的时候，非形式化的教育形式基本能够满足社会的需要。但随着人类社会的发展，当社会生活本身变得越来越丰富、社会生活对未来一代在道德和理智上的要求越来越高的时候，单靠在日常生活中进行的非形式化教育就不足以为未来一代融入成人社会做好准备了。专门的教育活动也就成为必要的了。

二、形式化教育中的教师

我们今天提到教育的发展历史，通常要提到大约 2 500 年前的一些"伟大教师"，如中国的孔子（前551—前479），欧洲的苏格拉底（前469—前399）、柏拉图（前427—前347）、亚里士多德（前384—前322）。这些早期的伟大教师的思想和活动，对后世教育的发展影响深远，他们所生活的年代，也就是教育走向形式化的时代。形式化教育的基本特点是：有相对稳定的教育场所（如孔子的私学或柏拉图的学园）；有相对稳定的教育内容；也有相对稳定的师生关系。在此后两千多年的教育发展历程中，虽然教育的内容和形式都不断发生着变化，但直到19世纪后期逐渐形成目前我们所熟悉的制度化的学校教育系统之前，教师的角色基本上没有根本的变化。

简单说来，这一历史阶段的教师，具有以下这样一些特点：

首先，教师虽然已经部分地职业化，但并没有专职化。无论是对像孔子这样的生活于公元前5世纪、6世纪的教师来说，还是对一位生活于16世纪、17世纪甚至20世纪初期的中国私塾教师来说，虽然从事教育工作已经是他们生活中的重要内容，但是终身做教师通常并不是他们的追求：孔子更感兴趣的是找一个合适的机会施展他的政治抱负，塾师更感兴趣的可能是在科举考试中取得一个功名。在现代意义上的学校出现以前，这种现象在世界范围内都普遍地存在着。

其次，教师所教的学生，已经不再限于与自己有血缘关系的人，教育对象的范围大大拓展。有些学生甚至不远千里专门到有名望的教师门下求学。虽然师生之间实际已经没有血缘关系，但是，至少在中国古代师生之间往往还保留着某种"扩大了的血缘关系"，例如，中国古代称呼学生为"弟子"，它比起今天的师生关系来，教师和学生之间有着更多的相互责任承担。

第三，教师所教授学生的内容已经非常丰富和复杂，因此，教师需要经过专门的知识积累和准备才能胜任教育工作，单靠个人的生活经验已经不足以满足需求了。例如，孔子自己讲"十有五而志于学"，"学无常师"，他曾经向许多有知识的人学习，到30岁左右的时候开办私学。虽然直到现代社会才有教师资格证书制度，但在中国古代，塾师通常由已经获得秀才资格的人担任。不过，虽然已经有了比较固定的教育内容，在大部分的古代教育史上，教师的教学活动都比较简单、机械，"照本宣科"是最常见的教学方法。为了促进学生的学习，体罚是教师普遍运用的一种手段。总的来说，这一历史阶段中对教师的要求主要体现于对教师的师德和任教内容的掌握方面，对教学过程中的方法和技艺的要求比较低。

我国汉代有位著名的经学大师叫郑玄，他是山东人，年轻时在山东一带四处求学，但仍然感觉有些问题不能解决，听说陕西扶风的马融对儒家经典很有研究，就不远千里到马融门下求学。但马融并没有直接教授他，只是让自己的学生教他，这样过了三年。后来有一次马融遇到一个问题解决不了，有人说郑玄可能会解决，结果郑玄真的很快解决了问题，从此马融开始对郑玄另眼相看，直接传授他学问。这样又过了六年，郑玄觉得已经学成，辞别马融回山东。马融等郑玄走后，忽然后悔起来，对其他弟子说："如果郑玄回到山东，我的学问也就跟着他去了。"竟派人追杀郑玄，郑玄设计躲过追杀，回到山东，开门授徒，成为一代有影响的经学大师。这个传说说明，在很长的历史时期中，学问被认为是"私有的"，并不像现在这样公开。一个人要想求得学问，是非常不容易的事情。

三、制度化教育中的教师

大约从19世纪后期开始，随着社会经济文化的进一步发展，尤其是随着普及教育成为一种现实的追求，受教育对象在人数上迅速扩大，现代意义上的学校教育系统开始出现。到了20世纪，我们今天熟悉的这种包含着小学、中学和大学，在每一学段内部又有着复杂的课程和教学系统的制度化的学校教育体系，就在各国普遍地建立了起来。

案例 1-2

1988年，张立某师范大学毕业之后，就到一所县城中学做了教师。因为在大学里学的是生物学，很自然地就做了生物课的教师，一教就是二十多年。刚刚工作那阵子，无论是在学校里，还是在他所住的小区里，人们叫他"张老师"而不称呼他的名字，他还很不习惯，不过时间一长，也就习惯了。

对于张立来说，逐渐认同"张老师"这个身份，其实意味着很多东西。像他那个年代的许多大学生一样，读大学期间的张立自认是一个有追求、有抱负的热血青年，但生活过得自由散漫。参加工作之后，他才突然发现自己的生活节奏被加上了许多条条框框。例如，每天早晨他都必须在8点钟之前到校，担任班主任的那几年，他到校要更早，因为要在正式上课之前到教室里去检查学生的早读和组织学生早操。教师的在校生活很大程度上受着课程表的制约，这张表格使得张立的在校生活不得不以分钟为单位来计算：几点几分之前必须到某个班级去上课，否则就要迟到；而且45分钟之后又必须离开，除非有极其特殊的情况，下课铃响前不能随便结束上课，但又不能"拖堂"影响了学生的课间休息或下一位教师上课；然后休息10分钟，再到另外一个班级上相同的内容。他的在校生活就这样被分割成45分钟、10分钟、45分钟、10分钟的小块，很少能够找到连续两三个小时的大段时间。让张立至今印象深刻的是，他大学期间留的长发参加工作之后不得不剪掉，校长甚至专门就这事和他谈过一次话，说学校规定师生都不可以蓄留长发（也不能剃光头）和穿"奇装异服"。直到现在，张立对于这种规定的合法性还心存质疑，但是在行动上他早已经习惯现在的这种"标准的"发型了。类似的条条框框、清规戒律还有很多，但对于现在的张立来说，这些都已经成为"张老师"这个身份里的题中应有之义了。

张立所任教的班级通常有50位以上的同学，这样大的班额，使得他即使是在担任班主任的班级中，也很难做到对班上每位同学都比较熟悉，而他不担任班主任的班级，除了个别学生，他对大部分同学都不了解，有些同学的名字他甚至都叫不出来。这一点有时候让张立感到沮丧：连学生的名字都叫不出来，怎么谈得上对学生产生深刻的教育影响呢？但是他实在没有精力和时间去了解每位学生，而且看看身边的同事也大多与学生保持着类似的关系，他也就感到心安一些了。近些年，中学生的考试压力越来越大，张立虽然从心底里不愿意看到学生不分白天黑夜地在各种各样的习题中挣扎，但是他又自感无力改变什么，如果学生在考试中失败，失去了进一步接受教育的机会，自己怎么能承担得了这个责任啊！于是他每天都花费大量的时间和精力搜集和编制各种各样的练习和试卷，当然也得花大量的时间和精力批阅学生的这些作业，这使他有时候不得不工作到深夜。对于这一切，张立喜欢用一个词来描述自己的状态："习惯了"。

我们今天提到"教师"时，所指的就是制度化的学校教育系统中的教师。制度化教育中的教师的工作性质，通常具有这样一些特点。

首先，教师不但职业化，而且专职化。教师已经成为社会分工部门中一个专门而重要的部门，选择从事教育工作的人，通常在他（或她）的整个职业生涯中都担任教师。由于教育系统内部已经有了更详细的分工，当今教师的专职化还表现在教师通常专门供职于某一学段（如"小学教师"、"中学教师"），绝大多数教师甚至在整个职业生涯中都只负责某一个学习领域的教学（如"语文教师"、"数学教师"）。专职化的教师更有可能在自己负责的领域形成专长，从而也更有可能确保教育活动的质量。不过，专职化也有可能限制教师的生活经验范围，容易造成教师的教育活动与发展迅速的社会生活之间的脱节，这种危险在当今变化速度越来越快的社会背景下显得尤其突出。

其次，教师和学生之间教与学关系的建立，主要依赖"制度的安排"而不是个人的努力。在当今的制度化学校教育系统中，一位教师实际教哪些学生，某位学生实际向哪几位教师学习，通常是由学校安排好的，而不是师生个人选择的结果。这种制度化的安排，保证了凡是进入某所学校的学生都一定会有教师来教，也保证了凡是在某所学校任职的教师都有学生可教。不过，由制度安排的师生关系，很容易使得师生之间变成冷冰冰的"工作关系"，缺少必要的以密切的个人关系为基础的人文关怀；这种制度化的工作关系，也容易降低教师对学生的影响力，尤其是在思想品德方面的影响力。

第三，在制度化的学校教育中，教师所教的内容复杂而系统，并且富于变化。与非形式化教育中"教师"教导学生的内容主要是自己个人的生活经验不同，在制度化的学校教育中，教师执教内容的范围和构成通常是由外在于教师的机构或组织设定的，早在教师从教之前，这些内容的范围和构成就基本上确定了。与形式化教育早期的教育内容相比，制度化的学校教育中的教育内容复杂而系统，通常需要未来教师花费相当长的时间才有可能做好执教这一内容的专业准备。而且，由于现代社会发展的速度越来越快，教育内容常常表现出很大的不稳定性，要经常根据社会发展的需要和本学习领域的发展作出调整。

不仅如此，20世纪以后，教育界越来越重视教育过程对于教育质量的影响。教师除了要对自己任教的学习领域的内容有深入的把握，还要熟悉多样化的教学组织形式、丰富的教学方法和模式、不断更新的教学设备和手段。除此之外，到了20世纪的最后二三十年，随着整个社会政治、经济和文化的进一步发展，人们也越来越期望教师能够从观念和行动上理解和参与学校教育活动的整个过程，而不仅仅是其中的一个狭隘的组成部分（如学科内容）。所有这些，都对现代教师提出了更高的要求。

总之，回顾教育发展的历史，就教师角色的性质和教育工作的性质而言，大致可以做这样的归纳：（1）教育者逐渐从非经常性地从事教育工作，到专门地、职业化地从事教育工作。到19世纪后期，尤其是进入20世纪以后，教师已经成为一个完全独立的、人数众多的职业群体。（2）教育者的工作安排，在历史的发展过程中，经历了从随意地安排到自觉地组织的变化。在制度化的学校教育系统中，这种自觉地组织的教育工作就更为复杂和系统，而且制度化地提出了各种规范和要求。（3）在教育的历史发展过程中，教育工作经历了从简单到复杂的演变过程，进入20世纪后半期以后，教育工作的复杂化速度也越来越快。这种复杂化的倾向，表现在教育目的、教育内容、教育过程和教育评价等各个方面。（4）教育工作的复杂化,不但要求教师在从业之前必须进行较长时间的专业准备,而且也要求教师在从业之后,仍要不断地自我更新,以适应不断变化的教育工作的要求。

正是在普及的、制度化的学校教育背景下,当教育工作已然成为一个庞大而重要的系统,教育工作本身也越来越复杂的时候,教师的"专业化"和"专业发展"问题才开始成为一个备受教育理论和教育政策研究所关注,也关系到每一位未来和在职教师的课题。

第二节   教师专业化与教师专业发展

人类的社会分工由来已久,随着社会的发展,分工越来越细,出现了越来越多的行业。但由于种种原因,不同行业的从业人员之间,在社会地位、声望、经济资源、入职门槛等等方面往往存在差异。例如,有些行业被普遍认为是值得尊敬的行业,从业人员享有很高的社会地位,占有比较丰富的经济资源,甚至享有比其他行业更多的政治权力,而另外一些行业的从业人员则社会地位比较低、经济收入比较少;有些行业被认为只有那些经过特殊的选拔或准备的人才能够胜任,而另外一些行业则被认为是谁都可以胜任的。

这些差异,通常是历史地形成的,反映了人类社会在特定历史阶段中资源分配的片面性,不足以区分不同行业及其从业人员之间的"尊卑"。不过,这种客观存在的差异,却是"教师专业化"及相关问题引起学术界关注的重要的现实基础。

一、什么是专业?

"专业(profession)"一词源于欧洲,最初与"职业"作为同义词交互使用,并没有太多特殊的涵义。但至少在20世纪中期以后的常见用法中,专业逐渐成为一个具有特殊涵义的专门术语,专门指代具有某些特征的行业。直到今天,究竟具备哪些特征才能算得上一个专业,学术界也并没有达成完全一致的意见。而且,从20世纪60年代开始,随着学术界对相关问题的研究不断深入,人们对专业应该具备的特点的认识也不断丰富。

学术界在研究专业应该具备的性质时,通常把医生、律师等比较早地获得了专业地位认可的行业作为研究对象,考察这些专业的性质。下面归纳了不同学者对于专业应该具备的特性的理解,可以为我们认识专业特性,并参照这一些特性来认识教育工作的特性提供有益的参考。

观点之一(专业应该具备的特性):

(1)专业实践属于高度的心智活动;(2)具有特殊的知识领域;(3)受过专门的职业训练;(4)经常不断地在职进修;(5)视工作为终身从事的事业;(6)行业内部自主制定规范标准;(7)以服务社会为最高目的;(8)设有健全的专业组织。[①]

观点之二(专业应该具备的特性):

(1)本质上为智力活动;(2)掌握专业知识体系;(3)要求长期的专业准备;(4)要求持续的在职成长;(5)提供终身职业和永久的资格;(6)制定行业自己的标准;(7)有个人收

---

① 这种观点是美国全国教育协会在1948年提出的判断专业的标准,转录自张民选:译丛总序,见 Ralph Fessler、Judith C. Christensen 著,董丽敏等译:《教师职业生涯周期》,中国轻工业出版社2005年版。

入以外的职位晋升机会；(8)强大的、紧密结合的专业组织。①

观点之三(专业应该具备的特性)：

(1)提供一种对社会重要的专门的、独特的服务；(2)拥有理智技能；(3)提供长期的培训和专业社会化；(4)享受高度的发展和个人专业自主；(5)通过伦理规范的实施来进行社会控制；(6)在工作中承担大量责任，工作时间和休闲时间很难区分；(7)在职业结构中提供终身的职称；(8)鼓励研究、传播知识和在职培训。

观点之四(专业应该具备的特性)：

(1)专业为个人和社会提供最基本的服务；(2)每一专业都满足一定领域的需要或执行一定的功能；(3)专业人员具有本专业所需要的丰富知识和技能；(4)专业人员在对顾客服务时，以专业知识为基础做出决策；(5)专业人员拥有一门或多门专业知识，且有基本的洞察力，在此基础上运用自己的知识和技能；(6)专业人员参与专业团体，这些团体享有很高的社会信任度和专业自主；(7)专业人员具有一致的专业行为标准；(8)专业人员要经过专门机构的培训；(9)专业和专业人员获得社会公众的认可和信赖，专业人员有能力为社会提供服务；(10)专业人员有很强的服务热情和责任感；(11)服务对象和专业人员所在机构有权对专业的从业人员进行评价；(12)专业人员要接受公众的监督，承担专业职责。②

上述这些有关专业性质的说法，虽然互有出入，涉及的范围也不尽相同，但是综合各种观点，一个专业应该具备的性质大致应该包括如下一些方面：

1. 专业知识。专业活动应该基于某种特别的专业知识基础，这种专业知识基础通常是经过验证的、可靠的。基于特定专业知识的专业活动，能够满足社会的某一方面需要。例如，医生的医疗活动能够使我们更健康，他们的专业诊断和治疗以一套医学知识为基础，这些医学知识虽然直到今天也不能解决所有病症，但其中的绝大部分是经过验证的、可靠的。

2. 专业准备。专业知识基础通常需要个体花费较长的时间学习，因此，特定专业的从业人员在入职之前需要进行较长时间的、正规的专业准备。例如，虽然我们每个人都或多或少地拥有一些医学知识，但是这些零星的医学知识不足以使我们成为医生；一位专业的医生在正式入职之前需要花费相当长的时间进行医学知识的学习和相关技能的训练。

3. 专业责任。专业人员不仅仅视自己的专业活动为谋生的手段，而且视之为实现某种社会责任的过程。例如，专业的医生应以治病救人为己任，专业的律师应以匡扶社会正义为己任，这也就是我们通常所说的"专业精神"。

4. 专业自主。专业人员通常组成特定的专业团体，享有相当程度的专业自主，能够自主地决定专业内部的标准、规范和问题解决方式。

5. 专业更新。以提供专业服务为宗旨的专业人员，即使在入职之后，也需要不断地通过各种途径实现自我更新，谋求在职的持续进步。一个专业通常鼓励它的从业人员通过研究专业问题，丰富专业的知识基础，并通过专业内部同行之间的交流，丰富彼此的知识

---

① 有关教师专业特性的观点二至三节选自科林·马什著，吴刚平、何立群译：《初任教师手册》，教育科学出版社2005年版，第347页。略有删改。

② 节译自Howsam, Robert B. et al.(1976). *Educating a Profession: Report of the Bicentennial Commission on Education for the Profession of Teaching of the American Association of Colleges for Teacher Education*, Washington, D. C.: American Association of Colleges for Teacher Education, pp.6-7.

基础,提升专业服务质量。

二、教师专业化

教育界有些学者认为,相对于那些成熟的专业(如医生、律师),教师这个行业在许多方面并不完全具备专业的性质。例如,教师的工作确实也有一定的专业知识基础,但至于这些专业知识究竟包括哪些内容,却并不是很清晰。如果说学科知识是教师工作的知识基础,学科知识又不是教师这个行业独有的知识:很多行业的从业人员都拥有不亚于教师的数学知识、语文知识、英语知识或其他学科的知识,学科知识似乎不足以构成教师这个行业的"专门的"知识基础。如果说教育学、心理学的知识是教师工作的知识基础,这些知识中究竟有多少是可靠的、被实践证明是确实有助于提高教师工作效率和质量的,也是很多人表示怀疑的。再如,教师常常并不像医生和律师这样的成熟专业人员那样享有很高的专业自主:只要医生具备了独立的行医资格和能力,他诊断病情、开列处方,通常并不需要听取包括患者在内的其他人的意见(如果遇到疑难杂症,医生之间可能会开展会诊,但也通常只是医生之间的交流,并不需要听取界外人士的意见)。教师的工作则相当程度地受到教师队伍之外的其他力量的影响,教师教授的内容基本上并不由教师自己确定,即使是教师能够自主的教育过程,也可能会受到家长甚至更一般的社会公众的影响乃至左右。

因为教师这个行业与成熟的专业比较起来,缺少某些专业通常具备的性质,所以很多人认为教师这个行业并不能算是完全的专业,只能算是准专业。如何缩短教师行业在专业性质上与成熟专业的差距,使得教师行业更加具有专业通常所具有的属性,便是"教师专业化(teacher professionalization)"的主要努力方向。

简单地说,教师专业化通常着眼于从整体上提升教师队伍的专业属性,而不是关心具体的、个别的教师的教学知识或技能的提高。从20世纪60年代开始,教育界采取了一系列的措施,着力于提升教师的专业地位。这些措施主要包括:

1. 在舆论或法规上承认教师的专业地位。1966年10月5日,国际劳工组织和联合国教科文组织发布了《关于教师地位的建议》的报告,认为教师应该被视为是一个"要求教师经过严格地、持续地学习,获得并保持专门的知识和特别的技术"的"专门职业"。1986年,我国颁布的《国家标准职业分类与代码》文件中,也正式把教师列入"专业技术人员"之列。

2. 延长未来教师的修业年限。为使未来教师接受更为严格和完备的专业准备,许多国家都延长了未来教师的修业年限,提高了教师入职的学历门槛。例如,20世纪后期以来,很多发达国家都延长了小学教师的专业准备时间,由原先中等师范学校毕业提高到大学专科,在许多发达国家,通常是大学毕业生才有资格担任小学教师。在美国的许多州,一般要经过四年的本科学习获得学士学位,再在州教育厅认可的大学的教育学院进行一年到一年半的教师教育专业进修,经过实习,获得教育学学士或硕士学位,才能申请教师资格。

3. 确立和完善教师资格认定制度。教师专业化的努力方向之一,是让那些原先没有教师资格证书制度的国家纷纷确立本国的教师资格认定和审查制度,以确保合乎一定标准的人员才能担任教师(除学历外,这些资格通常还包括教育实践经验、相应的教育学或心理学准备甚至语言表达能力等)。我国在1995年由国务院颁布《教师资格条例》,正式实施教师资格认定制度。而在一些原先就有教师资格认定或审查制度的国家(如美国),

20世纪后期也纷纷废除了教师资格证书终身制,实行周期认定制度(如每五年确认一次),并要求教师在续领教师资格证书时完成一定时限的专业培训。

4. 改善职前教师教育的课程设置。20世纪后半期,尤其是20世纪80年代以后,教师教育课程改革成为促进教师专业化的重要举措之一,许多国家的职前教师教育课程都发生了很大改变。这一轮改革总的趋势是加强未来教师在教育学、心理学等领域的知识准备,并强化未来教师在入职前的实践锻炼。例如,有些国家或地区规定,大学毕业生在获得某一专业的学士学位后,需要专门到教育学院修习一年教育相关学分,才能申请教师资格证书。也有些国家规定大学毕业生需要有至少半年的教育实习经验并获得实习学校的认可才能申请教师资格证书。

5. 制定教师专业伦理规范。专业伦理是评断一个行业是否算得上一个"专业"的重要标准。在教育史上,几乎每个时代都有一些思想家,对教师提出了特定的伦理要求。但在20世纪60年代以后,教育界就更自觉地开始确立某些教师伦理规范,作为促进教师专业化的重要手段。不同的国家,甚至在同一国家的不同地区和不同学校,对教师提出的具体的伦理规范都不尽相同。但一些基本的方面,如"教师不应因学生的种族、民族、性别、宗教、父母职业、经济状况的差异,以任何形式歧视学生"、"教师应为每一个学生提供充分的受教育机会,并关照有特殊需要的儿童"、"教师应公平、公正地评价学生,不应以个人恩怨或偏好影响对学生的评价"等等,也已经成为普遍的教师专业伦理规范。

6. 建立教师专业组织。既然专业自主是衡量一个行业是否算得上"专业"的重要标准,谋求教师行业的专业自主也就成为20世纪最后30多年许多国家教育界的重要追求。在这期间,很多国家或地区都成立了一些教师的专业组织。这些专业组织中,有些是以学科划分的(如语文教学理事会、数学教育工作者联合会),有些是不分学科的(如教育专业工作者协会);有些是分年段的(如小学教育工作者联合会),有些是不分年段的。由于不同国家的教育传统和教育制度不同,教师的专业组织实际发挥的作用差别很大。有些专业组织在确定本专业的课程标准、教学标准、评价标准方面发挥着重要作用,但也有许多专业组织基本上没有在争取和体现教师的专业自主方面发挥明显的作用。

三、教师专业发展

上述教师专业化的努力,对于从整体上改进教师队伍的构成、提升教师队伍的服务质量,起到了积极的作用。直到今天,在像中国这样的各种教育制度尚不健全的国家,由国家或地方教育主管部门制定各种措施,改善教师入职前的专业准备、规范教师聘任制度和教育教学的过程,以便从总体上提高教师行业的服务质量,仍然是相当重要的任务。不过,从世界范围来看,自20世纪60年代开始的教师专业化的各种制度层面的努力,并没有取得预期的效果:使教师行业被广泛地认为是一个专业,具备成熟的专业通常具备的特点。这种按照某种外在的标准来改善教师队伍状况的思路和做法,到了20世纪80年代以后,开始受到质疑。

质疑上述教师专业化的观点主要是:一个行业是否被社会承认是一个专业,根本上是看这个行业能不能提供高质量的、难以取代的服务,而不是看它表面上是不是具备了某些专业属性。那些成熟的专业(如医生和律师)所具有的属性本身,也是历史地形成的,并不是从这些行业产生之初就具有的。因此,致力于为教师行业的从业人员提供高质量的、不能轻易由别人取代的服务,才是谋求教师专业化的最根本的、长远的解决途径。仅仅依靠延长教师入职前的修业年限、提高入职门槛、制定各种规范制度等努力,并不足以为从事教育工作的教师提供高质量的专业服务,因而也就不足以从根本上促成教师的专业化。

如果按照这样的理解,促进教师队伍的专业化,根本的解决之道,应该是通过不断提升教师的专业知识和技能,促进教师对于专业精神和操守的理解和把握,从而确保教师能够为学生提供高质量的专业服务。这种着重于"教师专业发展(teacher professional development)",而不是按照某种外在的标准促进教师队伍专业化的思路,在20世纪80年代以后,逐渐地成为教育界探讨教师专业问题的基本思路。通常情况下,在术语的使用上,"教师专业发展"与"教师发展"、"教师成长"甚至"教师学习"虽然强调的重点略有差异,但基本上可以交叉使用。

不过,究竟本着什么样的基本思路来促进教师的专业发展,教师的专业发展应该着重于哪些方面的提高,教师可以通过什么途径来促进个人的或群体的专业发展,教育界仍然存在着多种不同的理解。为方便人们更好地理解教师专业发展问题,许多教育学者都提出了多种教师专业发展的取向或模式,例如:

美国学者伊劳特(M. Eraut)根据各种教师专业发展观点的不同取向,将教师专业发展分为四类:(1)"补短"取向。这种取向主要关注的是针对教师"过时的"知识或实践中的"无效"部分予以改进,例如,当新的教育理论出现之后,或某种被证明更有效的教学方法出现之后,对还不了解这种理论或不会使用这种方法的教师进行培训。(2)成长取向。这种取向认为教学过程是一个复杂的互动过程,教师是反思的、进取的,并能从工作中获得学习和长进。因此,促进教师的专业发展,不一定非得依靠外来的某种力量,教师自己在其实践过程中,通过自己的反思和重建,就能够不断发展。(3)变革取向。这种取向的基本假设是,教育系统需要随着社会中文化、经济、技术的变革而不断地重新定向,而当教育系统发生这样的变革时,需要对教师进行再教育,以便使其理解和接受变革,再教育的过程就是促进教师专业发展的过程。(4)问题解决取向。在这种取向下,教学被理解成发生于复杂而具体情况中的过程,教师在解决问题的过程中(有时需要外界人员的介入)获得专业发展。[①]

哈格瑞夫斯和富兰(Andy Hargreaves & Michael Fullan)则将教师专业发展归为三种理解:(1)教师专业发展即知识和技能的发展。这些"知识"与"技能"主要包括:学科知识、课堂管理能力、意识到并熟悉新的教学策略(如合作学习、全语文教学等)、知晓并能依据不同学习风格作出反应等。(2)教师发展即自我理解。这种观点认为教师专业发展不单要变革教师的行为,更要变革教师这个"人",变革教师的观念。教师发展最重要的是"自我理解",即对个人的和实践的知识的反思。(3)教师专业发展即生态变革。这种观点强调教师专业发展的情景因素,强调通过构建促进教师发展的合宜土壤(如积极的、合作的教师文化,相应的制度变革等等)来综合地、整体地促进教师的专业发展,而不仅仅是关注其中的某一个较小部分(如教师的学科知识的提高)。[②]

---

① Eraut, M.(1986). Inservice Teacher Education, In Michael, J. Dunkin (Ed.). *The International Encyclopedia of Teaching and Teacher Education*. Oxford: Pergamon Press, pp.730–743.

② Hargreaves, Andy & Fullan, Michael(1992). Introduction. In Andy Hargreaves & Michael Fullan (Eds.). *Understanding Teacher Development*. Cassell & Teachers College Press.

教育界之所以存在着教师专业发展的多种不同取向或多种理解方式，根本上说来，是人们对于以下两个问题存在着不同的回答。我们今天作为教师（不管是入职前的师范生，还是在职的教师）思考和规划自己的专业发展，也免不了要认真地思考和回答这几个问题：

1. 教师所从事的教育教学过程究竟是一个什么样的过程？教师的什么素质影响这个过程的质量？如果影响教育教学过程质量的教师素质不止一种，哪一种或哪几种又是最重要的？

2. 作为一个心智已经成熟而且具有相当人生经验的成年人，教师的知识、情感和技能究竟在什么条件下才能够发生我们期望的变化？这个变化的过程又是怎样的？

第三节　做一名专业的教师

最近二三十年间，教师在教育活动中的重要性受到教育界越来越自觉的重视和强调。人们越来越清晰地认识到，当学校教育中的一些外在条件（如财政投入、适龄儿童的入学率、校舍更新、设备配置、课程建设等）基本满足了需要之后，提升教育质量的关键就必得依靠教育活动中"人的要素"而不是"物的要素"了。学校教育中"人的要素"主要是教师和学生，其中教师这个"人的要素"又是教育活动中最能动、最积极从而也最有可能深刻地影响教育质量的要素。因此，提升教育质量，必须提升教师，也就成为教育理论、教育决策和教育实践中得到普遍认可的一个基本思路。在这个思路下，教师的专业发展问题，自然受到了特别的重视。

作为一个现时代的教师，在这样的背景下，既面临着比以往的教师大得多的压力，也拥有比以往的教师更为开阔的空间和机会。对任何一个有志于教育事业的青年人来说，做一名专业的人民教师，成为一名有着专业追求、拥有专业知识和技能、提供高质量的专业服务并在专业实践中不断提升自己的专业人员，而不仅仅是一个生活于狭隘的小圈子里的"教书匠"，今天的教育舞台提供了比历史上任何一个时期都丰富而现实的机会和可能。

一、专业的教师：值得追求的目标

时至今日，是不是够专业，已经成为各行各业竞争的核心内容；对于个人来说，能不能成为所在领域的专家，也越来越直接地影响着个人的社会经济地位和发展空间。日本的管理学家大前研一出版了一本著作《专业主义》[①]，其中提出了一个大胆而明确的口号："专业，21世纪你唯一的生存之道。"大前研一的这种说法，主要是针对工商业界提出来的，但同样适合教育界。

教育界通常被认为是一个稳定而保守的领域，什么事情都循规蹈矩、按部就班，缺少回应迅速发展的社会变化的变革精神和活力，业内也缺少像工商界那样激烈的竞争。这些特点，既大大限制了教育界总体的效率水平，也大大限制了工作于这个系统中的个体教师的发展空间。一位教师入职之后，只要按照教育系统内的"惯例"循规蹈矩地工作，达

---

① 大前研一著，裴立杰译：《专业主义》，中信出版社2006年版。

到一定的年资后晋升一级职称，评上所在学段的高级职称通常也就是绝大多数教师在职业生涯中的最后归宿了。很多人都愿意用"平稳"来形容教师这一职业：工作岗位稳定，不大容易像业内竞争激烈的行业那样可能经常面临失业的威胁；工作内容和过程也稳定，不会像许多需要及时对社会需要做出调整和回应的工作那样不得不经常调整工作内容和工作方式。但其代价，就是无论是从个人的经济收入、社会地位，还是从个人所能感受到的人生价值的实现程度来说，都显得很一般、平淡甚至平庸。

教育界的这种局面，从20世纪后期开始，实际上已经在经历着深刻的变化。而且，随着时间的推移，这种变化的方向也越来越明显：今天的社会发展速度是如此之快，因循守旧的教育无论是从目的上，还是从内容与过程上都已经暴露出越来越严重的缺陷，因应社会的变化而倡导教育上的变化并将这种变革的精神和变革的力量作为教育未来发展的动力，也就越来越清晰地成为现代教育界的追求。当教育系统推倒了横亘在教育与社会之间的那堵墙，变得开放起来，现代社会的通行规则，如公平、自主、选择、质量、对个人权利的尊重等等，也就逐渐开始成为教育界内部的运作逻辑，而当这些规则被教育界接受之后，学生及其监护人对于教育质量的要求也就开始越来越清晰地表现出个性化的诉求，对学校教育内容和过程，乃至对学校本身的选择权利也得以彰显。这个变化，使得教育界史无前例地开始面临深刻的业内竞争。中国大陆近些年来愈演愈烈的学校之间的考试竞争，只不过是这种新格局的一个不太正常的表现而已。

另一方面，学生数量的总体减少趋势，也进一步加剧了这种竞争。随着经济的发展和社会生活水平的提高，自20世纪后期开始，许多发达国家和地区开始表现出越来越明显的生育意愿下降的趋势，越来越多的人选择少生甚至不生育，即所谓"少子化现象"，新生人口数量逐渐下降。我国虽然是一个人口大国，人口基数庞大，但计划生育政策的实施，也使得我国的新生人口逐年减少。这个变化对于教育的冲击自20世纪90年代首先在像上海这样的大城市中表现出来：小学适龄人口逐年减少，庞大的、为数量众多的学生上学准备的学校教育系统出现资源富余，许多学校不得不关闭，许多教师不得不转岗，出现历史上少见的教育事业在发展但学校数量和专任教师数量却逐年减少的状况。这种由于新生人口数量变化而引起的教育难题，又很快波及了初中，并最终将影响整个教育系统的内部结构调整。

这些转变，使得现在以及未来的教育界将不再在一般的意义上缺乏师资，教育界将更需要专业的、优秀的教师，而不是一般仅以教书作为谋生手段的教师。用有些校长的话说：我们并不缺教师，我们缺专家型的教师。从这个意义来说，作为一个有志于从事教育事业的青年，应该立志成为一位优秀的、专业的人民教师，而不仅仅是一位能够谋得一个教席以养家糊口的教师。事实上，在未来日趋激烈的业内竞争和整个社会对高质量的教育的追求更加自觉的背景下，也只有那些有志于成为专业的教师并愿意为着这个理想不断地自我提升的人，才有可能真正平稳地在教育岗位上度过自己的人生，并在为学生提供专业服务的过程中实现自己的人生价值。

从个人发展的角度来讲，教育界从20世纪后期开始的转变，也为个人的发展提供了更为广阔的空间。在过去，一位有理想、有追求、积累了深厚的专业知识和技能、为学生的发展而不断努力和进取的教师，与一位仅仅专注于教书、搬弄书本上那一点点知识的教师相比，通常在经济资源、社会地位以及所能获得的社会认可等方面差别不大。但在一个越来越以专业为追求、以专家为稀缺资源的新教育界，那些经由自己的努力表现出了专业的力量的教师，更容易获得更多的经济资源、更高的社会地位，获得更多的社会认可。最近一些年，我国基础教育界迅速地产生了一个专家型教师的群体，与过去各个时期我国间断性出现的一些"教师名人"不同，他们人数相对较多，获得声誉基本上不是依赖舆论宣传，而是在各种场合或舞台上（包括各种教学比赛、报纸杂志）通过向同行展现一位专家型教师应有的素养而获得普遍认同。这些教师无论是在经济收入上，还是在社会地位与资源上，都比一般教师获得更多。这些目前活跃在教育界的专家型教师队伍，正向那些立志于从事教育事业的青年展示了一个很好的、值得追求的奋斗方向。

二、专业的教师：如何养成

在我国，以往流行着一个关于教师的比喻，即把教师比作"蜡烛"：点燃了自己，照亮了别人。这个比喻非常生动地表现了教师这一工作的奉献精神和自我牺牲精神。当然，在任何一个时代，没有奉献精神和自我牺牲精神，都不大可能成就一位真正"专业的"教师，成就一位教育上的真正专家。从这个角度来讲，强调教师的奉献精神和自我牺牲是无可厚非的。不过，在长期的过于偏向奉献与牺牲精神的宣传之下，教师的利他主义服务往往带有一定的单纯消耗型的自我牺牲的悲壮色彩。至少新中国成立以后长期的舆论宣传，极易使人陷入误区，似乎只有那些能够为学生的成长甘愿牺牲自己的幸福的教师，才是值得我们赞扬的"好教师"。这种偏见，很大程度上助长了一种在今天的基础教育领域仍然存在的现象，那就是部分教师不惜代价的"蛮干"：这批教师无论在教育观念上还是在教育方法上，都比较守旧，但却有很好的"敬业精神"，为了提高学生的成绩，不惜牺牲自己的课余时间，在本来安排学生自修或进行课外活动的时间段，无偿为学生补课，企图单靠学习时间量上的增加来提高学生的学业成就。这些教师通过自我牺牲获得的职业满足感，恰恰阻碍了他们对教学有效性的追求，妨碍了他们谋求教育观念与教学方法上的更新，长远看来，无论对于教师自己还是对于学生的发展，都属不利。

进入21世纪以后，随着"以人为本"的思想逐渐深入人心，并成为一种普遍的思维方式，教育界对教师职业价值的认识开始发生变化。在学校中，"以人为本"之"人"，不但包括学生，也包括教师。教师这一职业，不但要"育人"，也要"育己"；不但要促进"学生的发展"，也要促进"教师自己的发展"；不但要为学生健康的身心、丰富的精神世界和美好的社会生活服务，也应该为教师自己的幸福服务。教师的专业活动，不应该单纯是消耗型的，而应该是发展性的。作为与成长中、发展中的人打交道的一个特殊职业，教师在教育过程中谋求自身的发展，比其他的职业更有必要，也相对更有条件。

从个人的角度来看，对于一个愿意从事教育事业的人来说，从20岁左右开始担任教师，到60岁左右退休，一生之中最为青春年华的时光都是在教师这个岗位上度过的。在这段人生最美好的时光中，除了节假日，一个星期工作5天，这5天中差不多都是早晨到校，傍晚离校，最有质量的时间都是花费在学校里的。对于任何一个珍惜自己的生命、愿意尽最大可能实现人生价值的人来说，都没有理由让人生最美好的时光中最有质量的这段时间，成为像蜡烛一样只是燃烧和消耗而没有成长和发展。怀抱教育的理想和追求，在与学生进行各种各样的教育教学交往的过程中不断地积累和丰富自己的专业知识和技能，以不竭的进取之心探索教育中的奥妙,在为学生谋求最大可能的发展的过程中同时发展、丰富和滋润自己,将自己历练成为真正的教育上的专家,是值得每一个有志于从事教育事业的人所追求的人生轨迹。

更重要的是,时至今日,正如我们将在本书的其他章节中阐释的,今天的教师也比历史上任何一个时期的教师拥有更为丰富和现实的促进自己专业发展的机会和条件。问题只是,这些机会和条件,只有到了那些本身有理想和追求的教师手上,才具有意义。

概括地说,教育的发展自20世纪后期开始,出现了一些此前没有的新变化,促使教育事业本身发生了、目前仍然发生着、相信将来一段时间仍然会继续发生的深刻变化,也正是这些变化,使得无论是从教师队伍整体来讲,还是就教师个体来说,都越来越有必要成为真正的"专业"教师,成为教育上的专家。这些变化包括:

1. 随着教育本身的发展,尤其是随着教育的普及、学校教育系统的演变和教育界所拥有的专业知识的不断丰富,当代的教育工作对从业人员提出了比以前任何时期都高的要求。

2. 教育的"建构性功能"受到重视,人们越来越期望通过教育建设性地增进个人和社会的福祉,而不仅仅是将已经有的精神文明遗产保守地继承下去。这使得社会各界对教育的期望越来越高,这些期望直接或间接地影响着教师。

3. 人口结构的变化,以及现代社会对于个人自主和选择权利的日益重视,使得教育事业逐渐由过去的供应主导转向消费主导,学生及其监护人对于学校教育的选择意愿和权利意识越来越强烈,提供高质量的、以顾客(学生)为中心的教育,成为教育发展的必然方向。无论对教师群体,还是对教师个体,成为专业的教师,成为教育的专家,在这一背景下也就成为必然的追求。

4. 迅速变化的社会,要求学校教育不断变革和更新以适应新的需要,日益频繁的教育变革,不断地重新诠释"好教学"、"好教师"的内涵与标准,这也要求教师必须不断地调整自己的专业活动方式以适应新标准的需要。

5. 教育变革的经验、教训和教育研究的成果,使人们越来越认识到教师是教育诸要素中最为能动的要素,教师对学生的实际影响力,要比以前我们理解的广泛而长远,要促进学生的发展,就必须追求教师的发展。

6. 人们对教师职业价值的认识,在最近一二十年间发生了较大的变化,发展性的职业价值观得到越来越多教师的认同。同时,当今教育界也为中小学教师的专业发展提供了前所未有的机会和空间。

教育界已经在发生着的这些变化,必将不断挤压那些庸碌无为、仅仅把从事教育工作当成一项简单、赖以糊口的职业的教师的生存空间,同时为有专业理想、专业知识和技能,并能够在专业活动中不断提升自己的教师提供更大的机会和空间。谋求自己持续的专业发展,争取成为教育上的专家,无论是对尚未入职、正在为将来的教育工作作准备的师范生,还是对业已成为一名合格教育工作者的在职教师,都已经是现实而迫切的要求。

说到底,人的发展只能靠自己,任何外在的要求和条件,只有被当事人理解、运用和内化时,才是有价值的。因此,说到教师专业发展问题,无论对还在接受职前培养的师范生,还是对已经在职的教师,最重要的问题是:我自己准备好了吗?

···

本章小结

本章简单回顾了在教育发展的不同历史时期，教师从非职业化到职业化的演进过程中，教师角色的性质所发生的变化。在此基础上，本章介绍了20世纪中后期以来，职业化的教师队伍追求"专业化"和"专业发展"的背景及主要内容。

关键术语

教师职业、教师专业化、教师专业发展

思考与讨论

1. 想一想、议一议：

人们常说父母是孩子人生的第一任教师。回想我们的父母对我们的教育，对比学校里（小学、中学和大学）的教师对我们的教育，二者之间的差异，对于我们理解教师的角色有什么帮助？

2. 想一想、议一议：

当一个事物还处在发展的初级阶段的时候，虽然在效率上往往不能与成熟阶段相比，但也通常能够更好地体现出这一事物固有的性质，或"本来应该有的"属性。非形式化教育作为教育发展的初级阶段，与今天业已发达的学校教育相比，固然显得简单、粗糙、效率不高，但也在很多方面能够为我们理解"教育本来应该是什么样子"提供非常重要的参考。结合自己所了解和体验的非形式化教育（如父母亲、亲戚对自己的教育，或查阅有关原始社会的教育资料），思考和讨论如下问题：

（1）非形式化教育中，学生主要通过什么方式进行学习？今天的学校中，学生又主要通过什么方式学习呢？你觉得学习方式的差异，多大程度地影响了学生实际的学习效果呢？

（2）今天我们提到教师，难免会立即想到他（她）所教的课程，在非形式化教育中，教师的课程又是什么呢？教师教的是什么？在今天的学校教育中，教师真正能够打动我们的，又是什么呢？是他（她）所依据的课程吗？

（3）非形式化教育中，教师和学生主要靠血缘关系为纽带建立教育关系，那在今天的学校教育中，师生之间又是靠什么确立教育关系的呢？这个变化利弊何在？

（4）很多现代人都怀念包括非形式化教育阶段在内的"古代教育"，认为那个时候教育能够使学生保持比较高的道德水准，而现代的学校教育却总是在德育方面显得无能为力。从教育活动的性质、教师的角色、师生关系等角度看，究竟是什么原因造成了古代教育和现代教育的这种差别呢？

3. 想一想、议一议：

从小学到大学，我们每个人都曾经受到几十位教师的教导，但是当我们回忆自己的学生生涯时，并不是每位教师都能给我们留下印象：有些教师我们甚至都已经忘记了他们的姓名，而有些教师虽然已经过去了许多年，我们仍然能够感受到他们的影响。请回忆一下自己受教育的历史：哪些教师让我们至今记忆犹新？哪些教师让我们感觉对自己后来的发展影响很大？找到这样的教师之后，思考并讨论：

（1）这些让我们印象深刻、对我们影响很大的教师，究竟是他们的什么品质或教导，让我们印象如此深刻？究竟是他们的哪些行动或言辞，对我们影响如此之大？

（2）这些教师和我们的关系，比起其他的教师来，有什么不同吗？

（3）这些回忆，对我们自己将来如何做一位能够让学生印象深刻、对学生影响深远的教师，有什么启示？

4. 想一想、议一议：

如果对照"专业属性"，观察和分析我们所熟悉的教师队伍状况，你觉得教育工作能够算得上是一个专业吗？更具体地说：

（1）教育工作的知识基础是什么？这些知识基础中，哪些是教师这个行业独有而其他行业没有的？这些知识基础，像医生的医学知识那样能够对医疗实践产生重要的支撑作用吗？

（2）教师入职之前，必须接受专门的、正规的专业知识学习和专业技能训练吗？有些教师并不是师范院校毕业的，不是教得也很好吗？有些教师甚至都没有经过正规的大学学习，不是也教得很好吗？

（3）观察和分析我们熟悉的教师，他们在多大程度上享有专业自主。他们能够自主地决定什么，又不能自主地决定什么？这种状况合理吗？如果教育的目的、内容、教学过程和教育评价都由教师们自己决定而不必听命于学校之外的人，可以吗？

5. 想一想、做一做：

目前，世界上的主要国家大多都通过立法的形式，对教师的任职资格（包括学历要求）作出规定。由于各个国家的教育制度不同，有些国家（如中国、法国、日本）有全国统一的教师资格条例，有些国家（如美国）则由各个州确定教师资格要求。查阅相关资料，比较中国、法国、日本和美国某个州的教师任职条件、获取教师资格的程序及教师资格证书年限，分析不同国家在这一问题上的异同，并讨论国外相关规定对我国教师资格制度的未来发展有什么借鉴意义。

6. 想一想、议一议：

通过各种措施推进教师专业化进程的努力，其实效长期以来遭到许多人的质疑。这些质疑的问题也值得我们将要成为人民教师的师范生认真思考：

（1）延长了教师入职前的修业年限，或提高了教师入职的学历门槛，究竟能在多大程度上为教师提供更为专业的服务呢？或者说，教师的专业水平究竟在多大程度上与教师的学历水平相关？

（2）是不是有必要为不同学段的教师设定入职前的学历门槛？就算确有必要，又应该分别为小学、初中和高中教师设定什么样的学历要求算是合宜的呢？

（3）教师教育的课程设置，究竟如何改革才真正有可能为教师未来入职之后的高质量的专业服务做好准备？教师在入职之前，最需要学习什么？在哪些方面最值得或最需要花费更多的时间呢？

（4）从制度上确立了教师的专业伦理规范，就真的能够约束教师的专业行为吗？最近几年，有些学校甚至要求教师每年开学时都要进行宣誓（如"我一定公平对待每一位学生，决不因为性别、民族、贫富而对学生区别对待"等等），这些真的能够成为教师的专业行为原则吗？真正能够指导教师专业行为的专业伦理观念，究竟如何能够形成呢？

7. 想一想、做一做:

查阅《中国教育年鉴》等资料,并通过网络,寻找中国及世界上的其他国家在20世纪80年代以后分年度的基本教育数据,包括小学、初中和高中的学校数量、专任教师数量、在校学生数量、新招学生数量、毕业学生数量等,列成像下表这样的表格。在此基础上,分析:最近二三十年来教育内部结构发生了、正发生着什么样的变化? 这些变化对于教育的发展以及教师需求的未来路向,又意味着什么?

上海市1990年以来小学阶段数据一览表

年份	学校(所)	专任教师数量(万人)	在校学生数量(万人)	新招学生数量(万人)
1990	2 630	5.98	110.19	18.14
1991	2 493	5.82	113.38	16.07
1992	2 279	5.76	113.37	17.84
1993	2 122	5.64	116.70	19.37
1994	1 981	5.58	115.16	18.67
1995	1 807	5.45	109.78	17.09
1996	1 690	5.40	107.65	15.83
1997	1 533	5.18	102.44	12.46
1998	1 382	4.96	96.14	11.39
1999	1 208	4.68	87.16	10.49
2000	1 021	4.43	78.86	10.28
2001	852	4.30	72.28	——
2002	751	4.06	67.24	10.11
2003	686	3.88	64.83	10.05
2004	648	3.75	53.74	10.55
2005	640	3.74	53.50	10.36
2006	626	3.75	53.37	10.87
2007	615	3.85	53.33	11.0

数据来源:《中国教育年鉴》、《上海统计年鉴》。

进一步阅读的文献

1. 教育部师范教育司组编:《教师专业化的理论与实践(修订版)》,人民教育出版社2003年版。

2. 刘捷著:《专业化:挑战21世纪的教师》,教育科学出版社2002年版。

3. 陈桂生著:《师道实话》,华东师范大学出版社2004年版。

4. 〔澳〕科林·马什著,吴刚平、何立群译:《初任教师手册》,教育科学出版社2005年版。

第二章　理想教师的专业形象

通过本章的学习，你能够

◆ 理解当前常说的几种教师形象及其存在的问题；

◆ 了解教学专业的特点和教育实践的特征；

◆ 描述理想的教师专业形象。

∙∙∙

教师形象是对培养或成为什么样的教师的描述，具有目标导向的意义。教师专业发展，首先要明确理想的教师专业形象是什么。与教师角色这个概念相比，"教师形象"一词更具有概括性和稳定性。因为"角色"一词是一个相对的概念，同一个人的角色会随着场景的变化而变化。例如，教师在课堂上是情境创设者、学习促进者、课堂管理者等；而对于课程，其角色主要是开发者、研究者。相比之下，"教师形象"这一概念的含义相对稳定。

教师专业形象就是从教学专业的特征来看待的理想的教师形象。当前，在我国，"蜡烛"、"春蚕"、"教书匠"等常被用来指称教师形象，但是，它们是理想的教师专业形象吗？教学专业的特征到底是怎样的？如何描述理想的教师专业形象？本章将围绕这几个问题展开讨论。

第一节　"蜡烛"、"春蚕"、"教书匠"的教师形象

"蜡烛"、"春蚕"、"教书匠"是我国常说的典型的教师形象。在这一节中，我们将分析上述这些教师形象分别是从什么角度来说的，以及它们对我们理解教师的专业形象有何启示。

案例 2-1	教师礼赞①
	作者：书香
	老师您是蜡烛，照亮别人燃烧自己；
	老师您是粉笔，粉身碎骨播种知识；

_____

① 书香：《教师礼赞》，http://lm.2000y.net.

> 老师您是春蚕，索取桑叶奉献蚕丝；
> 老师您是蜜蜂，采集百花酿造甜蜜。
> 老师您是地基，筑起大厦埋葬身躯；
> 老师您是人梯，累弯脊背托起骄子；
> 老师您是严父，为人师表精心教育；
> 老师您是慈母，百般关爱无微不至。
> 老师您是园丁，耕耘圣地培育桃李；
> 老师您是名医，治愈恶患保心健体；
> 老师您是甘泉，呕心沥血滋润花枝；
> 老师您是煤炭，化为灰烬温暖人世。
> 老师是孺子牛，尝尽百草挤出乳汁；
> 老师是花折伞，坦开胸怀遮风挡雨；
> 老师是铺路石，架桥筑路铲平崎岖；
> 老师是挖掘机，采掘矿藏奉献宝石。
> 啊，亲爱的老师！
> 您不愧是人类文明的传播者，
> 您不愧是人类文明的工程师！

一、从"蜡烛"、"春蚕"的隐喻说起

过去，人们常用唐代诗人李商隐的名句——"春蚕到死丝方尽，蜡炬成灰泪始干"来形容教师，歌颂教师的无私奉献精神。春蚕、蜡烛就成为教师形象的隐喻，无私奉献精神成为教师精神的代名词。上面这首"教师礼赞"，讴歌的正是教师的奉献精神。

人们生动地把教师比作"蜡烛"、"粉笔"、"春蚕"，是对教师无私奉献精神和高尚品质给予的高度评价。的确，千千万万的教师"吐尽心中万缕丝，奉献人生无限爱"，兢兢业业、勤勤恳恳，把青春甚至生命奉献给了我国的教育事业。

我们仍然清楚地记得，在2008年的汶川大地震中，很多教师舍生忘死、挺身而出，用自己的血肉之躯拼死保护学生。

其实，不仅仅是在危难时刻，在每一个普普通通的日子，在我国的大江南北，都活跃着无私奉献的教师的身影。也正因为此，被视为"无私奉献"象征的蜡烛、春蚕等，一直被用作教师的隐喻，"无私奉献"也被当成了对教师的道德期许。

此外，在教育改革日新月异的今天，随着对教师素质和能力的要求逐渐提高，"智慧型教师"、"研究型教师"、"创造型教师"、"专家型教师"、"学者型教师"等，正成为教育领域所追求的新型教师形象。例如，人们期望教师有丰富的教育智慧，提出理想的教师形象是"智慧型教师"，即具有较高教育智慧水平的教师；希望教师不断研究和创新自己的教育教学，于是提出了"研究型教师"、"创造型教师"等。这些称谓折射出时代和社会对教师的期望，也反映了特定的教育理念与价值追求，它们实际上是针对教师应该具备的某方面的能力或素质而言的。

综上所述，我国当前对"教师形象"一词的理解和使用大致有两种情况：一是认为教

师形象是对教师职业的社会职能、使命和价值要求作进一步强化、提升。如人们对教师的蜡烛精神、春蚕品格和灵魂工程师的赞颂与召唤。把教师看作蜡烛、春蚕等，实际上强调的是对教师职业价值取向的隐喻和期待；二是从期望教师具备的某方面素质来谈教师形象，如智慧型教师、研究型教师、创造型教师形象的提出，都是基于这样的理解。概言之，这两种"教师形象"都是从社会期望的角度来概括的。它使我们知道社会对教师的价值期待和素质要求是怎样的。但是，要全面地把握教师专业形象，还必须从教学实践的角度作一番考量。

二、教师是"教书匠"吗

从课堂教学的角度来看，教师通常被看作是"教书"的"匠人"，甚至很多教师也以此自称。"教书匠"是我国"民间教育话语"中用得较多的指称教师的词汇。匠，原指工匠，即手艺人。其引申义有匠心、匠意等。把教师比喻为"教书匠"，是由于"教（第一声）"也是一种技艺或艺术。技艺为手工操作技巧，而艺术是依据一定的理性原则对操作技巧的运用。可见，"匠"的任务主要是加工，其精湛技艺主要发挥在对原材料的雕琢上。教师被喻为或自称为教书匠，意味着教师只是在用某种独特的技巧（如教学模式、原则和方法）加工别人提供的材料（教材），并将教材内容传授给学生。教师的发展所追求的是掌握普遍的教学模式、技术和技巧。

应该说，"教书匠"的教师形象在我国有存在的土壤。过去很长的时期内，我国中小学的课程被看作由国家教育行政部门和学科专家制定的教学计划、教学大纲、教科书等静态文本，是规范性的教育内容，教师的教学过程就是忠实而有效地传递这些内容；对教师而言，教学内容是由教学大纲规定的，教学参考资料和教学方法是由教研部门提供和介绍的，考试试卷是由教育部门编制的……教师的主要任务是按照教材、教学参考资料、考试试卷和标准答案去教。教师逐渐成为教育行政部门各项要求的执行者，成为教学研究部门推出的各种教学模式的模仿者。久而久之，当一名熟练掌握教学技术的"教书匠"，就成为很多中小学教师对自身的定位。

诚然，掌握教学方法与技术是教师必备的素质，教师的教育实践离不开方法和技术的保障。但如果教师的实践囿于固定的方法、程序或模式，如果教师只是把教育过程视为一种"操作活动"，那么，这样的教育实践就不会是理想的实践。下面让我们来近距离地观察课堂，审视"教书匠"的教师形象及其教育实践行为。

以下是一堂七年级语文"家常"课的开头部分：

案例 2-2	《济南的冬天》教学片段

师：同学们，还记得我们学过的描写冬天的古诗吗？
生1：《江雪》！
师：不错！让我们一起背诵这首诗！
师生齐诵。疲惫的、洪亮的、嘶哑的、清脆的、低沉的、婉转的朗诵声和教师的声音一起，混成一种奇怪的交响。教师显然不满意，提醒学生朗诵诗歌时要找准体现作者感情色彩的字词,读出韵律。叫一名学生单独朗诵。这是婉转稚嫩的童音。

师:很好! 全班模仿他再朗诵一遍。(生齐诵)

新授课开始,教师提问一名同学,让他向全班介绍作者,前排的一名小个子男生边翻书边站了起来,慢悠悠地低头开始念:老舍,原名舒庆春,字舍予,满族,北京人……声音不甚响亮,几乎不带任何感情色彩。教师背对着全班,按顺序把该生"念"到的一些"要点"按顺序工整地写在黑板上:作者原名、字、代表作、(在文学史上的)地位。全班学生似乎早已熟悉了老师的"套路",熟练地抄着笔记。教师写完后让全班默记她刚刚写在黑板上的作者简介,限定时间30秒(实际上超过一分钟),然后把作者的名字等内容擦去,变成"作者原名(　　)、字(　　)"的格式,逐一叫学生回答(填空),再让全班默记30秒……①

该情景中的导入方式在我国中小学课堂中可以说是司空见惯的:课文是关于春天的,教师就带领学生回顾过去学过的有关春天的课文;是关于冬天的,那就复习有关冬天的内容。教师的授课严格按照"复习旧课——导入新课——讲授新课——巩固练习——布置作业"这一类环节进行。每一节课都切割成大致相同的几个部分,而对于每一个步骤要怎么做,教师大都轻车熟路。例如,课堂导入被定位为巩固旧知、掌握新知。这样,即便这个"旧知"跟"新知"表面上看起来没有什么实质联系(就像上述情景所展示的那样),教师也不会认为这有什么不妥。教师关心的是教学过程如何一步步顺利衔接下去。长期受这种思维方式主导,教师无暇去想:对于学生而言,《济南的冬天》这篇课文需要什么样的导入? 如何使"老舍"这两个抽象的汉字变成学生心中一个鲜活的人的形象?

作为"教书匠"的教师,其关注点在于教学手段如何更"有效",追求知识传递"效率"的最大化。他们常常被固定的"套路"所束缚,只是用别人设计好的课程达到别人设计好的目标,忽视甚至放弃根据自己的体验、感悟、实践和反思而形成的教育智慧在教学中发挥作用,也常常忽视学生在学习中的实际需求。

如果说上述例子对学生的影响主要是在知识习得领域,那么,在下面这个片断中,教师对教学内容的"忠实执行"和对"答案"的"确定性寻求",就影响到了学生的人格发展和精神世界。

案例 2-3

老师在带领学生学习语文课文《萤火虫》时有这样一个片断:老师问学生,萤火虫燃烧了自己,怎么啦? 有的孩子回答说,萤火虫燃烧了自己它就死了;也有的孩子说,萤火虫燃烧了自己,它没有怎么,这只是一种生理现象;还有一部分孩子有一些其他的理解。这时,老师无法对这些理解给予肯定,因为书上不是这样说的,书上的正确答案是,萤火虫燃烧了自己,照亮了人间。所以,老师不但不能理直气壮地肯定孩子的理解,相反还得不断运用教学技巧和教学机智,想办法如何一步步地"启发"孩子得出"正确"的认识,于是让同学们再想一想,再看

---

① 王艳玲:《课堂教学中儿童生活经验的缺失与回归》,《全球教育展望》,2009年第1期。

> 一看。看什么呢？当然是看书上，看课文。最后，孩子们终于在老师的不断引导
> 下，"看"出了一个"共同"的认识——萤火虫燃烧了自己，照亮了人间！

在这里，教师不仅把静态的知识，还把教材编写人员的价值观乃至于意识形态原封不动地"传递"、灌输给了学生。在由教师操作和控制的课堂里，学生多样化的体认方式和价值观被剥夺了存在的空间。教学，成为传递"唯一正确"的知识、灌输特定价值观念和意识形态的流程。

以上两个例子突出地反映出，由于依循固定的、"标准化"的程序和答案，行使着古老的知识传授的职责，一些教师不仅自身陷入一种"客体化"和"工具化"境地，更重要的是钳制了学生的思维发展和个性展现。

从基础教育改革的角度来看，2001年开始，我国推行的第八次基础教育课程改革，把教师放在课程实施中的重要位置，教师不再是课程的忠实执行者，而是要成为课程的开发者和研究者。尤其是新课程所推出的校本课程、综合实践活动等，为教师主动性、创造性的发挥提供了广阔的空间。

下面引用华东师范大学陈桂生教授的话作为本小节的结语：

如果说我国在迄今为止的教育体制下，即在"国家本位课程"或"地方本位课程"体制下，在"学科课程"编制框架中，教师基本上是在由"直接教学过程"以外的人们规定的范围内从事带有机械性质的教学工作，那么，如今我国正在积极推行的一场新的课程改革，它将适当触动行之已久的课程体制、课程编制，并将适当减轻课业负担，意味着教师教学的自由程度将逐步增加。尽管这种演变或许是一个漫长的过程，然而实现这种转变已属大势所趋。随着"教书匠"所产生的那种课程机制的削弱以至泯灭，总有一天，"教书匠"会成为过时的词汇。[①]

第二节　行走在"低洼湿地"的教师

在上一节中，我们讨论了当前我国的几种教师形象及其对我们理解教师专业形象的启示。如前所述，教学专业的问题归根结底是实践的问题，要考察理想的教师专业形象，还必须分析作为教学专业人员的教师究竟是怎样工作的。下面就让我们来分析教师教育实践的特征。

一、专业实践的两种"地形"

美国麻省理工学院前哲学教授舍恩（Donald A. Schön）把各行业的专业实践划分为两类：在某些专业实践领域，问题（目标）是清晰的，达成目标的手段也可以清晰地确定，实践者只需作出决定、明确要达成的目标以及可选择的方法。这些领域的实践

---

① 陈桂生著：《师道实话》，华东师范大学出版社2004年版，第41页。

者犹如在"干爽的高地"上行走，他们熟练地应用自己掌握的知识、技术解决当前的问题，一切都按照所设想的那样顺畅，很少有意外的干扰。但是，在另外的一些专业实践领域，很多时候问题并不清晰，它们需要实践者从令人困惑、未确定的问题情境中建构，实践者不能应用已有的原理与技术直接解决问题，而是要在揣度情境、调整既定方案、不断探索中明确问题，找出解决问题的途径和方法。当专业工作者带着专业知识来到实践现场时，实践的复杂性、不确定性、多义性、不稳定性、独特性和价值冲突性让他们束手无措，犹如从"干爽高地"掉入了泥泞的"低洼湿地"。上述两种专业实践领域，就是舍恩所说的专业实践的两种"地形"。他说："在专业实践的不同地形中，有块干爽坚实的高地，实践者可在那里有效使用研究产生的理论与技术；不过，同时也存在着一片湿软的低地，那里的情境是令人困扰的'混乱'，在那里科技的解决之道是行不通的。"①

知识驿站

舍恩及其《反映的实践者》

　　唐纳德·A·舍恩(Donald A. Schön)，美国哈佛大学哲学博士，先后任教于哈佛大学教育学院、麻省理工学院都市研究与规划学系。舍恩在20世纪70年代就开始了关于专业实践中理论与实践之关系的研究，其代表作为《反映的实践者——专业工作者如何在行动中思考》(简称《反映的实践者》)(*The Reflective Practitioner: how professionals think in action*)、《超越稳定状态》(*Beyond the Stable State*)、《培养反映的实践者》(*Educating the Reflective Practitione*)、《反映回观》(*The Refletive Turn*)。

　　在《反映的实践者》一书中，舍恩通过描述五种专业领域的实践，即工程、建筑设计、管理、心理治疗和城镇规划，来揭示专业实践的"行动中反思"特性。最优秀的专业工作者在面对真实实践中独特、不确定的情境时，他们不是套用现成的公式、理论、计划来解决问题，而是调动经验所赋予的默然心智，在与情境的对话中展开现场的反省性思维，推动实践。《哈佛商业评论》对这本书给予了高度评价："它展示了专业工作者思想历程中艺术性和科学性之间的挣扎。"②

---

① ［美］唐纳德·A·舍恩著，夏林清译：《反映的实践者——专业工作者如何在行动中思考》，教育科学出版社2007年版，第35页。
② 刘徽：《思与行的纠结——评介舍恩的〈反映的实践者——专业工作者如何在行动中思考〉》，《全球教育展望》，2007年第11期。

从教育实践来看,过去我们常常把教学视为一个技术过程,就是事先确定教学目标,然后设计教学方法和程序去实现这个教学目标。教学过程被看成是教师实施既定教学步骤的过程。然而,事实是教育情境并非是这样目标清晰、路径清晰的。当教师将前一日准备好的教学计划带进课堂时,却可能会发现学生的情绪有点低落,他们似乎对学习内容不感兴趣;教学过程中发现有一部分学生似乎已经掌握了这部分内容;这部分预定的讨论时间大大超时了;小组讨论时小明和小华起了争执……教师往往会发现自己所处的情境一次又一次地偏离了原定的计划,自己如同掉入不确定的情境之中。这样的情境就是舍恩形容的"低洼湿地"。直面教师的教育实践,不难发现,教师就是时时处于"复杂性、不确定性、不稳定性、独特性和价值冲突性"的"低洼湿地"中的实践者。教师的教育实践就是一种"反思性实践",教师需要在复杂多变的教育实践情境中灵活地调整自己的行为。

二、教育实践的特征

"低洼湿地"中的状况如何呢? 教师在其中是如何工作的? 换言之,教师的教育实践有何性质? 根据国内已有的研究,从教师教育实践的特征出发,本部分将教师教育实践的特征归纳为"情境性"、"不确定性"和"价值性",分别体现教育实践的情境特征、对象特征和目的特征。

(一) 情境性

教育实践具有很强的情境性,具体表现为即时抉择、"下意识"行动和条件制约。

1. 即时抉择。教育实践行为具有紧迫性,教师必须在有限的时间内迅速作出抉择、采取行动。通常,在教育情境中(如课堂上),问题一旦出现,教师最先的反应就是迅速采取行动解决问题,而不是先运用理论进行分析和解释,这使得教师的教学实践成为一种复杂情境中的即时抉择。这方面的例子不胜枚举:

案例 2-4

> 一位老师批改作业时被一篇题为《一块手帕》的文章吸引住了,他决定利用作文讲评课朗读这篇优秀作文。可是,当老师在课堂上刚读完,一位同学"刷"地举起手说:"这篇文章是抄来的!"话音刚落,全班哗然。同学们议论纷纷,并把目光投向那位被指抄袭的同学……[①]

在这种情况下,预先设定的步骤显然不能顺畅地执行下去了。此时,教师是放弃作文讲评,对抄袭作文的学生进行教育,还是将全班的学生引导到对作文的欣赏上来? 哪种抉择才是对学生的学习有益的? 这需要教师作出即时的临场判断和抉择。

除了这类"突发事件",课堂情境中存在着大量需要教师临场决策的"常规"场景。教师必须在有限的时间内迅速作出决断,采取行动。

---

① 黄伟、谢利民:《教学机智:跳荡在教学情境中的燧火》,《北京大学教育评论》,2005年第1期。

案例 2-5

当雪花在数学课飘起时

一天，我正在给三年级的学生上数学课。突然，从教室里传出一个学生的惊讶声："哎！下雪了。"这位学生的话音刚落，几乎全班所有的学生都不约而同地把视线投向了窗外，我也不经意地打量了一下窗外，只见片片雪花正从天上飘下来。

由于这位学生的插话，课无形中被他打断了，我心中不免有些生气。正想严厉地批评他，转眼望见坐在下面的孩子们好奇、渴求的目光时，我一下子改变了主意，心也平静了很多。我觉得很难怪这些生活在上海这一大都市的孩子们，上海的冬天确实难得下雪。对于雪，这些孩子充满着好奇，充满着新鲜感。孩子们一定非常渴望能看看下雪的情景；渴望能领略到自己在雪天中的感受。甚至身为教师的我也非常想去体会在雪天中的快乐。从小到大我也很少有雪天游玩的经历，更何况这些只有八九岁的孩子呢？

于是，我断然决定把今天上课的内容调整一下，让学生来看雪花，体验一下雪中的生活。我对学生说："同学们，今天我们的数学课就上到这里。"话刚说完，学生们都带着疑惑的目光望着我。我接着问："你们喜欢不喜欢看雪花？"学生们异口同声地说："喜欢。""那么，你们想看吗？"只听见学生们异口同声地说："想！""那么，接下来就让我们来看雪花，好不好？"我的话还未说完，不少学生已激动地拍起了手，说："好！""好！"我接着又说："不过，老师有一个小小的要求，你们要仔细观察，看看雪花的形状，下雪以后的景色是怎样的？看的过程中你有什么体会和感受？看完以后我们大家一起交流一下行不行？""行！"教室里传出了响亮而欢快的回答声。

一下子整个教室就沸腾起来了，学生们纷纷拥到窗口争相观看。一个个边看边指手画脚，兴奋异常。这个说："你们看，雪花像棉絮一样扬扬洒洒。"那个说："你们瞧！树叶上都挂满了雪，全变白了。"有的说："大地像不像铺上了一床大棉被？"还有的说："整个天在白雪里显得非常白。"……学生们不停地议论着。有些学生还情不自禁地跳了起来，拍起了小手。

观察结束后，我请学生把自己看到的、听到的、想象到的告诉大家，孩子们争先恐后地要求发言，我觉得每一个发言的同学都说得特别棒。我发现今天的孩子比平时乖得多，在讨论的过程中，每一个同学都能全神贯注地听别人发言。最后，我告诉他们如果雪下得再大一些，时间再下得长一点的话，雪就能积起来，他们就可以玩打雪仗、堆雪人的游戏，孩子们听我这么一说，再次激动起来，祈盼着雪能够下得大些，时间下得长些。一堂课就这样在孩子们的欢笑声中结束了。①

面对突然被雪花"打断"了的数学课，数学教师"断然决定"不再继续上课而是停下来让学生观察难得一见的雪花。这种"断然决定"就是一种即时的抉择和行动。在真实的教育情境中，教师通常没有时间停下来思考，而必须即时做出反应和抉择。

---

① 卞松泉、胡惠闵主编：《学会关心学生研究》，上海科技教育出版社1998年版，第59—60页。

在国外,研究人员发现,教师每小时做出与工作有关的重大决定为30个,在一个有20至40名学生的班级中,师生互动每日达1 500次。根据这一事实,爱尔兰教师教育学者安德鲁·伯克(Andrew Burke)说:"我们必须记住,不论他们(指教师——笔者注)是否胜任工作,全世界每个教师在每个教室中每一个教学日的每一个小时都在作出决定,并根据这些决定采取行动。作出的决定包括在特定的一天中该教什么,如何教,对不同的学生用什么方法教,使用什么形式的评估方法以及采取什么样的奖惩措施等。要决定课堂的管理、控制措施,每天都要对个别学生作出很多决定。这些决定对直接受其影响的学生及其家长都至关重要。"[①]

2. "下意识"行动。"下意识"行动概括的是教师在教育教学情境中特殊的工作方式。教师长期身处学校教育的场景中,对身处的环境获得了一种"下意识"的把握能力,能够自发地预见可能的情形,并"下意识"地采取行动。另一方面,教师自己所提倡的价值观和习惯的思考方式常常通过教师的行动反映出来。

案例 2-6

请你去逮一只翠鸟

学习《翠鸟》第三段时,于老师发现学生小庆打了个呵欠,又与同桌嘀咕起来,便语调平缓却十分认真地说:"小庆,请你去逮一只翠鸟。"小庆慢腾腾地站起来,很茫然的样子,于老师又重复了一遍刚才的话,并加了一句:"请你不要推辞。""到哪儿去逮呢?"小庆可怜巴巴地说。其他同学也面面相觑、神情迷惘。于永正说:"你看看书嘛,大家都读第三段,看看去哪儿逮,看出来以后告诉小庆。"还没等别人发言,小庆自己说:"翠鸟不好逮,它住在陡峭的石壁上,洞口小,里面又深,谁上得去呀?"于老师哈哈大笑,小庆说的正是第三段的主要内容,他读懂了。当于老师问小庆为什么老师请他去逮翠鸟时,小庆不好意思地笑了,说:"刚才我和同学说话了。""你有点疲劳了,是不?不过逮翠鸟这个光荣而艰巨的任务你虽然没有完成,却帮助同学们读懂了第三段,功不可没!"同学们听了,都发出了会心的笑声。[②]

面对一个有些疲劳而注意力分散的学生,于老师的处理方式正是一种"下意识"的行动。他为什么这样处理而不是采用别的方式?虽然部分教师(特别是优秀教师)能够用概念和语言表达自己之所以这样做而不是那样做的理由,但真正指导教师行动的"知识"通常无法直接用语言表达出来,而是更多地渗透在其行动中。

3. 条件制约。教师的工作受到环境的规约。教师所处的社会大环境以及学校文化的小环境等构成的、约定俗成的价值观、规范和行为方式等,都对教师行为产生着潜移默化的影响,教师在日复一日的教育实践中"不知不觉"地改变、发展和成长。教师的教育实践还受制于各种现实条件,如学校文化氛围和学校领导的风格、学生的群体特征和个性需

---

① 安德鲁·伯克(Andrew Burke):《专业化:对发展中国家教师和师范教育工作者的重大意义》,《教育展望(中文版)》,1997年第3期。

② 刘杰:《看于永正怎么"提神"》,载《中国教师报》,2005年12月24日。

求、家长的期待和社会舆论、国家的教育制度和政策导向等。因此,教师的实践动力和能力必然受到历史和现实条件的规约。

从根本上说,教师的教育实践就是在教育情境中的即时行动。在课堂中,教室的布置、学生座位的排列方式、学生的个体与群体特征、特定的学习内容和教学方式等等,构成了一个个具体的、处于不断流变中的教育情境。教育情境总是独特的、具体的,它是特定人物与特定时空相互作用的产物。教师的教育实践与具体的教育情境相互形塑。

(二) 不确定性

教师的实践具有不确定性的特点,具体表现为以下三个方面:

1. 教学是预设基础上的生成过程。教师工作情境的复杂性与流动性使得教师的工作难以按预定的方案和程序开展,而往往是预设基础上的生成过程。在教师与学生的教育生活中,几乎不可能做到完全预见到、计划好或加以控制。

案例 2-7

长方形是从谁的身上跑下来的

这一课时教材的编排先是学生活动,用立体图形的一个面描,得到一些平面图形,接着给这些平面图形分类引出长方形、正方形、三角形、圆。其实,学生在幼儿园就知道这些图形的名称了,于是我想这节课的目标主要应是两点:一是体验"体"与"面"的关系,二是能进行辨认并能在原有直观认识的基础上用自己的语言概括出这四个平面图形的样子。

上课时,我首先逐个出示前一天认识的立体图形,让学生回忆说出它们的名字。接着告诉学生我们今天还要了解几个朋友,同时出示这四个平面图形,问:认识它们吗? 学生自然认识,分别说出了它们的名称。

接着,在我的脑海里突然冒出这样一个问题,我问学生:"这些新朋友是从我们昨天认识的老朋友身上跑下来的,猜一猜,长方形是从谁身上跑下来的?"其实这个问题原来设想的是"想一想,长方形和下面的哪个图形有关系?"没想到看到这些刚入学的孩子,竟冒出了这句妙语,我觉得这个问题更适合他们。果然,学生说:"长方形是从长方体上跑下来的!"我说:"是吗? 那拿出一个长方体验证一下吧! 为了让自己和别人能看清楚,建议小朋友用你的笔把利用长方体得到的长方形留在你的纸上。"学生很聪明,把长方体放在纸上,描了起来。我收集了几幅作品进行展示,肯定了学生的想法。原来的设计,接下来是请学生先观察再交流一下自己的感悟,用自己的话说说长方形的样子(以后还将继续学习长方形、正方形等,本课是初步认识),课中感觉这样似乎有点走过场的感觉,还可以尝试"挖"深一点,于是,我又加进了一个小环节,提出疑问:"为什么从同一个长方体上跑出来的长方形却有大有小,有胖有瘦呢?"我看到,有的孩子开始思考,一个孩子清楚地说:"因为长方形放得不一样,第一个长方形是横着放的,第二个长方形是……"我想通过这样一个小环节,学生应该或多或少加深一点有关"体"或"面"的印象,感悟到一点有关长方体的每个面都是长方形……①

---

① 刘徽:《教学机智: 成就智慧型课堂的即兴品质》,华东师范大学博士学位论文,2007年5月。

正如许许多多同类的案例一样，这个案例同样可以说明，真实的课堂教学往往是在预设基础上的生成过程。

2. 教学是持续整合多种知识、实现多重目标的过程。教学复杂性的一个原因在于，一个教师必须处理的有关学生学习的许多问题是同时发生的，而不是一个接一个的，教师同时要用到多种知识来促进学生知识、能力等方面的发展。

3. 教师的工作边界模糊。从教师工作的内容和责任来看，教师工作的内容多样繁杂，时空边界模糊，缺乏明显的上下班界限；教师承担的责任也非常弥散，既要负责学生的教育教学，还要参与学校的管理和与家长的沟通。此外，教师工作中有很多事情互为因果，相互缠绕，无法被清晰地切分成碎片进行剖析和精确地计算。

知识驿站

佐藤学（Sato Manabu），日本东京大学大学院教育学研究科教授，教育学博士，著述丰硕。在《课程与教师》一书中，佐藤学教授指出，教师的工作具有三个特征：回归性、不确定性和无边界性。所谓回归性，可以用飞盘的隐喻来说明：当教育中出现问题时，无论教师如何高喊"学生不好、社会不好、家庭不好"，试图把责任推到课堂之外，而这种推卸往往徒劳，最终这些责任还会像飞盘那样统统回归到教师那里，由教师自己来负；所谓不确定性，即某教师在某课堂里有效的计划，不能保障在另一个教师、另一间课堂里有效；没有一模一样的学生，也没有一模一样的课堂，这使教师们陷入了极大的不确定性的恐慌之中；教师职业的无边界性，是指教师的工作不像医生和律师一样以治愈病人或案件终结而告终，教师的工作千头万绪，大凡牵涉儿童生活的一切问题都作为教师的责任，这种无边界性使得教师深感事务繁忙、身心疲惫。

然而，他也指出，回归性、不确定性和无边界性潜藏着重建新的教师形象的契机：回归性促使教师通过外界来反思和省察自己的实践；不确定性则提供了教师进行创造性、探究性劳动的无限可能；而无边界性则保证了教师实践领域的综合性和统整性，比如，它使教师可以从学生的整个人生着眼来教育他们。①

（三）价值性

教师的工作表现出较强的"价值性"。首先，教师工作的目的是为了促进学生的发展。教育是有目的的行为，从事的是"良心事业"，需要全身心地投入。教师面对的是孩子——发展中的人，因此教师有一种"为了孩子好"的意识，对他们抱有良好的期望，并以一种自己认为"良好的"、"恰当的"的方式影响他们。②教师不断与学生进行着行为与精神上的互动，从而影响学生的成长，同时，由于长期与一群可以被影响的孩子在一起，教师从中获得持续的成就感和满足感。③

---

① ［日］佐藤学著，钟启泉译：《课程与教师》，教育科学出版社2003年版，第332—334页。
② ［加］马克斯·范梅南著，宋广文等译：《生活体验研究——人文科学视野中的教育学》，教育科学出版社2003年版，第117页。
③ 转引自陈向明：《理论在教师专业发展中的作用》，《北京大学教育评论》，2008年第1期。

师：刚才语文组的李老师提到你了。

生：啊？干嘛？提到我什么了？

师：说你在她的选修课上发挥了一次，只有你准备了PPT和演讲稿上去做主题讲演的。好像是"战争电影"吧，听李老师说当时大家的掌声非常热烈而真诚呢。

生：呵呵，小意思小意思，她怎么连这个都说了……

师：开心吧？

生：开心开心。

师：别高兴得太早哦，真正的好消息还没有告诉你呢。

生：啊？什么啊什么啊？

师：刚才遇到德育处的老师，让我转告一个喜讯呢。

生：什么啊？

师：她说，你们班级高一纪念册《吾之青春》的编辑是不是就叫×××啊？我说是啊，怎么了？她说：你的文章在最近的一期《中学生导报》上发表了。

生：嗯，我今天也刚刚看到呢，呵呵。

师：哎呀，看来不是什么惊喜呢！那你知道为什么发表这篇文章吗？

生：不知道啊。

师：因为你的这篇征文得了这次比赛的一等奖，上海市的哦。

生：（手忙脚乱的样子）哎呀哎呀，真的？真的？惭愧惭愧……[1]

这是一段没有任何修饰的记录，但却真切地传达出很多意义：学生的进步、羞涩与得意，教师对学生心理和情感变化的了解与把握，教师本人的喜悦和成就感，师生之间亲密和谐的关系，等等。其中，学生的形象被生动地勾勒了出来，教师自身的形象和存在的意义也得到了肯定与扩展。

其次，教师的教育教学效果具有内隐性。在探讨教师职业时，人们往往把教师与医生作比较，在此也不妨把医生的工作效果同教师进行一个比较。医生的职业活动效果，可以通过病人的情况（如病情好转、手术成功施行）较为及时、明显地反映出来。然而，教师的工作效能具有不确定性、内隐性和滞后性，并且具有非实证意义上的科学性。[2]教育是一个潜移默化的过程，其作用是缓慢的。从历时性来说，人的成长是从幼儿园、小学、中学、大学以至整个一生的培养、教育过程，每一位教师某一时间段内的教育效果是很难及时显现出来的；从共时性上说，第一，教育是教师与学生的交往生活过程，教师对学生的影响是相互的、"交互主体"式的，学生的主观能动性在其中起到很大的作用，教育教学效果是师生相互作用的结果，而不只是教师个人教育行为简单、直接的结果。第二，就教师对学生的影响方式而言，这种影响也是综合性、渗透性的，是连同教师的情感、个性、人格、知识、能力、经验等多方面共同起作用的过程。这种影响体现在学生身上，是"润物细无声"式的，很难立竿见影。第三，学生作为活生生的人，具有千差万别的个性特征和不同的天赋。不同的家庭环境、生活经历和个性气质，使得他们不可能以同一的方式受到教师的影响。

---

① 杨帆：《教师的反思性语言形态》，《北京大学教育评论》，2008年第2期。

② 耿文侠、冯春明：《教师职业的专业特性分析》，《教育研究》，2007年第2期。

教育的效果也就不可能以同一的标准来衡量。第四,学生的成长还是学校、家庭、社会共同作用的结果。三方面协同作用时,会相互巩固和提升教育效果,反之,则会相互削弱。

教育活动是灵魂碰撞、心灵相遇的精神活动,情感的变化、内心的体验、价值的生成往往是无法直接观察到的。①美国当代著名教育伦理学家诺丁斯(Nel Noddings)用这样一句话来概括"教育的效果":"严格地说,教育没有什么最后的产品——没有什么人接受教育后能够成为完美的人;但是,教育会培养出那些向我们展示进步和成长的人。"②

第三节　教师的专业形象

上一节分析了教育实践的特征,据此我们可以勾勒出具备这种实践的专业人员的肖像。这一节中,我们来概括专业教师的特征。专业教师具有以下四个方面的特征:

一、视育人为己任

视育人为己任,即对教育教学工作、对学生的发展怀有深切的责任感和使命感。这种责任感和使命感激发教师成为主动的探究者,激发他们对自己的教育教学行为深思熟虑,发现其中的问题,千方百计地寻求实践的改善。

视育人为己任,意味着对儿童倾注无时不在的关怀,意味着教师要"对自己的语言、行为能否对引导学生的道德、智慧、身体、精神、生活的变革、成长、发展有所形成、有所建构具有清醒的意识"③。

案例 2-9

> 教师A说:"现在我要大家拿出课本来,翻到第86页。我不想听到任何讲话声!你们首先阅读第14课的说明,然后在阅读的基础上完成列出来的问题……"
>
> 另外一个课堂上,教师B说:"卡西似乎已经准备好了。我们是不是像卡西一样?我们现在开始来讨论诗歌好吗?这些诗歌我们昨天觉得有趣极了,让我们翻到第87页……"④

这两种谈话方式在我们的中小学课堂上都是常见的。两位老师向学生讲话的方式各自隐含着什么意义呢?即使我们对这两位老师的其他情况一无所知,我们仍然能够发现,在教师A那里,教师和学生之间存在着某种距离;他的语气折射出一种对班级"做这个、做那个"的管理式、权威式态度。相反,教师B尽量避免频繁使用第一人称"我",创造出亲切、和谐的课堂气氛,反映了教师对学生的引导、关切。对于教师而言,在教育实践中,坚持"视育人为己任"的信念,意味着教师始终要怀有一种"一切为了学生"的坚定信念,关注自己的一言一行对学生的教育意义。

① 耿文侠、冯春明:《教师职业的专业特性分析》,《教育研究》,2007年第2期。
② 〔美〕内尔·诺丁斯 著,于天龙译:《学会关心——教育的另一种模式》,教育科学出版社2003年版,第210页。
③ 宁虹:《实践——意义取向的教师专业发展》,《教育研究》,2005年第8期。
④ 〔加〕马克斯·范梅南著,李树英译:《教育机智——教学智慧的意蕴》,教育科学出版社2001年版,第228页。

特级教师孙双金说:"教育的全部技巧就是一个字——爱。对教育事业的爱,对教育对象的爱。只有当教师具有博大深厚的爱心,教师在课堂上才能真正尊重学生:尊重学生的人格,尊重学生的见解,尊重学生的差异;才能真心宽容学生:宽容学生的偏激,宽容学生的缺点,宽容学生的错误;才能真正欣赏学生:欣赏学生的优点,欣赏学生的缺点,欣赏学生的个性。"①对人的"关怀"是教育的出发点和归宿,专业教师应该是关心儿童、呵护儿童的典范,是儿童的研究者,是儿童避开外界不良影响的呵护者,是儿童发展的促进者。

案例 2—10

他 的 苦 恼

　　认识S的老师只要一提起他的大名,便能如数家珍般地举出他的种种不是,脸上显露出一副无可奈何的神色。我也为此大伤脑筋,但有一事件使我改变了对他的看法。

　　星期三是我住校值班的日子,当我把孩子们送上床后检查他们是否盖好被子时,发现S竟然睡在毯子和被子中间,而身上却穿着三件羊毛衫。我不解地问道:"S,天这么冷,只盖了一条毯子会着凉的,快睡到被窝里去。"

　　"他好几天都这样睡的。"不知谁插了一句。

　　"是吗?为什么?"我疑惑了。"你在家睡觉也这样?"

　　"不,不是。"

　　"那为什么现在这样呢?"

　　"因为我动作慢,这样睡觉,明天早晨动作会快些,不会成为最后一名。最后一名要被老师批评的。"

　　听了他的话,我不由得心头一酸。我忙着帮他脱去羊毛衫,告诉他,明天早上我会帮助他。在他和我道晚安的时候,我从他的眼睛里捕捉到了感激、信任。②

即便是案例中表现不佳的"落后生",也有值得肯定的方面,也同样需要教师的关爱和鼓励。教师的责任,是关心每一位学生,为每一位学生提供帮助与支持。

当然,教师"视育人为己任"的精神气质不是一朝一夕形成的,它是在教育实践中反复思考与历练的结果。

案例 2—11

　　班上有四个同学说话都含糊不清,断断续续,有的非但不能成段,连句子都说不连贯。乍看,是口吃的毛病,但仔细调查辨别,又各有不同。一个是说话时舌头似乎短了一点,经再三细听、分析,终于找到了口齿不清的症结所在;第二个是家庭语言环境差,父母又十分娇惯,把已经是中学生的儿子视为幼儿,话不成句,规范性差;第三个是学口吃开玩笑,形成了习惯;第四个是思维比较迟钝,对外来信息不能迅速反映,说起来嗯嗯啊啊、疙疙瘩瘩。弄清楚他们口头表达能力差的各自原因,就能寻找

---

①　教育部师范教育司组编:《孙双金与情智教育》,北京师范大学出版社2006年版,第7—8页。
②　卞松泉、胡惠闵主编:《学会关心学生研究》,上海科技教育出版社1998年版,第64页。

最佳方案纠正、提高。对第一个学生先从生理上解决，手术治疗舌头下面的一根筋，然后进行说话训练。对第二个学生我们与家长联系，改善家庭语言环境，注意说话的完整与通顺，再帮助他进行单句说话训练，一步一步提升。对第三个学生注意用"稳定剂"、"安慰剂"，逐步消除他说话时的紧张心理，纠正不良习惯。对第四个学生则采用另一个方法：不是就口头表达抓口头表达，而是抓思维训练促口头表达，在日常学习、生活中注意训练其思维的灵敏度，坚持不懈，取得了良好的效果。[①]

尊重每一名学生，施以适合他们的教育，这看似教学方法问题，实则是教师对学生爱心、耐心、细心的体现，是教师爱的奉献。而长期坚持这样去做，正是教师强烈的责任感与使命感使然。

二、沟通儿童与课程

与其他专业一样，教学工作需要扎实而宽厚的知识基础，但教师的知识不仅体现在质与量上，更重要的是体现在以恰当的方式引导学生学习，善于把成人的知识转化为儿童的知识。美国实用主义教育家杜威（John Dewey）指出，教师与学科专家不同，后者的任务是对该学科增加新的事实、提出新假设或证实它们。而作为教师，他思考的是怎样使教材变成学生经验的一部分；在儿童的已有经验中有什么和教材有关，怎样利用这些因素，等等。[②]教学就是帮助儿童在已有经验与学科知识所包含的逻辑经验之间建立起有意义的联系的过程。下面这个案例在一定程度上展示了教师"沟通儿童与课程"的含义：

案例 2-12

上课铃声一响，科学课老师和往常一样，左手拿着教材，右手端着开水杯走了进来。这是一个簇新的不锈钢保温杯。老师把它和书一块儿放在讲台上，一边又把杯子抬起来，展示给全班。"同学们，大家看，这是我刚买的杯子！""老师，你原来的杯子呢？"一个学生随口问道。"我正要告诉你们呢！我一直都是用那个大玻璃瓶子喝开水的，它能装的水比这只新杯子多得多啊，可是，今天早晨我往里面倒水的时候——唉，你们猜发生了什么吗？"这时全班的目光都转向了老师。"老师，是不是炸裂了？""不只是裂了，瓶底整个儿掉下来啦！""老师，我家的热水瓶开水装进去就炸碎了！""老师，你这个新杯子会不会裂啊？""我爸爸也用玻璃杯，他的为什么就好好的呢？"教室里热闹起来。教师简洁而快速地把这些问题写在黑板上。"好啦，同学们，我们这节课就来分析刚才大家提出的这些问题。"[③]

这是一位小学教师上的"热胀冷缩"这一堂课的开头部分。对于学科知识中的"热胀冷缩"原理，教师正是通过挖掘儿童的生活现实中与学科知识有关的因素，架起了学科知

---

① 于漪：《语文教师的使命》，《全球教育展望》，2008年第4期。
② ［美］约翰·杜威著，赵祥麟、任钟印、吴志宏译：《学校与社会·明日之学校》，人民教育出版社2005年版，第123页。
③ 王艳玲：《课堂教学中儿童生活经验的缺失与回归》，《全球教育展望》，2009年第1期。

识与儿童生活之间的桥梁。首先,教师找到了学科知识与儿童生活经验的契合点。教师以自己的经历为契机,借助于生活中常见的热胀冷缩现象,将抽象的学科知识还原为鲜活的现实生活。第二,教师通过联系生活经验,激起了儿童的内在兴趣。教师从开水胀裂了自己的水杯说开去,引发的是儿童身边的问题,是他们真正关心的、经历过的情景。儿童思考属于自己的问题,在教师的引导下,学科知识就成为对儿童生活经验的解释,真正对儿童经验的成长发挥指引作用。成人的经验塞给儿童,不管采取什么方式,对于儿童来说仍然只是符号,而如果知识与儿童关心的事情有着紧密联系,它就会引起内在的动机和兴趣。在上面的案例中,教师在儿童精神的需要和学科知识的提供之间建立起有机的联系,这种联系是从教材本身与儿童生活经验的关系中产生出来的。第三,教师把自身的生活经验和儿童的生活经验同时当作课程资源引进了课堂,生活世界中的真实内容得以进入课堂,师生在日常生活世界中的经验、体验成为教学生活的基础,教学过程成为思考和解决生活问题的过程,教学世界与师生的生活世界实现了融通。

没擦的黑板

案例 2-13

在教学面积单位时,我对导入是这样预设的:首先请学生回忆学习过的知识,说说什么是面积,然后请学生用手摸一下书本与文具盒的盖子等面,再一次感受这些面的面积是有大小的。那么怎样具体表述这些面究竟有多大呢? 这样就导出了本节课的学习内容。

伴着上课铃声,我胸有成竹地走进教室,首先对"什么是面积"进行了复习巩固,学生基本上都能正确回答,我微笑着点点头,提手准备板书"面积"两字,等我转过身时才发现黑板上满是语文课的板书,几乎没有我写字的空间了,我愣了一下:"今天是谁值日,怎么这么没有责任心? 让他上来当着全班同学的面去擦,以示警告。"可这些念头在我的头脑中转瞬即逝,我放下手中的粉笔,微笑着慢慢转过身来,全班同学都在盯着我,等着我处理。

师:大家观察一下,今天的黑板怎么样?

生:上面写满了字。

师:写"满"了吗?

生:没满,差不多要满了。

师:你用词很注意分寸,"差不多要满了",说明还留有一点空间。那谁能用我们昨天学习的面积知识来说一句话。(昨天已经学习了面积之间简单的大小比较)

生:黑板的面积大,上面的字所占的面积小。

师(拿起黑板擦,边擦边说):黑板上所有的字合起来所占的面积都没有超过黑板的面积,老师现在擦黑板,擦抹到的是黑板的……(生齐说:面。)

师(仔细地沿着黑板的边框擦着):如果我现在把黑板的每一个角都擦到,那么我擦的面积就和黑板的面积……(生齐说:相等)

师:如果你今天回去想跟妈妈说说"老师擦的黑板究竟有多大",该怎么说呢?

生:我们的黑板面积比教室的墙壁面积小。

师:你对面积的大小区分得相当清楚,但是妈妈只是有了一个初步的印象,能更具体些吗?(随后学生完全沉浸在探究的过程中,商量着如何解决这个"棘手"的问题。)

学生讨论后交流：

生：去测量妈妈所熟悉的一样东西。

师：你们组能举例吗？

生：我们可以用我们的数学书去摆。

师生合作共同去测黑板究竟有多少本数学书封面的面积那么大。

师：现在回去可以告诉妈妈，我们的黑板面积大约等于96本数学书封面的面积。如果你妈妈不知道数学书封面有多大，你手中又恰恰没有数学书怎么办？

这时学生很自然地就会产生"统一面积的计量单位"的想法。

这时已经进入了新知识学习的流程，学生的思想集中，学习积极性高涨，每个同学都参与进来了。这样的情绪也感染了我。随后的教学进行得出奇地顺利，师生配合默契，学生的回答也是奇思妙想，包括学生提出用数学书去测量黑板的面积很不方便，应该用更大一点的东西去测，也就是需要选择适合的面积单位，真是精彩纷呈，教学效果也就不言而喻了。[①]

在课堂教学中，沟通儿童与课程的关系，关键是要寻找教学内容与学生生活的最佳结合点，把教学内容从静态的符号还原为鲜活的生活，尽可能地使内容贴近生活，与周围的世界息息相通。这样的教学才真正会对学生的知识发展与精神发展产生影响。

三、富有临场智慧

过去我们认为，教学机智就是教师在处理突发事件时表现出来的判断能力与行动能力，是教学过程中的调和剂和点缀物。实际上，这种观点具有片面性。当我们关注教师和学生的日常互动时，就会发现，教学机智是教师教育教学中一个普通的特征，它体现在教师与学生相处的点点滴滴中。教学的方方面面都渗透着教师的教学机智，都需要教学机智的参与：面对上课开小差的学生，教师要运用教学机智，把学生从神游中吸引到学习上来；面对潦草的作业，教师要运用教学机智，使学生改变不良的书写习惯；还有，面对上课铃声响过了还闹哄哄的课堂以及迟到或课堂上不能回答问题的孩子……机智贯穿在整个教育生活中，它就是教师与学生之间的交往方式，是成人与孩子相处时瞬间知道该怎么做的临场智慧和才艺。

案例 2-14

多余的几分钟

今天上"时、分、秒"这课，学生们的热情都很高，内容上得很快，我一看手表，离下课还有一点时间，这剩下的时间该如何打发呢？我灵机一动，对学生说："好，最后老师给大家出个题，一节课40分钟，如果在9：10上课，下课的时刻应该是几时几分呢？"大家很快算出，我请学生们一起回答，大家齐声说："9：50分"，这时铃声恰好响起，我指了指时钟，诙谐地说"它告诉你们是不是回答正确了！"

---

① 陈娟：《"插曲"也精彩》，《小学教学研究》，2006年第8期。

教师的教育机智是教师根据特定的教育情境而采取的一种临场的智慧性行动,它是一种在特定情境中教师个人的应激反应。

　　在三年级的课堂上,所有的孩子都在静静地做数学题。马克弓伏着坐在自己的座位上。他正在专心致志地做数学题。他隐约感觉到老师在附近的过道上走动着。接着,是一阵困惑式的脸红。他体内的肾上腺素陡然往上冲,合并着其他孩子的哄然大笑声。原来,老师猛然间将座位从马克的屁股下面抽了出来;马克一下跌在了地上。"这样会教会你在自己的椅子上坐端正了。"老师取笑地说。但是,马克几乎听不到这些话。他满脸通红,很羞怯地爬到自己的座位上。过了好一阵子,他才能够不再理会其他孩子的嘲笑,继续做数学题。①

　　在另外一个三年级的课堂上,所有的孩子都在静静地做数学题。迈科弓伏着坐在自己的座位上。他正在专心致志地做数学题。他隐约感觉到老师在附近的过道上走动着。突然,老师的脸出现在他旁边,看着他的作业。"做得很好,迈科!"老师说。"我很喜欢你排列数字的整洁。我还没看到一个错误!"当老师对他低声这样说的时候,迈科几乎可以感觉到老师脸上的温暖。它就像一种爱抚一样。迈科挺直了身体,调整了一下坐的姿势。他几乎没有注意到老师的手在他的背上是一种鼓励似的轻拍,而且同时又是一种有效的动作,让他挺直身膀,调整好坐姿。②

　　看到学生不正确的坐姿,是瞅准时机从后面猛地抽掉椅子,让学生出洋相并记住教训;还是走到学生旁边提醒他,告诉他写字的姿势要端正;或者像上面这位教师这样,"不经意地"在孩子的背上轻轻一拍? 教师的每一个行动都必须既是"不假思索的",又是"充满智慧的",这就是教育机智的内涵。

　　在教师教学机智的研究方面,加拿大阿尔伯塔大学教育学教授马克斯·范梅南(Max van Manen)的《教学机智——教育智慧的意蕴》一书在国内有广泛影响。范梅南在该书中指出,富有机智的教师拥有以下几方面的品质和能力:(1)一个富有机智的教师是具有敏感性的教师,能够从手势、举止、表情和身体语言等方面间接理解儿童内在的思想、理解、感情和愿望,可以说,一个富有机智的教师,能够读懂儿童的内心生活。(2)能够从心理意义和交往意义上理解这种内心生活的特征。因此,在具体情境中与特定孩子和儿童群体相处时,机智的教师知道如何从更深层次的意义上理解孩子的害羞、挫折、兴趣、困难、脆弱、幽默、纪律等。(3)富有机智的教师拥有很好的准则、限度和平衡,能够自动知道如何保持和情境的距离。(4)机智具有道德直觉的特征,一个机智的教师瞬间就能知道做什么是合适的、正确的和好的,而这样的能力又是建立在对孩子个性和环境的教育理解的基础上。

① [加]马克斯·范梅南著,李树英译:《教学机智——教育智慧的意蕴》,教育科学出版社2001年版,第238页。
② 同上。

> 那么，在"瞬息万变"的教育情境中，教师如何才能使自己对每一个情境做出正确的行动和反应呢？马克斯·范梅南指出，反思在形成教育机智方面起着重要的作用。教育反思的目的是进一步理解教师对儿童所采取的某个行为是否恰当，不断地识别对于每个具体的孩子或一群孩子来说什么是好的、恰当的，什么是不好的、不恰当的。①

四、秉持探究的立场

教师是自身实践的研究者（探究者）。并且，这种研究与教育实践是不可分割的，研究的问题来自实践，研究的目的是为了改善实践，研究过程就是自身的教学活动过程。

对教育教学秉持探究的立场，意味着教师参与到教学研究中并成为研究的主体。教师以研究者的心态置身于教学情境中，以研究者的眼光审视和分析教学理论与教学实践中的各种问题，对自身的行为进行反思，对出现的问题进行探究，不断改善自己的实践，使自己的教育教学行为更加合理、有效。教师作为自身教学的研究者，意味着相信每一位教师都有能力对自己的教学行为加以反思、研究与改进，教师通过有效的研究活动，逐步养成自我反思的习惯，设计和改进教育教学行为。基于研究对于教师的重要性，"教师成为研究者"的呼声一直没有停止。

与专家、学者的研究相比，中小学教师的研究主要是指教师通过对自身教育教学行为的观察、反思与探究，以改进和完善自己的教育教学实践为目的的研究，它是植根于教育教学之中的，是"基于实践、在实践中、为了实践"的研究。教师的研究聚焦自己特定教育教学情境的经历、体验与感悟，描述自己教育教学生活中实际的遭遇、困惑与迷茫，以及尝试理解与解决教育教学问题。教师的研究因其具有的这些内在特性，在教育世界里具有独特的地位与作用。

本章小结

本章首先讨论了"蜡烛"、"春蚕"、"教书匠"等我国常说的教师形象，以及它们对我们理解教师专业形象的启示。从中得出，要全面把握教师专业形象，首先要把握教学专业的实践特征。教师专业形象是从教学专业的特征来看待的理想的教师形象。由于教学实践具有情境性、价值性、不确定性的特征，教师不可能做运用特定的模式和技术解决教学问题的"操作工"或"匠人"，而只能是在复杂多变的、犹如"低洼湿地"一般的教育情境中行走的"反思性实践者"。本章根据教育实践的特征，从四个方面来描述教师的专业形象：视育人为己任、沟通儿童与课程、富有临场机智、秉持探究的立场。

① ［加］马克斯·范梅南：《教育敏感性和教师行动中的实践性知识》，《北京大学教育评论》，2008年第1期。

关键术语

教书匠、教育实践、反思性实践、教师专业形象

思考与讨论

1.阅读下面的材料,回答以下问题:

(1)当前学生心目中所喜欢与不喜欢的教师特征集中在哪些方面? 换言之,学生所看重的是教师的哪些素质?

(2)研究者一般把教师素质分为职业道德、人格素质、专业知识与教育教学能力四个方面。从这四个方面来看,中、美、日三国学生心目中的好教师标准有何差异?

学生心目中的教师形象

北京师范大学李琼博士以北京市12所中小学的4 850名中小学生为调查对象,考察了当前中小学生心目中的教师形象,将之与我国20世纪80年代的同类调查研究进行比较(见表2-1和表2-2),并与美国、日本当前的研究结果进行比较(见表2-3)。[①]结果如下:

表2-1　我国学生心目中所喜欢的教师特征

次序	2006年学生喜欢的教师特征 (N=4 850)	20世纪80年代学生喜欢的教师特征 (N=4 415)
1	和蔼可亲,有亲和力	教育方法好
2	听取学生的意见,信任鼓励学生	知识广博,肯教人
3	理解、宽容与关心学生	耐心温和,容易接近
4	幽默风趣,有人格魅力	对学生实事求是,严格要求
5	认真负责	热爱学生,尊重学生
6	要求严格而不苛求	对人对事公平合理
7	讲课好,如清晰、生动、有激情	负责任,守信用
8	知识丰富,有学识涵养	说到做到
9	做事果断,不拖泥带水	有政治头脑,关心国家大事
10	外貌形象好,如有气质	讲文明、守纪律

表2-2　我国学生心目中所不喜欢的教师特征

次序	2006年学生不喜欢的教师特征 (N=4 850)	20世纪80年代学生不喜欢的教师特征 (N=4 415)
1	脾气大,容易发火	对学生不同情,把学生看死
2	批评、讽刺、挖苦学生	经常责骂学生,讨厌学生
3	偏心,按学生的学习成绩判断学生	教学方法枯燥、无味
4	整天板着脸,严肃、不幽默	偏爱、不公平

---

① 李琼:《学生心目中的教师形象:一个跨文化的比较》,《比较教育研究》,2007年第11期。

（续表）

次序	2006年学生不喜欢的教师特征 （N=4 850）	20世纪80年代学生不喜欢的教师特征 （N=4 415）
5	不信任、怀疑学生	上课拖堂，下课不理学生
6	没有责任和耐心	说话无条理、不易懂
7	说话无条理、不易懂	只听班干部反映情况
8	不关心学生	不和学生打成一片
9	上课没有激情、沉闷	布置作业太多、太难
10	知识水平差，没有见解	向家长告状

表2-3 不同国家学生心目中所喜欢的教师的特征

次序	中国学生喜欢的教师特征 （N=4 850）	美国学生喜欢的教师特征（N=47 000）	日本学生喜欢的教师特征 （N=4 588）
1	和蔼可亲、有亲和力	友善的态度	教育热情
2	听取学生的意见、信任鼓励学生	尊重课堂上每一个人	教学易懂
3	理解、宽容与关心学生	耐性	开朗
4	幽默风趣、有人格魅力	兴趣广泛	公开
5	认真负责	良好的仪表	理解学生
6	要求严格而不苛求	公正	亲切
7	讲课好，如清晰、生动、有激情	幽默感	平易近人
8	知识丰富广博，有涵养	良好的品质	有趣
9	做事果断、不拖泥带水	对个人的关注	不发脾气
10	外貌形象好，如有气质	处事有灵活性	幽默
11	不占课，不拖堂	宽容	直爽
12	留的作业少	有方法	与学生一起活动

2. 想一想、说一说：

教师是"教书匠"吗？这在当前还是一个有争议的话题。读一读下面的文字，想一想，你持何种观点？你的理由是什么？与你的同学分享。

有人认为，教师是"教书匠"。教师就是要把教育教学的技术掌握到家，使上课的质量有保证，因此，做"教书匠"没有什么不好。他们甚至说，有的老师课上得不好，是因为他们本身不是"教书匠"，或者只是低级的"教书匠"。

还有赞同教师是"教书匠"的人提出了更为"雄辩"的理由：从传统的"专业"思想来看，专业本身要求实践者掌握专门的技术，并运用这些技术为社会提供服务。"教书匠"的背后其实是将教师作为"技术员"来看待，因此，教师作为"教书匠"恰恰体现了"专业"的思想。

也有人反对教师作为"教书匠"的说法。他们的理由也可概括为两个方面：一是由于"教书匠"更多地关注用既定的方法或技术来开展教学，很少关注教育技术背后所蕴含的价值，缺乏对教育过程的研究和反思，因而在教育行为上很难呈现出自主性、创造性的特征，教师自身和学生的发展都受到限制；二是作为"教书匠"的教师，其教学水平体现在知识传授的效率和质量上。而随着社会和教育的发展，发挥学生的主动性、培养学生的创造性已经成为教学过程的必然要求，如果教师仍然只会复制教学而不会创新教学，其结果只能是所"塑造"的人不再适合社会的需要。

3. 读一读、做一做：

活跃在我国中小学教育界的著名特级教师们，无一不是关心学生、热爱学生的典范。你知道他们的故事吗？他们是怎样教育学生的？推荐你阅读教育部师范教育司组编的"教育家成长丛书"。其中，你将与丁有宽、于漪、孙双金、任勇、刘可钦、李吉林、邱学华、张思明、赵谦翔、李镇西、张思中、程红兵、钱梦龙、高万祥、黄爱华、龚春燕、吴正宪、韩军、窦桂梅、魏书生等众多的特级教师相遇，感受他们对教育、对儿童的拳拳爱心，品味他们多姿多彩的教育智慧。读完后在课堂上与同学分享其中1—2位特级教师关爱学生的小故事。

4. 想一想、做一做：

再读一读本章中的案例"请你去逮一只翠鸟"、"长方形是从谁的身上跑下来的"、"没擦的黑板"、"多余的几分钟"，体味其中展现的教学机智，然后在班上交流：你是怎样理解教学机智的？你认为教师应该如何做到"机智地"教学？

进一步阅读的文献

1. 教育部师范教育司组编："教育家成长丛书"，北京师范大学出版社2006年版。

2. 陈桂生著：《师道实话》，华东师范大学出版社2004年版。

3. 鞠玉翠著：《走近教师的生活世界——教师个人实践理论的叙事探究》，复旦大学出版社2004年版。

4.［加］马克斯·范梅南著，李树英译：《教育机智——教学智慧的意蕴》，教育科学出版社2001年版。

5.［美］里根、凯斯、布鲁巴克著，沈文钦译，卢立涛校：《成为反思型教师》，中国轻工业出版社2005年版。

第三章 教师专业发展的取向

通过本章的学习,你能够

◆ 了解教师专业发展的理智取向对教师专业发展的基本认识;

◆ 了解教师专业发展的反思取向对教师专业发展的基本认识;

◆ 了解教师专业发展的生态取向对教师专业发展的基本认识。

....

虽然教师专业发展的实践已经成为当前学校系统中非常重要的组成部分,相关的理论探讨也已经进行了多年,但究竟什么是"教师专业发展",却是一个存在着多种不同理解的问题。例如,到底教师专业发展"发展"教师的什么呢? 有的人会坚定地认为:所谓教师的"专业",无非就是学科的知识和教学的知识与技能,所以,教师专业发展就是增加(包括重新结构化)教师的学科的和教学的知识。这种理论当然会马上引起另外一些人的反对,因为他们有很多的证据表明,教师的学科知识或教学知识对他们的教学实践影响甚微,真正有影响的是"态度"与"信念",所以,教师专业发展应以改变教师的态度与信念为务(如让教师转换视角重新审视自己的实践,通过其他教师尤其是优秀教师的事迹唤醒教师对于事业的热情,提供可靠的实证研究结果以说服教师相信学生的学习能力等等)。第三个派别或许基于他们对于教师的研究,发现教师的知识、态度与信念,都是"个人的"、"实践的",因而很难(如果不是不可能的话)通过"别人"间接地予以改变,必须依赖"个人"自己的力量(个体地或合作地)予以澄清、反思和重建……

在这样的情况下,为"教师专业发展"提供一个定义,就不如对"教师专业发展"的理论与实践的各种取向进行判别和归类,更有利于我们认识理解这件事情。因此,有必要对这些不同的教师专业发展取向分别予以说明,以便为我们规划和设计自己的专业发展提供一些框架性的参考。根据各种有关教师专业发展的研究文献,本章将重点分析教师专业发展的三种不同取向,分别是:教师专业发展的理智取向、反思取向和生态取向。

案例 3-1

今年37岁的李蕾现在是上海市某所中学的教师,任教政治课。她15年前从江西某所师范大学的哲学系毕业后,就在当地的一所中学担任政治课的教师。虽然大学里所学的哲学专业和中学里的政治课有很密切的关系,但中学政治课教材里的很多内容她以前在大学里并没有系统地学过,所以参加工作最初的两三年,她花了很多的时间"充电",丰富自己在中学政治课中许多内容上的知识。李老师生长于一个大家庭,她是兄弟姐妹中最小的一个,从小得到父母和哥哥姐姐的宠爱,这使她总有点"孩子气",但这也使她更容易与学生交流。她与学生的关系一向很好,有些学生甚至不叫她"李老师"而叫她"李姐",对此她也毫不介意,把这看成是学生信任自己、亲近自己的表征。凭着自己的认真和投入,她很快在政治课教学上取得了不错的成绩,在学校、区、市各种政治课教学比赛中多次获奖,成为学校的一颗教学新星。但不久之后她生了孩子,在接下来的几年时间中,她不得不把相当多的精力放在照顾孩子上,虽然她投入在教学上的时间相比以前少了一些,但有了孩子使得李蔷对自己的学生有了更深一层的理解和关爱,她的教学仍然获得了学生和同事的广泛认可。

两年前,李蔷所在的学校新进了一位政治课老师叫王冬,按照学校的安排,李蔷担任了王冬的教学师傅。王冬毕业于师范大学的政治学系,和李蔷当年刚参加工作的情况差不多,虽然王冬在大学里学了很多政治学领域的知识,但是面对中学政治课程,仍然有点不知所措。李蔷发现王冬常常能就教材上的某个问题滔滔不绝地谈出许多相关的知识,但是却不知道怎么把这些知识组织成课堂中的教学活动,能够让学生对相关问题获得理解、深化认识。这常常让王冬感到很沮丧。李蔷花了很多时间与王冬一起备课,听他的课并给他评课,也经常跟他交流自己这些年的成长经验。在她的帮助下,王冬进步很快。

一年前,李蔷因为丈夫工作的调动,离开了江西那所工作了十几年的学校,转到上海市一所中学任教。这个转变给李老师的教学生涯带来了很大的冲击,最直接的冲击来自教材:上海市使用的教材与原来她熟悉的教材不一样,虽然基本的话题差不多,但具体内容和呈现方式差别很大,李老师突然感觉自己好像又回到了刚刚工作的那段时间,面对着教材常常感到"心里没底",不知道怎么样把这些内容变成丰富多彩的课堂活动,这很大程度地影响了她的教学成绩。而且,她发现上海这所学校的同事之间的关系,与她原先非常熟悉的那所学校里的同事关系也并不一样,办公室里的氛围总是很难让她产生像在江西那所学校的那种"家"的感觉。虽然她很想像以往在江西那样建立起与学生的密切关系,但她发现学生似乎对她并不像以往的学生那样亲切和自然……

李蔷现在还经常与王冬联系,她半开玩笑地对王冬说,换了一所学校,现在她也成了"新教师"了。虽然江西那所学校在李蔷走后,又给王冬找了位新的师傅,但他仍然时不时地就教学中的一些问题向李蔷请教:只有在这个时候,李蔷才会重新找到她很熟悉的那种"老教师"的感觉。李蔷对王冬说,看起来我们现在都到了一个新的起跑线上,需要重新定位自己、转变自己、发展自己了。

第一节 教师专业发展的理智取向

教师专业发展的理智取向,在所有的教师专业发展取向中,可能是历史最为悠久的。它暗含的思维方式和基本概念,继承了人类理智史上最古老的传统。事实上,理智取向的基本观念,也正是传统上人们在教育问题上的基本观念,简单地说,那就是:人应该通过学习具有某些特性的"知识",为其行动奠定理智的基础,而不致使其成为盲目的、随意的、完全依赖偶然的冲动。远在"教师专业发展"成为一个学术问题之前,教师教育的早期实践实际上就是基于上述这样的假设。

一、教师专业发展理智取向的基本假设

教师专业发展的理智取向是基于这样的基本认识:作为一种理性的活动,教师的教学实践背后有特定的知识作为支撑;在具体的情境中发生的实践本身是具体的、繁杂的、零散的、流动的,但是作为它的理智基础的知识却是稳定的、简洁的、结构化的,因而也是容易把握的;即使我们的最终目的是改变教师的实践,从改变支撑实践的知识入手,也是一种容易操控的、可靠而经济的选择。

部分地由于传统上"理性"、"理智"、"知识"都被认为是一种普遍的存在,而不是只与哪一个特别个体相关,所以理智取向在讨论教师专业发展时,总是把"教师"当作一个不可分割的复数名词来看待,对于这个群体中的个体并不予以过多地考虑。

当然,只是笼统地讨论知识之于教师教学实践的价值是不够的。教学实践作为一种特殊的过程,它所需要的知识基础——也就是使得这种实践成为一门"专业"的那些知识——需要有更细致的识别和分析。像人们传统上分析类似问题的思路一样,识别和分析教学实践的知识基础最好的办法,是从分析教学实践中的"简单教学过程"入手。

作为分析单位的"简单教学过程",在教师专业发展的理智取向的普遍理解中,可以借用芬斯特迈彻(Gary D. Fenstermacher)在分析"教学"概念时所用的一个"公式"予以说明。在芬斯特迈彻看来,"教学"在最基本的意义上包含这样的过程:

(1)有一个人,P,他拥有一些

(2)内容(content),C,而且

(3)意图将C传递给

(4)另一个初时缺少C的人,R,如此

(5)P和R介入一种以R之获得C为目的的关系。①

在这样的教学过程中,教师(P)和学生(R)之间围绕着内容(C)而展开"教"与"学"的互动,对于教师(P)来说,他的教学实践的知识基础中最基本的部分,应该包括"学科知识"(或上述公式中的"内容",即被传授的知识)和"教育知识"(将那些知识"传"给学生的过程所需要的知识):这两类知识,也就构成最基本的教师专业知识。

知识驿站

舒尔曼对"教学的知识基础"的分析

在1987年的一篇文章中,舒尔曼(Lee S. Shulman)尝试提出了教学专业之知识基础的七个范畴:(1)内容知识(content knowledge);(2)一般教育知识

---

① Fenstermacher, Gary D. (1986). Philosophy of Research on Teaching: Three Aspects. In Merlin C. Wittrock (Ed.). *Handbook of Research on Teaching (3rd Ed.)*. Macmillan Publishing Company.

（general pedagogical knowledge）；（3）课程知识（curriculum knowledge）；（4）学科教育知识（pedagogical content knowledge）；（5）关于学生及其特性的知识；（6）教育背景知识（knowledge of educational context）；（7）教育目的、价值、哲学和历史基础知识。另外，他提出了教师获取这些知识的四个主要的资源：（1）学科领域的学术研究；（2）教育材料和结构（教科书、学科组织、经费等）；（3）正规的教育学术研究（有关学校教育、社会组织、人的学习等的研究）；（4）实践智慧。

在这四类资源中，第一、第三两类都是通常所谓"科学知识"的最主要的来源，而第二类亦是客观的事实，这三类都是外在于教师的，教师可以通过阅读有关的研究文献或分析有关材料，"获取"（接受）这类知识。但舒尔曼也特别强调"实践智慧"的价值，一再强调"科学知识"与"详尽描述与批判分析的个案（cases）"同等重要地构成教学的知识基础；在后来的著作中，他更强调指出实践中的不确定性，认为学术研究与其说是为了提供确定性的知识，不如说是提供实践的指引，在专业实践领域，理论的、实践的、道德的原则是交叉在一起的。①

二、教师专业发展的基本内容

由于对"教学过程"的分析角度不同，赞同教师专业发展理智取向的学者，实际提出了详略不同的多种知识分类框架。其中，舒尔曼提出的将教师知识分为7类的设想，就属于在这一领域影响较大并在20世纪90年代以后影响了许多教师教育机构课程设置的一个分析框架。

但是，不管如何对教师教学实践的"知识基础"进行分类，有一个问题是教师专业发展的理智取向无法回避的：虽然"专业知识"是构成"教学实践"的理智基础，但这两者之间并不能直接地对应起来；以特定专业知识为基础的教学实践，在丰富、繁杂的现实情境中，还必须能够做出合宜的变通、调整乃至创造。为了回答这个问题，许多赞成教师专业发展理智取向的学者，引入了一些"专业知识"之外的、通常是描述一种动态过程的概念，如，基于既定专业知识和特定教学情境的"实践推理"，或更常见的"教学艺术"或"教学智慧"：在相当长的时间里，"教学艺术（智慧）"一直是理智取向的教学观和/或教师专业发展观在处理"知识"与"实践"关系时所用的一个"调节器"。②

由于"知识"是可以传授或分享的，而"专业知识"对于教师的教学实践具有基础性的理智支撑作用，所以教师专业发展可以通过各种形式的知识分享或传授（如讲演、展示、分析、讨论、阅读等），帮助教师丰富和重组专业知识，或提高基于专业知识的"实践推理"

① Shulman, Lee S. (1987). Knowledge and Teaching Foundations of the New Reform. Harvard Educational Review, Vol.57, No.1, pp.1-22; Shulman, Lee S. (1999). Professing Educational Scholarship. In Ellen Condliffe Lagemann & Lee S. Shulman (Eds.). *Issues in Education Research: Problems and Possibilities*. San Francisco: Jossey-Bass Publishers.
② 这种思想的典型代表，早期如Gilbert Highet (1969). *The Art of Teaching*. New York: Knopf，近期如 Shulman, Lee S. (2004). *The Wisdom of Practice: Essays on Teaching, Learning, and Learning to Teach*. San. Francisco: Jossey Bass.

的能力,从而改进教师的教学实践质量,并因此而最终提升学生学习的质量。

到目前为止,世界上几乎所有的教师教育机构在所提供的职前培养课程中,都仍然是基于教师专业发展理智取向的这些假设:教师培养课程在总的结构上通常分为两个部分,"专业知识"的学习部分和"专业实践"的部分,前者是为教师将来的专业实践提供理智基础,而后者则是为了在实际的具体教学情境中应用所学知识,并培养"实践推理"能力或所谓的"教学艺术"。

三、教师专业发展理智取向评析

教师专业发展理智取向的问题在于,它的重要假设(教学实践存在理智的基础)通常不能"完全"成立:固然,作为人的活动,尤其是作为知识分子的活动,教师的教学实践中不可能没有理智的支撑,或以特定的知识为基础;但是,这种"特定的知识",或作为教师教学实践之"事实上的基础"的那些知识,似乎未必是理智取向所倡导的那些"专业知识"。包括教师的教学决策在内的教育界的大量实践决策都是非理性的(并没有轮廓清晰、内涵分明的"专业知识"为基础,决策的过程也似乎"不合逻辑"),而在教育现实中,教师也普遍地对需要立即完成的"事务"之外的事情(尤其是被认为对于他们的实践相当重要的"知识基础")缺少兴趣。[1]

理智取向对于结构化的公共知识的依赖,在教学实践中也常常被证明是过分的:教师不但很难把这些公共知识作为"实践推理"的基础(这中间还需要特别的"转化"过程),而且往往从一开始就对这样的知识表示怀疑,不愿意接受它们。[2]看来,就算教师专业发展理智取向的最基本假设(即存在着作为教学实践之理智基础的知识)是成立的,但这个"知识"的性质可能也与理智取向对教师之"专业知识"的分析不同:事实上,正是这个认识,催生了20世纪80年代中后期以来的其他的教师专业发展取向,尤其是反思取向和生态取向。

此外,把"教师"当作一个"统一的"整体,容易忽视这个群体内部事实上存在着的分化:正是群体内部事实上存在着的"亚类"甚至更具体的个体之间的差异,使得理智取向的许多理论和实践不能"总是有效":有些教师能够从这一取向的教师专业发展活动中获得明显的提高,但另外一些教师则可能完全没有收获。把"教师"当作一个笼统的、一般的复数名词来讨论教师专业发展的理论或实践问题,现在看来,是一件存在着很大风险的事情。

但是理智取向至少在3个方面对于以后的教师专业发展理论或实践是具有重要启示的:(1)无论如何,具体的教育实践本身的确是难以把握的,如何能够找到某种更容易把握的、较稳定的、可改变的、与教师的教学实践密切相关的要素,以作为教师专业发展的入手点呢? (2)理智取向之所以成为对职前教师教育机构影响最大的一种取向,原因在于它的理论可以比较方便地转化为可以设计和运作的"课程"。对于任何教师专业发展的理论或实践而言,如何能够把有关教师专业发展过程的理解,转化为可设计、可运作并可评价的"课

---

① Evans, Linda (2002). What is Professional Development? *Oxford Review of Education*, Vol.28, No.1, pp.123–137.

② Crandal, D. P., et al. (1982). *People, Politics, and Practice: Examing the Chain of School Improvement.* Andover, MA: The Network, Inc; In Boster, A. S. (1983). Towards a More Effective Model of Research on Teaching. *Harvard Education Review*, Vol.53, pp.294–308.

程"，总是一个值得认真对待的问题。(3)理智取向因为强调结构化的公共知识对于教师教学实践的价值，事实上也就认可了数量庞大而且发展迅速的正规教育（包括心理）研究的成果在教学实践改进中的价值。即使将来的教师专业发展理论或实践不承认理智取向对于"知识"与"实践"关系的理解，它也必须回答这个问题：如何将作为教育界重要资源的正规研究成果（我们通常称之为"知识"）转化为教师专业发展或教学实践的现实生产力？

第二节　教师专业发展的反思取向

到20世纪中期以后，学术界（尤其是哲学界和心理学界）开始对于"人"以及人的"知识"和"实践"产生了较为普遍的新理解，这些新理解很快地就影响了教育界对相关问题的思考。例如，波兰尼（Michael Polyani）对于"缄默知识"的分析①，对教育理论界重新认识作为教育中的一个至关重要的因素的"知识"产生了很大影响，而对"知识"的新理解，又直接而深刻地影响了人们对教师专业活动的理解。

一、教师专业发展反思取向的基本假设

20世纪中期以后，社会科学界对于人的研究中，发生了一个重要的变化，那就是对"人"的分析单位的变化：个体的、具体的、独一的、丰富的、复杂社会关系中的有着特定历史和境遇的"人"，而不是复数的、抽象的、一般的"人"，成为新的研究和分析单位。

教师专业发展的反思取向，也正是建立在这样的基础之上。当从"个人"的角度看问题时，世界突然变得与前不同：那些以"正式的"语言（通常是指书面语言）为载体、按照特殊的（往往是在一个较小范围内）约定俗成的术语和逻辑表达的、通常暗含着这个学术领域的可能长达数千年的历史背景的、被假定可以共享的"知识"，不管它在内容上属于哪一个分类（如"学科知识"或"教育知识"），往往并不能对教师的教学实践直接产生影响。这类知识在面对教师时，遇到的第一个麻烦就是：由于教师对这些知识"背后的"那一套（如术语和逻辑之约定俗成的隐意、知识的历史背景和相关的横向知识背景）缺少起码的准备，结果"共享"的假设常常在实际的"分享"（如阅读、讲演）过程中化为泡影。既然这些知识与教师的实践（日常专业生活经验）缺少直接的关联，对于教师来说，学习这些知识也就很容易成为典型的"无意义学习"的过程（正像当我们"硬"教给学生缺少现实基础的知识时所发生的状况那样），教师对于这类知识缺乏兴趣，也就是很可理解的事了。

但是，就算教师不喜欢学习这些"正式的"（或共享的）知识，甚至也很少从职前或职后的以传授这类知识为目的的教师专业发展活动中实际获得这类知识，我们仍然应该相信教师的教学实践是一个理智的过程：如果教师的教学实践不是完全随意的、漫无目的的、毫无章法的，那就一定存在着某些比较稳定的东西作为教师教学实践的"基础"。如果这个基础并不如教师专业发展的理智取向所假设的那样是正式的、共享的知识（至少这类知识并不能独立构成一个现实的、坚固的基础），那么，这个基础又是什么呢？

---

① Polyani, Michael (1958). *Personal Knowledge*. Chicago: The University of Chicago Press.

二、教师专业发展的基本内容

在借用了哲学和心理学的一些分析框架和概念的基础上，一些教育学者认定，这个"基础"是另外一类过去曾经长期受到学术界（当然也包括一般社会公众）忽视的知识，即：个人的、实践的、情境化（地方性）的知识。[1]人的自觉的活动，如教学实践，的确有理智的基础以使这些活动更有效地合乎目的和特定的准则，而不至成为混乱、随意、漫无方向的过程；但是这个实际起作用的理智的基础，并不像教师专业发展的理智取向所假设的那样，是通常经由别人的经验（研究亦是一种特殊的、有目的的、有设计的经验）产生并以特殊方式（词汇和语法）表达的期望共享的知识，而是具有如下三个特点的知识。

1. 个人的（personal）。这类知识以个人直接经验为基础，是个人在其成长过程中（个人历史上）通过长期的、大量的与其环境的互动产生的，它固然有"社会的"成分，但并不能像理智取向的知识观下的知识那样容易在人与人之间分享。个人的知识是内在的，它既有多种不同的形成途径（并不限于"语言的社会互动"），也有多种不同的存在和表现形式（并不限于合乎共享语法的口头或书面语言）。实物（如小时候的一件玩具）、相片、图画、故事（个人的或共享的）、收集等等，都可能是这类知识的负载形式。个人的知识是个人信念、价值观的重要组成部分，也与人的个性和行为倾向密切相关。由于个人知识是人的基本组成部分，所以所谓"专业的活动"（如教学）必然受到它的影响："个人的"与"专业的"是不可分割的。

2. 实践的（practical）。与教师专业发展的理智取向假定"知识是一般的（抽象的、脱离具体实践类别的）"不同，实际上在教师的专业生活中起作用的知识总是"实践的"。它们能且只能在实际的教学工作中由教师自己建构起来。它们与个人密切相关，具有明显的实践定向特点——这个特点，使得实践的知识在内容和表述上，都与"正式的知识"大有不同。例如，如果按照"正式的知识"的标准看来，实践的知识可能是"不合逻辑"的，它更像是发自"直觉"而不是经由"推理"得出某种结论；不但它的"（推理）过程"不清晰，甚至它的结论也难以用合乎语法的口头的或书面的语言表达清楚：它是如此综合和复杂，以至于很难判别和离析出其中的"要素"来（这是"正规的知识"必须做的一件前提性的工作），它的内容只能用"实践（的语言）"予以表达。

当然，这并不意味着"实践的知识"就与"正式的知识"没有关系：事实上，"正式的知识"是"实践的知识"的重要资源之一，只不过，这需要在真实的实践过程中整合"个人的知识"，经由一定的"转化"过程。"实践的知识"（以及"个人的知识"和"情境化的知识"）还在一个特点上与"正式的知识"是相似的：它们都具有某种"型式（pattern）"，因而是相对稳定和具有内在的结构的（虽然表现形式未必合乎"正式的知识"传统上的一系列标准）。

3. 情境化的（situated/local）。与传统上"知识"被理解成脱离具体对象或情境不同，在教师的教学实践中实际产生作用的知识是情境化的，而不是一般的、抽象的、自足的。

---

[1] Connelly, F. Michael & Clandinin, D. Jean (1988). *Teachers as Curriculum Planners*. OISE Press & Teachers College Press; Clandinin, D. Jean & Connelly, F. Michael (1995). *Teachers' Professional Knowledge Landscapes*. Teachers College Press.

以"学科知识"为例，在传统的知识观下，数学家的"有理数"的知识，应该和小学数学教师或中学数学教师的"有理数"的知识是一样的，差别可能只在于知识的丰富程度或熟练程度不同而已。但是实际上，小学一年级的数学教师的"有理数"可能只是"我展现若干实物或图片，和小朋友一道先一个一个地数过来，然后说出它们的数量，直到每一个小朋友都能够熟练地用数字表达一定实物或图片的数量"的那个"数量"，中学教师的"有理数"根据他所任教的数学科目的进度，也自有不同的解释：不但自成体系的学术领域中的知识与学校课程中"教育化了的"知识不同，学校课程中同一个科目的知识，在不同的年级、不同的学校和班级，也大不相同。在教师的教学实践中实际起作用的知识，往往是在特定的情境中习得的（如在某所小学从教的若干年中积累的），所以正是这些特定的情境赋予了这些知识以"意义"，当然也受到特定情境的局限：这可以解释为什么许多教师一旦离开了某个特定的情境（如从小学进入中学，或从中学进入小学，或从这所小学到那所小学），就至少会有一段时间的不适应，需要"重构"自己的知识体系才能够重新进入较佳的专业状态；甚至有的教师在转换了教学情境之后，再也未能成为原来那样"成功的"教师。

教师的个人实践知识

康内利（Michael Connelly）和柯兰迪宁（Jean Clandinin）在他们的作品中认为，教师的个人实践知识可以表现在如下一些方面：

1. 形象。每位教师都有对于自己和自己生活（包括但不限于专业生活）的理解和认识，也具体生活于特定的社会关系中，这都使得教师表现出某种特殊的形象。例如，某位教师可以用"紧张的形象"来描述和理解：他生活在各种压力之间，在各种不同的诉求、观点和个人追求之间寻求平衡。

2. 惯例、原则和个人哲学。实践中的教师往往会遵循某些"惯例"，而不完全是按照某种理性知识的要求去做事。教师也往往都有自己的原则，如"与生活相联系的教学是有意义的，死记硬背是无意义的"。更笼统地说，每位教师都有一套自己的个人哲学，正是这套稳定的个人哲学，使得教师在其实践中作出各种不同的决定。

3. 比喻。教师往往对自己的教育生活作出这样或那样的比喻，正是在这些比喻中，深刻地包含着教师对于教育的理解：这种理解往往是直观的、笼统的。一位教师可能会说，我就像种地的农民，我的学生就好比是成长中的庄稼。这种比喻往往暗含了教师某种稳定的理解教育的方式，也会深刻地影响他们的专业行为。

4. 周期与节律。每个人的生活都有一定的周期和节律，教学专业生活也是一样。一位刚刚入职的青年教师的生活节律，可能会与一位即将结束教学生涯的教师的节律大相径庭。它们也往往构成教师关于他们教学知识的主要部分。[1]

[1] Connelly, F. Michael & Clandinin, D. Jean (1988). Teachers as Curriculum Planners. OISE Press & Teachers College Press；康内利、柯兰迪宁、何敏芳：《专业知识场景中的教师个人实践知识》，《华东师范大学学院（教育科学版）》，1996年第2期。

个人的、实践的和情境化的知识，是构成一位教师"教育个性（pedagogical personality）"的重要部分：正如人的个性往往在最基本但又最重要的层面上影响着人的其他更"高级"的思想或行为一样，教师的"教育个性"，也在最基本但又最重要的层面上影响着他的更"高级"的思想和行为。

比起教师专业发展的理智取向对于"正式的知识"的理解来，个人的、实践的、情境化的知识似乎是难以控制、难以改变的，这未免容易使人对于自觉的有目的、有计划、有组织的教师专业发展的可能性感觉悲观。但是，通过把"反思"作为一种机制引入进来，教师专业发展的反思取向甚至对于教师专业发展的可能性表示了更大的乐观：个人的、内在的力量，总是促成专业发展的最终决定因素，只要能够将这种力量调动起来，借由一定的工具或途径，教师不但能够自觉地在自己的历史和现实基础上构建面向未来的知识，更重要的是，这个建构的过程可以更大程度地实现持续性：促成发展的另外一个不可忽视的条件。

在教师专业发展的反思取向所提倡的发展机制中，"理解（understanding）"是一个重要的关键词：教师通过个人的或集体的努力，经由多种"反思"途径（如写日记、自传及自传共享、集体自传、实践隐喻分析等），对自己的历史成长过程、当前的实践状态（包括教育背景及其中的各种价值倾向、社会—政治观念等）和隐含于当前实践状态之中的个人的知识（信念）予以澄清——对自身状态的澄清（理解）本身就是一种巨大的进步——并在此基础上，寻求合乎教育目的和（诸如伦理的、技术的）基本准则的未来方向，力图使自己的教学实践建立在"自觉（consciousness）"的基础之上。

三、教师专业发展反思取向评析

教师专业发展的反思取向，在很多方面都大大拓展了我们对于教师专业发展的可能性的认识。不过，目前为止的与在这一取向指引下的相关教师专业发展的实践，也暴露出这种取向的一个潜在的缺陷：虽然这种取向的产生很大程度上是由于更近地审视了教师的真实的"实践"本身，并且把对"实践"本身的分析作为许多立论的基础，但是，具有讽刺意味的是，矢志于"反思"的许多教师专业发展措施，往往止于"反思"本身，反而未能在"反思"与"实践"之间建立起应有的密切联系。

对于未来的教师专业发展理论和实践而言，教师专业发展的反思取向至少已经提供了这样几个值得继续追问的问题：（1）作为教师教学实践之理智基础的"知识"，究竟具备何种性质？这些性质如何能够在教师专业发展活动中得以体现，以使专业发展活动更有效地有助于教师重构其知识和实践？（2）无论教师专业发展的目的、内容和形式如何，只有在教师"个人的"、"内在的"、"现实的"平台上，"发展"才真正对教师（而不是其他的人）有"意义"。教师专业发展活动如何能够将自己成功地建基于这样的平台之上呢？（3）作为现代学校系统中的一部分，有目的、有计划、有组织的教师专业发展活动，总是为着某种（相对于教师来说）"外在"目的（如学生学业成就的提升）。如何将为着"外在"目的的教师专业发展与教师"内在"的个人需求和现实结合起来（这两者的分立是许多教师专业发展活动"失效"的重要原因）？

第三节　教师专业发展的生态取向

20世纪90年代以后,"生态观"成为一种普遍的思维方式,教育界也很快地习惯于运用这种观念来界定、分析和解决教育中的各种问题。例如,就教育界最核心的学生的"学习"问题,我们现在越来越习惯于把"学习"看作是一个发生于立体的丰富背景中,包含着人与人、人与物的多重互动关系的复杂过程,而不再是把它看成简单的个体(学生)与静态的书本(知识)之间的记诵、内化与表现的过程。再如,就教育界普遍关心的另外一个重要话题——"教育改革"问题,我们现在也不再简单地把教育改革看成是"点对点式"的"修理"过程:这儿"坏"了,"修理"这儿;那儿又"坏"了,"修理"那儿。相比之下,我们现在越来越习惯于把"改革"放在一个真实的("真实的"总是复杂而丰富的)教育背景之中,而一旦我们在这样的背景之下审视"改革",我们就会发现:我们要改革的对象(学校教育或其中的随便哪个组成部分),就其现有的条件而言,目前的状态是它的各种条件的"合乎逻辑"的(或所谓"必然的")综合表现;如果这种状态"不能令人满意",我们就必须改变它的条件要素(时间的、空间的、财政的、人员的、管理的、社区的等等),并且尝试着建立起各种条件要素之间的新型关系,换言之,我们必须尝试改变学校教育的生态,才有可能合乎逻辑地产生我们期望的"改革"效果,并且保持下去。

一、教师专业发展生态取向的基本假设

生态观念当然也影响了教育界对于教师专业发展的认识。为了说明教师专业发展的生态取向的特点,我们有必要先看看它与其他取向的不同。教师专业发展的理智取向假定在一位教师正式取得教师身份之前,我们可以通过预先设计的课程向未来教师传授特定的专业知识(这些专业知识的类别和内容,根据对现实中的"教学过程"的分析而确定),从而为教师将来的教学实践奠定"理智的基础",这些专业知识将来会以某种形式在教师的教学实践中表达出来。但是20世纪80年代以后,教师专业发展的反思取向的兴起,至少从一个角度对理智取向提出了挑战:"事实上"在教师的日常实践中起作用的那些专业知识,并不是教师在取得其专业身份之前在师范院校里学得的那些专业知识(至少作用没有理智取向所假定的那样明显),而是与其个人的历史、信念、价值倾向、实践经验等密切相关的个人的、实践的、情境化的知识。

教师,固然如教师专业发展的反思取向所认识的那样,是一个独立的、特别的、有着自己的特殊成长历史、个性特点和实践经验的丰富个体,但是仅仅是这些个人的特质,并不能界定教师作为一个特殊的"专业"人员的内涵:从理论上讲,任何一个职业的从业人员,甚至任何一个社会个体,都是一个独立、特别、有着丰富经验和内在信念、追求与偏好的个体。

教师之所以称其为"教育专业人员",是因为他们隶属于某一个特定的群体(如某个学校、某个学科组或某个年级组),而且,正是他们隶属的这个"具体群体",而不是他们自己,给了他们"教师"这个身份。教师群体对于确立教师(专业)身份是如此的重要,以至于如果我们剥离了这个群体背景来看待教师,这个"丰富个体"从"专业"的角度来讲,就会突然变得"贫瘠"起来:他只是一个"丰富的人",而未必是一位"丰富的教师"了。

正像我们每一个人的成长事实上都是个体社会化的过程一样,教师作为一个专业人

员的成长也是社会化的过程,只不过这个社会化已经有了更具体的内涵,是谓"专业社会化"。一般意义上的个体社会化过程中的"社会",当然并不是指那个外在于我们的、包容着数以亿计的其他个体的、充满着各种各样繁杂关系的那个"社会";对于我们的社会化过程实际起到作用的,是一个更具体的"小社会":我们生活的社区、家庭、家庭的社会交往圈子、学校、同学圈子、经常看的电视节目……正是这个"具体社会"或"具体群体"中的社会交往型式和内容,最终形塑(shape)了我们对自己和他人及其间关系的各种理解和行为。

教师的专业社会化过程也是一样的道理。虽然在理论上存在着一个庞大的"教育界",但是,对于具体的教师的专业社会化过程来说,这个若实若虚的庞大"教育界"对他的影响可能非常有限,对他来说,真正产生影响的"教育社会",并不是一个泛指的、空洞的、抽象的、似有若无的概念,而是在特定的情境中的一个或几个具体的群体及其内部的专业生活方式,尤其是与自己长期相处的同事:"学校"通常是对教师的专业社会化产生影响的"教育社会"的一个明确的界线,在学校里可能还会有更小的群体(如中国的教研组或年级组)的存在;但一般而言,超越了"学校"这个界限之外的教育事件,对教师的影响就有限了。

二、教师专业发展的基本内容

这个由具体的个体组成的范围不大的小"教育社会",即使是在一所新学校中,也会很快地形成自己稳定的"规范"或"传统"。这些规范或传统,是构成教师文化的核心部分。而教师专业发展的重点,就是通过再构教师文化的这些要件,促使生活于这一教师文化中的教师在专业上获得新的表现。这些规范或传统的内容非常丰富,举例说来,教师生活于"教育社会"或"生态环境"中,对教师的教育信念、观念、知识和行动产生影响的规范或传统可能包括:

1. 某种占主流的教育价值观。如教育这项事业本身在这个圈子里受尊重和认可的程度:在有些教师群体中,教育事业虽然存在许多不足(如薪酬偏低),但仍然受到广泛而深刻的尊重,被认为是值得奉献一生的有价值的事业;而在有些教师群体中,则可能弥漫着对这项事业的鄙视和自卑。

2. 被认为是"合宜的"做法或说法的范围。例如,在一个教师群体中,使用轻度的体罚或用污辱性的词汇直接或在背后描述学生都被认为是"不合宜的":这种"不合宜"倒也不必专门写在条例或公约中,只是大家从来都不这样做,无形中就形成一种明确的力量,使得类似的事情难以在这种氛围下发生。而在另外一个教师群体中,同事之间可能频繁使用诸如"我们班那个笨猪"、"你们班那个傻子"之类的话,但却一点儿也不觉得这是"有问题的"。再如,某个群体中的教师可能把集体讨论课堂教学问题当作日常活动的"自然的"一部分,而在另一个群体中,这个话题可能会让所有教师不自在。

3. 人际关系型式。尤其是学校领导与教师、教师与教师、教师与学生之间的关系型式。几乎每一所学校都有自己的这种相对稳定的关系型式:它们是如此明显,我们只要走进一所学校或一个教研组并待上几分钟,通常就能够感知到这个"教育社会"或"生态环境"中的关系型式究竟是什么样子。在同一个"生态环境"中,不同层面的关系往往具有相同或类似的性质,例如,如果学校领导与教师之间的关系是开放而民主的,通常教师与教师之间、教师与学生之间的关系也会是开放而民主的;反之亦然。

4. 习惯做法。哪怕是一所历史不长的学校中，也会形成一些"群体习惯"，而且这些习惯一旦形成，往往很少被质疑其合理性而长时间地保持下去。这些"群体习惯"会表现在几乎所有的专业生活细节中。例如，如何处理教材与教学的关系、是否备课及如何备课（是否要有书面的教案）、如何批改学生作业及如何提供反馈、如何在课堂上吸引学生的注意力、用什么样的方式维系课堂纪律等等。对于教育改革或教师专业发展来说，非常重要的一个任务，其实就是如何改变当前专业生活中的某些习惯。

5. 判断标准（尤其是判断好学生、好教师的标准）。这些标准是指"实际运用的标准"，它们可能与教育当局倡导的标准或学校领导明文声称的标准部分地相合，但通常会存在一些（有时候是很大的）差异。例如，虽然教育当局一再宣传"全面健康发展的学生才是好学生"，但在教师群体中实际被公认的标准可能是"考试成绩好的学生才是好学生"。教师群体中"实际运用的判断标准"，尤其是关于"什么是好教师"的判断标准，因为直接关系到一位教师在这个"教育社会"中的社会地位，所以往往对教师的专业观念和行动有深刻的影响。

6. 专业学习的态度和途径。不同的教师群体，对于自身专业发展的态度也存在差异，有的教师群体对于"学习"保持相对更为开放的态度，也会积极主动地寻找或创造机会提升自己的专业素养；而有的教师群体则可能更安于目前的"安乐窝"，而对专业发展持漠然甚至敌视的态度。不同"生态环境"中的教师，对于专业发展的内容偏好也存在差异：有的群体整体上会表现出对于"理论"的兴趣，而有的群体则更倾向于学习具体的"实践做法"。

类似的"教育社会"中的规范或传统，对于生活于这个小"社会"中的教师，必然会产生潜移默化的深刻影响。——像所有正常人一样，教师也希望获得社会认同；作为一个专业人员，教师的社会认同中包括一个重要的组成部分，就是他所生活于其中的那个具体的"教育社会"对他的认同。由于这种社会认同对于每个个体来讲都相当重要，所以很少有教师会甘愿冒着被其他同事认为是"异类"并被排除在这个小"社会"之外的风险，肆无忌惮地去做不被这个小"社会"所认可的事情。当然，在不同的教育体制或不同的学校运作模式下，这样的教师"社会"的性质也会不一样：相对更偏向个人主义的学校中，教师各自为事，相互之间少有合作甚至少有交流，个体受上述"传统"的影响就会较小；而在一所同事之间关系紧密的学校中，个体受群体的影响则会较大。

三、教师专业发展生态取向评析

既然教师实际生活于其中的这个"社会"对于教师的观念和行为（尤其是其"合法"的界限）影响甚大，而这种影响本身又存在着不同的性质，那么，对于教师专业发展来讲，一个重要的问题就出现了：我们如何能够建设（或重建）某种具有（相对于教学这个专业来说）积极性质的教师"社会"或学校的"生态环境"，以使它不但能对教师的观念和行为产生积极的影响，而且能够为特定的观念和行为提供强有力的、长期的社会性支持呢？

到目前为止，我们对于这个问题研究仍然不多，我们对于教师群体中事实上存在着的各种规范与传统（如上述的几点）的形成机制，也仍然不是非常清楚。作为一种较新的视角，教师专业发展的生态观念到目前为止似乎只是提出了新的问题，但并没有很好地解决问题。目前所见这方面的研究，多集中于探索"好的"教师群体究竟具备哪些能够引导、支持和滋养教师专业成长的"积极的性质"，这些研究目前能够提供给我们的较为确定的知识包括："合作"、"民主"和"开放"通常是"好的"教师群体所具备的特点。[①]

但是,至于这些"合作"、"民主"、"开放"的特点是如何在一个教师群体中形成的,我们到目前为止对于其中的机制仍然所知甚少;倒是有一个发现值得一提,在规模小的学校中,更有可能形成这种"合作的"教师群体。[②]

相对而言,生态取向还是在发展中的、并不是很成熟的一种取向。但是这种取向至少在两个问题上是值得未来的教师专业发展理论或实践重视的:(1)对于教师个体的发展而言,生态取向实际是"社会取向":只有在一个群体的系统之中,个体教师的发展才有(社会)"意义"。实际上,作为一项本身就以"社会互动"为内核的事业的从业人员,教师也只有在"社会互动"(包括探究和创造)中才有可能健康地发展和进步。对于教师专业发展的理论建设或实践计划来讲,无论是从社会—文化的角度,还是从心理的或技术的角度,如何为教师的专业发展提供强有力的、可持续的社会性支持,都是值得继续探讨的问题。(2)生态取向还有一个基本的立场(但似乎并没有被充分地拓展出来),即:事实上有效的教师专业发展,必然是一个综合、整体、系统的复杂过程,"补缺"或"修理"的思路都不可能产生深刻和持久的效果。如何将这个(事实上存在的)综合的、整体的、系统的复杂过程转化为可以计划、控制和运作的教师专业发展项目,是另外一个值得未来的教师专业发展理论和实践回答的问题。

第四节　教师专业发展取向评析

本章我们将目前多见的教师专业发展理论,归结为三种取向:理智取向、反思取向和生态取向。事实上,从教师这个角度看来,他的专业活动及相关的因素,大致地可以图3-1表示;在这些因素中,由于不同的研究者看重教师专业活动的某一个特别的方面,在对待教师的专业发展问题上,自然会表现出这些差异来。

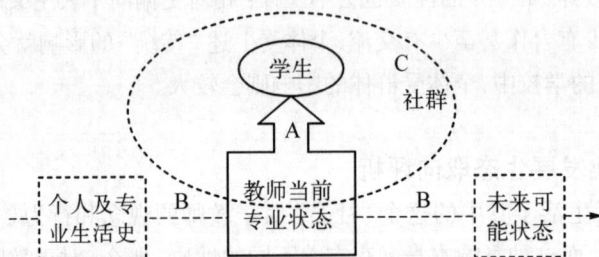

图3-1　不同教师专业发展取向关注点示意

① 参见 Hargreaves, Andy (1986). *Two Cultures of Teaching: the Case of Middle Schools*. London: Falmer Press; Hargreaves, Andy (1992). Cultures of Teaching: A Focus for Change. In Andy Hargreaves & Michael Fullan (Eds.). *Understanding Teacher Development.* Cassell & Teachers College Press; Feiman-Nemer, S. & Floden, R.E. (1986). The Culture of Teaching. In M.C. Wittrock (Ed.). *Handbook of Research on Teaching* (3rd ed.). New York: Macmillan; Fullan, Michael (1996). Professional Culture and Educational Change. *School Psychology Review*, Vol.25, No.4, pp.496–500.

② Nias, Jennifer (1987). *Seeing Anew: Teachers' Theories of Action*. Deakin University; Nias, Jennifer (1989). *Primary Teachers Talking*. London & New York: Routledge.

教师的所有的所谓"专业性"，最终都必由他与学生的教育关系中体现出来并得到检验，因此，在探讨教师的专业及专业发展问题时，图示中A的部分，也即直接地体现教师与学生之间教育关系的部分，最先引起关注并吸引了相当一部分人的注意力，至今仍然是许多学者矢力研讨的话题，也就不奇怪了。在早期的这一类的关注中，比较偏重于技术、知识这些"外在于人"（而同时又为人所用的）的因素。当我们开始关注教师这个"人"本身的因素的时候，尤其当我们承认教师这个"人"的复杂性时，如图中B的部分也就突显出来：教师的个人的及专业的生活史，是他当前专业状态的重要基础，教师之于个人经验的理解、自觉程度及重组的可能等等，又直接指向他专业上的未来可能状态。图示中C的部分，则揭示出另外一个重要的事实：教师尽管都有自己的个人史，在与学生发生教育关系时也定会有其个性，但教师生活的集体中共享的价值观、规范、通行的教育论断、实际采纳的评判标准等等这些"人与人之间"的因素，也是教师专业行为的重要组成部分。

教师专业发展的理智取向、反思取向和生态取向，因基于不同的假设和思想背景，在对教师、专业、专业发展等关键问题上的理解有所不同，对于教师专业发展的实践亦有不同的启示。总结起来，我们似乎可以说，欲达成理想的教师专业发展，应当注意这样几个问题：

1. 教师专业发展根本上应以构筑专业活动的可靠"基础"为目的，当然这个"基础"所包含的内容，可能并不止于理智取向所倡导的"科学知识"，而达至这个"基础"的方式，更可能不止"获取"或"学习"。

2. 理想的教师专业发展，不能将教师自己的努力排除在外，虽然向专家和研究文献学习不失为一个有效的途径，但教师自己的、主动的、积极的反思与探究，理应构成教师专业发展途径的一个重要组成部分（如果不是主要部分的话）。

3. 以合作为基础的专业发展，较之教师个人的努力，可能更利于专业的发展，这种合作可能包括大学教师与中小学教师的合作以及教师同事之间的合作。

上述三种教师专业发展的取向，是一种便于理解的权宜划分，在实践之中，基本上不会存在着某种完全按照上述某一种专业发展取向的做法。"教师专业发展"作为一个复杂的过程，既包含教师本人的知识（内容知识、教育知识等）与技能的变革，也包括教师更基本的素质（如价值观、内在需要、兴趣及个人经验等）的变化，更广而包括教师所处情境中组织架构、教师文化的变化对教师专业发展的影响。

教师自身的变革，在内容上，既可包含理智取向所指的"内容知识"、"教育知识"的提升，也可包含反思取向所指的教师对自己、对自己的实践活动的认识的变化，或如生态取向所指的同侪关系的变化；在方式上，既可能有正规的课程、工作坊，也可能有结构化程度低但却与教师实践更密切结合的日志写作、研讨、观课、评课等等。这些内容，我们将在后续章节中讨论。

....

本章小结

本章根据人们对于"教师的专业活动究竟是一种什么性质的活动？""究竟什么因素影响教师的专业行动和表现？""构成教师专业行动的知识基础是什么？""教师的专业知识应该包括什么内容、具备什么性质？"等等问题的不同回答，将教师专业发展概括为理智取向、反思取向和生态取向三种基本取向。并对每种取向对于教师专业发展问题的理解进行了评析。建议读者根据自己对于教师专业生活状态的观察或经验，批判地理解这些不同的取向，并在此基础上初步形成自己对于教师专业发展问题的较为系统的概念框架。

关键术语

教师专业发展的理智取向、教师专业发展的反思取向、教师专业发展的生态取向

思考与讨论

1. 想一想、议一议：

人们对于教师专业发展问题的理解，很大程度上受到人们对于"教学过程"的理解的影响。如果我们像芬斯特迈彻那样，把教学过程理解成教师和学生之间围绕内容而展开的互动过程，那就很容易得出教师的专业知识主要界定为学科知识和教育知识的结论。尝试着像芬斯迈彻那样，描述一个"简单教学过程"，用分步骤的流程图将这一过程表示出来，在此基础上，分析和讨论：如果要保证这个教学过程的质量，究竟需要教师具备什么样的知识基础？

2. 想一想、议一议：

如果你是教师专业发展理智取向的信奉者，你会如何帮助本章案例3-1中的李蔷老师和王冬老师分析他们现在面临的问题，又会给他们什么样的专业发展建议呢？

教师专业发展的理智取向，强调在教师的实践场景之外，为教师的实践提供"理智的基础"或准备。但是，持反对意见的人可能会说：教师不可能在一个情境中为其实践"做好准备"，然后成功地投入到另外一个情境中去实践。在我们的教师教育中，经常有这样的现象：新教师在师范院校里所"准备"的知识到了真实的实践场景中"派不上用场"；他们到了真实的实践场景中，反而常常"无所适从"、"不知所措"，看起来甚至连最必要的"准备"也没有做好。结合你目前正在接受的为将来从教所做的各种"准备"，讨论：在入职之前，教师教育究竟应该为教师做哪些方面的准备？本章提到的舒尔曼的7类知识，能否为教师从事教育工作做好准备？要培养一个"专业的"教师，师范院校能够做些什么，我们自己又能做些什么？

3. 想一想、议一议：

如果你是教师专业发展反思取向的信奉者，你会如何帮助本章案例3-1中的李蔷老师和王冬老师分析他们现在面临的问题，又会给他们什么样的专业发展建议呢？

教师专业发展的反思取向，强调教师对自身及其实践的"反思"，并以此种反思作为实践改进的机制。诚然，教师对于自身（历史和现状）、自身实践以及自身实践的背景的"理解"，在根本上影响着他的实践状态和指向，"有关自身的信息"总是能够使个体的实践更为自觉和更有理性的基础。不过，也有人质疑这种取向对于教师个体的过分强调，有可能会使教师的专业活动偏离教育本来应该有的"公共轨道"：教育毕竟是一项有着公共目的和意义的事业，如何保证教师个人的实践知识不会偏离公共的目的呢？而且，通过诸如日志、故事、自传等材料进行的"反思"（所有这些材料都只是直接实践过程的"照相"、

"素描"或"写意画"），就算能够有效地帮助教师"重塑"内在形象、意念和理解，又如何能够保证教师重塑了的内在理解最终表现在外在的教学活动上，使学生获得更有意义的学习经验呢？结合自己的成长经历，分析和讨论这些质疑。

4. 想一想、议一议：

（1）如果你是教师专业发展生态取向的信奉者，你会如何帮助本章案例3-1中的李蔷老师和王冬老师分析他们现在面临的问题，又会给他们什么样的专业发展建议呢？

（2）教师专业发展的生态取向在相对于理智取向和反思取向而言更大的视野下，考察了教师专业发展所必需的、事实上任何取向下的专业发展活动都难以摆脱的社会—文化支持系统。这为我们理解教师专业发展问题提供了更为开阔的视野。不过，社会—文化维度是一个极其复杂的维度，一所学校的教师群体的教师文化，既与这所具体学校的传统和习俗有关，也在更大的范围内受到一般社会文化的影响。生活于中国传统文化中的中国教师，在总体的文化特征上就与其他文化背景中的教师有很大的差别。正是这些差别，使得中国教师的专业发展，无论是在目的、内容，还是在具体可行的途径上，都可能与外国教师的专业发展有很大差别。请寻找一些反映教师生活的中外电影。中国的如《烛光里的微笑》、《凤凰琴》、《一个也不能少》，外国的如苏联《乡村女教师》、法国《放牛班的春天》、美国《春风化雨》（又译《死亡诗社》）。通过观摩这些电影，比较与讨论：中国教师的教师文化与外国教师的教师文化有什么异同？这些异同，尤其是其中不同的部分，对于我们理解教师、理解教师的专业发展，又有什么启发？

进一步阅读的文献

1. 饶见维著：《教师专业发展：理论与实务》，五南图书出版公司1996年版。

2. 王建军著：《学校转型中的教师发展》，教育科学出版社2008年版。

3. ［加］迈克尔·康纳利等著，刘良华等译：《教师成为课程研究者》，浙江教育出版社2004年版。

第四章 教师专业发展的阶段与影响因素

通过本章的学习，你能够

◆ 了解教师专业发展的几种阶段理论，理解教师专业发展阶段的特点；

◆ 了解影响专业发展的主要因素，理解如何才能充分发挥其作用。

··

教师专业发展主要经历哪些阶段？一名教师从入职到成长为一名优秀教师的路径是什么？教师的专业发展主要受到哪些因素的影响？这些问题无论对于未来教师，还是正式教师来说都至关重要，对这些问题的回答将成为反思过去、正视现在以及规划未来的基本参照。

第一节 教师专业发展阶段

尽管把握教师专业发展阶段的规律性对教师成长非常重要，但对教师专业发展阶段较有价值的研究是20世纪60年代以后的事。如果按照对教师专业成长过程反映的接近程度来排列，目前已有的教师专业发展阶段理论大致可归为五类：职业/生命周期阶段理论、心理发展阶段理论、教师社会化阶段理论、"关注"阶段理论和综合阶段理论。

一、职业/生命周期阶段理论

职业/生命周期阶段理论是以人的生命自然的老化过程与周期来看待教师的职业发展阶段的。尽管这类理论并非是绝对简单地把生命的自然成长周期直接用于解释教师的职业发展，但其分段的划分以生命变化周期为标准，故最终结果是在人的生命周期的框架下对教师职业成长过程进行描述的。

在这类研究中，较具特色的是费斯勒（Ralph Fessler）的理论研究[①]和休伯曼（Michael Huberman）等人的实证调查[②]。费斯勒的理论把教师的职业周期放在个人环境和组织环

---

① Fessler, Ralph (1985). A Model for Teacher Professional Growth and Development. In Peter J. Burke, & Robert G. Heideman (Eds.). *Career-Long Teacher Education*. Springfield, ILL: Charles C. Thomas.

② Huberman, M., Grounauer, M. & Marti, J. (1993). Translated by Neufeld, J. *The Lives of Teachers*. New York: Teachers College Press.

境之中来考察,教师实际经历的职业周期是教师作为发展中的人与这两个环境影响因素相互作用的结果,他提出的教师职业周期模式是一种动态、灵活,而不是静态、线性的发展过程。休伯曼等人基于对瑞士教师的调查,探索了教师职业周期中每一个时期的发展主题,并依照每一位教师对各阶段主题解决程度的不同,又区分出不同的发展路线,与此前的教师职业周期路线相比,相对真实地反映了教师的实际发展路线。费斯勒和休伯曼对教师职业发展划分的具体阶段,可参见表4-1。

表4-1　职业/生命周期阶段理论

代表人物	教师职业发展阶段
费斯勒	职前教育阶段(pre-service)、入职阶段(induction)、形成能力阶段(competency building)、热心和成长阶段(enthusiastic and growing)、职业受挫阶段(career frustration)、稳定和停滞阶段(stable and stagnant)、职业低落阶段(career wind down)、职业退出阶段(career exit)
休伯曼	入职期(career entry)、稳定期(stabilization phase)、实验和歧变期(experimentation and diversification)、重新估价期(reassessment)、平静和关系疏远期(serenity and relational distance)、保守和抱怨期(conservatism and complaints)、退休期(disengagement)

知识驿站

两种代表性的职业/生命周期阶段理论

1. 费斯勒的教师职业周期动态模式

费斯勒的教师职业周期模式主要特点是动态性。他认为上面表格中所列诸阶段并非一定是某个教师职业周期的真实写照,而是在个人和组织环境的作用下,教师不断进入或退出诸阶段的动态流变过程。他以4个场景为例作了特别说明。

场景 I

假设有一位处于"热心和成长"阶段的教师,非常热爱自己的工作,她不断寻求新的方法,力图营造活跃的课堂学习气氛。然而,就在她热心工作的巅峰时期,学校通知她不能再继续教学(组织影响——由于削减支出的原因)。在经历"职业受挫"阶段后,这位曾一度热心的教师将会直接进入"职业泄劲"和"职业退出"阶段。

场景 II

假设有一位处于"热心和成长"阶段的教师,发现自己的孩子吸毒(个人环境——家庭危机)。这一精神打击使他的所有精力丧失殆尽。他可能会停留于"稳定和停滞"阶段,以便把更多的精力放在解决家庭问题上。

场景 III

假设第三位是属于第六阶段混天度日的教师,他人虽聪明但把教学只看作是一种工作,而不是追求卓越的承诺。一位非常敏感而又善于助人的督学(组织

环境）发现了这一情况，并重新唤起了这位教师的教学热情。于是，他又回到了"热心和成长"阶段。

场景Ⅳ

假设第四位教师是一位将要离职的"泄劲阶段"的教师。这时一件意外的事发生了，她的丈夫突然去世（个人环境危机）。面对个人生活的骤然变化，她可能会对"职业泄劲"的决策重新进行估价，在不同性质的个人和组织、环境的作用下，这位教师可能树立教学志向而进入"热心和成长"阶段，也可能退回到"稳定和停滞"阶段。

2. 休伯曼的教师职业周期主题模式

休伯曼等人早在70年代就开始了人生阶段研究，但直到70年代末，他们才开始转向对教师职业生涯的研究。从研究方法的角度说，休伯曼等人的研究不再拘泥于心理学的方法，而是把心理学和社会心理学的方法相结合。该研究另一个突出的特点是探索了教师职业周期中每一个时期的发展主题，并依照每一位教师对各阶段主题解决程度的不同，又区分出不同的发展路线，与此前的教师职业周期路线相比，更真实地反映了教师的实际发展路线。

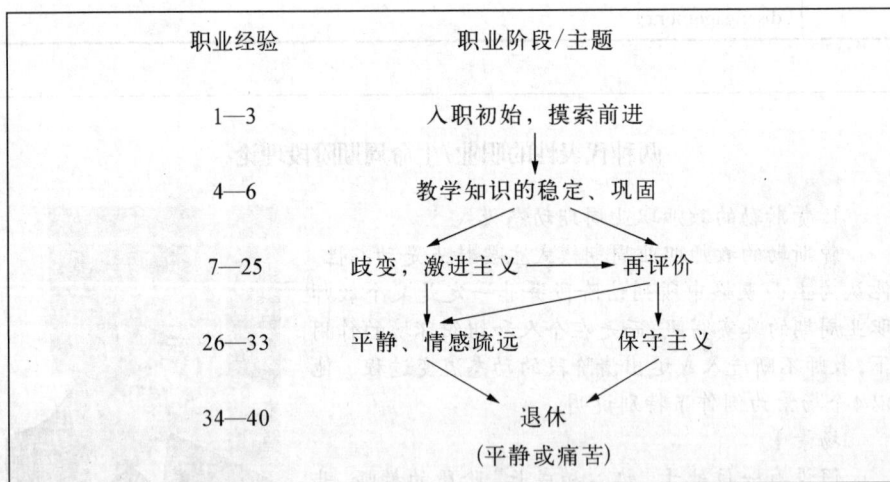

职业经验	职业阶段/主题
1—3	入职初始，摸索前进
4—6	教学知识的稳定、巩固
7—25	歧变，激进主义 —— 再评价
26—33	平静、情感疏远　　保守主义
34—40	退休（平静或痛苦）

二、心理发展阶段理论

心理发展阶段理论把教师作为一个成年学习者看待，其分析是建立在皮亚杰（J. Piaget）的认知发展（cognitive development）理论、亨特（D. Hunt）的概念发展（conceptual development）理论、佩里（W. Perry）的认识和伦理发展（epistemological and ethical development）理论、柯尔伯格（L. Kohlberg）的道德判断（moral decision-making）理论、洛文杰（J. Loevinger）的自我发展（ego development）理论等基础上的。这类研究假设人的发展是心理结构改变的结果，人的内部心理过程随着年龄和发展阶段的不同而有所变化，这一变化过程有一定的顺序和层级。

心理发展阶段理论的代表人物之一是利思伍德（K. A. Leithwood），他将自我发展、道德发展和概念发展等相结合,综合描述教师的发展阶段①。他把教师的发展分为四个阶段。第一阶段的教师的世界观非常简单,坚持原则,把权威当作善的最高准则,认为任何问题只有一种答案。他们不赞成求异思维,而鼓励顺从和机械学习。这些教师的课堂是以教师为主导的。第二阶段的教师主要表现为"墨守成规"。这些教师的课堂有着传统课堂的特征,课堂规则十分明确,无论学生之间有什么差异或有什么特殊情况,学生都必须严格遵守规则。第三个阶段的主要特征是有较强的自我意识,能够意识到某些情境下的多种可能性(如学生某一行为的多种解释),意识到依照具体情况灵活掌握规则的必要性。第四阶段的教师较有主见,而且能够从多角度分析遇到的课堂情境并予以综合。由于这一阶段的教师对于制定课堂规则的原理已经有所理解,所以他们在应用规则时显得更加灵活、明智。这些教师的课堂上,师生之间密切合作,强调有意义学习、创造性和灵活性。

　　心理发展阶段理论从心理学的角度探讨了教师专业发展与心理发展基础之间的联系,与职业/生命周期阶段理论比较而言,在很大程度上摆脱了教师专业发展水平与教师的生理年龄之间的对应关系,开始研究心理发展阶段或水平与教师专业发展之间的关系。这样,不同年龄的教师只要心理发展水平接近,仍可能达到相同的专业发展水平。所以,心理发展阶段理论能够较好地解释教师专业发展中的实际情况。

三、教师社会化阶段理论

　　教师社会化阶段理论从教师作为社会人的角度,考察其成为一名专业教师的变化过程,其关注的核心集中在教师的个人需要、能力、意向与学校机构之间的相互作用。教师社会化是"个体成为教学专业的成员,并逐步在教学上担当起成熟角色,通常是获得较高专业地位的变化过程"②。

　　在教师社会化阶段研究方面的主要代表人物是莱西(C. Lacey)。莱西在对实习教师的研究中,把教师专业化过程分为四个阶段③。第一个阶段为"蜜月"阶段,实习教师体会到做教师的乐趣,同时教学实习使得他们从学生的繁重学习中解放出来,因而乐于从教。第二个阶段是"寻找教学资料和教学方法"阶段,在这一阶段,实习教师通过查找有趣的材料和方法来应付课堂中出现的问题。第三个阶段是"危机"阶段,此时由于课堂出现的问题越来越多,课堂给新教师的压力越来越大,当仅靠查询材料难以应付这些课堂问题时,就会出现"危机"。虽然"危机"对每一位实习生产生的后果不同,但许多教师在这一阶段曾想过要离开教学工作。第四个阶段是"设法应付过去或失败"阶段,这时有的教师对不得不作出的妥协和改变不再感到内疚,能够坦然地以教师的姿态出现在课堂上,而不能做到这一点的教师可能要脱离教学岗位。

　　我国学者傅道春等也沿着这一思路,分别研究了教师的社会化和专业角色适应所经

① Leithwood, K. A., (1992). The Principals in Teacher Development. In Michael Fullan & Andy Hargreaves (Eds.) *Teacher Development and Educational Change*. London & Washington, D.C.: The Falmer Press, pp.86–103.

② Lacey, C. (1995). Professional Socialization of Teachers. In Lorin W.Anderson (Ed.). *International Encyclopedia of Teaching and Teacher Education (2nd ed.)*. Oxford: Elsevier Science Ltd., p.616.

③ Lacey, C. (1995). Professional Socialization of Teachers. In Lorin W.Anderson (Ed.). *International Encyclopedia of Teaching and Teacher Education (2nd ed.)*. Oxford: Elsevier Science Ltd., pp.616–620.

历的阶段(参见表4-2)。

表4-2　教师社会化阶段理论

代表人物		教师社会化阶段
莱西	实习教师	"蜜月"阶段、"寻找教学资料和教学方法"阶段、"危机"阶段、"设法应付过去或失败"阶段
王秋绒	师范生	探索适应期、稳定成长期、成熟发展期
王秋绒	实习教师	蜜月期、危机期、动荡期
	合格教师	新生期、平淡期、厌倦期
傅道春	专任教师	角色转变期、开始适应期、成长期
殷国芳、全日艺	专任教师	适应期、稳定期、创新期
张向东	高中教师	角色适应、主动发展、最佳创造、缓慢下降、后期衰退

　　教师社会化阶段理论相对心理发展阶段理论对教师专业发展阶段的研究又前进了一步,不再只是在"教育"外部寻求"一般性"的发展阶段,而是开始进入"教育"领域内部进行探索。当然,教师社会化阶段理论也没有反映教师专业发展的全部,因为教师社会化阶段理论更多反映的是专业社群对教师个人的影响,即教师的"社会化"过程,而对教师如何形成自己独特的专业特质,即教师的"个性化"过程反映不足。

四、"关注"阶段理论

　　"关注(concern)"阶段理论是教师专业发展阶段研究中较早出现的一类,主要代表人物是富勒(F. Fuller)。富勒及其同事在大量访谈、文献回顾和对教师关注清单进行提炼的基础上,根据教师在每一发展阶段所关注的核心问题不同,提出了教师专业发展的四阶段模式[1]。第一阶段为任教前关注阶段(preteaching concerns),处于职前阶段的学生只是想象中的教师,仅关注自己。第二阶段为早期求生阶段(early concerns about survival),作为实习教师主要关注的是自我胜任能力(self-adequacy)以及作为一个教师如何"幸存"下来,关注对课堂的控制、是否被学生喜欢和他人对自己教学的评价。第三阶段是关注教学情境阶段(teaching situation concerns),教师主要关心在目前教学情境对教学方法和材料等的限制下,如何正常地完成教学任务,以及如何掌握相应的教学技能。第四阶段是关注学生阶段(concerns about pupils),这时教师开始把学生作为关注的核心,关注他们的学习、社会和情感需要以及如何通过教学更好地影响他们的成绩和表现。

　　后来的研究基本支持富勒所提出的"自我关注"、"任务关注"和"学生关注"等教师所关注的问题,但有时并不像富勒的研究中所说的那样按照一定的顺序出现,而是同时出现。尽管如此,"关注"阶段理论却不失为以从教师教育专业品质提升的角度探寻教师专业发展阶段的新尝试。

---

① Fuller, F. & Bown, O. (1975). Becoming A Teacher. In K.Ryan (Ed.). *Teacher Education (The 74th Yearbook of the Study of Education)*. Chicago, IL: University of Chicago Press.

五、综合发展阶段理论

以上几种教师专业发展阶段理论，从不同侧面向我们展示了教师专业发展的过程。为了更如实地反映教师专业发展综合、复杂的过程，有许多学者作出了积极努力。利思伍德以及贝尔和格里布里特（Bell, B. & Gillbrert, J.）便是其中的代表[①]。

利思伍德指出，教师专业发展是一个多维度发展的过程，专业知能发展、心理发展和职业周期发展三个维度既相互独立，又相互依赖，专业知能的发展与心理发展和职业周期发展之间有着密切联系。就总体而言，教师专业知能发展大致经历三个时期：一是首先获得教学的基本技能；二是拓展灵活性，能够依照教学目标、学生具体需要和教学情境适时、灵活地运用这些教学基本技能；三是逐渐摆脱教学常规的羁绊，开始对同事的专业发展承担责任，甚至其专业活动范围超出其所在课堂、学校，参与教育决策。教师的专业知能是否顺利进入某一专业发展阶段，与教师的心理发展水平、所处的教师职业/生命周期阶段有着密切关系。

如果说利思伍德对已有教师专业发展阶段理论的突破是从横向上强调教师专业发展职业周期、心理发展与专业知能发展之间的相互依赖，那么贝尔和格里布里特则是试图在纵向上通过模糊教师专业发展明晰的阶段界限划分，来更如实地反映每一位教师专业发展的实际经历。贝尔和格里布里特明确反对教师专业发展刻板的阶段模式（stage model），而提出了教师专业发展的演进模式（progression model）。贝尔和格里布里特指出，阶段模式虽承认教师按照阶段的发展过程可以加速或滞后，但其认为发展的顺序是不变的。而实际上在很多情况下教师却很可能会"跳过"其中的某一个甚至几个阶段，呈现跃进式发展状态。从已有的对个别教师发展的追踪研究结果看，所谓"阶段"只不过是一种概念框架，而不是每一位教师发展过程的真实写照。教师专业发展阶段模式最大的不足，在于它难以反映不同教师所处的不同生活情境的差异。有鉴于此，贝尔和格里布里特提出了教师专业发展的演进模式。在表述形式上，贝尔和格里布里特没有使用"阶段"，而是给出了教师专业发展中所遇到的三种情境（situation）：确认与渴望变革（confirmation and desiring change）、重新建构（reconstruction）和获得能力（empowerment）。

个体教师专业发展周期的特殊性

案例 4-1

1. R 老师的专业发展周期："10—4—5"

作为个体教师的专业发展总是具有特殊性，因为他不是绝对的均值状态下的个体，社会环境、教师制度、地方人事政策等都有可能影响到一个人的成长。

由于没有任何的"背景"，××被分配到了最底层的村校，第一年担任化学和英语两门学科教学，"只是一个人在那里尝试做老师的机会"。遇到头痛的纪

[①] Leithwood, K. (1992). The Principals in Teacher Development. In Michael Fullan & Andy Hargreaves (Eds.). *Teacher Development and Educational Change*. London & Washington, D.C.: The Falmer Press, pp.86–103; Bell, B. & Gillbrert, J. (1996). *Teacher Development: a Model from Science Education*. London & Washington, D.C.: Falmer Press.

律问题,也找不到有效的方法来解决。第二年被动调离,脱离了老本行,挖空心思教英语,想办法改进英语教学法;同时坚持听另外一位全国优秀化学老师的课,开始关注教学风格。第三年被二次调离,委以化学教研组长一职,受到环境的感染,一些做法开始规范。第五年因治理乱班有妙方,再次被调离,"怎样上好一堂课"开始萌芽。之后的五年,因教学和管理各个方面崭露头角,钻研化学试验,激发学生学习兴趣。R老师说,教学的前十年是自己不断积累的过程,没有十分突出的成绩,但是在稳步成长,而且个人单独打拼的成分比较多。一个是因为学校的层次不高,客观上自己也是一个不断积累的过程。

十年之后,回到了梦寐以求的鉴湖中学。在这四年里,学生的基础上了一个档次,教学共同体开始组成,开始了教学改革,尝试"学习精品屋"提高学生学习主体性,教法灵活,所教学生高考成绩遥遥领先,信心倍增。对电脑这个新生事物充满了好奇,并把它充分结合到教学中,为教学服务。

接下来的五年是在之后担任校长之前最后潜心教学的阶段。其实在这五年中,R老师在学校里扮演了很多角色,用他的话就是"一个人干了三个人的活",算得上一个大忙人了,但为什么还是潜心教学的阶段呢?这是与之后的校长阶段相比较而言的。也就是说,在担任正校长之前,还是有比较多的时间投入到教学上,因为"有些事情由校长顶着",真正"考虑问题最多的还是校长"。

最后的一个阶段是具有中国特色的教师专业发展阶段。在国内教育界,"优秀教师——教务长/年段长/教研组长——分管教学副校长——校长"是一条典型的优秀教师发展之路。①

2. 特级教师刘大伟的专业成长阶段

第一个阶段是头三年。我称这个阶段为"探索期"。在这个阶段里,我完成了由学生到教师的角色转换,而且有了我比较满意的起跑。那时在我工作不满三个月时参加了区"教学百花奖"比赛。我工作不满百天,正处在"摸着石头过河"的阶段,教学经验和教学技能无从谈起,我有的只是年轻人"初生牛犊不怕虎"的勇气。幸运的是当时组内的两位特级教师和两位高级教师,都是在政治教学领域颇有影响的教师。老教师们手把手地教我备课,教学中的每一个环节都替我考虑得无微不至。比赛结果出来,我居然战胜了所有的竞争对手,获得了第一名。这次成功给了我信心,使我感悟到"我行","我能成为一个好老师"。

第二阶段,我把它称为"成熟期"。其标志:一是我开始注意对教学实践的理论总结;二是我已经形成了自己的教学风格。在这个阶段里,我对国家颁布的"教学大纲"已心领神会,对高中教材也已了如指掌。在教学实践中,我越来越体会到简单的模仿和对课堂教学的一些皮毛的改革,已经在一定程度上束缚了我的发展,于是,我开始有了对自身教学理性的分析。认识上的提高,带来了教学实践的革命。

我把优秀教师发展的第三个阶段称为"创造期",这个时期具有以下三个方面的特点:第一,对事业、对学生的挚爱,这是走向成功的动力。第二,对教育发

---

① 俞英:《特级教师专业发展路径——一个本土的案例》,华东师范大学硕士学位论文,2007年5月。

展的前瞻性和预见性,这直接关系到一个教师的发展方向。第三,具有较强的科研能力,这标志着一个创造型教师的水平。[①]

从以上对教师专业发展阶段理论的介绍可以看出,教师专业发展阶段有以下特点:

第一,教师专业发展各阶段的核心是教师的专业知能的拓展,特别是教育专业知能的成长。教师专业知能的水平高低是衡量教师专业发展阶段的主要依据。

第二,教师专业发展是多维度的发展过程,只有从教师所处的职业/生命阶段、心理发展阶段、社会化程度等多种视角来分析,才能全部理解当前的教师专业发展状态。

第三,教师专业发展阶段是相对的。这一方面表现在各阶段的划分是相对的,而并非"非此即彼",两个阶段之间有过渡期;另一方面,教师专业发展阶段并不意味着教师专业发展总是单向的、只有唯一的固定路线,在特定条件下,某些教师可能会跨越某些阶段,甚至退回到原有的发展阶段,每位教师实际发展的路径可能很不相同。

知识驿站

我国中小学教师的职务阶梯

根据1986年5月原国家教育委员会颁布的《中学教师职务试行条例》规定,中学教师职务设中学高级教师、中学一级教师、中学二级教师、中学三级教师。其中,中学高级教师为高级职务,中学一级教师为中级职务,中学二级教师和中学三级教师为初级职务。根据1986年5月原国家教育委员会颁布的《小学教师职务试行条例》,小学教师职务设小学高级教师、小学一级教师、小学二级教师、小学三级教师。其中,小学高级教师为高级职务,小学一级教师为中级职务,小学二级教师和小学三级教师为初级职务。

	职务级别	职务名称
中学教师	高级	中学高级教师
	中级	中学一级教师
	初级	中学二级教师
		中学三级教师
小学教师	高级	小学高级教师
	中级	小学一级教师
	初级	小学二级教师
		小学三级教师

[①]　傅道青:《优秀教师成长的个案启示》,《中国教育报》2000年3月2日第四版。

第二节 影响教师专业发展的因素

在教师发展过程中，到底有哪些因素会影响到教师发展的路径和发展水平呢？通过了解这些因素，师范生、在职教师和教师培训者可以最大限度地加以利用，从而优化教师发展路径，提高教师发展水平。

一、影响教师专业发展的因素种类

国内外学者对影响教师专业发展的因素从不同角度进行了分析，主要分类研究结果参见表4-3。

表4-3 影响教师专业发展的因素

提出者		影响教师专业发展的因素
费斯勒[1]	个人环境	家庭、关键事件、生活危机、个人性格、业余爱好、生命阶段
	组织环境	学校规章、校长的管理风格、成员间信任度、社会预期、专业组织、教师工会
格拉特霍恩[2]	个人相关	认知发展、生涯发展、自我发展、品德发展、人际关系的发展及动机的发展等
	教师生活、工作相关	社会与社区、学校制度、学校、教学小组或院系、教室
	促进教师发展的特殊活动相关	临床指导等
刘洁[3]	社会因素	社会地位与职业吸引力、教师管理制度
	学校因素	校长的引领、合作性教师文化的激励、民主管理制度的保障
	个人因素	家庭、专业化结构（教育信念、知识结构、能力素养、从业动机和态度、专业发展需要与意识）
赵昌木、徐继存[4]	环境因素	教育政策、学校管理、教师文化、学校氛围
	个人因素	认知能力、师德状况、人际交往、职业发展动机、自我评价
王建军[5]	个人特质	个人生活的背景、对教育问题的已有观念和取向、在个人专业发展问题上的态度和动机水平
	社会环境特质	学校文化导向、学校组织支持性
	应对措施特质	专业发展活动

---

[1] Fessler, R. (1985). A Model for Teacher Professional Growth and Development. In P. J.Burke & R. G. Heideman (Eds.). *Career-long Teacher Education*. Springfield, ILL: Charles C. Thomas.

[2] Glatthorn, A. (1995). Teacher Development. In L. W.Anderson (Ed.). *International Encyclopedia of Teaching and Teacher Education*. Oxford: Elsevier Science Ltd.

[3] 刘洁：《试析影响教师专业发展的基本因素》，《东北师大学报（哲学社会科学版）》，2004年第6期。

[4] 赵昌木、徐继存：《教师成长的个人因素探析》，《临沂师范学院学报》，2004年第4期。

[5] 王建军著：《课程变革与教师专业发展》，四川教育出版社2004年版，第91页。

（续表）

提出者		影响教师专业发展的因素
教育部师范教育司[①]	师范教育前	学生时代的生活经历、主观经验、人格特质、关键人物、价值取向、教师社会地位与待遇的高低、个人的家庭经济情况
	师范教育	课程学习、大学教师的形象、学生的角色、知识专业化的发展、教学环境、班级气氛、同辈团体、社团生活、师范生的社会背景、人格特质、学校的教育设施、环境条件
	任教后	学校的环境、教师的社会地位、教师的生活环境、学生、教师的同辈团体

　　学者王建军在总结别人研究结果的基础上，将影响教师专业发展的因素归为三类[②]：第一类属教师个人特质，如教师的个人生活背景、已有的教育观念、专业发展态度和动机等；第二类属社会环境特质，如学校的文化导向、学校内部的支持力度等；第三类属促进教师专业发展的措施特质，指各种旨在促进教师专业发展的专业发展活动。

　　从表4-3可以看出，影响教师专业发展的因素可从两个维度进行分析，一是教师个人内在因素（如认知发展水平、已有的教育观念、专业发展态度等）和外在环境（如生活环境、课程学习、学校或班级氛围、校长管理风格、教师文化等）维度；二是专业发展的时段（如师范教育前阶段、师范教育阶段、入职阶段、在职阶段等）维度，这两个维度是相互独立的。为了反映内在因素和外在环境这一因素维度在教师不同发展阶段对教师发展影响的差异性，可考虑同时从两个维度对影响教师专业发展的因素进行分类、研究，以便弄清不同教师发展阶段哪些因素更为关键，为制定合理的教师培养、培训方案提供依据。

影响教师专业发展的因素　　　　　　　　*知识驿站*

　　1.（Christopher Day）对影响教师专业发展的因素的归纳
　　Christopher Day根据教师专业发展研究的有关研究结果，对影响教师专业发展的因素进行了归纳，如下图。

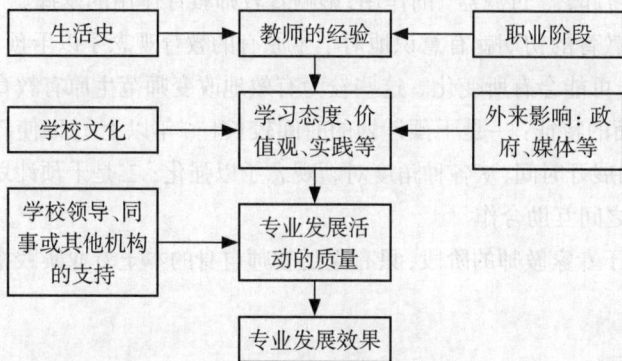

①　教育部师范教育司组织编写：《教师专业化的理论与实践（修订版）》，人民教育出版社2003年版。
②　王建军著：《课程变革与教师专业发展》，四川教育出版社2004年版。

这个图示中既包含了教师在专业的发展阶段（职业阶段）和教师个人的生命史（作为教师当前及未来对于专业之理解及行动选择的基础和背景），又包含了教师个人的素质（态度与价值观）及专业发展活动本身的素质，还包含了来自教师之外，甚至学校之外的教师专业活动之背景的影响（如学校文化和来自校外机构的支持或影响）。①

2.（Eleonora Villegas-Reimers）对影响教师专业发展的因素的归纳

Eleonora Villegas-Reimers 提出，在教师专业发展的规划、实施和评价过程中至少应考虑以下因素：学校文化、教师专业团体、学校的发展阶段、时间和财政支持力度、教师专业发展阶段、教育技术、教师工会和教师教育者等。②

二、利用影响因素，有效促进教师专业发展

由于影响教师发展因素在教师发展不同阶段的作用有所变化，所以了解不同阶段的关键影响因素，以及如何发挥这些因素的作用，对教师培养者和教师本人均有重要意义。

在师范教育阶段，师范生个人已有的教育观念和课程学习对师范生的专业发展起着至关重要的作用。尽管对于师范教育在促进教师专业发展方面是否有作用这一问题目前依然有争议，但近年来越来越多的回顾性研究结果表明，师范教育对教师的专业成长和教学效果有巨大作用③。然而，要充分发挥师范教育阶段对专业发展的作用，对教师教育机构和师范生来说，至少面临三个方面的挑战：一是"学艺旁观（apprenticeship of observation）"，这一挑战是指师范生进入师范教育前，在中小学课堂中已经有了10多年的"见习"经历，对"教学"有了"充分"的直观认识；二是"躬身践行（the problem of enactment）"，是指学会教学意味着不仅要学会"像教师一样思考"，而且要付诸行动，"像教师一样行动"；三是"错综复杂（the problem of complexity）"，是指做教师不仅要充分理解课堂的复杂多变，而且要针对复杂多变随时做出应对。正是由于"学艺旁观"时间太久，往往容易产生任何人都能当老师的错误认识。师范生进入教师教育之前所形成的这种观念，对师范教育阶段的学习起着"过滤器"的作用，影响着教师教育作用的发挥。

有研究显示，如若在师范教育的初期就有意识地对学生原有的教育观念予以干预，师范生在此阶段的专业发展路线可能会有所变化。这些较为有效地改变师范生原有教育观念的干预计划主要有两个方面的特征：一是干预计划的时间较长（一年以上），以使新观念和相应的干预措施有充分的展开时间，从各种角度对新观念予以强化；二是干预计划采用小组的组织形式，小组成员之间互助合作。

在职阶段，特别是在接近于专家教师的阶段，只有立足教师自身的本土专业实践挖掘

① 王建军著：《课程变革与教师专业发展》，四川教育出版社2004年版，第89—90页。
② Villegas-Reimers, E. (2003). Teacher Professional Development: an International Review of the Literature. Paris: UNESCO: International Institute for Educational Planning.
③ Darling-Hammond, L. Why Teacher Education is Important — and Difficult. In L. Darling-Hammond (Ed.) (2006). Powerful Teacher Education: Lessons from Exemplary Programs. San Francisco: Wiley.

个人实践知识、累积实践智慧,似乎才能发挥各影响因素对教师专业发展的积极作用。"教师的实践性知识是教师真正信奉的,并在其教育教学实践中实际使用和(或)表现出来的对教育教学的认识"[1],它支配着教师的日常教育教学行为,是教师从事教育教学工作不可或缺的重要保障,是教师专业发展的主要知识基础。按教师对其实践性知识的意识和表达的清晰程度,此类知识可分为三类:一是可言传的,二是可意识到但无法言传的,三是无意识的、内隐的。第一类多属教师对理论性知识的理解和解释,比较容易用概念和语言表达,而后两类大都来自教师的个人经验。显然,在教师个人的教学实践活动之外寻求实践知识无异于缘木求鱼。"教师的实践智慧主要指教师在教育教学实践中基于善的教育价值追求,对教育教学工作的规律性把握、创造性驾驭,深刻洞悉、深度思考、敏锐的感悟与反应以及灵活机智应对的综合能力","教师通过对具体的教学情境和教学事件的关注和反思,将感性的、表面化的经验提升,就可使其上升为自身的实践智慧"[2]。由此可以看出,教师的实践智慧也是在个人专业实践场景中产生的。

优秀教师对影响个人成长因素的归因

知识驿站

1. 优秀教师对影响职业成功因素的归因

特级教师对职业成功的归因主要不是从天赋,而是从后天因素来归因。在内外部归因中,特级教师主要从内部个人努力和教学实践中师生互动来归因。来自外部的专家引领、师傅指导、同伴互助、领导支持也起到了重要作用,但不是主要的。领导的支持主要表现在创造机会,特别是教师遇到挫折时给予的鼓励。目前,各学校都强调通过专家引领、师傅指导和同伴互助来提高教师素质。但是,在有的学校,效果并不明显。这说明,外因需要通过内因起作用。促进教师专业发展,需要为教师创造自主发展的时间、空间,不能用外部力量来代替教师主动发展的需求。

2. 优秀教师对影响职业成功的个人因素的归因

在教学实践中,我们可以发现,绝大多数教师都很努力,都希望成为优秀的教师。但是,为什么有的教师能成为优秀教师? 有的不能? 个人的努力如何才能有效果? 对此,优秀教师怎么看?

特级教师反映,在教师个人努力因素中,教师在教改实践中的行动反思,对教育知识的广泛学习,教育的理想和信念对教师的发展起着主要作用,读书、教学和研究生活,几乎成了教师生活的三部曲。也有教师反映,对个人学习经历的反思和总结以及作为一个好的学习者是成功的教育者的前提。

教师个人努力因素中的各因素在教师专业发展的不同阶段存在不同的影响。如职业初期,专业学习对教师发展存在重要影响;职业中期,参与或主持教改实践对教师发展存在重要影响;职业成熟期,教学研究对教师发展存在重要影响。

此外,教师个人努力因素中的不同因素对教师专业发展起着不同的作用。

---

[1]　陈向明:《实践性知识:教师专业发展的知识基础》,《北京大学教育评论》,2003年第1期。
[2]　赵瑞情、范国睿:《实践智慧与教师专业发展》,《教育导刊》,2006年第7期。

专业学习主要为教师专业发展提供本体知识，解决教学中的"一桶水"与"一碗水"的关系问题。教学研究和教改实践主要为教师专业发展提供条件性知识。教育的理想和信念则为教师专业发展提供内在动力。①

教师专业成长的外部平台

教师成长需要平台。在本土化的境域中，哪些东西构成了平台？

排在第一位的是入职学校的层级。R老师曾经在毕业分配的时候留到鉴湖中学，虽然他说留在那里的原因仅仅是因为在那里的实习时光很快乐，自己的角色开始得到转变，发现了自我存在的价值。但是从他身边两位同学的分配风波来看，大家之所以争相进入鉴湖中学很大程度上因为它是一所示范高中、在城里、平台高。正如R老师后来从村校、乡校逐级跳入区校时所言，"当时其实没有做什么，但是毕竟是区校，各方面都近水楼台，工作容易被领导看到，即便在领导边上吃饭也感觉很自豪"。这大概代表了一部分教师的心声，以至于另外一位欲调离青陶中学的老师用"毕竟那里（县属中学）的发展天地更大"作为说服R老师转到该校的理由。文献综述中提到的八位语文特级教师中，除韩军老师是在中等师范学校工作期间获得特级教师称号以外，其他几位都是在重点中学工作期间获得这一荣誉。因为和普通中学教师相比，重点中学的教师所能享受到的资源条件更优越，更加利于他们的快速成长。

第二个平台是各类评比活动。R老师清晰地说他的成就感是在获得优秀教师的荣誉之后。那一次现场讲课使他充分表现了自己的原生状态的教学创造力和能动性。没有教具，他就就地取材，用碎布临场制作原子模型。先前，关于教学风格的讨论中提到R老师的直观教学思想源于本校一位化学教师的课堂观察，但是遇到没有用于直观教学的教具时该怎么办？是放弃这种教学法还是利用其他一切可以利用的条件、创造所需要的东西？这就和个体的能动性有关了，也能在一定程度上反映教师应变能力，和我们现在看到的"表演课"确实不一样。

第三个平台是学校和地区教育行政部门组织的一些高层次学术会议、培训和研讨活动。R老师在评上特级教师之后，有机会参加地区级比较高层次的研讨会和培训，为他走出学校、走出地区提供了契机。第一次参加"3+X"考试模式研讨会上的发言就吸引了学科杂志社的注意；三次高考阅卷、参与撰写评价报告，特别是在阅卷现场"坚决重做实验、维护学生利益"的做法令人好生敬佩。②

既然作为教师专业发展主要知识基础的实践知识和教师专业发展最高水平体现的实践智慧均源于教师本人的专业实践活动，各种教师培训要获得促进教师专业成长的效果，就应立足教师专业实践，充分利用教师已有的教学经验。教师自身也应自觉反思、体验、感悟专业实践过程，找到自己知识的生长点和自我专业发展的空间。

① 胡定荣：《影响优秀教师成长的因素——对特级教师人生经历的样本分析》，《教师教育研究》，2006年第18卷第4期。
② 俞英：《特级教师专业发展路径——一个本土的案例》，华东师范大学硕士学位论文，2007年5月。

本章小结

本章介绍了教师发展阶段理论,教师专业发展阶段是教师职业生命周期、心理发展、专业社会化等多维度的发展过程,各阶段的划分是相对的。在教师发展的不同阶段,教师个人内在因素和外在环境因素的作用也有所不同。为了充分发挥其作用,在师范教育阶段不可忽视师范生已经形成的教育观念的作用;在职阶段,应立足教师的专业实践。

关键术语

教师专业发展阶段理论、影响教师专业发展因素

思考与讨论

1.想一想、议一议:

目前存在的对自己专业发展的有利和不利因素有哪些? 如何使自己获得最大发展。

2.想一想、议一议:

有两位老师对教师发展阶段有如下看法,你对他们的看法有何评论? 谈谈你对教师发展阶段的认识。

教师一:对一个老师来说,有3个关键的发展阶段:一是会不会独立上课,二是能不能独立备课,三是会不会独立出考试卷。

教师二:从学校实际情况来看,教师专业发展是这样实现的:普通教师→备课组长→学科组长→年级组长→教导员(教导主任或其他部门主任)→副校长或校长。学校中的好老师通常都是这样一步一步走上去的。

3.案例分析:

以下是以教师专业发展阶段和影响因素为主题的教研活动实录节选,假如你参加这次教研活动,就讨论中提出的问题你将发表哪些看法?

影响教师专业发展的主要因素是什么

——一次小学教研活动实录

主持人:今天我们来讨论"影响我们专业发展的主要因素是什么?"这是一个与我们自身专业发展十分密切的问题,而且这个问题具有反思性质。

为了使讨论具有真实性,我们要求每位参加教研活动的老师,把看到这个话题后在脑子中首先跳出来的那个因素写下来告诉大家,每位老师只说一个因素,我们轮着说(以下是教师提到的主要因素)。

1. 工作量。工作量大,教师的专业发展谈不上,只是疲于应付。

2. 用考试作为唯一的评价方式。评价以考试为准,致使教师只能为考试而努力,一些理想的东西只能放在心里。

3. 学校的氛围。在一个好的环境里,自己的专业会不由自主地进步起来,反之,在一个没有专业发展的教师团队中,个人的专业发展当然就淹没其中了。

4. 教学资源。特别是在村小,资源匮乏、专业得不到支持,个人再努力都是徒劳。

5. 专家引领。

6. 经验的积累。作为一线教师,其专业发展更多地可以表述为经验的获得与经验的运用。

7. 本人态度。态度决定成败。

8. 理论修养。

9. 学校制度。学校里有好的制度，可以激发教师专业发展的热情，反之，教师就缺乏热情。

10. 经费。

……

主持人：教师对专业发展的责任人的理解决定着教师对自身专业发展的归因。一种最不好的归因习惯是：当取得成绩时，归因于个人努力，而远离感恩；当遭遇挫折时，归因于学校或相关的他人，而充满抱怨，这是非常麻烦的。而这种归因习惯比较普遍，产生这种结果的原因便是对教师专业发展的责任人没有明确的认识。

主持人：下面接着来讨论另一个问题：你理解的教师专业发展是什么？这个问题的讨论，有助于我们正确地认识教师专业发展的责任人问题。

教师：理论＋实践。发展是指理论与实践不断提升。

教师：我想教师的专业十分简单，就是上好课。发展是指不断地上好课。

教师：我认为教师的专业发展就是指教师能够在教师工作中获得更多的具有享受性质的情感体验。

主持人：在讲一个概念的时候，我们发现不同的老师所持的观点是有差别的，这种差别主要来自认识的角度，这三位老师就分别从三个角度来阐述，即：专业发展的组成——理论与实践；专业发展的外显——上好课；专业发展的价值——愉快的体验，都十分有价值。今天，我们能否将这三个想法结合起来，给"教师专业发展"以这样的表述：教师专业发展是基于一定的理论认识与实践经验，不断把课上好，给师生以愉悦的身心体验。从这个定义出发，我们来看专业发展的核心是上好课，那么，你对教师专业发展的责任人有什么想法？

……

教师：毫无疑问，当教师把自己作为专业发展的责任人后，影响因素就只剩下一条了，即第7条。其他因素刹那间变得不太重要了。

主持人：老师们，我们来回顾大家列举的十个影响因素，也许会发现，大多数因素是客观因素，这些因素固然十分重要，但真正决定自己专业发展的是本人心中想要上好课的熊熊心火，只要有这颗心，不论外面条件如何，都阻挡不了自己上好课的行动。[①]

进一步阅读的文献

1. 教育部师范教育司组织编写：《教师专业化的理论与实践（修订版）》，人民教育出版社2003年版。

2. 陈向明：《实践性知识：教师专业发展的知识基础》，《北京大学教育评论》，2003年第1期。

3. Darling-Hammond, L. Why Teacher Education is Important and Difficult. In L. Darling-Hammond (Ed.) (2006). Powerful Teacher Education: Lessons from Exemplary Programs. San Francisco: Wiley.

4. 王建军著：《课程变革与教师专业发展》，四川教育出版社2004年版。

5. 中国教育资源服务平台"新思考网"（www.cersp.com）。

6. http://www.edutopia.org/teacher-development.

---

① 俞正强：《影响教师专业发展的主要因素是什么———次小学教研活动实录》，《人民教育》，2007年第20期。

第五章　教师专业发展的理论视野

通过本章的学习，你能够

◆ 理解批判教育学对教师自主发展的启示，教师"自由"意识觉醒的重要性；
◆ 了解关系教育学对教师"对话"精神的主张；
◆ 了解存在论教育学对教师"专业热忱"的基本观点；
◆ 理解女性主义教育学对教师"沉醉参与"精神的渴望；
◆ 理解复杂性思想对教师"实践智慧"成长的思考。

. . . .

　　教师专业发展是当今世界教育改革、教育可持续发展的前沿课题。作为教育改革与发展的核心要素，教师甚至被视为"是学校与教学革新的心脏，他能最大限度地重建和振兴一个国家的教育希望"[①]。近年，随着批判教育学、关系教育学、存在论教育学、女性主义教育学、复杂性思想等理论的兴起，教育学理论正经历着重要的转向，即从抽象、秩序与控制的现代性逐渐走向多元、丰富、创生的后现代性。这种转换为我们重新解读教师的专业发展提供了新的视角。

第一节　批判教育学与教师的"自由意识"

　　发展自中南美洲，并由北美学者吉鲁（Henry Giroux）、迈克拉伦（Peter McLaren），巴西教育学者弗莱雷（Paulo Freire）等人所倡议的"批判教育学"，自20世纪90年代以来已成为国外用以批判新保守主义、新自由主义、教育功利化的主要理论，同时也为具有批判、民主、解放色彩的教育实践开启了希望之窗。批判教育学在欧美，甚至第三世界的拉丁美洲国家都有相当的影响。批判教育学有其丰富的理论背景，涉及美国进步主义的传统、巴西的识字教育计划、霸权与权力论述以及法兰克福学派的批判理论相关学者的观点。

一、关注教师的自主发展：批判教育学的兴起

　　批判教育学者根据马克思主义的立场，将教师比喻为工厂的劳工，好比是"去技术化"

---

① McClure, R. M.. (1991). Individual Growth and Institutional Re-newal. In Ann Lieberman, Lynne Miller. (Eds.). Staff Development for Education in the 90's. New York: Teachers College Press.

(deskilling)的教书匠,是教育改革与发展中的"静默"者,缺乏话语权的"无语"者。批判教育学的代表人物弗莱雷(Paulo Freire)观察到,无论在巴西还是在西方发达国家,压迫(oppression)是一个普遍的现象,例如,教师在教育改革中缺乏主体性与参与性,只是作为被动的执行者,绝大多数教师对于这种"压迫"情形保持沉默,甚至于心甘情愿,缺乏反思意识。他认为,教师之所以会形成"静默"文化(the culture of silence of the teachers),一方面是由于传统教育理念与学校氛围不支持教师的自主与参与;另一方面则是教师自身缺乏主动参与的意识,安于现状。

传统教师发展观以工具理性主义为取向,将教师看作技术者或工匠,无论是在谈论教师专业成长、师资培育,还是教改问题时,总是把焦点放在教学技术的改进上,认为教师教育技能的提升是教学品质的重要保证。随着批判教育学思潮的兴起,研究者开始关注教师的自主意识与自由精神在其专业发展中的重要作用。兹引用几种代表性观点:

"教师意识觉醒是教师建立主体性、发展自主性、活出解放教育理想的关键。教师必须对自己以及所身处的实践世界有更多觉知、能够质疑、挑战习以为常的做法、现象。"[1]

"从新的眼光来看,教师不能视文化为理所当然。为使其再次产生意义,他必须根据他有所改变的经验,来诠释并重新组织他所看到的事物,他必须有意识地进行探究。"[2]

"教师应被视为具有自主知能、批判意识,及负有教育使命的转化型知识分子和公众的知识分子,能主动、负责地检视并改善学校的课程与教学实践,而不只是受过专业训练的高级技师,因此教师是有意识的教育工作者。"[3]

虽然已有学者开始关注教师教育意识,但传统教育更多强调教师要忠实地执行、完成既定的教育目标,从而忽视了教师对教育理解的多元性,以及教师在发展中的主观能动性。教师除了有权决定"怎样教"之外,很少有参与教育决策的权力和责任,因而专业意识的淡薄就成为必然现象。实际上,早在20世纪70年代,就有学者认识到,"教育改革不能离开教师,就如没有教师发展就没有课程发展"。[4]这就要求教师自主意识的觉醒。教师是否具有充分的自主意识,这是当前对教师发展提出的重大挑战。自主意识的唤醒,必将增强教师的批判精神、主体参与性,"在教育改革中,教师批判精神的形成与发展有赖于其意识的唤醒。只有当他们产生了积极参与教育发展的意识之后,他们的批判能力与精神才会逐步形成"。[5]

① Freire, P.. (1973). *Education for Critical Consciousness*. New York: Continuum, p.107.

② Greene, M.. (1990). *Toward A Community of Wide-Awareness: Art, Imagination, and Diversity*. Tempe, AZ: Arizona State University, p.149.

③ Giroux, H.A.. (1988). *Teachers as Intellectuals: Toward A Pedagogy of Learning*. Granby, Mass: Bergin & Garvey, p.79.

④ Elliott, J.. (1978). What Is Action Research In Schools. *Journal of Curriculum Studies*, 10(4), pp.355–357.

⑤ Korthagen, F.A.. (1993). Two Models of Reflection. *Teaching and Teacher Education*, 9(3), pp.317–326.

知识驿站

批判教育学的代表人物

1. 吉鲁（Giroux）

他在 1988 年所撰写的《教师作为知识分子》
（*Teachers as Intellectuals*）一书中，将教师视为创造
知识的专业人士。他反对将教师单纯地看作知识传
递者、知识的代言人，认为教师是对教育实践的反
思者。为了区别某些学者所认为的"知识分子就是
上层建筑的公务员"，吉鲁进一步提出教师是"转化
型"（transformative）的知识分子。所谓"转化型"知
识分子，是指教师不仅拥有学识，具有批判意识，而
且还承担着知识创新、社会改造，以及促进教育与社
会发展的重任。作为"转化型"知识分子，教师应帮
助学生形成深刻、持续的信念与信仰，批判地思考社
会问题与现象，运用民主对话为创造理想世界而奋
斗。如果真的能承担起"转化型"知识分子的责任，
而不只是知识的传递者，那么，教师的批判意识必然
会有很大程度的提升。

2. 弗莱雷（Paulo Freire）

巴西著名的教育家、哲学家（Paulo Freire, 1921—1997）于 1921 年出生于累
西腓市的一个军官家庭。1959 年，弗莱雷完成博士论文《教育与巴西现状》，并
获得博士学位，后在累西腓大学任教。1961 年，在累西腓市长的邀请下，弗莱雷
开始参与该城市的扫盲工作。1969 年，弗莱雷应美国哈佛大学的邀请，离开拉丁
美洲，赴哈佛大学任"发展和教育研究中心"的教授以及"发展和社会变革研究
中心"的会员。就是在这一时期，弗莱雷写下了他著名的代表作《被压迫者教育
学》。离开哈佛大学以后，弗莱雷又来到瑞士日内瓦的世界教会委员会教育部门
当顾问，并周游世界进行演讲，以全部的热情来帮助在亚洲和非洲新近独立的国
家，如坦桑尼亚和几内亚比绍，帮助他们研究扫盲计划。1989 年，弗莱雷担任圣
保罗市的教育局长，广泛开展教育改革。两年后，他辞去这一职务，继续从事著
书立说。1997 年，弗莱雷因病逝世，享年 76 岁。

弗莱雷毕生致力于教育实践和教育理论的
研究，一生笔耕不辍，著述颇丰。其代表作品有：
《教育：自由的实践》(1967)、《被压迫者教育学》
(1970)、《自由文化行动》(1972)、《发展中的教育
学——几内亚比绍信札》(1978)、《教育政治学》
(1985)、《解放教育学》(1987)、《扫盲：识字与识世》
(1987)、《学会质疑：解放教育学》(1989)、《城市教
育学》(1993)、《希望教育学：回望被压迫者教育学》
(1994)、《作为文化工作者的教师：致那些敢于教书
的人的信》(1998)、《自由教育学：伦理学、民主和公
民胆识》(1998)等。其中，最具代表性、最负国际影

响的代表著作《被压迫者教育学》自发表以来，已被译成20多种文字，仅英文版就发行了75万册。它是"一本关于平等和正义的书，是对处于社会不利处境的人们悲天悯人的关注，是平等和尊重地对待每一个人的生命呼唤与勇气奉献"。无怪乎有人将它称之为"被压迫者的教育圣经"、"真正革命的教育学"。

二、批判教育学对教师自由精神的解读

重视教师自主意识的批判教育学指出，要发展教师的批判态度、质疑意识、自主思维，教师首先就要有自由的精神。自由问题历来是学者、诗人们思考与议论的重要话题。杜甫诗云："送客逢春可自由"，王安石诗曰："我不怨此瓦，此瓦不自由"，柳子厚的诗篇中则有："东风无限潇湘意，欲采蘋花不自由"。而毛泽东的诗词更是将自由发挥到了极致，"鹰击长空，鱼翔浅底，万类霜天竞自由"。史学大师，曾经的清华大学国学研究院教授陈寅恪先生在纪念王国维的碑文中说，"先生之著述或有时而不彰；先生之学说或有时而可商；惟此独立之精神，自由之思想，历千万祀与天壤而同久，共三光而永光。"陈寅恪将"自由之思想"视为学术的生命，学者的尊严。

不仅学者、诗人、文学家重视自由问题。教育领域同样也关注教师的自由问题。随着教育观念的不断更新，我们越来越认识到教师的发展不是被动、被迫、被卷入的，而是自觉主动构建自我与世界、与他人、自身内部的精神世界的过程。为此，师资培训必须充分考虑教师的自主性与自由精神，激发其形成批判思考能力，具备自主成长的意识与动机，走向可持续发展之路。美国一项研究发现，1993年至1994年间，公立学校教师的年收入从34 200到54 900美元，而私立学校的则为22 000到32 000美元，公立学校教师的收入远高于私立学校教师。然而，36%的私立学校教师宣称对工作"非常满意"。相反，公立学校教师只有11%对自己的工作"非常满意"。其原因在于，私立学校的教师感觉自己更自由，对自己的工作更有自主权。

基于对自由在教师成长中重要意义的认识，20世纪90年代以来，许多学者呼吁要赋予教师自主规划、自主创新的能力，以充分激发其专业潜能，实现自主成长。上海市二期课程改革就非常突出教师的自由与自主成长。"评价强调教师对自己的教学思想、教学态度和教学行为的分析与反思。鼓励教师与时俱进，教学相长，不断更新知识，提高教学与教育科研能力。建立以教师自评为主，校长、教师、学生、家长共同参与的评价制度，使教师从多渠道获得信息，提高师德和教学业务"。可见，促进教师自主成长，走向自由的教育王国，这是课程改革十分关注的问题。

教师的自由之所以重要，是因为只有当教师有了自由，有了自主选择，他们才会走向自主发展。事事都是由校长、领导安排，教师通常是做不到自主成长的，往往缺乏自主发展的意识与动机，自主规划能力通常也很低。

三、批判教育学对教师自由精神的新思考

教师的自由问题确实值得我们关注与研究。那么，教师的自由到底体现在哪些方面

呢？我们认为，教师的自由首先表现为有拒绝权的自由。拒绝权的自由意味着教师能够不做某种自己所反对的事情，"如果一个社会是个足够好的社会，那么这个社会的'一般人'必须拥有弱的意义上的否决权，即他不能去否决别人的事情，但至少能够否决权威或别人对他的随便否决。"我们研究发现，当被问及"我能拒绝领导指派我的与专业教学工作无关的任务"时，78%的教师不太能拒绝。可见，教师的拒绝权是较为缺乏的。当我们在教育改革中呼吁儿童有拒绝权利的同时，也应该看到教师同样也有"拒绝"的自由。

案例 5-1

校长派一位教师去加拿大进修三个月。等这位教师回国后，校长对她说："你在那里学习了三个月，明天我来观摩你的教学，看看你到底在加拿大学到了什么。"这位教师对校长说："我在加拿大学到了很多内容，感受最深的一点是，希望你明天不要来看我的教学活动。因为，在加拿大，没有教师的允许，校长是不可以随意进入教师的班级的。"虽然这位老师的话有些偏激，但可以看出加拿大的教师专业自主权是很大的，他们在专业发展上有自由的权利与可能。

其次，教师的自由还体现为选择权的自由。虽然拒绝权的自由非常重要，但教师是否真正获得专业上的自由并不完全取决于他们的否决权。真正的自由意味着有去做什么的选择性，这是"去做……的自由"。因此，即使教师解脱了束缚，得到了拒绝权，但也并不等于真正的自由，那是消极的，只有在教师能够真正选择做他想做的事时，教师才拥有积极的自由。因此，仅仅拥有拒绝权，教师的自由还是消极的，仍然没有实现真正的自由。教师可以否定一切，可以什么事都不做，但这是一种虚无的状态，什么都不做意味着什么都没有，也就等于没有使用自由，没有专业发展。只有当教师面对丰富多样、多元的可能性而做出自主判断与选择时，这样的自由才是积极的自由。

案例 5-2

教师自主权问卷

老师：您好！

这份问卷的目的是了解当前教师发展的总体情况，以便为改善中小学教师的工作环境提供参考与依据。本问卷仅供研究所用，填答内容绝不对外公开，您无须填写姓名。因此，请您放心。请根据您的实际情况客观、如实地填写。您的认真回答对我们的研究有很大的帮助，非常感谢您的参与！

填写方法：

请对以下23项每项逐一打分，从1到5计分。1为"完全符合"，2为"基本符合"，3为"一般"，4为"比较符合"，5为"很不符合"。

1. 学校每周都举办演讲、研习、观摩等"进修活动"，以充实教师的知识与能力。
2. 我能获得校长的支持，不断地"研究、创新"，以改进教学方法。
3. 我能获得学校的支持，参加校外的各种教师团队，以促进自我提高。
4. 我有权决定任教科目的"教学目标"。
5. 我有权依据教学目标来"选编教材"。

6. 我有权根据教学需要,决定使用何种"教学方法"。

7. 我有权决定对学生学习与发展的评价方式。

8. 我有权决定组织及管理学生的方式。

9. 我有权拒绝学校里指派于我的与教学无关的工作。

10. 我有权参与校务发展规划的拟定,影响学校的发展方向。

11. 我能提供意见以促进校务决策的合理性。

12. 我有权参与本校各项规章制度的制订或修订。

13. 我有权决定班级教材、教具的选用。

14. 我能参与决定"教学设备"的购买(如采购桌椅、电脑、视听器材、玩教具)。

15. 我有权了解本校的"预算与经费"分配及使用情况。

16. 我能对本校教师的聘任提出意见并得到重视。

17. 我能对本校教师的"升迁、奖惩"等提出意见或建议。

18. 在我的教学活动中,我有绝对的自主权,不受其他教师的影响。

19. 我的业务能力,使我在校内得到应有的地位。

20. 我的教学能力,受到家长应有的尊重与肯定。

21. 我的教学表现,对学校的发展具有影响力。

22. 我能在很大程度上影响学生的学习表现。

23. 我提出的教育理念或教学方法能经常被其他教师采纳。

有学者曾在2005年用上面这份问卷对对上海市317名教师进行了调查。结果发现,在第9项上,教师的得分最低,为3.33分(最低为1分,最高为5分),处于中等水平。这第9项反映的就是教师的自主自由权利。相对来说,教师更容易得到学校的支持,但在专业自主性、自由发展方面则还显不足。我们的研究还发现,不管处于哪个发展阶段的教师,在自主规划方面的能力是非常低的,均不超过2.5分(最低分为1分,满分是5分)。这个问题值得我们深思。

表5-1 上海市教师自主发展能力的现状研究[①]

	自主意识	自主规划	自主观念	自主行动
新手型教师	3.24	1.86	2.71	1.43
巩固期教师	3.25	2.25	2.50	1.86
更新期教师	3.31	2.15	2.90	1.33
成熟期教师	2.98	1.77	2.85	1.42
专家型教师	3.16	1.84	2.78	1.67

[①] 姜勇、阎水金:《教师专业发展阶段研究:从教师关注到教师自主》,《上海教育科研》,2006年第7期。

第二节　关系教育学与教师的"对话精神"

在1994年出版的《教学越界：教育作为自由的实践》(*Teaching to Transgress: Education as the Practice of Freedom*)一书中,贝尔·霍克斯(Bell Hooks)系统建构了"关系教育学"(engaged pedagogy)这一崭新话语的教育理论体系。在短短数年中关系教育学已成为当今西方教育学界令人瞩目的思想与主张,它与近年涌现的批判教育理论、女性主义教育运动、解放教育实践等汇合成了一股巨大的后现代教育思潮。

一、异军突起的"关系教育学"

"关系教育学"的倡导者霍克斯认为,传统课堂教学最大的弊端是对师生之间情感沟通、互动交往的忽视。以往在师生交往中,教师更多侧重的是知识的传递与接受,缺乏与学生的情感互动与交流,因而无论教师还是学生,均把教与学作为一种乏味、缺乏兴趣、毫无激情的活动过程。对此,霍克斯认为,必须建立一种"激进"的教育学,它所关注的不应是知识与技能,而是教师与学生之间的关系——真诚的情感互动。

霍克斯认为,关怀伦理是关于人性关怀的理论,它的核心动力来源是人面对他人时所产生的关怀情意,而这正是传统教学所忽视的。关怀之所以发生是在于人面对对象时,所保持的善意、开放、接纳的态度。这种善意开放而接纳的态度所产生的关怀实践,能够开放地通过与人真正了解和贴心的情感交流,让人真正地敞开和安心。霍克斯的关系教育学要彰显的正是教育者对被教育者的关怀实践,称它为女性特质是因为它过去存在于女性实践中,因而未受到重视,甚至是被忽视的。因此,关系教育学非常重视情感和关系,它具有三个主要特征:

1. 重视情感甚于理性。关系教育学非常重视个体的情意,主张一切教育都要发动学生的情感,而不只是逻辑理性,这也是对西方传统伦理学男性范式的质疑。这种新的伦理范式,不只是以理性的思维去引导行为,而是要研究在理性思维背后,如何去发动学生内在的情感动力,使关怀他人化为实践的承诺,落实在行动中。

2. 重视知的动态历程,而非静态的知识提供。关系教育学重视的不是静态的知识,而是动态的如何去知的过程。[1]个体越能掌握动态的,如沟通、交往,就可以知得越深刻。因此,知识是交往双方通过互动、沟通、协商而形成的共识,而不是由纯粹理性而产生的授受式的僵化的知识,"新的认识方式,不是一个人独自站在非个人的理性格言前,而是人类以不同方式,不同深度的联结,追求他们责任的分享,诠释可以接受的解决方式。"

3. 合理的沟通情境建立在关怀的实践中。根据关系教育学的主张,泰尔-培肯(Thayer-Bacon)提出应建构教育的"关系的认识论"。[2]传统教育教学强调客观的、理性、

---

① Walder, M.U.. (1995). Moral Understanding: Alternative "Epistemology" for A Feminist Ethics. In Held, V.(Ed.), *Justice and care-Essential Readings in Feminists Ethics*. Boulder, Colorado: Westview Press, pp.139–152.

② Thayer-Bacon, B.J.. (1997). The Nurturing of A Relational Epistemology. *Educational Theory, Spring*, 47(2), pp.239–269.

中立的、主客分离的,这显然是男性特质的思维方式。事实上,人不仅是理性的,也是偶然的、有限的、社会的存在,一定要依赖与他人的关系来帮助我们发现与探求知识。这也正是关系教育学所倡导的。

贝尔·霍克斯与关系教育学

贝尔·霍克斯(Bell Hooks)其实是黑人教育学者格里亚·华特金斯的笔名,她使用自己的母系姓氏,还坚持不把自己的姓名大写。因为她认为,相对于有价值的思想,个人无足轻重。为纪念一位反抗种族主义、反性别歧视、反课堂中心的著名学者贝尔·霍克斯,而借用她的名字作为笔名。

关系教育学也被译为"交融教育学"或"投入教育学",它突出教师在教育教学过程中的投入(involvement),与学生的情感交融,师生之间的理解与对话。一些日本学者认为,engaged pedagogy不仅仅是教师的投入,更为重要的是反映了师生之间"关怀"关系的建立,因此,我们按照这一解释译为关系教育学,也是对当前教育学界对"关系"的重视的一种呼应。

作为一名女性主义学者,贝尔·霍克斯非常强调经验分享、师生共同参与、投入到学习与发展中。她提出了比女性主义教育和批判教育学更为激进、更高要求的关系教育学,即要求教师的积极参与、投入,也被称为全身心的投入。在投入教学的过程中,教师必须更积极地投入自我实践、追求自身的幸福与快乐。霍克斯相信,唯有有能力自我实践、提升自身价值与幸福的教师,才有能力提升学生的权能(empower),她提出,"关系教育学不仅仅提升了学生的权能,而且也促进了教师权能的增长。"

二、关系教育学对教师对话精神的主张

对话精神最早可追溯到德国的文化教育学派所宣扬的"批判——交往教学"主张。他们认为,在以知识灌输为主的教育观下,由于教育者居于无可置疑的独白者地位,受教育者则成为知识的"容器",因而造成了师生间交往互动关系被割裂、扭曲为主体与客体的关系。为此,他们提出"用对话式交往关系取代独白式是我们合理的选择"。

20世纪90年代以来,许多学者发现民主教育难以实现的最主要原因是对话在教育中的缺席,这更引发了人们对对话精神的关注与重视。事实上,对话思想古已有之,苏格拉底主张"教育不是知者随便带动无知者,而是使师生共同寻求真理的过程",并认为师生共同寻求真理的方式即为对话式教学。无独有偶,我国古代教育家孔子所说的"不愤不启,不悱不发,举一隅不发三隅反,则不复也","善待问者如撞钟,叩之以小者则小鸣,叩之以大者则大鸣,待其从容,然后尽其声"反映的也正是师生交往中的对话精神。当然,对话需要教师对儿童的倾听,允许儿童发表不同的意见与想法。

但遗憾的是，教师与学生的交往，由于种种主客观因素的制约，往往缺乏"对话"精神。叶子的研究发现，由教师发起的师生互动中有26%是要求、指令或提醒，20%是约束纪律，而情感交流互动仅为2%。①

师生真诚对话，让生成更具魅力——《羚羊木雕》案例分析　　　案例 5-3

我在执教《羚羊木雕》一文时，将学生分组围绕"父母对'我'的批评是否正确"展开辩论，即"亲情"和"友情"冲突时，你向着哪一方。

在辩论中，突然，反方的一位同学向老师发问：试问老师，假设你的孩子将你已许诺给他的贵重礼物送给好友，你会忍心批评他、伤害他的自尊心，破坏同学间纯真的友情吗？

（这是我备课万万不曾想到的突发问题，显然这位同学重友情，轻亲情，也很机智，无疑将老师视为家长这一角色看待，观察老师的态度，以寻求支持。）

我略加思考后，便这样说：

"我是老师，也是家长，和所有家长一样，不是处理任何问题都是妥当的，也是在不断地提高认识的过程中加以完善的，那么请同学们为老师提些建议，怎样处理才更妥当呢？"

（想不到，这时的学生发言更活跃了，以下几位同学的看法颇令人回味。）

学生A："礼物不是因为金钱才贵重，而是因为凝结友情才贵重，希望做父母的能认识这一点。"

学生B："物品失去可以再买回；但自尊心和友情的损害，这是买不到的，所以做父母的也不能不加思考的一味责怪孩子的不是。"

学生C："相反父母如能维护孩子友情，不去伤害它，比你送孩子礼物，更能使他欢心，因此父母不怪孩子，就会更好些。"②

从大部分学生的发言中，我觉察出学生总是站在自己的立场，喜欢给家长挑刺，在处理"亲情"与"友情"的关系上，有些偏颇。对此，我便不动声色地引用文中的一句话："这能全怪我吗？"老师便以家长的身份和学生平等对话，互相探讨。随后，学生便从文中"我"的身上以及结合自身的经历，认识到同龄人身上普遍存在的一些缺点，如意气用事，不懂得尊重父母等。在掂量亲情与友情的天平上，学生各有见地，他们与老师真诚地沟通，交流意见和看法，使两者收获颇丰。

三、转向心灵的交往：提升教师对话精神的策略

真正的对话精神体现了师生情感互动的氛围。对话不仅是一种言谈活动——倾听与倾诉的教育方式，更是一种情感互动的教育氛围，即师生双方共同创造民主、平等、温馨、和谐、积极健康的交往氛围。对话不仅是师生双方言语上的你问我答、你讲我听，更是师

---

① 叶子、庞丽娟：师生互动的本质与特征，《教育研究》，2001年第4期。
② 佚名：师生真诚对话，让生成更具魅力——《羚羊木雕》案例分析，http://www.yuwen123.com/Article/200609/23399.html，2006年9月8日。

生双方全身心投入,包括情感、经验、思想等多方面、多层次的知识性与精神性的相互交流。在对话中,师生双方都充分展示自己的才能,发挥自己的潜力,真诚参与,共同合作。在对话中,教师投入的不仅是知识与技能,而是自己的整个人生态度、精神思想与教育智慧,因而在对话中展开的是人的"灵魂"的教育,这正符合柏拉图所主张的,"教育非它,乃心灵转向"。

案例 5-4

> 在常识教学活动中,教师让学生认识月季花。为了让学生了解月季花的颜色有大红、白、黄、粉红等多种,教师特意搜集了一些盆栽的月季花以加深学生的印象。谁知在给月季花涂色的活动中,艳艳小朋友却把月季花全涂成了咖啡色,还问我:"老师,我的花漂亮吗?"教师有点不高兴:"你见过这种颜色的月季花吗? 还漂亮!"……
>
> 第二天一大早,艳艳就捧了一瓶咖啡色的月季花来到学校,小朋友唧唧喳喳地议论着:"哇,真有!""好漂亮呀!"我仔细一看,原来是丝绒做的月季花,还真是咖啡色的。于是教师对艳艳说:"你家的月季花是咖啡色的,但不是真的花。""老师,那图画本上的花是真的花吗?""当然也不是。""那为什么不可以画我家里的咖啡色月季花呢?"……看来,孩子也有孩子独特的见解,我们不能用成人的眼光去对待。

第三节 存在论教育学与教师的"专业热忱"

20世纪七八十年代,在探讨教师发展的涵义时,学者们往往持"实体论"的观点,将教师发展视为各个结构领域,如学科知识、教育技能、教学反思等各方面能力的构成,认为教师成长就是这些素养的形成与提升。这一实体论、工具理性取向的教师发展观,重视的是教师的各个能力领域,或者说关注的是教师发展的结果,而不是教师发展本身。进入20世纪90年代,由于批判教育学、知识社会学、教育现象学、复杂性思想等理论的兴起,教师研究呈现了许多新的特点与走向。其中,被哈贝马斯喻为当代哲学四大转向之一的"存在论"思潮,对教师发展观的转变产生了重要的影响。

一、走向存在的教育学: 存在论教育学的新思潮

"存在论"转向以海德格尔、伽达默尔、德里达等人为代表,被喻为当代的"存在论哲学",他们批评西方传统的"实体论"形而上学[①],主张建立向"存在论"转向的新哲学。这一新"存在论哲学"给我们带来了解读教师成长的新视野。"实体论"是西方传统哲学的

---

① 注: 有些学者将ontology译为"本体论",也有的学者译为"存在论"。实际上,"本体论"不同于"存在论"。"存在论"是一个学科概念,从而是一个问题领域;"本体论"则是传统西方哲学对待"存在论"问题的一种特殊处理方式,以及这种处理方式历史地造成的一种特定的哲学形态。这种意义上的"本体论",就是以追求终极实在为依归,以奠定知识基础为任务,以达到终极解释为目标的哲学,因此,"实体"(Entity)、"实在"(Existence或Reality)概念是其核心含义。所以,本文中称传统形而上学为"实体论"哲学。

绝对根基，是西方传统哲学的基本理论形态，"两千余年来的传统哲学就其内容实质而言，可以认为就是以'实体'为基础概念或核心内容的一种理论。'实体论'在哲学发展史上的重要性，不但表现在它在很长一段历史时期占据了哲学的核心地位，还表现在它对哲学思维所发生的重大而深刻的影响上面。'实体论'从古代和中世纪人们用以观察世界人生事物的特殊思维方式中形成。传统哲学之为传统哲学，其真正的本质就在以本体论的认识方法为自己的哲学思维方式"①。

知识驿站

海德格尔（Martin Heidegger，1889—1976），早年在弗莱堡大学研读神学和哲学，1923年任马堡大学哲学教授。1928年，接替他的老师——现象学创始人胡塞尔任弗莱堡大学哲学讲座教授。

海德格尔是西方哲学史上一位有独创性的、影响广泛的思想家。他最重要的著作是《存在与时间》（1926），由于此书，海德格尔被视为现象学学派的发展者、存在论哲学的创始人。《存在与时间》的"目的就是要具体地探讨存在的意义的问题"，而且，他一生中最关心的问题就是存在与存在者的区别。他关于存在与时间意义的探讨，他对艺术理论和技术性的沉思，他的语言格局理论，以及他对柏拉图、亚里士多德和康德的真理和逻辑模式的彻底矫正等等，对当代西方各种学说都产生了影响。可以称他为"存在的追问者"、"存在的放牧者"、"诗人哲学家"，也可以称他为"思想的供奉者"、"思想的神秘主宰者"或"思想中的思想者"。

伽达默尔（Hans-Georg Gadamer，1900—2002），德国当代哲学家、美学家，现代哲学解释学和存在论哲学的创始人和主要代表之一。主要著作有《真理与方法》、《柏拉图与诗人》、《短论集》三卷、《我是谁、你是谁》等。伽达默尔与其师海德格尔共同将传统解释学放到现象学本体论基础上研究，他的出发点是反对古典解释学的客观主义。

在"实体论"的视域中，教师成长就是各种能力的构成与发展，它重视的是教师发展的结果，即对"存在者"的关注；相反，对教师发展的过程本身缺乏足够的关心。西方形而上学传统的根本问题就是把"存在"理解为"存在者"。作为存在者，教师与其他动植物或山石江河等不同。教师的存在与这些东西的区别不在于他有各领域的能力，而在于只要他处于发展过程中，他就和他的教育生活有一种主动的总体关系。只要他在发展中，就要谋划他自己成长的可能性。正如海德格尔所说，"此在的本质在于他的生存。"意思是说，教师不像是一棵树，一个动物或一颗星星那样的东西，他每次都要选择一种可能性以在世界上存在，以此来确定他的本性。教师总是要在一个与之构造相关的基础上，即在世

---

① 俞吾金：从传统实在论到生存实践论，《文史哲》，2004年第2期。

界的基础上来理解他自己的此在。这表明教师的存在与"科学的事实性"无关，而是关系能否在教育世界中不断形成自我超越的历程。

"实体论"式的教师发展观往往将教师视为对象。一旦成为对象，教师就不复为成长中的教师；一旦成为对象，我们就会只关注教师的各种专业能力，而忘记了教师发展本身。用海德格尔的话来说，无论我们追问人是什么，或人是谁，这些问题都问得不合适，因为这样一个对象化的东西就在望了。我们必须从根本上解构"实体论"的教师发展概念。这并非因为"实体论"的定义是错的，而是因为它还没有抓住教师发展的本质。在"存在论"的视野中，教师发展就是走向"存在"之路。教师"存在"的关键在于他的自我超越性。海德格尔特意把存在（Existenz）改写为 Ek-sistenz。"ek"在古希腊文中是"向外"和"从……出去"的意思。将 Existenz 改写为 Ek-sistenz，无疑是要强调此在的存在方式之特点就是出位存在，向外存在。同样，教师发展也是一个生成的过程，不断溢出自我，实现教育成长的超越历程。教师发展的本质即在于，"他比单纯的被设想为理性的生物的人更多一些。'更多一些'在此不能用加法来了解，仿佛流传下来的人的定义依然是基本规定，然后只消再加上具体生存的内容体会一下此种扩充就行了。这个'更多一些'的意思是：更原始些，因而在本质上更本质些"。[①]

二、存在论教育学视野中的教师形象：专业热忱

存在论教育学并不是从知识与技能的角度来思考教师的专业成长，相反，却非常关注教师发展中的"大者"，即专业热忱与伦理精神。存在论教育学认为，西方教育学的传统往往更多重视的是知识的传授，而忽视教育者与受教育者的热情与热忱。我国自古以来的教育传统就非常重视热忱态度与伦理精神，"天将以夫子为木铎"，"吾非斯人之徒与而谁与？""文王既殁，文不在兹乎？"中国传统的教育精神历来是重视教学的热忱态度，并以此为"大者"。孟子说："先立乎其大者，则其小者弗能夺也。"这在一定程度上与存在论教育学的主张是一致的。但遗憾的是，现在的教师教育有时却是从"小者"入手，即只注重教师的学科知识、教学技能、教育机智等等。虽然，这些方面确实是教师的专业品质，但我们还忽视了大学教师专业素养中的"大者"，即教师的专业热忱，"从古立教，未闻以'知'为体者"。只有养成了这个"大者"，教师才能真正在专业热忱与精神的统领下自由地驾驭各门学科知识与教学能力。如果教师只是精熟于各种知识技能，缺少对专业的热爱与热忱，那么他是很难将其身心完全投入到这一事业的，也很难具有高度的责任心与敬业精神。

所以，"好教师"不仅是传授知识与技能的，更应是投入自己的专业热忱的。教师发展可以从知识与技能、自我理解和生态改变三个方面来理解。有的学者提出，教师发展最基本的是态度和功能上的发展。还有的学者认为，教师专业发展不仅要包括知识、技能等技术性维度，还应该广泛考虑道德、政治和情感的维度[②]。上述学者的研究均未摆脱西方形而上学的传统，即关注客观实在的内容，因而不可避免地忽视了教师专业品性中的"大

---

① 海德格尔著，彭富春译：《诗·语言·思》，文化艺术出版社1991年版。

② Fullan, M. & Hargreaves, A.. (1992). Teacher Development and Educational Change. In M. Fullan and A. Hargreaves (Eds.), *Teacher Development and Educational Change*. London: The Falmer Press, pp.1-9.

者"。中国的传统是不拘泥于客观实在的内容,而要追寻"大者","论性之本原,道之体统,盖学问之纲领也。""哲学之事,基实测以游玄,从观象以知化。《大易》之妙在此。穷大则建本立极,冒天下之物;通微则极深研几,洞万化之原。"那么,这个"大者"究竟是什么呢? 存在论教育学认为,就教师专业发展而言,它指的并非是知识、技能之类的客观实在物,而是影响并决定教师成长的精神品性。其中,尤以专业热忱为最重要品性。

汶川地震中的教师

当灾难突然袭来,他们代表全人类的良心……

【事例1】地震的那一刻,都江堰新建小学盲哑班正在一间平房里上课。大伙都撤离了,小马还坐在教室里。"那时有个老师大叫,小马,赶紧出来。"不过,小马还是没有反应。一个老师冲了上去,一把把小马拽了出来。地震后清点人数,学校的17个智障学生、26个聋哑学生全部幸存。为了保护幸存的学生,老师们自发围成了一个圆圈——"圆心"是学生,外围是老师。这个冲进去救孩子的老师叫谢亚,31岁,从事特殊教育15年。

【事例2】当汶川县映秀镇的群众徒手搬开垮塌的镇小学教学楼的一角时,被眼前的一幕惊呆了:一名男子跪仆在废墟上,双臂紧紧搂着两个孩子,两个孩子还活着,而他已经气绝! 由于紧抱孩子的手臂已经僵硬,救援人员只得含泪将之锯掉才把孩子救出。这就是该校29岁的老师张米亚。"摘下我的翅膀,送给你飞翔。"多才多艺、最爱唱歌的张米亚老师用生命诠释了这句歌词,用血肉之躯为他的学生牢牢把守住了生命之门。[1]

专业热忱这一"精神层面"的品质提出的核心问题是:到底是什么促使我们从事眼前的这一教育事业的? 我们愿意在多大程度上为该事业付出自己的精神与力量? 无论环境发生何种改变,我们是否都能坚守这一事业? 我们以往对教师的专业热忱这一"大者"是重视不够的,相比而言,我们更关注教师的教学知识与技能技巧。专业热忱的缺乏使得教师在课堂生活中往往缺乏生命活力与教学热情,缺乏人文关怀与价值追问,缺乏教育的浪漫理想与坚定信念。

美国近年来对教师专业热忱的关注与做法值得我们学习。2000年以后,美国的一些教师准入机构认为,教师专业群体必须找出并选择那些有关情感、专业伦理、教育实践能力等方面的指标。缺少了这样一些标准,符合准入要求的程序只是对教师申请者的学科成绩进行筛选,而并不能真正判断其真实的教育能力。为解决以往教师职业准入标准的不足,特别是对专业热忱的重视不够,美国许多机构重新制订了教师准入标准。其中,爱达荷州立大学(ISU)提出的教师准入标准最具代表性。[2]

美国ISU教师职业准入有严格的程序,包括申请材料与准入面试。每学年,ISU接受三次教师申请人提出的申请要求(分别在10月1日,3月1日,7月1日)。教师申请人必须

---

① http://www.fhxwm.com/xsblog/u/502ban/archives/2008/2205.html,2008 年 9 月 19 日。
② 姜勇、康永祥:《美国爱达荷州立大学教师职业准入制度改革》,《高教探索》,2007 年第 5 期。

递交以下申请材料：(1)个人传记。申请人要介绍自己的教育和专业背景，说明自己作为未来教育者的期望。申请人还必须解释为什么要决定当一名教师。(2)教育信念陈述。申请人要说明什么是最好的教育环境，自己是否适合成为一名教师，自己在多大程度上喜欢这一职业。这些材料反映的就是教师的专业热忱。

第四节　女性主义教育学与教师的"沉醉参与"

传统的教育学往往将女性排除于学科之外，未能适当地纳入女性的经验与观点。当身处一个具有不同性别学生的教育环境时，尤其是当女性常沦为社会结构中的被压制者时，我们必须质问传统教育学是否具有适用对象的适宜性。女性主义者便是在这样的文化脉络下，企图建构具备性别观点的教育学理论。女性主义教育学自20世纪70年代发展至今，虽仍未能形成完整的理论体系，但在尊重"人之为人"的口号与追求"全人教育"理想的前提下，它对教师专业发展有着重要的启示。

一、非理性的教师：女性主义教育学滥觞

女性主义教育学认为，长期以来，教师的形象似乎总是严肃、认真、威严、不苟言笑的，这是一种"男性"范式的思考。由于教育者理性的过度扩张，造成了教师与学生的疏离，教育者变得那么的冷漠，在课堂生活中缺乏生命活力，缺乏师生间的激情与热情，缺乏教育的人文关怀；教育活动变得缺乏生机，不再是丰富、鲜活、生动的；教学变得那么的机械，教师是按照"科学"的程序与步骤去执行"教"的命令，学生是按照"科学"的学习步调去运行"学"的指令，缺乏灵活性。这与教育者理性精神的过度扩张，非理性精神的遮蔽压抑有很大关系。对此，女性主义学者指出，教师不仅是具有教育理性的教育者，同时也是有非理性精神的关怀者。

知识驿站

女性主义教育学的代表诺丁斯是哈佛大学杰出妇女教育贡献奖和美国教育研究协会终身成就奖的获得者，美国名校斯坦福大学和哥伦比亚大学的著名教授，美国国家教育学会现任主席。

以下是2003年12月《中国教育报》上的书评《关心是一切成功教育的基石——读内尔·诺丁斯的〈学会关心——教育的另一种模式〉》节选：

"当编辑多年，几乎全部职业生涯都是在阅读中度过的，但很少有一本书如此深刻地打动我，这就是内尔·诺丁斯(Nel Noddings)的《学会关心：教育的另一种模式》(教育科学出版社)。这本书带给我的感觉一言难尽，阅读时的心情远非平时做编辑看书稿可比，我时不时地读出声来，并急于把其中的一些精妙之处告诉我的同事，告诉我的家人，与他们分享我的感受；我给远在美国的译者发E-mail，感谢他把这么好的书译介过来；甚至，我还来不及读完它，就迫不及待地要写下我的感受，记录下阅读中那些自然流淌出来的发自内心的每一个微小的感觉……"

教师不仅是一位严肃认真的人，同样还应是一个热情、和蔼、有爱心、充满激情、活泼开朗的人，这是教师的非理性一面。如果教师只有其理性一面，而非理性被完全压抑、被排斥在外，那就会导致教师与学生的心与心的交流、情感沟通的缺失，从而使得课堂缺乏生命活力。而在焕发生命活力的师生交往中，教师常反问自己，"你能否从儿童的眼睛里读出愿望？你能否用不同的语言方式让儿童感受关注？你能否使儿童觉得你的精神脉搏与他们一起欢跳？"①这是教师的非理性世界。事实上，教师应是理性与非理性的统一体，"理性因素和非理性因素共同造就了人的认知，每个人的思维方法、认知模式无不带有他特定的理性与非理性的组合与集合效果。人的内心世界是由理性和非理性交相作用构成的多重奏鸣，绝不是用一种笔调去描绘的图画。"女性主义教育学指出，教师必须提升其非理性精神，在教育活动中教师必须具有关心与爱的情感，他们所投入的不仅是专业知识与技能、教学方法与技巧，而且更是情感的投入。所以，女性主义教育学者非常重视教师的"沉醉"精神。

二、沉醉参与：女性主义教育学对教师发展的解读

沉醉（drunk），是德国哲学家尼采在《悲剧的诞生》中首次提出来的。沉醉，不是日常生活中由于酗酒而酩酊大醉，也非心理学所解释的快乐情感，而是意味着发源于人的本性的力量意志（will to power）的充满、丰盈状态，是对其所投入的活动的狂喜和享受。尼采提出，只有当人是真正具有充满、丰盈的生命力的存在时，他才沉醉；只有当人沉醉的时候，他才是完满的人。教育往往需要教师的激情与热情，需要教师的"沉醉"参与。

北京大学哲学系张世英先生曾经概括了三种情理关系：一是"理"在"情"上，"理"是独白式地建立起来的，压制"情"；二是"理"在"情"外，"理"不管"情"，"情"不属于对话的内容；三是"理"在"情"之中，"理"是通过交谈、对话建立起来的，"情"统一于"理"。教师的教育活动必须"理"在"情"中，只有融入了自身的情感、思想与智慧，教师才能与幼儿建立和谐的互动关系。真正的"沉醉"必定是教师沉浸在与儿童的游戏、交往互动中，陶醉在与儿童一起开展的活动中，它是教师的一种投入，一种忘记自己年龄、身份的投入。正如电视连续剧《编辑部的故事》中的片尾曲所写的就是这样的一种境界："投入地笑一次，忘了自己，伸出你的手别有顾虑，敞开你的心别再犹豫，投入蓝天你就是白云，投入白云你就是细雨，在共同的目光里，你中有我，我中有你。"

三、走向非对象性交往的教师

80多年前，宗教哲学家马丁·布伯曾按照人的生活态度把世界分为两种：一是"被使用的世界"，二是"与之相遇的世界"。在"被使用的世界"中，师生之间是认识、加工、利用的"我"与"他"关系，或者说是一种"对象性"关系，即当教师把物、他人、世界视为认识、加工、利用的对象时，就将物、他人、世界视为"对象性"客体。在这种"对象性"活动中，教师更关注的是知识，这样师生交往就变成了纯粹的知识沟通，这就不是如柏拉图所说的"教育非它，乃心灵转向"，而成为了知识中心。而在"与之相遇的世界"中，教师重视的是学生的内在体验与感受，她与学生的关系是融洽、和谐的，而不是以教学目标的完

---

① 叶澜：《让课堂焕发出生命活力——论中小学教学改革的深化》，《教育研究》，1997年第9期。

成作为衡量的唯一标准,因此它是"非对象性"的。

在"非对象性"的交往中,因为没有对象,就没有知识中心,所唯一拥有的只有沟通者、沟通活动二者之间的关系。这种没有对象的沟通是一种精神的沟通,一种民主平等的沟通,一种不仅满足于过去,而且生存于当下的沟通。

案例 5-6

让我们来品读一下一位师范生对教育的诗意表达。

石头、剪子、布!

我曾经是你,我爱你,也懂你。
你的眼睛是清澈的,
万物入目全无邪。
你的语言是诗意的,山水草木皆有情。
教室关不住你的世界,校墙挡不住你缥缈的遐想。
当你登上高山的时候,我要跟随你的足迹,不停地叩问人与自然的故事;
当你奔向大海的时候,我要挽起你的手,孜孜地探索天地间的奥秘。
你的灵魂是透明的,你的思绪是飞舞的。
童心无戒,因为它无所畏惧。
童心无界,因为它无法丈量。
我曾经是你,我愿永远是你,
虽然生命已无法逆寻回归的路,
但心永远被来程牵引。
让我们伸出攥着秘密的手一起猜——
"石头、剪子、布!" [1]

可以看出,在非对象性的"我—你"关系中,教师将儿童视为具有主体性的个体,与之真诚、宽容地理解与对话。因而,师生双方都是坦诚、敞亮、互不保留、开放的,这样教师才能真正走入儿童的内心世界去了解他们、理解他们。当教师以"非对象性"的方式投入教育活动时,她就发现自己的整个生命、情感都融入其中,这时教育就不只是教师的一项职业任务,一种简单的使命,而是她与儿童共同建构的教育生活的一部分。

案例 5-7

教师自我发展问卷

下面是关于教师发展的两个主要方面。请根据它们与您实际情况的符合程度打分。符合就是2分,难以确定打1分,不符合打0分。请将每部分(每部分各

---

[1] 注:此作品由华东师范大学高等教育研究所05级硕士研究生袁丽娟创作。

10题)的每道题目的得分相加,算出各部分的总分。

第一部分

1. 愿意帮助别人解决困难。
2. 努力使别人幸福。
3. 愿意帮助面临困难的人。
4. 能宽容他人的失败或失误。
5. 讲义气或重感情的时候较多。
6. 愿意积极帮助别人。
7. 愿意接受繁重的任务。
8. 能与别人同甘共苦。
9. 给别人做了没有报酬的事同样感到高兴。
10. 愿意参加社会公益活动和慈善活动。

第二部分

1. 喜欢与身边的人一起玩。
2. 好奇心很重。
3. 能自然地融入他人的活动中。
4. 喜欢炫耀自己。
5. 能在别人面前自然地撒娇。
6. 能在身体接触中感受幸福。
7. 能排除阻碍让开始的行动进行下去。
8. 能如实地表示喜怒哀乐。
9. 凡事喜欢刨根问底。
10. 玩游戏时能全身心地投入。

本问卷第一部分反映的是教师的"母亲自我",第二部分反映的是教师的"童心自我"。如果这两部分的得分很高,表明教师较容易接受诺丁斯等人的关怀教育学理论。0—5分表示在该方面很弱,6—10分表示在该方面程度一般,11—15分表示在该方面较为突出,16—20分表示在该方面很突出。

第五节　复杂性思想与教师的"实践智慧"

复杂性思想的产生可追溯到20世纪40年代末。明确提出建立复杂性理论这个科学任务则是在20世纪80年代。之所以要提出复杂性思想,是因为自然科学的理论思想在当时发生了深刻变化:从平衡态到非平衡态、从混沌到有序、从线性到非线性、从组织到自组织、从确定性到不确定性、从精确性到模糊性、从可逆性到不可逆性、从稳定性到不稳定性、从存在到演化、从一元世界到多元世界。人们已越来越认识到,近代科学为自然界所勾勒的只是粗线条的轮廓,自然界远非近代科学所描绘的那样简单。科学要继续发展,就要进一步揭示自然界的复杂本质和复杂的发展过程。不仅在自然科学领域,而且在社会、人文学科、教育学科等各个领域,复杂性正悄然向我们走来。

一、莫兰与复杂性思想的产生

关于"复杂性"的描述性定义约有近50种，尽管到目前为止，还没有一个公认的非常科学确切的复杂性定义，但绝大多数关于复杂性的概念，都表达了这样的共识：复杂性表现为一种众多因素相互作用的状态，即"交织在一起的东西"。对复杂性的关注意味着教师发展观的一次根本调整与转换，意味着对于简单性原则的一种时代性反思与超越，意味着对教师发展自主性的重要关注，也意味着重视教师发展中随时突现的"偶发事件"及其价值。复杂性理论视野中的教师是在开放系统中，既受外部环境的影响，又自主决定自己的发展方向与路径，它不是简单而是复杂的；它不是单纯的受外部决定的，而是受各种偶发事件的影响；它不仅强调教师发展的各种实在结果，而且关注教师发展的实践过程。

知识驿站

埃德加·莫兰是复杂性思想的重要代表人物。北京大学出版社翻译了法国思想家埃德加·莫兰的几本著作——《方法：思想观念》、《方法：天然之天性》、《复杂思想：自觉的科学》和《迷失的范式：人性研究》。这四本著作系统地讨论了方法问题。我们处于一个变化着的时代，世界变化了，思考问题的方法也应该随之发生转变，需要学会用新的观念、新的眼光来看待问题。现今社会科学发展日新月异，人的观念却相对滞后，莫兰这四本书具有前卫性，启发人学会认识以往不同的问题并用新的方法解决问题。第五本是2004年9月出版的《复杂性理论与教育问题》。

复杂性思想是一种在视角上与简单性思维有很大区别的思维方式。简单性思维认为教师专业发展是各个发展品质要素的集合，教师发展的本质不在它的整体中，而是由各个发展品质要素来决定。因此，在教师考核与评价中，将其分成教学技能、专业理论知识、专业道德品质等各部分来衡量；在教师发展的过程中强调教师通过各方面品质的单独培训，从而获得各品质要素的成长，例如教学技能培训班、教育理论培训班等。相反，复杂性思维则认为教师发展不完全是各品质要素的发展，而是有机的系统整体，具有其组成要素在各自孤立状态下所不具有的性质。[1]教师发展的复杂性源于教师成长环境的复杂性。教师的成长环境是开放性的。封闭系统没有复杂性，复杂性必定出现于开放系统。例如，家务机器人被当作复杂系统，其复杂性并非来自系统规模或结构，而是来自环境——家务劳动的多样性和极不规则性。

偶在论认为，事物的发展不是孤立的，不是由固定的外在影响所决定的，而是多种潜在因素缘起、显现与共生的结果。对教师而言，其发展不是简单地由外部因素决定的，每

---

① Fecho, B. (2000). Developing Critical Mass: Teacher Education and Critical Inquiry Pedagogy. *Journal of Teacher Education*, Vol.51, No.3, pp.194–199.

一位教师都是在教育教学活动、日常生活中面对各种潜在因素，加之主观世界的活动综合生成的。教师是在由无数内外关系的构成、变化中，无数潜在因素借助特定中介、在特定的时空里结合、显现而成。无数错综复杂的因素随机地流转变化、相互碰撞，当一些关键因素突然与教师的主观世界发生碰撞、共鸣时，教师的发展便作为实有出场。正因此，复杂性理论中的偶在论特别关注教师专业发展中的"震撼经历"（reality shock），"大规模的变革在专业和个人经历方面包括了几个插曲，生活阶段的几个事件之一根植于对他们来说重大的经历。"这些微不足道的偶然经历就是重大震撼，正是这些偶遇引发教师经验重建与认知重构。[1]偶在论思想的提出有助于我们更深刻地理解教师发展。在决定论思想看来，教师发展是各种外因的结果，因此很少考虑到教师在发展过程中的自主性。相反，偶在论则关注各种偶发事件的影响与教师的主体性，特别是教师的反思意识、批判意识等内在自觉性的唤醒。面对同一个偶发事件，有些教师能形成反思意识，并在实践过程中得到成长，而有些教师则无动于衷。偶在论就看到了教师自主性在其中的重要作用。偶在论不仅承认与关注教师成长过程中的"小事件"，而且更注重教师的自主发展，不同的教师能否把握住各种"小事件"，使之成为成长的契机与动力，这是偶在论特别予以注重的。可以说，复杂性理论所倡导的偶在论思想，真正从内在机制层面引发了教师的自主发展。

二、从复杂性思想出发看教师的实践智慧

实践思维认为，即便教师掌握了所有的学科知识、教学知识和技能，他也未必能教好学生，这是因为有诸多因素影响教师教学，只有在实践中教师才能不断形成与发展自身的教育能力，"现象、实在和存有被限定在一组本质上不可分离的关系结构中"。复杂性理论认为，教师不能通过掌握外在的知识而发展其教学能力，教师的发展离不开教育现场这个发展中的关系，教师时刻存在于教育现场所构成的无数个关系中、场景中。教师的教育能力是通过在关系与现场中的实践活动而不断发展其教学能力与智慧的，他的能力是在关系中生成并逐渐显现的。实践思维特别指出，教师发展不仅是理性的成长，而且还包含着情感的丰富与深化。情感、态度并不是与认知、理性相对立的，"情感与知识是内在交织的，知识以情感为前提，认知建立在情感偏好的基础上，情感又以认知为基础——情感离不开认知的诠释"。因此，情感在教师发展中同样具有重要作用，"教师发展，并不仅仅包含技术的维度，如知识与教学技能，而主要是一种道德的和情感的维度"。[2]

同时，实践思维提倡生成论思想与过程思维。教师的发展存在于过程中。教师是在其"是"的过程中"成为"有效的教师的，即所谓存在先于本质：教师不是先掌握所有的知识体系，然后就可以成为合格的教师的，恰恰相反，他是在"做"教师的过程中，不断地形成与完善为成为教师所需要的角色意识、教育能力与策略的。威尔逊等人（Wilson, Floden, Ferrini-Mundy, 2002）采用元分析的方法，对目前美国教师教育的三种主要模式进行了比较研究，一是学科知识取向模式，即关注教师所教学科的系统知识；二是教学取向

[1] Haberman, M. (1998). Teacher Careers and School Improvement. *Journal of Curriculum Studies*, Vol.20, No.2.

[2] Manen, M.V. & Li, S.Y. (2002). The Pathic Principle of Pedagogical Language. *Teaching and Teacher Education*, 18, pp.215-224.

模式,即注重教师的教育学、心理学等教学理论;三是实践取向模式,即突出教师的实践能力,在实践中生成教学智慧。结果发现,实践取向模式的教师教育效果最好,其原因在于它激发了教师的教育智慧。[①]

针对当前教师教育中存在的种种问题,特别是实践被边缘化的现象,通过对国内外相关研究的分析,以及结合近年我们在高师课程改革中的研究与实践,我们提出了一种促进师范生教育智慧的方法:虚拟现场。

虚拟现场,是指创设一种较为真实的课堂教学的问题情境,职前教师或是扮演教师,或是扮演学生,或是作为观看教学活动并要发表观点与见解的观众,共同建构模拟课堂教学的实践活动。传统教师教育告诉职前教师在教学中"可以怎样做"、"应该怎样做",而虚拟现场模式则通过职前教师亲身去做、去体验、去揣摩"当"教师的过程,进而体会到教育现场的丰富性、多变性、生成性,关注教育现场中随时发生的种种问题,如:学生的问题在我的思考范围之外该怎么办? 无论我怎么教,学生还是不明白怎么办? 学生不按我的思路往下走怎么办? 在教学中有学生淘气、调皮捣蛋怎么办? 在教同一内容时碰到不同发展水平与需要的学生怎么办? ……在这种虚拟现场的情景中,职前教师会像正式上课一样集中注意力,并调动其全部机智解决课堂教学中随时发生的各种突发情况,从而促进其教育智慧的形成。当然,这一模式与真实的课堂教学现场还是有所差距的,它是一种准现场,因此,我们称之为虚拟现场。虽然是虚拟的,但它走出了重要一步,即重视职前教师理论与实践的结合,以虚拟现场为桥梁,促进其实践智慧与能力的形成。具体实施"虚拟现场"模式主要有以下步骤:

形成小组:在全班形成若干参与式小组,每组一般4至6名职前教师。每小组事先设计好自己的组名,成为一个学习与成长的共同体。小组成员的选择可以是自己定,也可以是培训者提出建议。在选择小组成员时最好形成不同能力分配的方法,这样保证每个小组的平均能力,并使得相对较弱的组员能向同组其他成员学习。

设计观察:每个小组根据自己的兴趣与能力特点,设计课堂教学活动,并分配角色,由一名组员担任上课教师,其他组员扮演学生角色。扮演教师角色的职前教师要设计好教学内容与活动,并事先要到基地学校观察教师是如何上课的,从而有意识地学习一些教学能力与方法;扮演学生角色的也要事先到基地学校去观察儿童在课堂教学活动中是如何表现的,他们都有哪些人格特征、学习特点与行为表现,从而为更好地扮演学生打下基础。在设计活动时,扮演学生的与扮演教师的职前教师可以事先沟通,也可以不作完全的交流,这样使教育活动更有真实感,并能促进扮演教师的组员提高其教育机智。

实践教学:在虚拟现场情景中,每个小组进行教学活动表演,一般为30分钟。其他小组的成员仔细观察、记录表演小组的教学活动。

协同反思:在活动结束后要共同讨论这一活动,对其中的教师与学生角色进行协同反思与分析。

虚拟现场模式能有效促进教师的教学智慧,应变能力。教育机智行为是教师难以通过

---

① Wilson, S. M., Floden, R.E., Ferrini-Mundy, J. (2002). Teacher Preparation Research: An Inside's View From the Outside. *Journal of Teacher Education*, Vol.53, No.3, pp.190–204.

系统理论知识学习而掌握的,"它既不同于理论之知,也有别于技术之知,在某种意义上说,它不可学不可教,而完全内在于人自身的理性反思判断力",如有效的课堂交流、激发学生的潜能、即时回应学生的各种问题等,它需要教师在教育实践中反复实践与思考而不断积累智慧。而虚拟现场通过创设类似于真实课堂教学现场的环境,激发教师教学机智的生成。

本章小结

本章从批判教育学、关系教育学、存在论教育学、女性主义教育学、复杂性思想等近年来涌现的教育学新理论出发,为我们重新解读教师的专业发展提供了新的视角。重视教师自主意识的批判教育学指出,要发展教师的批判态度、质疑意识、自主思维,教师首先就要有自由的精神。关系教育学认为,传统课堂教学最大的弊端是师生之间缺乏真诚的情感沟通,因此教师最重要的是要具有对话精神。存在论教育学认为,就教师专业发展而言,它指的并非是知识、技能之类的客观实在物,而是影响并决定教师成长的精神品性。其中,尤以专业热忱为最重要品性。女性主义学者指出,教师不仅是具有教育理性的教育者,同时也是有非理性精神的关怀者。复杂性理论视野中的教师是在开放系统中,既受外部环境的影响,又自主决定自己的发展方向与路径,它不是简单而是复杂的,因此,教师实践智慧的养成就显得非常重要。

关键术语

自由意识、专业热忱、沉醉参与、对话精神、实践智慧

思考与讨论

1. 想一想、议一议:

哪一个理论学派对于教师发展的主张最能打动你? 为什么?

2. 想一想、做一做:

下面是某中学设计的"课堂教学师生对话观察表",请选择一所中小学进行课堂观察,请老师和学生填写这份观察记录表,并谈谈你对这份观察记录表的看法。

课堂教学师生对话观察表(教师填写)

1. 本班学生的特点是什么?	
2. 本班学生学习中存在的问题是什么?	
3. 本学期的学习重点是什么?	

（续表）

4. 向学生推荐的学习方法有哪些？	
5. 本学期对学生的总体要求和改进措施有哪些？	
6. 您自身存在的困惑是什么？	

课堂教学师生对话观察表（学生填写）

1. 本学科老师的教学特色或长处是什么？	
2. 你们最欣赏的是老师的哪一点？	
3. 老师设计的练习与问题能引起大部分学生的思考和参与吗？	
4. 课内与学生的交流情况怎样？	
5. 老师上课有课外知识的补充与拓展吗？	
6. 老师上课之前的准备及课后的批改、辅导工作完善吗？	
7. 你们对本学科的哪些内容感兴趣？	
8. 你们需要老师给予哪些方面的指导？	

（续表）

9. 你们对本学科老师的教学工作还有哪些建议？	
10. 本学科的学习中还有哪些问题？	

3. 想一想、做一做：

请填写以下表格，并谈谈你怎么看待教师这个职业的？

<table>
<tr><td colspan="6" align="center">个人教育信念陈述表</td></tr>
<tr><td>姓　名</td><td></td><td>年　龄</td><td></td><td>性　别</td><td></td></tr>
<tr><td>你为什么选择做教师？</td><td colspan="5"></td></tr>
<tr><td>你凭什么认为自己适合做一名教师？</td><td colspan="5"></td></tr>
<tr><td>你做教师的热忱主要来自哪些方面？</td><td colspan="5"></td></tr>
</table>

4. 想一想、做一做：

角色扮演：请尝试运用"虚拟现场"的方法，组织5分钟的课堂教学，并谈谈自己在活动中的感想与收获。

进一步阅读的文献/网站

1. 钟启泉主编：《当代教师进修丛书》，上海教育出版社1999—2000年版。

2. 陈伯璋主编：《学校教师的生活世界：批判教育学的在地实践》，师大书苑2007年版。

3. 亨利·吉鲁著，庄明贞译：《教师是知识分子》，台北高等教育出版社2006年版。

4. 黄瑞祺著：《批判社会学》，三民书局股份有限公司2001年版。

5. 吴清基著：《新世纪师资培育的图像》，心理出版社2007年版。

6. 项退结著：《海德格》，东大图书公司2006年版。

7. 张明辉著：《教师形象与专业伦理》，心理出版社2008年版。

第六章 教师教育对教师专业发展的全程规划

通过本章的学习,你能够

◆ 明确学习教师教育课程(包括实践性课程)的意义;
◆ 知道四种教师教育课程学习方法;
◆ 了解教师教育一体化的重要性;
◆ 了解英、美、德、法等国未来教师的学习与发展状况。

．．．

　　正如前面的章节讨论到的,教师的专业发展有其阶段性。要成为一个成熟的专业人员,教师不仅要接受职前培养,还需要在工作过程中不断学习与探究。台湾学者饶见维认为,教师专业发展就是指一个人历经职前师资培育阶段,到在职教师阶段,直到离开教职为止,在整个教职生涯过程中,都必须持续学习与研究,不断地发展专业内涵,以逐渐迈向专业圆熟的境界。①这个界定表明了教师专业发展过程的连续性和动态性,强调了教师专业发展是一个持续学习、探究的过程。而且,教师专业发展需要有效的教师教育的支持。教师专业发展各个阶段的需求与特点不同,作为教师专业发展重要支持体系的教师教育必须满足这些需求。

第一节 教师教育课程学习的意义

　　教师教育课程通常也称教育类课程、教育学科课程、师范性(类)课程、教育专业课程,是教师教育机构中为培养教师而开设的,旨在提高未来或在职教师教育教学素养的课程。教师教育课程是高师院校的重要课程,是高师院校区别于其他院校的重要标志,同时也是促进教师专业发展、提高教师专业水平的重要途径。教师职前教育是教师专业发展的奠基阶段,这个阶段的专业发展,很大程度上是通过学习教师教育课程实现的。

一、学习教师教育理论性课程的意义

　　作为一名未来教师,学习教师教育课程对你即将从事的教师职业有着非常重要的意

---

① 饶见维著:《教师专业发展——理论与实务》,台湾五南图书出版公司2003年版,第465页。

义；当然，如果你已经是一名在职教师，也要通过学习来更新教育理念和提升教育能力。学习教师教育课程对你的专业发展的意义至少体现在以下几个方面：

第一，教育专业知识的建构。拥有教育专业知识是教师从教的基础。在国外，关于教师应该从哪些方面去构建知识已经有很多研究，其中，美国著名教育学者、斯坦福大学教授舒尔曼（Lee.S.Shulman）划分的知识类别比较有代表性。他认为，教师必备的知识至少应该包括学科内容知识、一般教学法知识、课程知识、学科教学法知识、有关学生及其特性的知识、有关教育背景的知识、有关教育目的的知识。[①]在这七类知识中，教育专业知识占据了很大的部分。学习教师教育课程的一个重要目的，就是不断地积累和构建教育专业知识，为教育教学工作打下基础。

教师专业发展的若干个案研究表明，未来教师在师范院校里学到的教育理论知识不一定能够直接应用到实践中去，但是它会潜移默化地影响到从教以后的教育观念与行为。

> 我刚从学校毕业，在一所高中当历史老师……发现，要学生喜欢听课，不是你讲给他听了，他就喜欢听。我就开始关注怎样把我的课上得更生动一些。这时我才发现，大学中教过我们如何教学生，学过这方面的理论。（停顿）实际上是，当在工作中遇到问题时，才发现以前学过的教育理论在隐隐地告诉我如何当老师，这时才回过头去把那些内容再翻出来看，然后在实际中应用，这时才来消化它。我记得大学时曾讲到过什么是"教学相长"，当时死记硬背去应付考试，过后就不知道什么是"教学相长"了。工作后才慢慢体会到它是什么意思。总的来说，我的体会就是，只有在工作中遇到了难题，又恰好有理论能帮你解决这个难题，而你又在比较恰当的时间遇到了这个理论，这个理论才真正被你的教学工作吸收、消化，才变成了自己灵活运用的东西。[②]

案例 6-1

这位教师的体会在一定程度上反映了教师教育课程对教学的影响方式。学习了教师教育课程，我们不一定就会教学；但是我们会知道应该怎样教学，会了解教师职业。这些都为我们从教打下基础。

第二，教育专业思维方式的训练。在教师教育课程的学习过程中，你会了解到各种各样的教育现象和问题；各门教师教育课程都会把你引向一系列的问题领域。在教师的引导下，你将尝试分析复杂的教育现象，学习分析和解决教育问题的思维方式。

在教师的专业发展中，反思（反省性思维）是最重要的思维方式。在学习过程中，你会初步尝试反思你的经历、体验、学习过程等，体会反思对你的专业发展的意义，为将来养成良好的反思习惯奠定基础。

第三，教育专业情感的培育。专业情感有两层意思：一是对教育专业的情感，二是对教育对象——学生的情感。教师是自身专业发展的主人。教师的专业意识和敬业精神是

---

① Shulman, L.S. (1987). Knowledge and Teaching: Foundations of the New Reform. *Harvard Educational Review*, Vol.57, pp.1–22.

② 王艳玲等：《教育理论与教师专业发展——一位高中历史教师的叙事探究》，《当代教育科学》，2007年第12期。

教师专业素质的重要组成部分,是教师专业发展的内在动力。我们不能指望一个不愿做教师的人自觉地去提高自己的教育专业素质。而想要成为一名好教师的意愿,要在教师职前教育阶段就开始培养。教师教育课程能够在一定程度上帮助我们养成教师的专业观念,唤起自主发展的意识,引导我们树立专业意识和专业理想。

而对学生的情感,主要是树立正确的学生观,培养未来教师对学生的爱心。苏霍姆林斯基说过:教育技巧的全部奥秘,就在于如何爱护儿童。教育不能没有爱。没有爱,就没有教育。我们要通过多门教师教育课程的学习,认识儿童,了解儿童,逐步学会关心儿童,与儿童进行心与心的情感交流。

第四,教育专业行为的习得。教师的专业行为是教师专业水平的最直接体现。在学习过程中,你将初步习得一些教师的专业技能和行为。这些技能不仅包括三字一话、多媒体等工具性技能,更重要的是表现在"如何教"的专业性技能,例如,怎样备课,怎样在教学中处理"预设"与"生成"的关系,怎样与学生进行有效对话,在师生互动中怎样对学生的情绪、注意力等做出及时的反应,怎样处理课堂突发事件,等等。

总之,对于未来教师来说,教师教育课程的学习就是为从教做好教育专业方面的准备。而对于在职教师,学习的重点会侧重到更新教育观念、提升专业知识和专业能力等方面。

二、对见习、实习意义的新认识

教师教育中常常把涉及未来或在职教师接受教师教育期间到中小学实地体验、参与,以获取实践经验的活动统称为实践性课程,包括实习、见习、校本研究(如儿童观察、现场教育调查)等。在进入师范院校以来,你是否到过中小学开展见习或亲身执教?见习或实习经验对你的学习有无影响?国内外的研究表明,亲身体验对于未来教师的学习与发展是非常重要的。它能帮助我们把大学中学习的教育理论与实践结合起来,能够帮助我们了解真实的教育生活,更好地认识教师角色。这也就是教师教育中安排实践体验的目的。我国高师的实践体验主要包括:一是在低年级(本科二三年级、专科一二年级),结合教育学和教学法课程,组织1至2周的参观与教育见习;二是在毕业前(通常是本科的第七学期,专科的最后一个学期)安排一次教育实习,一般为期8周。参观与教育见习由相关课程任课教师负责组织安排,教育实习由未来教师所在院(系)统一安排。2011年,我国教育部颁布《教师教育课程标准(试行)》后,各师范院校的见习和实习时间有一定程度的增加。

为什么要去见习和实习?过去,人们的认识主要是三个方面:一是验证和检验未来教师所学的理论知识,并促进未来教师把理论应用于实践;二是通过实习在实践中学会使用教育技术、技巧,提高解决教育、教学问题的能力;三是提高未来教师对教师工作崇高性的认识,巩固专业思想。[1]由于教育实习被看作是教师培养中"检验理论"、"巩固思想"的环节,因而被安排在教师培养过程的最后阶段(大四学年的上学期或下学期),时间也较短。这种做法的问题是,没有将未来教师的见习与实习看成是未来教师学习如何教学的重要过程。而且,由于见习和实习安排不连贯、不系统、指导不到位,往往很难达到预期的效果。

在教师专业发展的视野下,教育见习、实习被放在促进教师终身发展的天平上来衡

---

① 赵翰章、傅维利编著:《师范教育概论》,吉林教育出版社1994年版,第310页。

量,教育见习、实习的价值和意义被重新认识。例如,现在人们开始认识到,教育见习和实习不仅仅是验证和应用理论知识的环节,通过教育见习和实习获得的经验对理论学习起到重要的促进作用;而且,从教师专业发展的知识基础来看,仅有理论知识也是不够的,在实践中真正支撑着教师教育教学行为的"知识",是一种融合理论知识和教师的经验、体验、信念等为一体的、个人的、实践的、综合的知识——实践性知识。实践性知识的形成需要实践经验的获得,也需要理论知识的支撑。通过理论学习与实践体验的互动来积累和建构实践性知识,才是教师专业发展的实质。这意味着,教师教育要把教师实践性知识纳入视野,为教师实践性知识的生成和发展创设平台;意味着要为未来教师安排充足的实践体验的时间,并采取措施使他们获得有价值的实践经验。

新近对见习、实习的重新认识还与人们对教师工作特性的认识有关。这一点在第二章中已经详细阐述。近年来的研究业已证明,教师的工作不仅仅是把在大学里所获取的理论应用于学校实践,教师的专业能力主要体现为在复杂多变的教育情境中反思、选择、判断和解决问题的能力。教师的专业发展,无论是其职前培养时期,还是在职培训时期,都应当与中小学校的日常生活联系在一起。

让我们对教师专业发展视野下见习与实习的意义作一个概括:过去是从"检验未来教师所学理论"的角度来看待教育实习,将之安排在教师培养过程的最后阶段(大四学年)。而在教师专业发展的视野下,教育见习与实习被看作是教师教育的教学过程,或者说是一种基本的教学策略,它对教师培养的质量起着基础性作用;过去是从"促进实习生把理论运用到教育实践中"的角度看待实习的价值,而当前还强调实习在未来教师选择理论或技能方面的价值;此外,教育见习与实习不仅仅具有促进学生掌握教育理论或技能的作用,还具有促进未来教师人格成长和角色意识形成的作用。当然,我们仍然要肯定过去的观点中所认为的从实践中学习等观点。因为从新的视角来看待,并不意味着过去的观点就是全盘错误的,而只是其视野还比较狭窄。

美国佛罗里达大学教育学教授库姆斯(A.W. Combs)将实习的意义概括为以下几点:

1. 为了引发需要。关于学习,我们已经获悉的最肯定的是,当人们有求知的需要时,他们学得最有成效。……实习不仅仅是练翅羽的阶段。它是发现问题之所在和发现本人需要知道什么的金矿藏。

2. 实习受到重视还因为它使未来教师不断接触到教学实际,接触到教师与学生、教师与学科关系的实质。它提供了探索理论与实际间关系的媒介,提供了检验、尝试和修正个人观念和价值观的媒介。

3. 实习受到重视还因为它向未来教师提供了探索和发现自己在教学角色中的自我的机会。它是学生开始意识到个人价值和义务,并决定"教学工作是否对我正合适"的阶段。[①]

---

① A.W·库姆斯:《师范教育的新设想》,《华东师范大学学报(教育科学版)》,1989年第4期。

这三个方面大体涵盖了我们所说的教育见习和实习的新意义。

当前，在高师教育实习的实践探索中，实习的形式也呈现多样化趋势，除了采取传统的分组带队实习的形式外，还采取了如集中蹲点实习、全委托实习、半委托实习、顶岗实习、回原籍实习等形式。有的高师院校还将教育实习与社会调查、社会服务、科研课题相结合。但是，我国高师院校教育实习时间过短，且集中安排在教师教育结束阶段的做法，不能满足未来教师专业发展的需求。根据国内外实践与研究，以及我国教育实习的经验总结，可以看出，今后我国的教育见习和实习将沿着"全程实践"的方向迈进。

"全程实践"是指，教师教育中的实践性课程不是被当作一个孤立的教学环节，而是作为整个教师教育过程的有机组成部分；高师实践性课程在时间与空间上亦不是独立存在，而是穿插、渗透在教师教育的全过程。教师教育中的实践性课程将作为一个全方位、全过程、序列化的体系，通过各种各样的内容、形式与方法贯穿于未来教师整个学习过程的始终；见习与实习将采用分散与集中相结合的办法，改一次性的短时集中见习和实习为多层次、连续性的实践体验，做到全学程内不断线，形成序列。

第二节　教师教育课程学习的方法

与其他课程的学习一样，教师教育课程学习有许多常规的方法。在这一节中，我们将讨论几种教师教育过程中较少受到关注的学习方法。

一、小组合作研讨

小组合作研讨的理论基础是合作学习理论。合作学习是以学习小组为基本组织形式，系统地利用教学动态因素之间的互动来促进学习，以团体成绩为评价标准，共同达成教学目标的活动。[①]由于合作学习是以学习小组为基本组织形式开展的，其根本特色在于小组活动的科学组织与开展。在分组上，合作学习通常采用异质分组，力求小组成员在性别、成绩、能力、背景、兴趣等方面具有一定的差异，使之具有互补性。

合作学习并非仅仅是几个同学围坐在课桌旁，边讨论边做作业；也不是将一份作业单交给某一小组，由一个人承担全部作业，其他成员各行其是，最后大家都签上名字上交了事。真正的合作学习不仅要求同学们在身体上接近其他同学，而且还要求大家共同讨论、彼此帮助，相互依赖等。同学们在一起学习，既要为别人的学习负责，又要为自己的学习负责。要使小组学习真正具有合作性，就必须使小组活动更具有某些特定的品质，也就是具备一些基本要素。

知识驿站

关于合作学习的基本要素，目前形成了以下几种认识：

1. 三因素论

美国著名社会心理学家、合作学习的主要倡导者斯莱文（Slavin, R.E.）认为，大多数小组合作学习都具有三个核心因素，它们是：小组目标、个体责任和均等

---

① 王坦著：《合作学习的理念与实施》，中国人事出版社2002年版，第9页。

的成功机会。小组目标是合作学习的内在动机和形成凝聚力的关键;个体责任指每个合作学习小组的成员都要保证他们掌握了学习内容;成功的均等机会意味着所有学生,不管其能力和背景如何,他的努力都可以得到认可。

2. 四因素理论

加拿大著名合作学习研究专家库埃豪(Coelho, E.)提出,成功的合作学习取决于四个关键因素:小组形成和管理、任务设计、社会因素和探索性谈话。

在小组形成上,库埃豪认为,异质小组的运用最为有效;在任务设计时,要使学习任务体现出相互依赖的特性并落实个体责任;所谓"社会因素"指人际和合作技能,强调学生对合作技能的练习和习得;库埃豪还提出,小组中的谈话是学习的重要工具。她提倡学生们出声地进行思考,进行无拘无束地交流。

3. 五因素论

美国明尼苏达大学合作学习中心约翰逊兄弟俩提出,合作学习的关键因素有五个:积极互赖、面对面的促进性互动、个体和小组责任、人际和小组技能、小组自评。①

小组合作研讨的相关研究还表明,学习小组的构成以4—6名同学为宜,当然可根据班级规模适当安排。一个学习小组内至少要具备以下三种角色:小组长,负责组织小组内的学习活动和任务分配;记录员,负责记录小组成员的表现(如发言)和各自的贡献;发言人,负责代表小组汇报研讨的结果。这些角色可以轮流担任,但在每一次小组合作学习中,要明确上述人员及其责任。另外,由于小组的形成和建立有一个磨合期,为保持小组合作研讨的高效率,一般来说,小组一旦形成,就要保持相对稳定,时间以半学期或一学期为宜。

在教师教育课程学习中,同学们可以根据合作学习理论,把全班组建成若干学习小组,经常开展小组合作研讨,包括:讨论交流、合作完成学习任务、合作设计教案,组内试教等,以此促进大家对课程的学习。

二、案例分析

案例分析是法律、医学,尤其是商业等专业教育中一种历史悠久的教学方法和学习方法。②在教师专业化的背景下,案例分析受到教师教育者以及研究者的广泛关注。什么是案例呢? 台湾学者高薰芳认为,构成案例的标准是:(1)案例必须是真实情况;(2)案例能让使用者表达多视角的观点。③郑金洲教授认为,案例是含有问题或疑难情境在内的、真实发生的典型性事件。④可见,案例的特征,一是真实性,必须是真实发生的;二是典型性,也就是代表性;三是含有问题疑难情境。案例分析有其特定的优势:

第一,案例知识与教师知识的形态契合,更容易为教师习得。案例本身所体现的知识性质——案例知识,不同于抽象、过度概括化的知识,它与教师实践性知识有着天然的契

① 　王坦著:《合作学习的理念与实施》,中国人事出版社2002年版,第13—21页。
② 　根据王少非的考察,19世纪末案例教学法就被作为一种独立的教学方法用于专业教育中。参见:王少非:《教师教育中的案例方法与教学案例的开发》,华东师范大学2001年同等学力申请硕士学位论文,第6页。
③ 　高薰芳著:《师资培育:教学案例的发展与应用策略》,九州出版社2006年版,第6页。
④ 　郑金洲著:《教师如何做研究》,华东师范大学出版社2005年版,第161页。

合。因此,案例所体现的原理、问题解决策略、教师推理方式等,更易为教师所习得。

第二,案例能够展示教育问题的模糊性与复杂性。如前所述,案例是对特定教学情境和教学过程的真实事件或连续性事件的描述,因而它"能够很好地阐明教育问题的本质——它的模糊性与复杂性,教学方式以及伦理和哲学问题结合在一起,形成了具体的案例情境。"[1]案例通过向学习者呈现问题情境、对情境脉络做出详细描述,以及分享有关课堂情景的结果,并要求学习者从成熟的专业人员的角度,对这些问题做出回应,从而直接促使教师的思考。

第三,一些案例所展示的问题解决过程能够为未来教师提供示范。一些由专家型教师撰写的案例展示的就是专家型教师不断设定和解决问题的过程,这类案例看起来是一个不停探究和反思的过程——不断地界定问题、寻求解决办法、修正自己的理解、改进自己的方法,从而为未来教师或在职教师示范教学中的分析和探究过程。

案例分析主要是针对案例描述的情境进行思考与讨论。案例可以使未来教师了解教师工作的复杂状况,有充分的时间来研读和了解可能面临的教学情境,并学习如何解决各种问题,积累经验,提升问题解决、决策、分析能力。案例可以用来实现多种不同的教学目标,包括:一是把案例用作范例,以凸显或说明特定的原则、理论和教学技巧,发展理论知识和建构新理论;二是把案例作为培养分析能力、做决定的能力以及问题解决能力的机会。教师教育的案例所描述的问题事件与情境可以培养师范生发现问题、分析问题、做出决策、解决问题的能力。未来教师在进行案例分析时,既要把握案例所展示的理论或原则,同时还要分析案例中所展示的分析问题、解决问题的思路与策略,把理论与实践联系起来,将案例所展示的教育行为与教育理论对话,学会以教育学之慧眼识别其中的教育行为,学习如何对具体教育情境中的教育问题做出比较准确的判断,提出有针对性的解决方案,并以此来提升自身对教育实践的敏感度与问题意识。

总之,我们在分析案例时,要把握案例的主题,了解案例展示的问题情境,分析问题解决过程,并将之与所学的理论(如师德、如何尊重和关心学生)等联系起来,学习案例中教师的思考与行动方式。

三、实践体验

教师教育中的见习、实习是与理论性课程并列的课程(实践性课程)还是一种教学或学习策略? 合理的看法是:见习、实习等实践体验是教师教育中的一个教学过程,是整个教师培养过程的重要支柱,而不是居于"补充"和"辅助"的次要位置。正是基于这种认识,许多发达国家的教师教育计划在早期就仔细地设计实践经验,使之与其他内容整合,并贯穿在整个培养计划中。在北美的教师教育文献中,见习、实习被看作是教师教育中的一种基本的教学策略。

如前所述,教师专业发展不是教师把教育理论学会之后直接应用于教育实践的过程,而是教师的教育理论知识与教师的实践体验、个人情感、观念、价值与应用情景相互融合,从而

---

① 朱迪思·克莱因菲尔德:《学会像教师那样思维——关于案例的研究》,选自[美]朱迪思·H·舒尔曼主编、郅庭瑾主译:《教师教育中的案例教学法》,华东师范大学出版社2007版,第49页。

不断建构自身实践性知识和提高专业能力的过程。教师专业发展不能仅仅依赖理论学习，它还必须依赖丰富的实践体验。因而，除了高师院校安排的实践体验，未来教师自身也要积极寻找机会和条件，参与教学观摩和实践。而且，不能始终停留于参观、观摩的水平，而必须参加中小学的实际教育、教学工作，以真正体验教师角色的内涵，发展自身的实践能力。

未来教师都有着十多年的接受中小学教育的经历，但是这不能代替你现在以一名教师的身份去观察和体验中小学的教育实践。因为，以学生的角色与以教师的角色来观察教育现象和教育问题，视野会有很大的不同。学生往往只关心学习与考试等问题，而教师就必须了解学生的特点、学校管理制度、教师文化、课程安排、年级衔接以及学生的课外活动等多方面的问题。因此，未来教师积极尝试以教师的身份观察和参与中小学教育实践，将是十分有益的。

未来教师到中小学见习或参观，要记录所见所闻以及自己的参与情况，并将亲身体验与所学理论或原有的认识结合起来反思。下面向你展示了一个简单的见习记录表格：①

每日见习记录

日期：

第一节课	时间	我做了什么	课堂上教师的活动
课间休息			
第二节课			
课间休息			
第三节课			
放学时			
我的收获与体会			
我想进一步探讨的问题			

---

① 来源：根据苏格兰阿伯丁大学初等教育专业大一年级学生见习指导手册修改而成。http://www.abdn.ac.uk/education/partnershipunit/BEd1-SEBooklet-051.doc，2006-03-20.

相比而言,实习需要未来教师做好更为充分的准备。这种准备包括理论学习、技能准备和实践体验方面的准备,如:了解当前中小学正在进行的课程教学改革、了解实习班级学生状况、精心准备教案等。在实习过程中,悉心听取中小学指导教师的意见和建议。而且,未来教师还要对实习过程中乃至初入教职时可能遇到的困惑有正确的认识。

案例 6-2

阅读下面的材料,与同学讨论:应该如何看待实习过程中可能会感到困惑的问题? 应该如何利用见习、实习活动来学习?

国内某师范大学2007年学生实习过程中感到困惑的问题:

1. 环境不尽如人意

环境感受上的落差,首先来自中小学教师对学生的管理方式上。在大学,感受到的是浓厚的人文情怀,体验到的师生相处方式是成人和成人(或准成人)的相处方式,而到了实习学校,你可能会看到严格的管理,教师对学生批评、训斥甚至责骂,大学课堂所接受的教育精神得不到落实。

2. 自己与指导教师的差距

明明感觉自己教学设计很好,但是到了讲台上就是不能达到原来预想的目标,甚至用25分钟就讲完了45分钟的内容,剩下的20分钟只能让学生自己看书;自己认为学生应该知道不必讲的,学生却不知道;自己认为应该着重讲解的,学生又都知道。看到指导老师讲解习题简直是惊讶,原来要分这么多步骤,这么详细。

3. 如何与学生相处

跟学生和善了,学生对自己满不在乎,课堂纪律乱糟糟;对学生严厉点,他们对自己又敬而远之,上课低着头,非常沉闷。实习教师与学生之间的心理距离应该有多远? 实习教师究竟应该是学生的朋友还是师长?

4. 理论根本用不上

在大学里学到的教育理论"几乎用不上"。大学的教师教育课程讨论了很多本质、特征、理念、精神、策略、方法,而教育实习中却要解决一个个具体的问题:学生不听讲怎么办,一道题应当怎么讲解,一份试卷要怎么总结,还有怎样跟其他老师相处,怎样跟家长相处,这些大学里都没学,四年理论学习还抵不上指导教师一两句话实际……①

下面让我们来看看国内某师范大学2007年学生实习过程中感到困惑的问题:

这可能也是你在实习中会遭遇的困惑。如果你对教师的工作和教育实际缺乏必要的了解,上述问题将足以使你失望、沮丧和愤怒,甚至开始怀疑自己的职业选择。

那么,这些困惑的原因何在呢? 我们来看看造成这些困惑的主要原因:

(一) 教师教育课程的局限

作为未来教师,要认识到,教师教育课程本身的功能是有局限的,也就是与我们的期望存在一定的偏差(当然不排除一些课程在内容及教学方式上确实存在问题)。师范大学的教师教育课程沿袭大学课程的共同风格,注重自身体系的完整,对现实问题关注不

---

① 吕立杰、郑晓宇:《实习教师"现实震撼"的表现与分析》,《外国教育研究》,2008年第9期。

够。而且随着社会发展的加速，中小学生普遍崇尚的文化、交往方式等在不断变化，这些都让未来教师走进实习学校后有一种惊讶的感觉："原来我一点都不了解教育，不了解学生"；另一方面，大学的课程，即便是与实践联系密切的教师教育课程，在培养教师实践能力方面也必然存在功能上的局限：再好的教师教育课程，也无法准确地代表真实的教学。一位美国教师教育者就说过："没有一个大学课程可以告诉新教师如何设计课程才能在具体的情境里把有关学生的知识和内容的知识整合在一起"。[①]

因此，当你带着理论进入到实习学校时，你感觉到"理论与实践的差距"是必然的。不过，如果你能够经常接触中小学教育实践，如果你经常反思你在中小学的亲身体验，如果有充足的支持条件（包括教师的指导），你的一些困惑是可以避免或者减小的。

（二）教师工作的特征

我们第二章中分析过教师工作的特征。教师的工作离不开理论的指导，但是我们也知道，教师的教育教学行为并非依赖于固定的理论或逻辑，而是在情境中的选择、判断过程。教师的即时决策和行动（即教育机智或教育智慧）不仅受到教师认知经验的影响，还受到教师的信念、情感、生活阅历、人格特征、动机等复杂因素的综合影响。这种机智或智慧的形成需要大量的教育实践情境的浸染，需要丰富的实践经验的支撑和恰当的理论的指导，还要依靠教师的反思在理论与实践之间搭建起桥梁。换言之，教师教学能力的形成是教师在不断学习教育理论知识的基础上，通过长期教学实践和反思，使教学技能不断娴熟，从而达到较高的发展水平的过程。因此，如果你认为理论可以直接在各种情境中直接运用，如果你认为学了几门教师教育课程、亲自执教几节课就"会当老师"了，那么你的困惑就会是显而易见的。

（三）未来教师的角色定位

实习教师是教师还是学生？一个人的角色定位会影响到他/她的行为。初入中小学的实习教师会在"教师"和"大学生"的角色之间摇摆，从而带来角色混乱的困惑。而且，如果实习学校不能表现出足够的信任帮助实习教师完成从学生到教师的角色转变，这种困惑就会加剧。

上述困惑意味着，未来教师有必要在平时的学习过程中为实习做好充分的准备，其中一条就是尽可能以教师（或实习教师）的身份多接触中小学的教育实践。而且，在可能的情况下，要尽可能接触不同地区、不同类型的学校及其教育教学实践，以便获得丰富的认识。

要提醒你的是，你需要不断反思你所获得的实践经验，并将它们与大学中所学的理论联系起来，它们才真正有助于你的专业发展。

四、反思日志

对自己的学习进行反思是未来教师学习的重要途径。美国成人教育学家诺尔斯（M.S. Knowles）指出，与儿童相比，成人学习的一大特征就是从自身的经验中学习。对于未来教师而言，对自己的学习进行反思、从自身经验（包括体验）中学习，与从书本上学

[①] 转引自：吕立杰 郑晓宇：《实习教师"现实震撼"的表现与分析》，《外国教育研究》，2008年第9期。

习、从教师那里学习一样重要。

日志是记录和反思自己的学习体验的工具,从中可以获取有益的知识。教师教育的研究表明,反思日志能够帮助未来和在职教师澄清他们的思想和所关注的问题,使他们很好地理解自身在课程学习过程中的所思所想。

实习日志

怀着激动的心情,我带着自信的微笑走进了初二(3)班的教室,孩子们是欢呼着把我迎到他们的世界里的,热烈的掌声几乎把我的泪震下来了。

当我用英语说完事先准备好的开场白,微笑重新展现在脸上。

"老师,您说的我们一句也听不懂……",一个孩子怯怯地说。其实这是我预料之中的,但我丝毫没有卖弄和得意的意思。接下来,我没有再讲一句英语,也没有教授课本的内容,而是力图换一种方式与那些孩子沟通。我说:"让我们来做个游戏吧。由我开始,每人说一句话,把它连成一个故事。"见那些孩子没什么反应,我以为是自己没有表达清楚,于是继续启发:"大家别担心,非常简单,只需要说一句话就可以了,比如'我喜欢唱歌',后面的同学可以接着说'今天老师教了一首新歌','我边唱歌边走路,结果摔了一跤','我想成为一个歌唱家',等等。"怕孩子们顾忌是课堂,我又说:"这仅仅是个游戏,你们可以大胆想象,想到什么就说什么,不用害怕。"一秒、两秒……一分钟过去了,孩子们依旧用默然的眼神看着我,仿佛我在用另一种他们听不懂的语言和他们交流。我的心隐隐作痛——当城市里的同龄孩子侃侃而谈,用多彩的语言从容而清晰地表达自己的思想和情感的时候,这些山里的穷孩子却只能瞪着无辜的眼睛,茫然地看着这个纷繁的世界。不是他们不想学习,是这里落后的条件给不了他们傲人的资本,无法激活深埋在他们心中的渴望!

我强压住自己的失落和难受,平静地告诉孩子们:"现在能不能做好这个游戏并不重要,关键是你们要愿意和老师一起努力。我相信你们的心里一定有许多故事想讲,今天在新老师面前有点不好意思,没关系,只要大家认真学习,别说中文,以后就算是英语,也能讲得漂漂亮亮!希望大家记住,不管遇到怎样的困难,有明天就有希望!……"我说了很多励志的话,也许他们听懂了,也许还模糊,但我肯定,他们的心中一定对"未来"有了朦胧的认识,因为从孩子们此时清澈的目光中,我读到的是天真和淳朴,是对外面世界无限的向往,是对知识的迫切渴求!

记录日志的过程,实际上就是当事人梳理、反思自己当天的体会、感受或收获的过程;当把自己的体会和感受记录下来后,当事人就获得了多次思考或体会那些经历的机会。

反思日志的书写要持续进行(两次记录的时间间隔不能过长),最好每天或每隔几天安排一个特定时间来专门写日志。在一段时间内,日志的撰写可以紧紧围绕某个主题。

撰写日志时,要将事件记录与事件分析结合起来,并要在形式上保证有一定量的分析。如果是用笔记本来记日志,那么笔记本的每一页右边最好留下一些空白的地方。在日后整理日志时,这些留白之处可用于记录一些新增的变化、附录或相关的信息,而且在对日志记下的资料进行分析时,它也会派上特别的用场。在这些留白之处,一些简单的分析可以随意出现,这部分内容可以作为这一段记录的解释。如果是直接用电脑来记录,日后在整理日志时新增加的内容可以用不同的字体来标出。需要强调的是,对日志记录作一些暂时性的分析是非常必要的。它能够帮助我们及时捕捉住那些可能随着时间的流逝而淡忘的想法。

第三节　教师教育一体化

作为发展中的专业人员,教师要经历一系列不同的专业发展阶段,其专业发展的内涵也是多层面、多领域的。这个过程需要教师教育提供持续的支持。换言之,教师教育不只限于职前培养,其外延应一直延伸到教师专业生涯的终结;要根据教师的不同专业发展阶段所面临的问题和需要,为教师专业发展提供全程支持。

一、教师教育"一体化"的含义

2001年6月,国务院召开全国基础教育工作会议,发布《国务院关于基础教育改革与发展的决定》,正式以教师教育的概念取代"师范教育"。[①]教师职前职后教育一体化问题开始受到重视。2003年,教育部在《2003—2007年教育振兴行动计划》中又一次明确提出并具体阐述了构建教师教育体系的任务,指出要"构建以师范大学和其他举办教师教育的高水平大学为先导,专科、本科、研究生三个层次协调发展,职前职后教育相互沟通,学历与非学历教育并举,促进教师专业发展和终身学习的现代教师教育体系。"这是对教师教育现状的客观反映和未来发展趋势的把握。之后,"教师教育"这一概念开始广泛使用。"教师教育"(而非"师范教育")意味着将教师的职前培养、入职教育和在职培训连成一体,将教师教育过程视为一个可持续发展的终身教育过程,体现了教师教育连续性、一体化与可持续发展的特征。

过去认为只要针对师范院校在校学生进行一次性的教师职前培养,就能够满足整个教师职业所需要的专业知识和技能要求,这种观点当然是站不住脚的。教师职前培养只是为教师职业奠定必要的发展基础,从师范院校毕业并不意味着已经是一个合格称职的教师,还需要经过教育实践的磨炼与在职继续教育,教师才会趋于成熟。教师的专业发展贯穿于职前与职后的全过程。

教师教育一体化着眼于教师的终身学习和专业发展,把教师职前培养与在职培训看成是相互联系和沟通的过程,认为教师教育要着眼于教师职业生涯各个阶段的专业发展,强化教师职前培养和在职培训的连贯性。具体地说,教师教育一体化是以终身教育思想为指导,根据教师专业发展不同阶段的特点,对教师的职前培养、入职教育和在职培训进行整体规划,建立起各阶段相互贯通又各有侧重的教师教育体系。

事实上,对于教师个人的发展来说,教师专业发展是一个终身、连续的过程,职前培养与在职培训是不可分割的。和未来教师一样,在职教师也需要不断学习和进修。这就需

---

① 马啸风主编:《中国师范教育史》,首都师范大学出版社2003年版,第58页。

要对教师的培养培训进行一体化设计,满足教师持续发展的需要。教师教育一体化包含两个方面的涵义:一是纵向意义上的一体化,即打破教师教育职前培养、入职教育、在职培训的割裂局面,将整个教师教育的过程——职前培养、入职教育和在职培训视为教师终身教育体系中互相联系、全面沟通、连续统一的整体,建立一个内部各阶段相互衔接、相互支撑和补充的教师教育体系;二是横向意义上的一体化,即充分利用各种教育资源,建立学历教育与非学历教育、正规学校学习与教师自我导向学习等非正规学习相结合的教师教育体系。"一次性"的"师范教育"不能满足教师整个教学生涯的发展需要,必须强调教师的职前培养和在职培训的整合,以求教师在变化的教学实践中能够持续性地提高素质,这是当今教师教育改革的重要趋势。

二、指向教师专业发展的教师继续教育

根据学者们对教师专业发展的分析,教师专业发展是一个连续不断的过程,同时具有明显的阶段性。与职前教育阶段关注专业知识与技能的积累不同,当教师从大学学习环境转向实践、创新的中小学环境,开始以一个正式教师身份参与到教育教学过程中时,发展的重心就是专业实践。此时,随着教育环境和自身角色的变化,教师的社会期待、他人期待以及自身期待会发生质的变化,特别是教师的专业实践使其开始不断以学者、师者以及朋友的身份进行职业探索,对教师职业产生新的认知,在关注自己的教学成长,关注自己在学生心目中的地位,以及关注自身职业的生命意义中不断发展。

《学会生存》指出:现代社会,每个人都是一个"未完成的人",人永远不会变成一个成人,人的生存是一个无止境的完善过程和学习过程。[①]教育是要使教育者和受教育者都变得日趋完善,教师不仅要"育人",还要"育己",只有当教师不断完善自己时,才能更好地促进学生不断完善。教育改革和社会的发展已经使得教师的发展不再是一次性完成的,不是职前一次性系统培养就能够终身胜任得了的。"那种想在早年时期一劳永逸地获得一套终身有用的知识或技术的想法已经过时了……我们要学会生活,学会如何去学习,这样便可以终身吸收新的知识;要学会自由地和批判地思考;学会热爱世界并使世界更有人情味;学会在创造过程中并通过创造性工作促进发展。"[②]教师的学习和发展延伸覆盖教师职业生涯和实践,教师应当成为一个学习者,成为学习共同体的一员。教师通过不断地自主学习、自我监控、实践反思,实现自我更新与发展。为强调专业发展每一阶段的连续性和一致性,发达国家使用"继续的专业发展(continuing professional development)"来代替在职培训(in-service training)这一术语,强调职前培养和职后继续教育的连续性,认为职前培养、入职教育和在职培训这样的区分是人为地把教师专业发展的连续体割裂开了。

教师走上了工作岗位,就开始了新的学习和发展的旅程。因为,教师需要学习来更新教育理念;需要学习来补充新的知识;需要学习来提升教育技能,等等。这一方面要求教师不断学习、终身学习,另一方面要求教师继续教育为教师终身的专业发展提供支持。

---

① 联合国教科文组织国际教育发展委员会编著,华东师范大学比较教育研究所译:《学会生存——教育世界的今天和明天》,教育科学出版社1996年版,第196页。

② 同上注,第98页。

我国教师继续教育主要有两大类：一是学历教育，与全日制高等师范院校的培养课程雷同，一般采用脱产学习、函授、面授等形式学习；二是非学历教育，如短期集中讲座、校本培训、专题讲座、实地观摩等。当前继续教育的重心正在从学历教育转向非学历教育。尽管我国已建立了系统的教师培训制度，但继续教育的功能被窄化，培训模式单一，方法手段传统，不能满足教师专业发展的需要。教师继续教育正处在改革与完善中。继续教育是一个系统工程，指向教师专业发展的教师继续教育不仅需要观念、内容、方式、评价等方面的更新与改革，更需要教师教育机构和教师教育者自身的变革。

第四节 美英德法未来教师的学习与发展

在这一节中，我们将打开视野，了解美、英、德、法四国的教师培养过程以及未来教师的学习与发展状况。

一、美国未来教师的学习与发展

（一）未来教师的课程学习

在美国，需要修读哪些课程、达到哪些条件才能成为一名教师呢？

在美国，在读教师教育专业之前必须决定好要成为哪一阶段（幼儿园、小学、中学）的教师，以及打算学习哪一种类型的教育专业。因为美国各大学的教师教育培养方案都具体划分为若干类型，并且有不同的培养模式。

如，纽约大学教育学院本科层次的教师教育专业分为：（1）幼儿（普通及特殊）教育专业；（2）小学（普通及特殊）教育专业；（3）中学社会科学教育专业；（4）中学科学教育专业；（5）中学物理教育专业；（6）中学化学教育专业；（7）中学地球科学教育专业；（8）中学生物教育专业；（9）中学数学教育专业；（9）中学语文教育专业；（10）中学外语教育专业。这些专业设置有几个特点：（1）幼儿与小学教师的培养是不分学科的，培养的教师适应幼儿及小学的任何课程的教学，中学才开始有分科教师；（2）学科知识、人文素养知识、教育教学知识是统整在一起的，尤其是学科与教育教学得到了很好的结合；（3）教育教学课程是分散整合在四年的课程体系中的；（4）教育教学实习所占的学分与学时都比较高。该教育学院的教师培养模式类似我国师范大学最常见的四年制教师培养模式。

再如，俄亥俄州首府大学教育学院（Capital University, Department of Education）招收的是在普通文理学院已经学习了两年文理课程和学科专业课程的学生，进入教育学院后再集中学习两年的教育专业课程（即我国所说的2+2模式）。[1]

另外，随着各州对想取得教师资格证书者提出的标准越来越高，美国教师教育的重心也正逐渐从本科层次向研究生层次上移，未来教师在获得某一学科的本科文凭后，再申请就读硕士层次的教师教育专业。很多大学的教育学院还承担着为在职教师提供硕士阶段

---

[1] 李其龙、陈永明主编：《教师教育课程的国际比较》，教育科学出版社2002年版，第20—23页。

的进修计划的任务，以帮助他们取得更高级的资格证书或职称，学制1—2年；一些大学向非教育专业毕业的学士学位获得者提供为期一年的教育硕士课程，使之具备申请教师资格证书的资格。这种以培养教学专家为目标的硕士计划授予的学位是教育硕士（Master of Education）或文学硕士（Master of Arts）学位。

案例6-4	哥伦比亚大学师范学院的弗朗西斯·斯贡梅克教授长期担任研究生层次的教师教育者。他讲述了一个曾经的学生——Kay如何接受研究生层次的教师教育，并正式走上教职、成为优秀教师的故事。 正如很多"准教师"一样，Kay当初面临着择业的难题。在大学本科时，Kay的专业是经济学，她很优秀。大学四年级，她向家人、朋友和老师谈到自己的理想——当一名小学教师时，他们都不赞成。为什么这样一个聪颖的学生会选择从教，以她的资质完全可以去从事法律、商业等高收入高挑战性的职业。但Kay心意已决，她在一所小学里当了志愿教师。随后，为了获得正式的教师资格，她参加了哥伦比亚师范学院的小学教育专业的硕士学习。她在硕士学习期间，不断反思自己已有的经验，在大学教授的指导下，发现理论与实践的联系，将当前的理论学习与实践体验结合起来，逐渐建构自己的教育观念。Kay研究生阶段的培训结束后还有一年的实习期，在那里她得到了两位骨干教师的指导。实习结束后，她成为一名正式教师。[①] Kay的经历就是那些本科毕业后修读教育专业的人的典型经历。

美国各州都要求未来教师必须拥有学士学位。美国教师教育的主体是综合性大学，也就是说，美国的教师基本上是由综合性大学的教育学院或教师教育学院（系）来培养。但不是所有的大学都可以培养教师，是否具备教师培养资格需要国家教师教育鉴定委员会（NCATE）认可。同时由于实施较为严格的教师资格证书制度，美国大学教育学院或教育系会根据教师证书的要求开发课程；一旦教师证书标准发生变化，教育学院、系的教育方案也会作出相应的调整。美国大学教育学院/系本科层次的教师培养方案大致由以下三部分组成：

1. 普通文化课程。美国教师教育的普通文化课程主要有英语、哲学、文学、美术、音乐、戏剧、外语、历史、经济、法律、社会学、人类学、政治学、生物、数学、物理、化学、遗传学、地球和空间学以及健康教育和体育等等，包括自然科学、社会科学、人文科学和艺术、语言等各方面。这种课程是任何专业的大学生所必修的，目的是拓宽学生知识面，使他们具备宽厚的文理基础知识，注重普通文化知识的养成，避免狭隘的专业化。

2. 教师教育课程。在美国，教师教育课程由三部分组成：一是教育科学的基本理论课程，涉及教育哲学、教育史、教育心理学、教育社会学、教学过程、人的成长和发展、职业道德与法律、教育行政与管理、教育技术等；二是教学法，包括教学方法与策略、课程的组织设计与评价以及教学计划、教育测量与评价等；三是教学实习，以见习、临床实习的方式进行。

---

① 弗朗西斯·斯贡梅克：《未来教师教育的可能模式：职前、入职和职后的持续发展》，见：朱小蔓等主编：《新世纪教师教育的专业化走向》，南京师范大学出版社2003年版，第33—37页。

这些可以为未来教师提供教育学领域的专业知识,体现出教育专业与其他专业的区别。

3. 任教学科课程。任教学科课程为师范学生提供将来所教科目的专业知识,而且有一定的广度和深度,同时和中小学开设的学科课程相对应。初等教育者要学习涵盖初等教育学科的所有科目,中等教育者要集中学习一个或两个科目,这是由初等和中等教育自身的特点决定的。

这三类课程在学时上的比重情况分别为:普通文化课程占1/3强,教师教育课程占1/3弱,任教学科课程占1/3。

(二)未来教师的实践体验

美国的教师教育课程除了上述三大课程领域之外,还有一个至关重要的部分,即学生的实地经验(如见习)和教学实习。

当美国的教师们回顾他们所接受的职前教育时,他们通常会把实地经验和教学实习作为其中最有价值的部分。一般可把实地经验看作实习的前奏。最早的实地经验安排在第一学年,学生通常是充当课堂教师的助理,在课堂上进行观察,辅导个别学生或小组,批改学生作业,或是上一堂课。许多实地经验是和具体的课程联系起来的。很多教师教育课程都会在中间安排几次见习和实习,以便使学生的理论学习和实践体验结合起来。

从20世纪80年代开始,美国的一些高校就与地方学区合作,共同培养教师,并逐渐形成了一种大学与中小学合作培养教师的学校——教师专业发展学校(professional development schools,简称PDS),也就是与大学教育院系合作培养教师的公立中小学校,通常是由一所大学的教育院系与大学所在学区的一所或多所小学建立合作关系,为未来教师提供临床性的实践训练,同时为在职教师提供专业发展机会。

二、英国未来教师的学习与发展

如果一个英国青年的职业理想是做一名合格的教师,他中学或大学毕业面临的任务依然是决定要当哪个学段和哪个学科的教师。当前英国的教师职前教育(initial teacher training)主要有两类:一是面向中学毕业生开设的三/四年制的教育学士学位课程计划(BEd),学科教育与专业教育同时进行,主要为幼儿园、小学培养师资;二是本科后教育证书课程计划(PGCE),面向已取得学科学士学位、欲从事教学工作的本科毕业生,专门进行教育专业的学习,学制1年。本科后教育证书课程计划培养中学各科的师资,同时也培养幼儿园和小学师资。本科后教育证书课程是英国教师职前教育的主要形式,许多大学,如伦敦大学、莱斯特大学、伯明翰大学等只开设这类师资培养课程。这就是说,如果打算从事幼儿园或小学教育,可以读三年制或四年制的教育学士学位课程计划,也可以在非教育专业本科毕业后再到大学教育学院修读1年的教育课程;但如果目标是当一名中学老师,就只有在取得某一专业的学士学位的基础上,再到大学教育学院读1年教育课程了。

(一)课程学习

1. 三年制教育学士学位课程

英国很多大学的学制是三年。三年制的教育学士学位课程主要培养幼儿、小学师资,其中,学科专业与教育专业同时进行。

例如,威尔士大学班戈教育学院(University of Wales, Bangor, School of Education)开设

的培养小学师资的BED课程①,学制3年。该课程根据英国小学中的学段分成两类:面向3—7岁和面向7—11岁的小学师资培训课程。课程分为四大模块:学科研究、核心课程研究、专业与课程研究、学校体验。课程设置旨在通过学科知识和专业技能的一体化训练,使未来教师成为符合现行小学教育要求的合格教师,能够胜任小学国家课程所有学科的教学,同时能监控学生的发展、评估和记录学生成绩。课程同时用威尔士语和英语教学,要求未来教师毕业后也要能胜任双语教学。

表6-1　英国3年制教育学士学位课程(BEd)内容

模块	主要学习内容
学科研究	**主攻学科**:3年中未来教师根据自己的兴趣从下列学科中选择一门主攻学科深入学习:艺术&手工&设计、设计与技术、英语、地理、历史、数学、音乐、体育、宗教、科学、威尔士语。 **选修学科**:第一、二学年还要从下列学科中选修一门:英国文学、地理、历史、数学、体育、宗教、科学、威尔士语。旨在使学生了解所有基础学科及宗教教育,同时特别强调体育、设计与技术中卫生与安全的重要性。
核心课程研究	每位未来教师在所有3年中都要学习国家核心课程(英语、数学、科学),另加威尔士语。在第一学年的第一学期结束,未来教师选择自己将来就业面向的学段,要么是3—7岁,要么是7—11岁。实际上,选择哪个学段,学习内容在许多方面都是相同的,只是强调的方面有差异。学院针对未来教师的两种语言背景分别设计不同的培养方案,保证双语教育的开展。
专业与课程研究	主要学习备课、教学、课堂管理,以及监控、评估、记录、报告学生的成绩等方面的要求,也就是教师专业发展所需的知识、技能。包括:教师角色、与家长的关系、与教育机构的关系、认识并满足学生的特殊教育需求,包括学习能力特别强的学生的需求、教育法规和政策方面,包括学校管理、离职、地方教育当局、督导。主要目的是要培养对教育科学的理解和反思,基于教育实习经验的讲座与习明纳将理论学习与教学实践连接起来。同时还要求未来教师在实际教学情境中反思理论的含义。
学校体验	实践体验基于整个BED课程培养计划的核心,以此培养和加深未来教师对小学教育阶段国家课程的理解,以及核心科目、基础科目及宗教教育在小学教育中的作用,同时使未来教师了解当前小学教育的现实,了解到哪些因素在影响学生的学习,学生有哪些方面的需求以及教师在满足这些需求方面所应该发挥的作用。**每一学年实习8周。**

2. 本科后教育证书 (PGCE) 课程——英国职前教师教育的主体

本科后教育证书课程是目前英国职前教师培训的主要形式。面向已取得学科专业学士学位、欲从事教学工作的本科毕业生而开设的师资培训课程,它主要分为两类:初等PGCE课程和中等PGCE课程,前者主要培养学前、小学师资(即英国的基础学段、第一、第二学段);后者培养中学教师,由于中学实行分科教学,中等PGCE课程分科培养。本科后教育证书课程的申请者都是已经取得学士学位的大学本科毕业生,他们在大学毕业后再

① University of Wales, Bangor, School of Education. (2003). BEd (Honours) in Primary Education (leading to the award of QTS) Course Handbook and Programme Specification. http://www.bangor.ac.uk/addysg/courses/BEd/details.php[2006-02-20].

到大学教育院系接受1年的全日制职前教师教育。成功地完成PGCE课程者即可获得本科后教育证书（Postgraduate Certificate in Education, PGCE）。

表6-2　英国本科后教育证书（PGCE）课程内容

学科研究	关注的是学科教学法方面的发展，使未来教师有能力根据国家课程标准和学生实际开展具体学科的教学。该部分要求未来教师掌握特定学科的教学技能，理解该学科在课堂教学中如何展示、如何规划和组织，如何使用教学材料以及如何评定学生的平时表现和学业成绩。
专业研究	此部分的目的是让学生学习和思考一些教育基本问题，如教育的目的和价值、教育多样性和教育平等、有特殊教育需要的学生、班级管理与评价等。要求未来教师置于教学实习的学校特定背景中去探讨这些问题，以及探讨未来教师所选年龄段学生的具体问题。
实践体验	未来教师必须到中小学，在中小学导师指导下开展教学工作。教师发展署对未来教师在中小学接受培训的时间下限作了明确的规定：初等本科后教育证书课程（学制1年），实习时间至少18周；中等本科后教育证书课程（学制1年），实习时间至少24周；对实习的学校数目也作了规定，上述未来教师的教学实践至少要在两所学校进行。①教育实习的目的在于培养未来教师在课堂教学中的自信心和胜任力，确保他们毕业时能从事富有成效的教学工作。强化对未来教师上岗前的教学技巧和相关技能，成为有信心、有能力的中小学教师。

PGCE课程的三大组成要素虽在对未来教师的培训过程中各有侧重，但都围绕着一个主题：提高未来教师的职业胜任力。

英国教师职前教育课程的教学方法多种多样。例如，伦敦大学教育学院的本科后教育证书课程教与学的方法包括集中讲座、学科研讨会（seminars）、专题讨论会、工作坊（workshops）、同伴指导（peer tutoring）以及在大学导师指导下自学。未来教师要做演讲、直接承担小学的教学任务，参观一些示范小学等。英国威尔士大学班戈教育学院的教育学士学位课程中，教与学的方式包括集中讲座、导师组织的讨论、习明纳、工作坊、阅读。这些教学和学习的方式将教育学院的学习与实践体验结合起来，理论和实践得到整合。"工作坊"是其中最常用也是最重要的方式。胡德斯菲尔德大学（University of Huddersfield）的教师教育课程教与学的方法则包括：讲座、习明纳、个别指导（tutorials）、同伴指导、小组讨论、案例研究、演讲、角色扮演、观摩、辩论等。

（二）实践体验

英国的教师教育被称为"伙伴关系模式"或"以学校为基地的教师教育"，其原因就是它通过大学与中小学合作来培养教师。未来教师有很多时间待在中小学学习与实践，中小学与大学共同承担教师教育的任务。

英国非常重视实践体验对于教师培养的作用。不仅实践体验的时间长，而且与理论学习交替进行。英国对未来教师"实践体验"的时间下限作了明确的要求：4年制本科教育学士学位课程计划中，实践体验至少32周；2至3年制的本科教育学士学位课程计划中，实践体验至少24周；1年制的初等和中等本科后教育证书课程，实习时间分别为18和

---

① 见 http://www.tda.gov.uk/Recruit/becomingateacher/courseoverview.aspx［2005-12-21］。

24周。而且,未来教师的上述"实践体验"至少要在两所学校进行。

表6-3 英国职前教师培养模式及相应的实践体验时间

培养类型	培养模式	实践体验(周)
幼儿教师	3或4年制本科	32
	1年制(3+1)本科后教育证书	18
小学教师	3或4年制本科	32
	1年制(3+1)本科后教育证书	18
	2年制(2年学科专业+2年教育专业)	32
中学教师	1年制(3+1)本科后教育证书	32
	2年制(2年学科专业+2年教育专业)本科	24

那么,各教师教育机构是如何具体实施和开展"实践体验"的呢?英国大学每学年分为三个学期,各教师教育机构在"实践体验"时间安排上的共同做法是将它在整个培养方案中连续、分阶段安排,但一般都在最后一学年安排一次集中实习,根据"教师资格标准"对未来教师做一个最终的实习成绩评定。

表6-4 英国4年制小学教师教育"实践体验"的时间安排及预期工作量[1]

	秋季学期	春季学期	夏季学期	总计(周)
第一学年	春秋学期各有4周(到小学各个年级),每周2天(40%—50%)		连续4周,在第一学段(50%)	7
第二学年		连续4周,在第二学段(50%—60%)	连续2周,内容为校本研究	6
第三学年	连续5周(60%—70%)		连续3周,开展基础科目的教学;组织学生活动	8
第四学年		见习及实习准备1周,连续实习8周(70%—80%)		9

说明:括号内数字是对完成正式教师工作量的规定。

表6-5 英国伯明翰大学的1年制本科后教育证书课程课时安排[2]

秋季学期(14周)	春季学期(12周)	夏季学期(10周)
中小学见习1周;以大学为基地的教学活动6周(其中4天在中小学进行入门教育);在中学A实习5周;以大学为基地的教育活动两周(期间参观中学B)。	全部12周在中学B实习(其中两天回到大学对实习情况进行反馈、总结)。	以大学为基地的教学活动5周(其中4天在中学),回到中学A实习4周,以大学为基地的教学活动1周。

---

① St Martin's College.4Yr QTS placement prgression July 2005.doc[DB/OL], http://www.ucsm.ac.uk/partnership/primaryhandbook.php[2005-12-05].

② http://www.education.bham.ac.uk[2006-05-05].

　　总的来说,教师教育机构对"实践体验"的时间安排大致有三个方面的特点:

　　第一,连续性和阶段性,多次进行而又相对集中,贯穿在未来教师整个学习过程的始终。充足的时间为未来教师全面、深入了解学校及教师的工作提供了前提,同时又循序渐进地安排"实践体验"的内容,有计划、有步骤地训练未来教师实际的教育工作能力。

　　第二,"实践体验"的内容与大学中的学习内容紧密结合。教师教育中理论学习与实践体验相结合,注重未来教师在教学实践情景中获得的经验,并通过研究和分析教育现实中的问题,提高未来教师的理论素养。

　　第三,强调教育经验多样化。要求实习生要深入不同学校、不同年龄段的班级实践,同时不仅注重课堂教学,也重视其他方面的内容,如教育调查、组织课外活动、协助进行学校管理等,"实践体验"内容全面、丰富。

　　总之,职前教师教育中的"实践体验"是与大学中的学习相互融合、不断形成专业能力的过程,未来教师在实践中感悟、构建理论,并用理论去分析、提升实践,两者相互交叉和促进。职前教师教育在培养方案设计时就保证了未来教师的"实践体验"与大学中教与学的相互支持。

三、德国未来教师的学习与发展

　　在德国,未来教师非常讲究"出身"。德国的中学主要有完全中学、主体中学和实科中学(一般认为完全中学学术水平较高,而后两者更多的是非学术性教育),只有完全中学毕业生才有资格接受教师教育。而完全中学的招生条件也是有严格的规定:一个学生必须先接受4年的基础学校教育,然后经过选择被录取进附设在完全中学的两年制促进阶段学习,而如果不被淘汰,则在两年后成为完全中学的学生。这样再经过7年学习,通过完全中学毕业考试,最后取得大学入学资格。在德国这一规定是十分严格的。

　　如果一位德国完全中学毕业生选择了教师教育专业,他同时也面临着另一个选择:选定今后的从教学校类型或从教学段。德国教师教育采用专业化定向培养,有的州是按学校类别,即小学教师、主体中学教师、实科中学教师、完全中学教师、职业学校教师和特殊学校教师的要求分别培养,有的州则是按教育阶段,即初等教育阶段、中等教育第一阶段和中等教育第二阶段的要求分别培养。相应地,课程设置标准不同,内容也不一样。中学毕业生要根据自己所在的州和所毕业的中学类型来选择。

(一)德国未来教师的两阶段培养模式

　　德国各州的教师教育都采用两阶段培养模式,未来教师要通过两次国家考试才能获得教师资格。这一点在各州是相同的。德国的教师职前教育由两个阶段组成,每一阶段结束后都由国家有关部门组织严格的考试。

　　第一阶段称为修业阶段。修业阶段重在学习作为教师必须具备的基础知识,包括学科知识和教育知识。各州课程设置大体分四个组成部分:(1)教育科学;(2)学科教学论部分;(3)2门执教学科;(4)学校见习实习。各部分比重各州不尽相同。例如,巴伐利亚州规定:在基础学校教师培养中,教育科学占16%,学科教学论占28%,执教学科占16%,学校实习占41%;主体中学教师培养与基础学校教师培养要求相同;在实科中学教师培养中,教育科学占16%,学科教学论占12%,执教学科占31%,学校实习占41%;

在完全中学教师培养中,教育科学占5%,学科教学论占4%,执教学科占80%,学校实习占10%。①

各州规定的实习从6学期至9学期不等,但大多数未来教师往往要花4—5年才能完成这一阶段的学习,参加并通过第一次国家考试。第一次国家考试根据未来教师将来从教的学校类型或任教学段,在考试时间长短和考试内容上也有不同。

第二阶段是实习阶段。实际上主要是在中小学接受培训,重在培养作为教师应具备的执教能力。第一次考试合格取得实习教师资格者,方能进入专门的教师培训机构学习,这类机构统称为研修班。实习阶段期限统一为两年。第一年为引导和试教阶段。实习开始4周以后,才在老师的指导下试教。通常上午见习或试教,下午在研修班学习讨论。到第二学期甚至第二年,才开始独立承担一个班的教学。第二年的后半年,则专心准备第二次国家考试。每年的2—5月是德国各州进行第二次国家教师资格考试的时期。考试内容包括:① 面对评委和考试委员会,上两节公开课;② 在4小时内,当场撰写一篇有关教育理论的文章;③ 参加包括主修专业、辅修专业等的3次口试。据德国近年来的统计,只有80%的实习教师能够通过第二次考试。第二次考试合格者,就成为正式教师,同时成为国家正式公务员,享受良好的待遇。②

(二)德国的教师资格证书制度

教师资格证书是教师行业的资质证明,是教师职业的准入证。如前所述,在德国,一个大学生必须通过两次国家考试才能获此"殊荣"。

中小学校教师考试由考试委员会负责,委员会则由大学教授、学校校长和有关考试机构的代表组成。首先,考生需要花几个月的时间完成一篇毕业论文,内容可在教育学主修专业和辅修专业中任选,考试委员会认可通过后,方能参加余下的考试。包括:教育科学、教学论和执教学科知识笔试和口试,笔试和口试时间在2—5小时之间。最后,考试委员会根据教授的评语作出最终的成绩评判,一般考试通过率约为90%。

在通过第一次国家考试后,学生可取得见习教师的资格,然后进行为期至少18个月的实习。实习的前半年要在大学学习大量的教育理论和技能,教学实习时间实际为一年,包括听课、试讲和参加学校的各种活动等。在实习期间,学生可领取30%的公务员工资。只有完成实习工作后,才能参加第二次国家考试从而获得教师资格证书。

之后,教师就可以像其他公务员一样进入试用期,试用期的时间一般是两年。试用期结束后通常就可以被终生任命。③

一直以来,优秀的生源、专业化定向培养、综合大学的硕士学历、两年的实践学习、两次国家考试和教师资格证书制等措施,确保了德国未来教师毕业时拥有较高的专业知识及教育学方面的水平。未来教师所拥有的出色的专业素养,为他们从教打下了良好的基础,也为德国高质量的教育奠定了基石。

---

① 李其龙、陈永明主编:《教师教育课程的国际比较》,教育科学出版社2002年版,第116—117页。
② 王建平:《德国教师教育的特点及启示》,《教学与管理》,2007年第3期。
③ 雷小波:《德国中小学教师职前教育及资格认证制度》,《教师教育研究》,2007年第4期。

四、法国未来教师的学习与发展

(一)法国的教师培养机构

法国的教师培养和培训有统一的、专门化的大学层次教师教育机构——教师培训大学级学院(IUFM)。教师培训大学级学院集教师教育和教育、教学研究功能于一身,统一负责中小学教师的培养和培训。其招生对象为大学毕业生(即学士学位获得者),学制2年。法国教师培训大学级学院的教师培养理念与模式,在我国通常将之称为"3(大学本科教育)+2(硕士层次教师培养)"模式。

教师培训大学级学院招生的基础学历为高中毕业会考文凭加大学3年学习,即获得法国学士文凭才可能被录取。招生方式为档案审查并可能辅以面试,录取名单最终由教师培训大学级学院根据招生委员会的建议决定。为鼓励学生报考教师培训大学级学院,法国制定了相应的津贴制度,凡是报考教师培训大学级学院的大学三年级学生和进入教师培训大学级学院的一年级学生均可享受5万至7万法郎的补贴。

(二)课程设置及内容

法国每个学区的教师培训大学级学院的课程设计和安排都不尽相同。但由于有共同的教育目标和教师专业标准,大多数学院的课程结构依然近似。

以Poitiers学区教师培训大学级学院为例[①],其课程包括学科教育与教学论、普通教育、专业实习、专业论文这几部分:

1. 学科教育和教学论构成了第一学年的教育重点,主要是为应对教师招聘会考。

2. 普通教育,这里是针对教师职业而言的,也就是从事这一职业所应接受的一般教育,以培养教师具备职业素质、职业伦理为目标。

3. 专业实习,这是教师培训大学级学院教育的重心之一。它帮助未来教师了解未来职业的现实情况,同时可以作为理论学习的参考,并尝试将自己掌握的有关学科和教学论等知识付诸实施。一般来说,第一学年安排的实习时间比较少,而第二学年实习时间则大大增加。教师培训大学级学院的实习大致分为三类:尾随(指导教师的)实习、(指导教师)全程陪伴实践实习和责任实习。

4. 专业论文。放在第二学年完成。未来教师在第一学年结束时通过教师会考,成为所谓的实习教师。论文写作使他们更为严谨地将理论和实践结合起来。在职业论文的选题和写作过程中,有专门的教师对未来教师进行指导。

对于报考幼儿教师和小学教师者,第一年的学习内容涉及幼儿学校和小学的多种学科,如语言、数学、科学、历史与地理、科学、音乐、艺术等。对于报考中学教师者,第一年主要学习与其报考专业相关的学科。此外,所有学生还要学习与教师职业相关的学科,如教育学、儿童心理学、教学管理、教育系统知识等。第一年的教学中还包含一次感受性的实习,主要是让学员去实际观察不同学校和班级的状况。

教师培训大学级学院的一年学习之后,所有学生都要参加国家教师资格考试。小学教师资格考试包含预选考试和录取考试。预选考试为法语和数学两门笔试,录取考试目前有3门,含笔试、口试以及教育学。将来外语也要成为必考科目。中学证书教师资格考

---

① 李其龙、陈永明主编:《教师教育课程的国际比较》,教育科学出版社2002年版,第86页。

试一般也由预选考试和录取考试构成。预选考试为专业学科考试，录取考试为口试，包含一次演讲和会谈，考查考生的表达和交流能力，对其学科及其演变的理解，对学校教育的认识等。通过考试者进入第二年的学习。

教师培训学院第二年的教学主要就是针对通过中小学教师录用考试的学生。这时，考试录取的学生便被命名为实习教师并领取工资。小学实习教师要学习小学教学课程与教学方法，中学实习教师则是在深入学科知识学习的同时掌握学科教学法。两类实习教师都要深入学习教育和教学方面的理论，还要参加实践性的实习，实习教师要亲自授课，体会教师职业的特性。最后，所有实习教师要提交论文。

经教师培训大学级学院的评审委员会和学区评审委员会通过，实习教师才可获得教师资格，并经学区或教育部分配到中小学任职。

法国的教师是国家公务员建制，一旦拿到了教师资格证书，就算捧上了"铁饭碗"，法律保障教师享有十分稳定的地位，国家给教师的待遇保持了社会中等收入以上水平。加上法国教师每年有较长的假期，法国的教师职业具有吸引优秀青年加盟的魅力。

本章小结

本章讨论了学习教师教育课程（包括实践体验）的意义、课程学习方法以及教师教育一体化的含义。教师专业发展是一个不断学习与探究的过程，在这个过程中，教师教育为之提供全程支持。对于未来教师来说，师范院校毕业并不意味着学习的终结，教师的学习还将贯穿整个职业生涯。最后，为拓展视野，本章介绍了美、英、德、法四国未来教师的课程学习与发展。

关键术语

教师教育课程、实践体验、教师教育一体化、国外未来教师课程学习

思考与讨论

1. 想一想、议一议：

我国教师教育课程和教师资格证书制度与美、英、德、法等国有何异同？

2. 想一想、做一做：

在一次教研会上，一些教师就课堂教学效果与学习教师教育课程的关系展开了激烈的讨论，并形成了以下两种对立的观点：

一种观点认为，要想上好课，当一名优秀教师，必须学习教育教学的有关知识，接受正规的"师范教育"。另一种观点认为，没有学习教育教学的相关知识也照样可以当一名好老师，关键还是在教育教学实践中总结提炼，因此学不学教育教学知识无关紧要。他们举例说，有些人没有接受过正规的"师范教育"，也没有系统学习过教育学的相关知识，照样成为一名优秀教师，而一些刚从师范大学毕业的大学生，虽然掌握了丰富的教育教学知识，上课效果却不好。

以上两种观点针锋相对，谁也说服不了谁。对此问题，你的看法是什么？在班上交

流,或开展一次辩论赛。

3. 想一想、议一议:

和你的同学一起,两人小队去访谈参加过实习的高年级学生,或者访谈中小学的新教师,了解他们的实习或工作体会,并与你的同学交流他们的体会对你的启发。

4. 做一做、议一议:

(1) 除了积极参与到学校组织的见习、实习活动中,未来教师还可以参与以下教育实践活动:

第一,回你的母校参观,了解学校工作,观摩学校的集体备课、示范课、日常教学、教研组、少先队、共青团以及班级管理等活动,了解各种规章制度,体验教师生活。

第二,与你小学、初中、高中的老师保持联系,关注学校的发展,利用节假日等时间到你曾经就读的学校参观,与老师们交谈,试着从一名教师的角度去理解学校工作。当然,如果你能在那里当一当他们的教学助手,或者尝试开展教学,积累一定的经验,将会对你当前的学习起到促进作用。

(2) 另外,议一议,你和你的同学还可以通过一些什么样的渠道了解和参与教育实践? 能否现在就开始尝试?

5. 想一想、做一做:

进一步查阅资料,了解这四个国家未来教师的课程学习概况以及教师资格制度,完成下面的表格。然后议一议:你认为它们对我国的教师教育课程和教师资格证书制度改革分别有何启示? 与你的同学分享。

	教师教育 课程设置	教育见习和 实习安排	获得教师资格 证书的要求	资格证书颁布 时间与更新要求
美国				
英国				
德国				
法国				

进一步阅读的文献

1. 徐碧美著,徐静、李忠如译:《追求卓越——教师专业发展案例研究》,人民教育出版社2003年版。

2. 李其龙、陈永明主编:《教师教育课程的国际比较》,教育科学出版社2002年版。

下　篇

为了教师专业发展

第七章　教师专业发展规划

通过本章的学习,你能够

- ◆ 知道自我导向的学习对于教师专业发展的重要性;
- ◆ 学会分析自己的专业发展起点;
- ◆ 初步学会规划自己的专业发展;
- ◆ 为同伴的专业发展规划提供建议和帮助。

    教师的专业发展过程受诸多因素影响,学校的环境、教师同伴的影响,乃至以往的学习经历都可能对教师的专业发展产生重要影响,教师教育的全程规划对教师专业发展的影响更是毋庸置疑。但决定教师专业发展的最终是教师自己。教师的专业发展取决于教师发展的意愿、努力和策略,规划自己的专业发展就是教师实现专业发展的重要策略。

第一节　教师专业发展规划的必要性

一、是社会发展的必然要求

    现代社会急剧发展,知识经济时代已经初现端倪。在一个知识飞速增长的时代中,掌握知识的多少已经变得不再重要,更为重要的是获得知识的能力。这对人的素质提出了不同以往的要求,教育所要培养的人的质量规格随之发生变化。"学力"开始取代知识,占据了培养目标和课程目标的核心。学力不是单纯局限于学习的基础和学习方法的学习能力,在学力中除了以往强调的知识技能、学习方法和能力之外,更为重要的是学习的态度,积极主动的学习意愿。在我国2001年启动的新一轮基础教育课程改革中,就为课程规定了知识与技能、过程与方法、情感态度价值观三大目标领域,提出"改变课程过于注重知识传授的倾向,强调形成积极主动的学习态度,使获得基础知识与基本技能的过程同时成为学会学习和形成正确价值观的过程"。[1]要实现这样的课程目标,学生就必须养成自主的学习方式,成为自我导向的学习者。

---

[1]　中华人民共和国教育部组编:《基础教育课程改革纲要(试行)》,《中国教育报》,2001-7-27,第2版。

新课程的培养目标

　　《基础教育课程改革纲要(试行)》规定：新课程的培养目标应体现时代要求。要使学生具有爱国主义、集体主义精神，热爱社会主义，继承和发扬中华民族的优秀传统和革命传统；具有社会主义民主法制意识，遵守国家法律和社会公德；逐步形成正确的世界观、人生观、价值观；具有社会责任感，努力为人民服务；具有初步的创新精神、实践能力、科学和人文素养以及环境意识；具有适应终身学习的基础知识、基本技能和方法；具有健壮的体魄和良好的心理素质，养成健康的审美情趣和生活方式，成为有理想、有道德、有文化、有纪律的一代新人。

　　新的培养目标体现在具体的课程目标上，就是三大目标领域：知识与技能、过程与方法、情感态度价值观。

　　自我导向的学习并不是完全的自主，孤立的学习，自我导向的学习是一个学习者在诊断学习需要，确立目标，选择资源和学习策略，评价学习结果中发挥自己的主动性——无论是否有他人的帮助——的过程。[1]学生不会自动成为自我导向的学习者，当他们的教师不鼓励他们自我导向的学习，不能提供自我导向的学习示范时，学生就难以成为自我导向的学习者。要使学生成为一个自我导向的学习者，就必须首先破除当前教育中的一个悖论：教师开始将培养自我导向的学习者视为自己教学工作的目标，而没将自己视为自我导向的学习者。换言之，教师首先应当成为自我导向的学习者。

　　教师成为自我导向的学习者，意味着教师必须对自身的专业发展承担责任，必须学会对关于学什么、如何学等作出正确的决策。关于这些决策，美国学者塔夫(Allen Tough)列举了十三个关键的决策点[2]：

1. 确定学习什么知识和技能；
2. 确定学习所需的特定活动、方法、资源和设施；
3. 确定学习的地方；
4. 设定特定的时间界限或中期目标；
5. 决定何时开始一个学习过程；
6. 确定一个学习过程的起点；
7. 评估自己当前的知识技能水平或在知识技能方面的进步；
8. 防止阻碍学习的各种因素或找到当前程序中的有效做法；
9. 获得所期望的资源和设施；
10. 安排学习所需的空间或其他物质条件；
11. 节省或获得运用特定的资源所需的金钱；
12. 找到学习的时间；

---

① Knowles, M. (1975). *Self-directed Learning: A Guide for Learners and Teachers*. New York, Association Press, p.18.

② 转引自：Merriam, S. B., & Caffarella, R. S. (1991). *Learning in Adulthood: A comprehensive guide*. San Francisco, Jossey-Bass Publishers, p.45.

13. 提高学习的动机。

事实上,所有这些决策都与教师对自身专业发展的规划有关。你可以借助于规划就这些方面作出你自己的决策。

二、是教师专业发展的必然要求

从相关文献看,对教师专业发展有两种基本理解,一种将之理解为教师专业成长的过程,另一种将之理解为促进教师专业成长的过程。[1]无论将教师专业发展看作教师专业成长的过程,还是促进教师专业成长的过程,教师都是专业发展的主体。

(一) 作为教师专业成长之过程的教师专业发展

作为教师专业成长的过程,教师专业发展的概念隐含着多重意思,其中最为核心的一层意思就是:教师是专业发展的主体。首先,教师应当拥有专业发展的自主权。自主是专业之所以成为专业的核心特征之一,教学要成为一个专业必然要求教师享有专业上的自主权,这种自主权也应包括专业发展上的自主权,即教师能独立于外在的压力,能够根据自己的实际情况,如需求、能力、环境等,选择适合于自己的发展领域和学习内容,确定适合于自己的发展目标。

其次,教师必须对专业发展进行自我管理。教师本人对专业发展负责,除了要有专业发展的意识外,还必须对自己的专业发展过程进行自我管理,更好地安排自己的专业发展过程,运用目标来评估、监控自己的专业发展水平和过程,调整专业发展活动和策略,以更好地提升自己的专业发展水平。

第三,教师是专业发展的主体还意味着教师需要学习的自觉。尽管外部因素,特别是专门的教师专业发展机会对教师的专业成长具有重要意义,但教师专业发展最终取决于教师自身的学习,尤其是在日常的专业生活中从自己的经验中学习,能将专业发展与日常的专业生活紧密地结合在一起,能将学习、探究、反思、合作当作自己的专业生活方式。

案例 7-1

山东著名特级教师、全国首届十佳教师提名人韩学庆的成名经历很有戏剧性。

1983年,山东潍坊市召开第二届语文教学年会。当数百人赶往寿光县城听一位老教师的课时,这位老教师却因偶发事件不能来了。主持者万分焦灼。正在此时,韩学庆说:"非指望他一个人么,别人谁上不行?"带队老师以为他说风凉话,就冲他直嚷:"你能上?"韩学庆憨憨一笑:"如不嫌,就试试呗。"

于是,韩学庆就站在各路高手众目睽睽的三尺讲台上。等下课铃声响起时,教室里爆发出长时间的掌声。

后来,韩学庆在接受采访时说:"自从当教师的第一天,我就为自己设计了一条奋斗之路,要成为同行中的优秀者,学生崇拜的好老师。我刻苦自励,扎扎实实地上好每一节课,总结点点滴滴的经验教训。当自己有了一定的积蓄后,我就想瞄准机会,露它一手。就在这一个个'偶然机会'中,我的'积蓄'发挥了作用。"[2]

---

① 白益民:《自我更新——教师专业发展的新取向》,华东师范大学2000年博士学位论文。

② 傅道春等:《中国杰出教师行为访谈录》,上海教育出版社1995年版,第204页。

（二）作为促进教师专业成长之过程的教师专业发展

作为促进教师专业成长的过程，教师专业发展类似于在职教育或教师培训之类的概念，隐含着"教师是专业发展的对象"的意思。的确，众多为教师提供的专业发展机会就是以教师为对象的，且在实践中被证明是行之有效的，比如教师教育机构为教师职前教育的学生提供的课程学习机会。但是，承认教师是专业发展的对象，并非否认教师在这种专业发展活动中的主体作用。即使在教师职前教育中，尽管有教师教育者的指导乃至直接教学，作为未来教师的师范生依然是学习的主体，对自身当前的学习和未来的专业发展起决定性作用。

在职教师更无疑是专业发展的主体。建构主义学习理论认为学习的最终目的是知识意义的建构，这种建构依赖于学习者当前所处的情境，更依赖于学习者自身原有的知识经验，是学习者新旧经验及情境相互作用的结果。因此，这种建构不能由他人来代替完成，只能由学习者本人在一定的学习环境中，通过已有的经验与当前信息相互作用来完成。学习者是认知的主体，是知识意义的主动建构者。只有学习者在学习过程中充分发挥主动性、积极性和首创精神，有机会对自己的学习进行更多的管理，有多种机会在不同情景中应用所学知识且能根据自身行动的反馈信息来认识和解决问题，真正的意义建构才有可能。对于教师，只有借助于主动的建构，才能获得容易被激活且能灵活应用的知识，获得纳入到自己的信念和判断体系中且能促使高度批判性和反思性的知识。专业发展有赖于教师以自身的经验和智慧为专业资源，在日常的专业实践中学习、探究，形成自己的实践智慧。

教师的学习是成人学习，有别于儿童的学习。作为成人，教师有条件有能力成为自主导向的学习者，成为专业发展的主体。而且，自主导向的学习更适合于作为成人学习者的教师，当能够对自己的学习进行自我引导、自我监控时，教师的学习和发展最有效。

知识驿站

成人学习理论

美国著名学者马尔科姆·诺尔斯(M. S. Knowles)创建了成人教育学(Andragogy)，关于成人学习有如下假定：

成人拥有认知需求，知道为什么学习。成人学习者大多是带着职业的实际需要和工作中要解决的问题进入学习的，因此，他们学习目的明确，学习的针对性非常强。

成人具有清楚的自我概念，具有自我导向学习的能力。成人一般都具有较强的学习的自主性和独立性，更希望教师能够对他们的学习给以组织、引导和帮助，而不是以权威或领导的姿态出现，希望与教师共同承担教学责任，希望能够和教师一起确定评估学习的需要和目标，希望参与教学内容的决定，选择教学活动以及决定如何评价他们的学习。

成人具有丰富的学习经验和工作经验。这些经验是成人学习的重要资源。成人学习者不是空着脑袋进课堂的，他们都带着个人丰富的生活经验和工作经验进入学习，这些经验既是成人自己学习的基础，也是他们自己和其他成人的非常宝贵的学习资源。因此经验学习是他们最重要的学习方式之一。

　　成人学习以生活为中心，且以问题或任务为导向。他们特别关注学习效率，特别关注知识的即时应用，而不大关注知识的延迟性应用，关注问题或任务为中心的学习，而不会因为知识本身而产生兴趣。有非常明确的学习目标，具有一种实用主义的学习观。当主题对其有直接价值时，成人学得最好。

　　成人的学习动机主要来自内部，而不是外部。成人学习最好的动机就是兴趣和个人利益。内在的激励，如自尊需求、成就需求是成人学习的最重要的驱动力，且这种动机会因为对良好的学习情境的主动参与而获得发展与增强。[①]

　　总而言之，教师专业发展必然是教师自我导向、自主驱动的结果，因此，教师专业发展需要教师对专业发展的环境、个人的专业需求和发展水平进行深入全面的分析，在此基础上进行专业发展的自我设计、自我规划。

　　显然，这些关键决策强调教师具备自主发展的意识，能从所遭遇的一些真实问题中发现自己的缺陷与需求，能从教育改革的方向中找到自己的发展方向和发展目标，合理设计和安排自身的专业发展过程，成为一个自我导向、自我驱动、自我调控的发展者。教师专业发展规划就是教师自我设计、自我引导和自我管理的有效方式，因此，教师必须规划自身的专业发展。

第二节　教师专业发展规划的框架与内容

一、教师专业发展规划的类型

　　教师专业发展规划可以从两个层面上来理解：一是作为一个过程的教师专业发展规划，即教师独立或在他人的帮助下对自身的专业发展诸方面进行设计和计划的过程；二是作为一个结果的教师专业发展规划，即教师对自己的专业发展目标、策略进行设计所获得的产品。从第一节中你已经知道，教师必须规划自己的专业发展，也即要有进行专业发展规划的过程。但你应当形成一个什么样的规划呢，也就是，你的规划过程的产品是什么样的呢？你首先得了解教师专业发展规划的类型。

（一）整体规划和单项规划

　　教师专业发展旨在促使教师全面提升作为教师的专业素养，其终极目的在于提升教师的专业效能感和幸福感，同时让学生在教师专业发展中受益。因此，教师的专业发展所涉及的专业领域是极为多样的，教师专业发展规划当然应当涉及对教师专业素养各个方面、各个领域的设计和规划。对自身专业发展方面做出一个整体设计的规划就是整体规划。

　　但对于某个特定的教师，或者在专业发展的某个特定阶段，或者某个特定的时期，教

① Lieb, S.. *Principles of Adult Learning*. http://honolulu.hawaii.edu/ intranet/committees/FacDevCom/ guidebk/teachtip/adults-2.htm.06—05—2005；Susan, I. Guidelines for Working with Adult Learners. ERIC Digest No. 154 ERIC Identifier: ED377313, 1994—00—00.

师可能具有特定的专业发展需求和目标。比如某个教师认为自己在多媒体辅助教学方面存在缺陷，确定将信息技术方面的运用作为其专业发展的重点，他就可能会对自己今后在这一方面的专业发展进行规划；某个教师承担了教研组长的角色，要负责试卷的编制，而在这一方面他缺乏相应的知识技能基础，他就可能制订一个评价素养专业发展方面的规划；又比如，新课程推行后，如何基于标准实施教学成为对教师的一个重要要求，许多教师可能会制订一个规划，发展自己的基于课程标准教学的能力。这些涉及专业发展的某一方面的规划就是单项规划。

（二）短期规划和长期规划

教师专业发展没有终点，总是一个不断逼近终点的过程，因此，教师专业发展是一个终生的过程。作为一个教师，你需要有长远的目标、长远的规划，因为只有长远的目标才能为你的专业发展提供方向感。对自己五年、十年的专业发展，或从现在到今后职业终结的整个职业生涯的专业发展过程进行规划得到的产品就是长期规划。

可是，尽管长期规划能够保证你专业发展的方向感，让你的专业发展始终朝着确定的方向前进，但相对比较遥远的目标可能会给你的专业发展带来一些不良的影响，最明显的就是，它可能让你在经过一定时间的努力之后不能清晰地看到目标的逼近，依然觉得目标很遥远，从而可能失去专业发展的动力。再说，长远的目标通常是通过多个较为短近的目标即阶段目标的累积才能达成，因此，长远的目标需要分解成多个阶段目标。如果你能够用比较短的时间达成一个目标，你就能够清晰地看到自己的进步，从中体会到成功感，而这种成功感将会成为你实现下一目标的巨大动力。

所以你经常需要短期的规划，即为实现长远目标中的阶段目标或较为短近的目标而设计的规划。这些短期规划可以是年度规划，也可以是3—5年的规划，当然也可以是几个月甚至几周的规划。具体的规划周期长短取决于你的目标的长远程度。

长期的规划通常涉及专业发展的方方面面，因此经常也是整体规划。当然，对于专业发展中的某些较大的领域，如课堂教学，也可以单独设计长远的规划。短期的规划可以是整体的，也可能是单项的。前者如一个长远的整体规划中的阶段性规划，后者如关于某个特定的专业发展领域的能够在比较短的时间内达成目标的规划，前述的教师关于多媒体技术辅助教学的专业发展规划就是一个短期的单项的规划。

案例 7-2

演示文稿运用的发展规划

成长领域：技术

目标

我希望增加运用 PowerPoint 的知识与技能

策略：每天练 PowerPoint 三十分钟；与熟知 PowerPoint 的教师或其他人交谈；阅读有关 PowerPoint 的教材。

评价：我记录练习PowerPoint的时间；我记录从与专家的会谈中学到的东西；我记录我所读的教材以及所学到的东西。

我将提供下列证据证明我文件夹和/或课堂中的行动的效果。行动——我所做的事及我所需的帮助。

二、教师专业发展规划的框架

教师专业发展规划是教师本人为自己的专业发展设计的一个蓝图，能够为自身的专业发展提供引导和监控，也能为教师对自身专业发展的反思提供一个参照框架。教师专业发展规划是教师分析思考的结果，包括众多内容。这些内容的组织就形成了教师专业发展规划的框架。尽管教师专业发展规划是个人化的，不同的教师的专业发展规划有不同的内容和组织方式，但依然可以找到教师专业发展规划的一般框架。以下就是教师专业发展规划的两个可行的框架。

知识驿站

（一）总体规划框架

姓名 ＿＿＿＿＿＿＿＿＿　　部门 ＿＿＿＿＿＿＿＿＿

自我分析	优势与缺陷、能力、兴趣、需求
环境分析	教育背景、教师专业发展趋势、学校要求、学生需要
专业发展路径	教学、学术、行政，或多种路径
专业发展目标	总体目标、阶段目标
行动方案	步骤、策略或措施；时间；条件与资源
对各步骤活动的记录、评价	
分析与反思	

（二）年度规划框架

姓名 ＿＿＿＿＿＿＿＿＿　　年度 ＿＿＿＿＿＿＿＿＿

目标	具体目标	策略或行动	所需的支持	完成期限	达成的结果	反思与评价

有些学校要求教师制订专业发展规划，并提供了专业发展规划的框架。如果你所在的学校提供了这样的框架，那么你就应当遵循学校的专业发展规划框架。

三、教师专业发展规划的内容

（一）常规信息

专业发展规划是个人化的，必须符合你自己的特定的情况。而且，很多时候你所在学校会要求你制订专业发展规划，以此来管理你的专业发展，并促使你对专业发展进行自我管理。在这种情况下，你需要在专业发展规划中提供你的基本信息，作为你的专业发展规划的脉络。

你需要提供对你的工作岗位（包括管理、教学）情况的描述，比如任教学科、任教年级等；你也需要说明你的任教年限，尽管在专业发展重点的确定上，任教15年与20年可能没有太大的差异，但任教1年与任教3年可能会有很大差异。如果你已有多年的教学经历，在专业发展规划的起始部分描述你的教学历程是必要的；如果你是刚走上工作岗位的新教师，那么对你的职前教育经历进行描述同样必要。

（二）自我评估

自我评估就是对自己的兴趣、能力、需要等个性因素进行全面的分析，诊断自己所存在的问题，如问题发生的领域、问题的难度等，充分认识自己的优势与缺陷。自我评估是你制订自己专业发展规划的基础，也是制订专业发展规划的起始环节。自我评估的本质是自我反思，也因为这种自我反思成分的存在，使得教师专业发展规划本身就成为教师专业发展的重要策略。

自我评估需要分析以下方面的内容：

1．兴趣

人人都知道，兴趣是最好的老师。如果你能够明确自己的兴趣所在，能够发现专业发展与你的兴趣的契合点，并在你所感兴趣的领域中规划你的发展，那么你的专业发展就可能事半功倍，在专业生涯中更可能取得成功，更可能获得职业成就感和幸福感。

2．能力倾向

能力是能力倾向和专业发展共同影响的结果。能力倾向也就是我们通常所说的潜能，它是能力发展的前提，是专业成功的重要保障。如果你选择一个你缺乏相应能力倾向的专业领域，你的发展可能会遇到更多的障碍；相反，如果你选择一个你具有相应的能力倾向的专业领域，你的发展就可能更为顺利。

3．已有的专业发展水平

明确自己专业发展的起点对于专业发展规划十分关键，这个起点就是已有的专业发展水平。你需要对自己已有的专业发展水平进行细致、深入、全面的分析，根据教师的专业素质结构了解自己的内在专业结构和发展层次，充分、正确认识自己的优势和缺陷。

4．当前的专业问题

在专业发展的特定时期，你可能会遭遇特定的专业发展问题，其中有些是处于相同发展阶段或同样的专业发展环境中的教师都会遇到的。如果认为这是自己独有的问题，你就可能会受到极大的困扰。当你认识到其他新教师也有这些问题时，你就不会那么不安。认清当前的专业问题，区分自己独有的还是与他人共有的，这将影响你专业发展目标的设定和策略的拟定。

新教师的常见专业问题

- ➢ 调动和维持学生的学习动机；
- ➢ 依据学生的个性差异实施个性化的教育；
- ➢ 对学生做出正确公平的评价；
- ➢ 处理与家长的关系；
- ➢ 组织班级活动；
- ➢ 处理学生的个人问题；
- ➢ 因为缺少充足的准备时间而导致教学负担过重；
- ➢ 处理与同事的关系；
- ➢ 有效应用各种教学方法。①

5. 专业发展需要

你需要找到自己最有潜力的发展领域和专业发展方向,到自己最适合的领域谋求个人的最大发展。因此你需要在前面各方面分析的基础上明确自己的发展需要。发展的需要是什么? 这种需要对你的专业发展有多重要? 这种需要有多强烈? 对于单项规划,发展需要的明确极为重要,因为你确定的需求领域可能就是你应当规划的成长领域;对于整体规划而言,需要的明确化同样关键,因为应当在多样的需要中做出选择,确定优先的发展需要,进而确定专业发展的优先领域。

自我评估主要是你自己的责任。如果你能够真正投入到自我评估中,你会获益甚多,因为这就是一个自我反思的过程,而反思经常被看做是教师专业发展的核心。但我们都知道,认识自己很困难。有不少教师看到其他教师好的一面就想学,却不知道人家能做的自己未必能做,人家能做好的自己未必能做好。关键在于未能清晰地认识自己。

你可能能够清晰地说出自己的兴趣所在,或者知道自己的能力倾向,但如果借助一些工具,你就能够更好地认清自己的兴趣和能力倾向。国外已有较多的职业兴趣和能力倾向测验量表,比如加拿大职业兴趣分类词典和美国的一般能力测验(General Aptitude Test Battery,简称GATB),其中有些也被介绍到我国。运用这些量表将对你十分有帮助。你也许知道自己已有的专业发展水平,明了自己的优势和缺陷,明确自己的发展需求,但如果你能够借助他人的眼光,听听他人的意见,或许会对自己有更为客观更为准确的认识。学校领导、同伴、学生是你自我评估中的重要伙伴,以开放的心态,多听听他们的看法吧。

同样要记住,自我评估不是一次性完成的。专业发展是一个持续的过程,自我评估同样是一个持续的过程。实际上,自我评估不只是进行专业发展规划的起始环节,而且将持续于规划的整个实施过程之中:专业发展证据的收集、专业发展成效的评价、规划内容的调整修正等都离不开自我评估。

---

① Veeman, S. (1984). Perceived Problems of Beginning Teachers. *Review of Educational Education.* Chicago, IL. Research, 54(2), pp.143–178.

（三）环境分析

全面充分地认识自己是制订专业发展规划的一个关键前提,但并非充分条件。你要制订的是专业发展规划,作为一个教师的专业发展规划,教师的专业必然具有社会规范性,对其从业者有特定的要求,专业的发展不可能完全取决于个人的意愿和特点。因此,制定专业发展规划的另一个关键的前提就是环境分析,把握专业发展的大方向。

环境分析的目的有三个方面:把握专业发展的方向,收集专业发展的信息,抓住专业发展的机会。在制定教师专业发展规划时,你通常需要考虑的环境因素包括:

1. 教师专业发展的方向

社会对作为一个专业的教师职业有专门的要求,有特定的期望。这种要求和期望中有些是永恒的,有些则是随时代发展而变化,比如基础教育课程改革就对教师提出了诸多新的要求。在当前某些国家,社会对教师没有非常明确的要求和期望,或者对这种要求和期望未进行明确的表述,但在一些国家和地区,这种要求和期望被明确化,并以教师专业标准的方式呈现出来。比如美国、澳大利亚的许多州、我国的香港都有《教师专业标准》。这些教师专业标准的结构和具体呈现方式各不相同,但都对教师应当具备的知识和能力提出了明确的要求。教师专业标准反映了国家、社会、学校和学生对教师的要求,明确不同发展层次的教师的角色形象。教师专业标准能够提供与体制和文化相关的情境标准,考虑专业学习如何实施的过程标准,以及考查教师能知什么和做什么的内容标准,可以成为设计和实施个人成长规划的指南。

我国的《教师专业标准》尚在制定过程之中,但可以预见,所制定的《教师专业标准》必然会对教师应当具有的专业素养作出明确的规定。在《教师专业标准》出台之后,你就需要深入研究《教师专业标准》,从而准确把握教师专业发展的方向。

知识驿站

澳大利亚新南威尔士州教师专业教学标准

澳大利亚新南威尔士州教师专业教学标准由新南威尔士州教师协会制定,分三个领域共七条标准对四个不同发展层次的教师应具有的专业素养作出了规定。四个层次的教师分别为:新教师,即刚从大学毕业走上工作岗位的教师;有经验的教师,即具备一定教学经验和能力的教师;专家型教师,即具备较高的专业实践水平并能对教学专业的发展有一定贡献的教师;卓越教师,即不仅具有高水平的专业教学理论与实践水平而且能引领教师专业发展的教师。

标准如下:

专业知识	1. 教师应当了解学科和学科教学的知识
	了解学科知识
	了解学科教学知识
	了解新南威尔士州课程要求
	了解信息技术知识
	2. 教师应当了解身心发展及学习理论的相关知识

（续表）

专业知识	了解不同社会、文化、种族、宗教背景对学生学习的影响
	了解不同年龄阶段学生的身体、社会交往及智力的发展特点
	了解学生不同的学习方式和风格
	了解学生技能、兴趣及先前经验对学生学习的影响
	具备满足卓越学生需要的策略性知识
专业实践	3. 教师能够针对教学进行设计、评价，能对结果进行分析
	教师能够制订教与学的计划
	教师能够设计教与学的内容
	教师能够对教与学的内容组织作出安排
	教师能够组织和开发教与学的材料和资源
	教师能够对学生的学习作出评价
	教师能够及时反馈评价结果
	教师能够对学生的学习过程进行记录和监控
	教师能够对课程进行评价
	4. 教师能够与学生进行有效的交流
	教师能够与学生进行有效的课堂交流与讨论
	教师能够与学生进行有效的分组交流
	教师能够利用其他手段与技术促进交流
	5. 教师能够通过有效的课堂组织管理技巧为学生创设并维持安全的具有挑战性的学习环境
	教师能够创设相互尊重的融洽的学习环境
	教师能够建立一种良好的、尊重学生的不同观念的学习环境
	教师能够使课堂管理顺利进行
	教师能够对学生行为进行有效管理，提升学生的学习动机与责任感
	教师能够确保学生的安全
专业承诺	6. 教师不断提升自己的专业知识和专业实践能力
	教师能够不断分析和反思专业实践
	教师能够不断致力于自己和同事的专业发展
	教师能够对专业共同体的发展作出贡献
	7. 教师成为专业共同体及更广的专业组织的积极参与者
	教师能够与学生父母或其他监护人进行沟通交流
	教师能够积极参与到学生父母或其他监护人的教育活动中
	教师能够对学校及更广范围内的专业团体的发展作出贡献
	教师能够遵守专业伦理与道德

任何教师专业标准都不是凭空而来的，它有深厚的知识基础、观念基础和制度基础。知识基础如我们对教师应当承担的职责、有效教学的要素等的认识；观念基础如我们对好教师的期望和要求；制度基础如教师资格条例以及其他关于教师素养的法规性、政策性文件。这些基础同样为你把握教师专业发展的方向提供了材料。

2. 学校环境

教师专业发展总是在特定的情境中进行的，特定的情境可能为教师专业发展提供了一些特定的要求和资源，也可能给教师的专业发展带来某些局限。学校环境就是影响教师专业发展的最重要的情境。

学校环境的分析包括很多方面，如学校的发展规划、学校的历史、学校的传统优势、学校的物质环境、学校的文化氛围、学校的教师教育资源等等。这些环境因素制约你的专业发展的目标确定，有些会制约你专业发展策略的选择，因此你需要在作出专业发展规划时清楚地认识这些环境因素。

在进行学校环境分析时，特别重要的是要考虑学校的发展规划。学校发展需要教师的全面参与，因此必然会对教师提出诸多要求和期望，甚至可能会对学校中的某些个体提出特定的期望和要求，你所处的学校就可能会对你的专业发展提出指导性的建议；学校为了整体发展规划的实现，也会设计、安排多种活动，提供多种资源；尤其是当前，公开课、课题申报等机会的获得与学校的支持密切相关，这些机会会对教师的专业发展产生重要影响。如果你确定的发展目标与学校的发展目标不相一致，或者你的发展不能为学校发展目标的实现提供支持，那么你从学校得到的机会和支持就会受到局限。如果你深入地分析了学校的发展规划，能够将自己的发展目标与学校的发展目标配合起来，那么你就能充分利用学校提供的资源，你的专业发展就能得到学校更多机会和支持而变得更为顺利。

3. 学生需求

当前谈论教师专业发展时有一个错误的倾向，以为教师专业发展的成效只体现于教师身上。于是，能否在优质课评比中获奖，能否在各级刊物上发表论文，能否获得各个层级的课题立项，能否在职称阶梯上顺利晋升，就被看作教师专业发展的指标。实际上，所有这一些都可以是与学生无关的，即使是所谓的"优质课"评比。

尽管"教师专业发展"这一术语是从教师的角度来表述的，但教师的发展却不是教师专业发展的终极目的。我们运用"专业"发展而不是生涯发展的术语，所隐含的一个意思就是，教师发展最终目的在于促进学生的发展。既然是"教师"的专业发展，那么尽管教师首先是一个人，但教师专业发展规划的内容应当与教师的工作相关，与学生发展相关。如果不能有效促进学生的发展，学生不能从中得益，那么任何"教师发展"都是没有意义的。

这就意味着，教师在规划自己的专业发展时必须将学生作为一个关键的考量，专业发展规划设计中必须充分考虑学生的需求。当然，我们可以假定，社会对教师的期望或成文的教师专业标准已经为学生代言，学校的发展规划或目标也已经充分考虑了学生的需求，但是，是不是只要你关注到社会对教师的期望，充分考虑了学校发展规划，就没有再去考虑学生需求的必要呢？无论是社会还是学校，都只能考虑学生的一般需求，而你作为一个教师，要面对的是一些具体的学生。这些具体的学生有特定的需求，是你专业发展环境的一个重要构成部分。你的专业发展规划是个人化的，这种个人化不仅仅因为你个人的特点,你所处的具体情境,更因为你所面对的具体的学生。如果你的"专业发展"不能让你的学生受益,那么至少不能归到"专业"发展的范畴。

因此,教师在设计自己的专业发展时不能只关注自己个人的发展需求,同样需要关注学校、学生的发展需求,要保证自己的发展需求和学校、学生的发展需求达成一种有效的平衡。在教师专业发展中,这三方面的发展需求完全可以达成有效的平衡。

知识驿站

学生眼中的好教师

美国著名教育家保罗韦地博士花了40年时间,曾收集9万个学生所写的信,内容是关于他们心目中喜欢怎样的老师,从中概括出学生眼中的好教师的12种素质。

1. 友善的态度。"他必须喜欢我们。要知道,我们一眼就能看出他喜欢还是不喜欢他的职业。"

2. 尊重课堂内每一个人。"老师应对我们有礼貌。我们也是人。"

3. 耐心。"老师,请您耐心地听听我所提出的问题。在您听来也许可笑,但只要您肯听我,我才能向您学习听人。"

4. 兴趣广泛。"她带给我们课堂以外的观点,并帮助我们去把所学到的知识用于生活。"

5. 良好的仪表。"我立刻就喜欢他了。他走进来,把名字写在黑板上,马上开始讲课。你能看得出他是熟悉教学工作的。他衣着整洁,事事都安排得有条不紊。""她长得并不漂亮,但整节课瞧着她,我没什么反感。她尽力使自己显得自然。"

6. 公正。"老师,只要您保持公正,您对我尽量严格。表面上即使我反对严格,但是我知道我需要您严格。"

7. 幽默感。"他讲课生动风趣,幽默活泼,听他的课简直是一种享受。"

8. 良好的品性。"我相信她与其他人一样会发脾气,不过我从未见过。"

9. 对个人的关注。"老师只和好学生谈话,难道他不知道我也正在努力吗?"

10. 伸缩性。"老师,请您记得,不久之前您也是学生,您是否有时也会忘带东西,在班上您是否样样第一?"

11. 宽容。"她装着不知道我的愚蠢,将来也是这样。"

12. 有方法。"忽然间,我能顺利完成我的作业了,我竟然没有察觉这是因为她的指导。"①

教师分析学校的目标和改进计划,以及学校对教师提出的要求;分析学生的需求以及学生成长对教师的要求;平衡自身需求、学校需求和学生需求三者的关系;认识自己与学校相互配合的情况,自己是否作出贡献,是否在组织内部适合自己的岗位发挥专长,和其他教师的协作配合怎样,学校对自己的专业发展设计和自己制订的专业发展规划是否冲突;分析专业发展的资源条件:环境提供了哪些条件? 从自己的需要出发,还需要哪些条件或资源? 如何获得这些资源? 获得这些资源所需要付出的代价或成本? 这些成本与可能的收益的关系如何? ……

---

① http://www.chinaneng.com/xuesheng/kanshi/200706/1395.html[07—02—2009].

（四）目标设定

如果说自我评估和环境分析是作为一个过程的专业发展规划的必要组成部分，那么对于作为一个结果的专业发展规划就不是绝对必要。换言之，这两部分不一定要在你最终形成的专业发展规划中呈现，尤其是当你并不期望获得他人对你的规划的建议时。

但目标对于作为过程和作为结果的规划都是最为核心的内容。对于作为过程的规划，如果你不考虑目标，不考虑你的专业发展所期望达成的结果，那么你的规划对你今后的专业发展就没有价值；对于作为结果的规划，也即规划的文本，如果没有关于目标的设定，那么你的规划就是不完整的，不能称为真正的规划。记住，目标是教师专业发展规划中最为核心的内容。

而教师专业发展规划之所以能够成为教师专业发展的重要策略，除了自我评估和环境分析中的反思成分外，最为重要的就是目标的引导作用。如果你不知道要去哪儿，那你哪儿也去不了。没有目标作为驱动力，你就很容易对现状妥协。最为成功的人和对生活有很高满意度的人通常就是那些心中有目标，而且目标比较长远的人。

在设定你的专业发展目标时，有三个方面需要特别关注。首先，你所设定的目标与你的自我评估是否相匹配？如果所设定的专业发展目标不是基于你的兴趣、需要和优势，那么目标的实现就可能更为困难；如果设定的目标不是基于你已有的发展状况，那么目标很可能难以达成。最适当的目标是基于自己的需要和优势，且具有挑战性的目标。当所设定的目标有可能实现且必须经过一定的努力才能达成，目标才有挑战性。

其次，你所设定的目标与专业发展的方向以及学校的发展目标是否一致？既然是专业发展，你的发展目标就必须反映教师专业发展的方向，否则就难以称为"专业发展"。你需要从专业发展标准中明确专业发展的方向，了解专业对不同发展水平的教师的期望，结合自己的需要和优势，形成自己的发展愿景。当你的专业发展目标能够体现学校的发展目标时，你的专业发展就能从学校中获取有益的资源和支持，你的专业发展就更为顺利，你的专业发展目标也就更容易实现。

第三，你的专业发展目标的实现能否对学生学习产生积极的影响？你所设定的目标必须关注那些能够对学生学习产生积极影响的领域，否则就偏离了专业发展的范畴。

尽管在某些时候你只需要一个短期的规划，因此也只需要设定一个短期的目标，但对于教师专业发展而言，长远的目标是必需的。一个远期目标能够为你的专业发展提供有效的引导，有助于保证你专业发展的方向感。但远期发展目标通常是通过许多相对短近的目标的累积来实现的，而且只有远期目标可能让你难以看到实现目标过程中的进步。因此，长远的目标必须分解，确立阶段性目标，形成目标系列。

阶段性目标是更为具体的目标，应当清楚、准确地加以陈述。SMART模型提供了一种有效的目标陈述技术：目标是具体的（specific）；可测量的（measurable）；可实现的（attainable）；结果定向的（results-oriented）；有时间限制的（time-bound）[1]。具体而言，阶段目标应当对结果作出准确的描述；比较小，能够在一年左右的时间内实现；运用行为动词

---

[1]　Eisenhower National Clearinghouse (2002). Individual Professional Development Planning.http://www.enc.org/professional/guide/started/plan/document.shtm?input=BYD-002630-goals［2008-09-22］.

来陈述，保证目标实现的可观察性，能够直接作为评价专业发展成效的指标或证据；提供时间界限，即明确阶段目标达成的时间。

在分解总体目标形成阶段目标时，应当确保阶段目标的系列化，使得后一目标建立在前一目标实现的基础之上。换一角度讲，你在陈述阶段目标时，要充分关注阶段目标与总体目标的相关性。只有当阶段目标与总体目标相关，且形成了逐级上升的目标系列时，你的目标才能够真正为你的专业发展提供导航图。

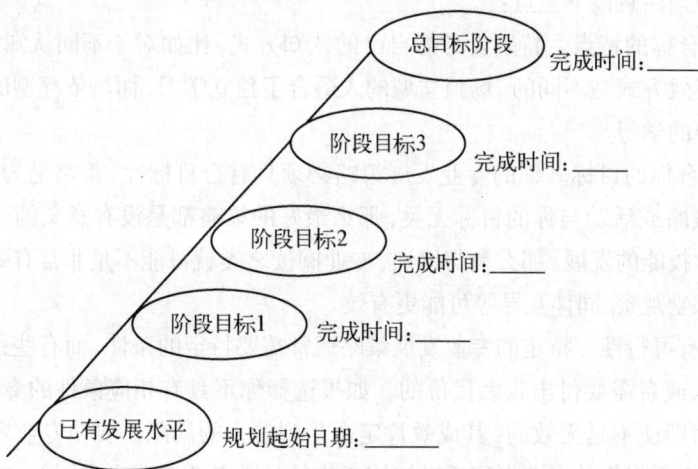

图7-1　专业发展目标导航图

（五）策略拟订

一旦目标确定，就必须考虑实现目标所要采取的策略，即制订由具体的措施和活动构成的行动方案。

自我评估让你能够回答"我在哪里"，目标设定让你能够回答"我要去哪里"，策略拟订就是要回答"我如何去那里"的问题。在制订具体的行动方案时，你首先得非常清楚地了解你当前的专业发展水平与你期望达到的专业发展水平之间的差距，明确达成期望目标所需要的条件，确定达成目标所需的特定的专业发展内容，进而确定完成专业发展任务可能的活动。你可以采取的专业发展活动十分多样，相关文献提供了多种经实践证明为行之有效的专业发展活动形式或策略，你可以根据自己的特点、目标和可能条件进行选择：

课堂观察；
同伴互导；
专业阅读；
教历撰写；
案例开发；
参加专业会议；
加入专业学术组织；
参加培训；
寻找一名教练或导师；

......

当然,专业发展活动并不限于上面所列举的这一些,你也可以创造自己的专业发展策略。同样,你也可以分析成功的同伴的发展历程,借鉴他们所运用的发展策略。

不过,文献中的专业发展策略或成功同伴的专业发展策略并不一定完全适合于你。因为你有独特的需求和认知方式,你的专业发展起点是特定的,你的专业发展目标是特定的,你所处的环境、所能利用的资源以及你所适合的策略都是特定的,因此你所设计的专业发展策略应当注意以下三点:

首先,符合你的特点。特别要考虑自己的认知方式,比如对于不同认知方式的人,学习新知识的有效方式是不同的,场独立型的人适合于独立学习,而场依存型的人可能更擅长于有人指导的学习。

其次,符合你的目标。你的专业发展策略必须具有合目标性,策略是为目标服务的,如果设想的策略或活动与你的目标无关,那么最好的策略都是没有意义的。比如目标指向于课堂教学技能的发展,那么参与培训、专业阅读之类就可能不是非常有效的专业发展策略,相反,课堂观察、同伴互导等可能更有效。

最后,具有可行性。特定的专业发展策略通常需要特定的条件,而有些条件可能是你个人无法争取或者需要付出较大代价的。如果选择你不具有相应条件的专业发展策略,那么这些策略即使不是无效的,其成效肯定会受到较大的局限。要使专业发展策略具有可行性,一方面要将你的专业发展活动镶嵌于你的日常专业实践之中,另一方面要关注并充分利用当地和学校的教师专业发展计划。

知识驿站

开发专业发展规划的步骤

步骤1:搞清你所在学区是否有需要你遵循的规划模式和/或要求

一些州和学区有专门的专业发展规划要求。在运用下列专业发展规划模板或指南之前,要清楚这些特定的要求是什么。

步骤2:回顾良好的专业发展的构成成分

➤ 它满足个体改善实践的需求,同时保持这些需求与学生、学校和学区的需求的平衡。

➤ 它将学生学习的改善作为专业发展的总体目标,并将自己个人的目标与学生的需求联系起来。

➤ 它反映了学校、学区和州一级的教育行动。

➤ 将反思作为个体学习和成长的一个部分。

➤ 包括了对专业发展活动结果的记录。

➤ 利用专业发展标准作为开发和实现个人学习目标的指南。

步骤3:运用下列问题来澄清自己的目标,开始规划

➤ 我希望通过教学让所有学生知道什么,能做什么?

➤ 我如何评判工作的质量?

➤ 我的实践如何影响学生的成就?

➤ 从现有资料中,关于学生的需求我知道些什么?

➢ 学校的目标和改善计划如何影响我的目标?

➢ 我怎样改善或加强自己的实践?

➢ 我如何与他人共同工作以实现自己的目标?

➢ 我怎么知道我已实现了目标?

➢ 当学生没有掌握时我要做什么?

➢ 我如何将所选择的专业发展策略镶嵌于日常的课堂活动中?

步骤4: 运用一个模板来开发你的规划

你将在下面获得一个可行的模板。参考文献中也提供了一些电子模板。运用这些模板之前,需要清楚它是否符合你学校或学区的要求。

步骤5: 确定实现目标所需的活动或策略

选择活动时必须记住你的规划不能只围绕短期的在职培训而没有或者很少有后续活动。研究表明,专业发展应当是:以学生学习为焦点,镶嵌于工作之中,持续,有对专业发展的评价。此外,研究还指出,与他人共同工作会加强你的学习,并促进你所在学校的持续改善和变革。

可以考虑以下这些活动和策略:

➢ 参与课例研究;

➢ 检查学生作业;

➢ 实施行动研究;

➢ 寻找一个教练或充当教练;

➢ 进行专业阅读;

➢ 记日志或日记;

➢ 加入专业组织;

➢ 学习运用新技术。

步骤6: 评价你的规划

即使你不必向校董会或管理者递交规划,也应当向自己提出下列问题:

➢ 目标是否反映了你自己、学生、学校和学区的需求?

➢ 你的规划是否反映了新的学习和成长,而不只是时间和努力?

➢ 你的目标清晰吗?

➢ 你是否基于资料来确定目标?

➢ 你的规划是否反映了如何加强学生的成就?

➢ 你的规划中是否包含了合作活动?

➢ 你的规划中是否包含了对结果的反思和适当的调整?

➢ 是否将评估的方法包括在内?

➢ 你是否明确了要收集的证据?

步骤7: 及早反思且经常反思

不要等到完成了规划中的活动才来反思。考虑记日记,找一个教师作为反思性伙伴,或者参加在线讨论小组。

步骤8: 创建一个记录成就的档案袋

无论学校是否要求建立档案袋,从收集关于你所实施的活动的证据的过程中,你都能获益。档案袋应是有组织的,与规划有清晰的联系,包括你的最好的材料,并包括陈述你的学习的反思性部分。

档案袋应包括下列内容:

➤ 反思性日记或日志;

➤ 学生作业样例;

➤ 数据和数据分析;

➤ 课时计划或其他作品的样例;

➤ 出席专业发展活动的证明;

➤ 发表的文章;

➤ 演示文稿呈现;

➤ 录像带;

➤ 照片。[①]

案例 7-3

一个教师专业发展规划的案例

姓名:吴江林　任教科目:高中生物　职称:中学高级　教龄:17

填表时间:2008.9.1

自我专业发展需求分析	现状估计	优势: 1. 教学经验:通过17年的积累,对教学已有了一定的理解,对课堂教学有了相当的驾驭能力,形成了自己"严谨,务实,幽默"的教学风格。 2. 教学理念:我一直十分注重学习的重要性,对先进的教学理论喜欢且总有试验的冲动,经常反省自己的教学行为,对"自主、合作、探究"的理解逐渐深入到了应用和操作层次上。 3. 教科研:有浓厚的教科研兴趣,对其意义有深刻的认识,有一定的实际研究经验,近两年,作为教研组长,参与了学校的《余高课堂观察手册》、《余高教研组行动框架》、《余高生化组行动框架》、《余高基于合作的教师专业发展的行动纲领》的编写和制订工作,并在生物组进行了深入的实践,取得了一定的经验,树立了较强的信心。 4. 相关知识:有较好的计算机基础、较强的沟通和组织能力、较强的写作能力。
		劣势: 1. 专业发展规划意识有待加强,常常纠缠于事务,专业比较杂而乱;文档意识不够强,缺少积累,不善于从经验中提升,对专业的感受大多停留在默会的状态。 2. 理论水平不高:现有的理论知识也都是"大路货",缺少自己的见解,或者有见解的东西不成系统。 3. 要加强构建利于自己发展的平台:与人合作的能力还不够强,取得同事和领导支持的能力还不够好,过于埋头做事。

---

① www.enc.org/pdguide 或 www.nsdc.org.28—05—2004.

（续表）

	面临的发展问题	1. 提高教育教学理论水平,特别是对高中生物新课程的改革方案、标准、学科教学指导意见还没有深入系统的研究。 2. 提高教科研水平,完善学科教学资源的建设。 3. 课题研究的层次不够,系统性也不够。
环境分析	上级领导、同行的压力以及学生及其家长的期望	有利: 1. 在省内有一定的知名度,是市新课程评价研究组生物组组长,是省普通高校招生统一考试命题备选人员,有较好的发展基础。 2. 学生比较喜欢我和我的课,学生很信服我,喜欢与我交流,学生家长也经常与我联系,表示了对我的信任。 3. 学校的办公条件优越,学习和教研氛围浓厚。
		不利: 1. 工作和生活压力大:领导、家长、学生寄予的希望很大,但自我感觉能力不足。 2. 教科研时间不足:教学任务重,事务性任务多,使得教科研的时间减少,难以有充足的时间对相关目标进行深入研究。 3. 发展途径单一:自我摸索式的发展,速度慢,代价高;外出研修和深入交流的机会少,自己的视野狭小,灵活性差。
专业发展目标	总体目标:成为一名研究型、学者型教师,向特级教师努力迈进。 具体目标:1. 加强课堂教学的人文性,朝着人本、人性、人文的方向发展。 　　　　　2. 构建课堂教学的高效性,朝着自主、合作、探究的方向发展。 　　　　　3. 强化教科研的系统性和实效性,形成自己的科研风格,完成《课堂观察在生物教学中的应用研究》,成果争取出版发行。	

	年度目标 （起止年度）	策略或行动	所需支持	预期结果
具体行动方案	2008学年:展开以课堂教学行为和结构为中心的研究。掌握新课程教学,提高课堂教学效率。	1. 继续做好校本教研的探索,开展课堂观察的后续研究——课堂观察的生物学科化研究,并完成第一阶段的研究。 2. 通过学案和课后练习的开发,研究表现性标准和生物学科的评价标准,实现轻负高效的教学理念。 3. 做好教研组长工作。发挥引领作用,推进学科建设,培养年轻教师。	需要专家的引领,保证高质量的同伴互导,需要好的研究载体。	完成新课程第一轮和第二轮复习学案的编制,新课、第一、二轮练习完成校本化。 完成课题《高中生物模型教学策略的研究与实践》的研究。

（续表）

2009学年：以课堂教学有效性为核心，开展课堂教学和教科研的相关研究。	1. 继续新课程表现性标准的研究，开展基于标准的评价的研究。 2. 开展课堂观察的生物学科化研究，并完成第二阶段的研究。 3. 开展新课程高考研究，及新课程实施评价研究。 4. 开展新课程第一、二轮复习的学案与练习的开发。	需要专家和同伴的指导和互导。	完成新课程第一、二轮复习的学案与练习的开发。 形成生物新课程表现性标准。完成课堂观察的生物学科化第二阶段研究。
2010学年：课堂观察生物学科研究取得突破性进展和成果。课堂教学形成独特的风格，争取能申报特级教师。	1. 开展课堂观察的生物学科化研究，并完成第三阶段的研究。成果整理。 2. 开展新课程的表现性标准与评价标准研究最后阶段的研究。成果整理。 3. 教研组的学科建设取得突破性进展。	需要专家和学校支持。	课堂观察的学科研究成果外化成书。 表现性标准与评价标准结集成册。

第三节　教师专业发展规划的实现

制订教师专业发展规划的目的在于提升教师的专业发展意识，促使教师实现对专业发展的自我管理、自我引导，更有效地提高教师的专业水平。尽管制订教师专业发展规划的过程本身因有反思的成分，能够促进教师的专业发展，但只有认真去落实规划，教师专业发展水平的提升才能够真正得到保证。

落实规划，关键在于做。也就是你为目标的实现所做的努力，你在专业发展中的投入和努力对于规划的实现非常重要。如果你不想发展，没有人帮得了你；如果你自己不努力，同样没有人能帮得了你。本节着重讨论教师在落实专业发展规划的过程中特别重要的策略。

一、建立专业发展档案袋

在规划落实过程中，你需要做的一项重要工作就是记录自己的专业发展过程。建立自己的专业发展档案袋就是记录专业发展过程的一种有效手段。

专业发展档案袋是一个教师的具有代表性的工作的集合，是教师提供的对自己专业发展进程的记录，是教师对自己的成就、风格、态度、价值观等方面的全面的高度个人化的描述。1980年,加拿大大学教师协会出版了教学档案袋的指南,将档案袋作为"一个教授主要的教学成就和长处的总结"。[1]它不仅被描述成"教师根据某些机构或学校开发的指南收集和编纂的个人记录",而且当你对自己的专业发展过程和成就进行详细的描述后,你就越容易将之作为对象进行反思,因此,专业发展档案袋也就成为一种有结构的反思自己的工具。

专业发展档案袋不只是一种记录工具。当你将你的专业发展规划、落实专业发展规划的实际过程的记录、你所取得的与专业发展目标相关的成就证据纳入其中时,专业发展档案袋也就能够成为评价你的专业发展的重要手段。

专业发展档案袋的具体内容可以多种多样。不同的学者出于对专业发展档案袋的功能的不同界定,对专业发展档案袋的内容有不同的要求,例如,兰格等认为,档案袋应包括一个主题,若干证据,对这种证据的描述和分析,以及一个结论。布罗根认为,档案袋应包括目标陈述、职责描述、教学策略、教学实施成果及教学反思五个部分的内容;沃尔夫认为,档案袋应包括基本资料(教师的教学经历、教育理念与目标),教学记录(教学活动、教学实况录像、学生作业、自我反思),专业成长记录(研究记录、评价记录、各种表现记录);迪亚兹则认为,教学档案袋应包括与目的有关的所有文件,以及关于成长过程的证据与反思。[2]

一般而言,你的专业发展档案袋应当包括如下内容:(1)专业发展规划。如果你的专业发展规划只有目标和策略这两项核心内容,那么你就得在专业发展规划之前加上以下几部分内容:对你的专业发展历程的描述,对你已有的专业发展水平的分析。这些内容能够为你的专业发展规划和专业发展档案袋提供情境脉络。(2)对专业发展过程的记录。包括所从事的专业发展活动的具体描述;对专业发展有重要影响的事件或经历;专业发展过程中所积累的材料,如所用教材、讲课提纲、备课材料、布置的作业、练习等课程材料,试卷、测验题等评价材料;对特定专业活动的反思和总结等。(3)所取得的成就及其证据:专业研究或教学研究的作品、公开展示的课、你的自我评价、他人的评价(同事、学生、督导)、专业实践改善的实例描述等。

知识驿站

建立专业发展档案袋的建议

(1)采用活页夹保存,以易于修改补充;
(2)要获得尽可能多的材料,以能从中作选择;
(3)从陈述自己的教学哲学开始(不要超过一页纸);
(4)随时记录教学活动及其结果;
(5)保证它尽可能简短。过于冗长是一个弱点,必须加以避免,只要有可能,

[1] Barbara Judson. The Teaching Dossier Kit. http://web.uvic.ca/terc/resources/publications/teaching_dossier_kit.htm[2004-12-19].
[2] 参见张德锐等著:《教学档案:促进教师专业发展》,台湾高等教育出版社2004年版。

就对材料进行总结提炼,原始文件用于参照或支撑;

　　(6)尽早思考自己的教学活动;

　　(7)将档案袋建设当作一个持续的过程。①

二、进行持续的反思

专业发展规划的制订是以教师对自己专业发展状况的深入反思为基础的,而且专业发展规划的制订过程本身就是一个反思的过程。但反思绝不能终止于专业发展规划的形成,落实专业发展规划的过程同样需要教师的反思,换言之,无论是规划之前,规划之后,或者从事专业发展活动之后,对自身实践的反思都是十分重要的。

专业发展规划实现过程中的反思主要是对规划本身的反思和对自身专业发展实践的反思,它是目标和策略调整或修正的基础。对规划的反思需要你思考:目标是否反映了自己的需求以及学生和学校的需求?是否反映了你的学校目标和改善计划?是否反映了你的实践和自己的个人兴趣?你如何记录并评价你的努力?是否反映了专业发展标准的要求?规划是否反映了真正的学习,而不只是时间和努力?目标是否清晰?规划是否涉及学生学习的进步?规划中是否包含了合作活动?是否有评估的方法?是否明确你要收集的证据?在落实规划的过程中,这样的反思是不可或缺的。

对专业发展实践的反思也就是对落实规划的活动及其成效的反思,是以对规划落实结果的评价为基础的。在规划规定的一个阶段完成后,你需要以规划中设定的具体目标为依据来评价你的专业发展成效。为此,你需要收集相关的证据,并将这些证据与你的专业发展目标相对照,明确哪些目标已经达成,哪些目标尚未达成;总结发展过程中的经验,以支持今后的专业发展实践;分析未能达成目标的原因,是目标不适当,还是策略不合适,或者是努力不够。基于目标和证据的分析不只是一个终结性的评价,同样能够为下一阶段的发展提供一个起点分析,为下一阶段的发展目标和策略的调整提供依据。

在评价反思时,可以作为证据的材料多种多样,你需要根据你的目标收集相关的材料:

学生表现(包括在正式和非正式的评估中的表现)的改善;

学生作业的样例;

行动研究项目及其结果;

所发表的论文等专业成就;

课程纲要、教案、教历和课堂实录等材料;

学校领导、同班级学生的评价;

……

---

① 王少非:《教学档案袋开发:教师专业发展的新途径》,《当代教育科学》,2005年第2期。

当前教育正处于变革的时代，一成不变的专业发展规划不能适应时代的要求。教师应当积极地回应教育的变革，对自己的需求、学生的需求以及学校的需求保持高度的敏感，对自己的专业发展规划进行深刻的反思，灵活地运用规划，并及时地进行调整，从而动态地规划设计自己的专业发展。但在这一过程中，教师必须有自己的独立思考，必须坚持自己的主体性，不能因外部要求而随波逐流，丧失自我。同样要强调的是，教师必须学会抓住机会、利用机会。

知识驿站

教学日志撰写指南

如果你想在你的专业发展档案袋中纳入教学日志，那么来自布鲁克菲尔德的建议将对你非常有帮助。

布鲁克菲尔德建议在撰写教学日志时可以考虑以下问题，但不要为这些问题所束缚：

➢ 作为一个教师，我在这周里感到与学生联系最紧密、最投入或最能确证自己的时刻——这一时刻我对自己说"这就是作为一个教师的本来面目"；

➢ 作为一个教师，我在这周里感到与学生失去联系、最不投入或最令人厌烦的时刻——这一时刻我对自己说"我刚才表现非常糟糕"；

➢ 让我感到最焦虑、沮丧的情形——在我要入睡时萦绕于我脑海的情形，或者那种我对自己说"再也不能忍受"的情形；

➢ 最惊奇的事件——让我震动，让我失去警惕，让我停止前进，让我惊奇或让我感到意想不到的幸福的事件；

➢ 在我这周所做的事中，如果给我重试的机会，哪些我会做得更好？

➢ 在这周中我最感到自豪的教学活动是什么？为什么？[①]

三、寻求他人的帮助

你的专业发展意愿是你实现专业发展目标的关键前提，你为专业发展作出的努力是你实现专业发展目标的必要条件。尽管专业发展规划更多从个体层面上描述，但不是说专业发展规划的实现只需要你个人的意愿和努力。当然，凭借一己之力能够实现某种程度的发展，但如果能够在专业发展规划的落实中得到他人的支持和帮助，你的专业发展会更顺利，会取得更好的成效。

如果你在专业发展规划的制订过程中得到他人的帮助，你的专业发展规划可能会更合理、更有价值。找一个伙伴，寻求他的合作，帮助你进行自我分析——他人的视角会帮助你更客观、更全面地认识自己；听听他对你所处的专业发展环境的分析和理解；请他来审查你设定的目标和策略的合理性、有效性和可行性。

专业发展规划落实也就是运用相关策略实现目标的过程。而众多实践证明行之有效

---

① ［美］Stephen D. Brookfield著，张伟译：《批判反思型教师ABC》，中国轻工业出版社2002年版，第92页。

的教师专业发展策略都需要与他人的合作，如课堂观察、同伴互导等，即使像教历撰写之类个人可完成的活动，在有他人提供合作性支持时也会更为有效。并且，专业发展过程中的自我反思同样需要借助于他人的视角。

千万别忘了，你处在一个专业共同体之中。这个专业共同体中有学校领导、其他教师、教研部门和教师教育机构中的专家，甚至还包括你的学生及其家长，他们都可以成为你实现专业发展可以利用的资源，能够为你的专业发展提供强有力的支持。他们都期望你能够有效地实现专业发展，并乐意为你的专业发展提供支持。保持开放的心态，寻求他们的合作吧。

本章小结

教师必须成为专业发展的主体，必须对自己的专业发展承担责任，成为自我导向的学习者。规划自己的专业发展就是承担专业发展责任，有效实现专业发展的途径。制定自己的专业发展规划需要教师全面充分地认识自己；分析专业发展的环境因素；确定现实的专业发展目标；拟定专业发展的行动方案；及时地反思与调整。但规划只是一个蓝图，更重要的是基于规划的行动。在实现规划的行动中，持续的反思和与同伴的合作非常关键。

关键术语

自我导向的学习、专业发展规划、专业发展档案袋

思考与讨论

1. 想一想、议一议：

你的专业发展目标是什么？你的目标适合于你的实际情况和专业发展环境的要求吗？你准备运用哪些策略来实现你的专业发展目标？将你的目标和拟运用的策略呈现出来，寻求同伴的建议。

2. 想一想、议一议：

你有自己的专业梦想吗？肯定有，至少曾经有过。也许你以前只是想想而已，但现在已到了你为自己的梦想做准备的时候了。仔细想想你的学习经历，肯定有些学习经验可以支持你去实现你的梦想。列出你的成功经验，与同伴交流。注意倾听同伴的经验，他们的经验中肯定会有些适合你的专业发展实践。

3. 想一想、议一议：

专业发展的优先考虑是"扬长"还是"补短"？

应当补短：在企业管理中流行一种理论，称为"短板理论"：一个木桶由许多块木板组成，如果组成木桶的这些木板长短不一，那么这个木桶的最大容量不取决于长的木板，而是取决于最短的那块木板。对于个体也一样，个体能力中最弱的那一环决定他的发展高度，因此要补短。

应当扬长：在企业管理中也流行一种理论，称为"孤峰理论"：企业的创新总是首先从某一个方面起始和突破，从而形成"孤峰优势"。这种优势能让企业在竞争中脱颖而出，还能促进企业其他方面的改革创新，进而提高企业整体素质，促进企业发展跃上新台阶。你没见许多特级教师都是靠"一招鲜"而"吃遍天"吗？

你的观点呢？师范生和骨干教师的观点应当一样吗？请考虑"缺陷"是影响你作为合格教师的缺陷，还是相对于他人优势的缺陷。

4. 想一想、议一议：

某市余杭实验小学2007—2010年发展规划以《促进学生的学习》为题，分理念、愿景与使命；学生、教职员与家长；课程、教学与研究；环境与资源；组织与制度；评估与改进六个部分。

第一部分如下：

一、理念、愿景与使命

我们坚信，学习是学生的首要任务，也是学生成长的关键途径，学校是学生的学园，也是学生成长的乐园，关注学习、研究学习、促进学习是学校教育的根本使命，也是当前学校改革和发展的重大课题。基于这样的信念，我们将"促进学生的学习"作为规划学校发展的核心价值观，作为学校再铸辉煌的关键突破口。

1. 我们秉持的学校发展理念
——关注学习是教育的起点
——研究学习是教师专业行动的核心
——促进学习是学校教育的归宿

2. 我们确定的学校发展愿景
——人人想学：让每位学生体验主动的学习
——人人会学：让每位学生从事合适的学习
——人人学好：让每位学生享受成功的学习

3. 我们必须履行的使命
——创建学习共同体，树立促进学习的责任意识
——制定科学的方案，实施适应学生的课程教学
——盘活现场的资源，体现支持学习的中介意义
——完善组织与制度，发挥有效领导的专业价值
——开展阶段性评估，实现发展规划的引领功能

第二部分对学生、教职员和家长提出了要求，其中对教师提出的要求是："让教师认识到自己是学习的引起者、维持者与促进者"。

如果你是余杭实验小学的教师，你的专业发展规划应当如何与学校的发展规划相配合？

5. 想一想、做一做：

SWOT分析法（也称道斯矩阵、态势分析法），20世纪80年代初由美国旧金山大学的管理学教授韦里克提出，经常被用于企业战略制定等场合。SWOT分析企业的优势（Strength）、劣势（Weakness）、机会（Opportunity）和威胁（Threats），是制定企业发展战略的第一步。在你制订专业发展规划时，你也可以尝试进行SWOT分析，将自我评估和环境分析的结果呈现出来。请你选择一个或几个发展领域，然后填写下面的SWOT分析矩阵图。

发展领域	优　势	劣　势	机　会	威　胁

6. 想一想、议一议：

回顾你自己的学习经历或作为教师的专业发展经历，能不能想起一个通过自我反思或同伴互助解决问题或实现专业发展的故事？把它写出来，并与你的同伴分享。你的故事肯定会对你的同伴有启发。

7. 活动：

尝试为自己制订一个完整的专业发展规划。

进一步阅读的文献

1. 教育部师范教育司组织编写：《教师专业化的理论与实践》，人民教育出版社 2003 年版。

2. 卜欣欣、陆爱平：《个人职业生涯规划》，中国时代经济出版社 2004 年版。

3. 孟万金编著：《职业规划——自我实现的教育生涯》，华东师范大学出版社 2004 年版。

4. 钱景舫主编：《生涯规划》，华东师范大学出版社 2008 年版。

5. 王少非主编：《新课程背景下的教师专业发展》，华东师范大学出版社 2005 年版。

6. 网站：www.zgjsw.com.

www.teacher.com.cn.

第八章 教师的反思模式与方法

通过本章的学习,你能够

◆ 了解教师反思的缘起、定义和类型等相关内容;

◆ 了解各个国内外教师反思的模式,能够把握反思模式的精髓;

◆ 了解和掌握各种反思的方法,并能够在实践中灵活运用。

∙∙

美国著名心理学家波斯纳在1989年曾提出教师成长的公式:成长=经验+反思。著名学者叶澜认为:一个教师写一辈子教案不一定成为名师,如果一个教师写三年反思有可能成为名师。众多的理论和实践都证明:反思是促进教师成长的一个决定性因素。

第一节 走进"教师的反思"

既然本节的重点是探讨教师的反思,那么必须弄清楚三个知识点:反思是什么? 对于教师这个群体来说,反思又是什么? 作为教师,为什么一定要进行反思? 因为作为一名教师,只有在理解"教师的反思"的基础上,才能最大限度地运用好反思,促进教师自身的成长。接下来,本章就以这三个问题为向导,对教师的反思来一番"寻根溯源"。

一、什么是反思

人类一直注重反思对自身发展的重要性。但尽管对于反思的探讨由来已久,人们对于反思概念和内涵的理解却不尽相同,归纳起来,大致有两种不同的理解:

(一)将反思理解为内省,是一种元认知过程

在现代汉语词典里,对于反思是这样定义的:作为一个日常概念,反思是指思考过去的事情,从中总结经验教训。[1] 从这个角度来说,人们一般把反思等同于"反省",就是对自己过去的思想、心理感受的思考以及对自己体验过的东西的理解、描述、体会和感悟。[2]

在我国,"反省"观念由来已久,孔子提倡"仁"的观念并强调士人的内省能力,反省一

---

① 中国社会科学院语言研究所词典编辑室编:《现代汉语词典》,商务印书馆1996年版,第349页。

② 王映学、赵兴奎:《教学反思:感念、意义及其途径》,《教学理论与实践》,2006年第2期。

直是儒家弟子的自我要求,例如在《论语·学而》中,曾子曰:"吾日三省吾身,为人谋而不忠乎? 与朋友交而不信乎?"人们一直强调通过反省来促进自身的发展。

在西方哲学史上,对自身行为观念的认识、内省可追溯到亚里士多德和柏拉图。洛克较早探讨了反思现象,他认为反思是获得观念的心灵的反观自照,在这种反观自照中,心灵获得"不同于感觉得来的观念"。可见,洛克在这里所谈的反思是把心理活动作为认识对象的认识活动,是对思维的思维。而斯宾诺莎把自己的认识论方法称为"反思的知识",即"观念的观念",就是对所得的认识结果进行再认识(反思),这种理智向着知识的推进,便能促进自身的发展。①我们不难看出:斯宾诺莎的反思是以思维活动的结果为思维对象的,而洛克的反思是以思维活动的过程为反思的对象。②

当代认知心理学用元认知来解释反思,认为它是"人们关于自身的认识过程、结果或与它们有关的一切事物如信息或材料有关的学习特征的认知。"③以此看来,反思是以自我及自我的思想、活动为意识的对象,通过不断地内省、反省,去获得知识,把握客观规律的一种途径或方式。

(二)将反思看作是一种高级认知活动,是一种特殊的问题解决

当代反思问题的研究者们一致认为,深入研究反省思维(reflective thinking)的当属美国实用主义哲学家、教育家、心理学家杜威。早在1933年,杜威在其出版的《我们怎样思维》一书中就对反思型思维做这样的界定:"反思是问题解决的一种特殊形式,它不仅涉及一系列观念,也包含其结果。它是一个连贯的观念序列,其排列方式使每个观念将其后续的观念作为它决定下的恰当的结果,而且每一个结果又反过来依赖于或指涉它前面的观念。"④在杜威看来,序列(sequence)和后果(consequence)这两个术语是反思型思维的核心。思想在逻辑上是有序的,并且包含对决策后果的考虑才能称得上是反思的。⑤

杜威认为,反思不是简单的经验总结,它是伴随整个教学过程的监视、分析和解决问题的活动。其中隐含着这样几方面的意思:一是反思是一种思维活动(考虑),二是反思具有对象性(指向"信念或假定的知识形式")、自觉性(有意识的和自愿的)和技巧性(从支持反思的对象的基础及趋于达到的进一步结论上着手)。反省思维不是一种能够被简单地包扎起来供教师运用的一套技术,而是一种面对问题和反映问题的一种主人翁方式,一种比逻辑理性的问题解决更为复杂的过程,涉及直觉、情绪和激情,理性和情绪交织在其中。杜威认为,个体进行反思,有三种态度是非常重要的,一是开放的头脑(Open-mindedness),二是责任感(Responsibility),三是专心致志(Whole-heartedness),正是这三种态度确保和推动了人们的反思行为。⑥

在杜威的反省思维理论基础上,各国学者纷纷对反思进行研究,由于研究视角不同,提出的看法也不尽相同。但大多数研究者都同意反思是一种特殊的思维形式。

---

① 熊川武著:《反思性教学》,华东师范大学出版社1999年版,第47—48页。
② 熊川武著:《反思性教学》,华东师范大学出版社1999年版,第47页。
③ 熊川武著:《反思性教学》,华东师范大学出版社1999年版,第50页。
④ 杜威著,姜文闵译:《我们怎样思维:经验与教育》,人民教育出版社2005年版,第11页。
⑤ 王映学、赵兴奎:《教学反思:感念、意义及其途径》,《教学理论与实践》,2006年第2期。
⑥ 刘加霞、申继亮:《国外教学反思内涵研究述评》,《比较教育研究》,2003年第10期。

二、什么是"教师的反思"

随着历史的发展,反思之风已经渗透到社会生活的各个领域,在社会科学理论中得到广泛运用,是否具备一定的反思能力被看成是社会个体或者群体走向成熟的标志。虽然刚才已经对反思的定义进行了讨论和剖析,但是仍然需要强调的一点是:"反思主体"的不同,必然会导致"反思客体"的差异,就像不同的职业具有不同的行规一样。因此,对于教师这个群体来说,其反思又是什么呢?

这需要追溯到20世纪80年代,在美国、加拿大、英国等西方国家兴起反思型教师教育运动思潮,进而影响到世界范围内的教育界。[1]这个思潮一反过去以技术型教师观和能力本位的教师教育模式,提倡将批判性理论、发展性理论和后现代主义理论等一批反思性质的理论用于教育实践,以教师自我研究为本开展教师教育,促进教师对自身行为原因及其结果的自我意识。[2]

在这个背景下,舍恩(D.A. Schon)的工作引起了人们对教学反思的关注。舍恩发现,反思能帮助教师形成所谓"实践中的理论"(theory in action),[3]即将专家的理论与自身的实践相结合,并在总结实践的基础上不断变化自己的知识体系。随着众多学者研究的深入,大家发现虽然促进教师专业成长的途径很多,但反思却具有独特和重要的作用。大量研究表明专业反思是促进教师发展的重要内在机制[4],是提升教师专业素养的有力手段和有效途径。有学者甚至认为,新时期教师成长的方案应该是这样一个公式:"成长=经验+反思"。[5]多勒(W. Doyle)更是明确提出"教师发展过程即教师自我反思、自我更新过程"。[6]克内泽维奇等人(A. Knezevic & M. Scholl)也说:"反思帮助教师把经验与理论知识联结起来,从而更加有效地运用自己的专业技能;没有反思,教学将只会建立在冲动、直觉或常规之上。"[7]可见,促使教师专业成长的因素不是他们的知识和方法,而是他们在教育实践中表现出来的批判反思能力。

国外的学者们对教师的反思提出众多的定义,归纳起来,学者们对教师反思概念的理解主要有三种:

第一种:教师的反思是对行动富有创见的思考,是对教育教学活动本身(尤其教育教学能力、方法)的深入思考。这种深思使得教师能够有意识地、谨慎地、经常地将研究结果和教育理论应用于教学实践。在这种观点的理解下,教师反思的目的是指导、控制教育教学实践,持有该观点的教师乐观地相信自己能积极影响教育实践。

第二种:教师的反思是对各种有争议的"优秀教学观"进行深入思考,并依此作出选择,是对教育观念、教育背景的深入思考。持有该观点的教师能够考虑到教育事件发生的

① 刘加霞、申继亮:《国外教学反思内涵研究述评》,《比较教育研究》,2003年第10期。
② 吕达、刘捷:《超越经验:在自我反思中实现专业发展》,《教育学报》,2005年第4期。
③ Schon, D. A. (1987). *Educating the Reflective Practitioner*. San Francisco: Jossey-Bass, p39.
④ 联合国教科文组织组编:《教育——财富蕴藏其中:国际21世纪教育委员会报告》,教育科学出版社1991年版。
⑤ Posner, G. J. (1989). *Field experience: Methods of Reflective Teaching*. New York: Longman, p127.
⑥ Doyle, W. (1990). Classroom Knowledge as A Foundation for Teaching. *Teachers College Record*, Vol.91, pp.347–360.
⑦ Knezevic, A. & Scholl, M. (1996). Learning to Teach Together: Teaching to Learn Together. In D. Freeman and J.C.Richards (eds.), *Teacher Learning in Language Teaching*. Cambridge: CUP, p106.

背景,能够预期不同行为将会带来什么样的后果。此观点有两个显著特征:一是关注教育事件的背景、发展脉络;二是能够对特殊的事件、情境进行反思。

第三种:教师的反思是对教育经验的重新建构。在该观点下,反思是教师理解、评价教育实践的一种手段,是对经验的重新组织和重新建构,并由此达到三个目的:对各种教育教学活动的背景有新的理解;对自身作为教师和教育教学活动的文化环境有新的理解;对关于教育教学的一些想当然的假设有新的理解。

这三种对于教师反思的理解事实上并不矛盾,也没有本质上的差异,但各自有不同的侧重点。第一种侧重反思时的思维过程;第二种侧重反思的目的——追求好的教学;第三种说的是反思过程的另一个角度与结果——教师自身经验的重建,使教师真正理解自己的实践。即从目的、过程和结果这三个方面来理解反思。

目前国外有关反思的概念尚无定论,但一般认为,教学反思是教师对于教什么和如何教的问题进行理性和有伦理性的选择,并对其选择负责任。[①]值得一提的是,随着研究的不断深入,研究者开始意识到,教师的反思不应当被仅仅看作是一个客观的、理性的逻辑推理过程,而应当将反思看作是一个与情感、关怀密切相关的过程。与肖恩对技术理性的批判不谋而合,许多研究者都认为,在教学中缺乏关怀、同情、激情也是一个问题,反对将反思看作是一个客观理性的过程。

我国学者20世纪90年代末开始涉足这一研究领域,对反思的界定主要有以下几种:反思是"教学主体借助行动研究,不断探究与解决自身和教学目的,以及教学工具等方面的问题,将'学会教学'和'学会学习'结合起来,努力提升教学实践的合理性,使自己成为学者型教师的过程"[②],明确指出了反思的方法论是行动研究;反思是教师以自己的教学活动过程为思考对象,对自己所做出的行为、决策以及由此产生的结果进行审视和分析的过程,是一种通过提高参与者的自我觉察水平来促进能力发展的途径[③];教师反思是指教师在教育教学实践中,以自我行为表现及其行为之依据的"异味"解析和修正,进而不断提高自身教育教学效能和素质的过程(张立昌,2001)。[④]

对于国内外的学者来说,教师反思的定义是一个值得讨论的内容,大家可以从不同的角度对此"仁者见仁,智者见智"。但是,也不难发现其中的一些共性,例如教师的反思是教师以自己的教育教学活动过程为思考对象的元认知过程;教师的反思是教师主动的自我调控过程;教师的反思不仅仅是一种认知过程,也是一个与教师的情感、态度和价值观密切相关的过程。因此,基于这些共性,对教师的反思的界定如下:

(一)教师反思的定义

教师主体对自身、教学实践、教育观念、教育经验和教育行为等进行思考、审视、批判以及自我调控的一种积极的认知加工过程。它是一个动态的过程,包括以下几个方面:

1. 用新的理论重新认识自己的过程;
2. 用社会的、他人的认识与自己的认识、行为做比较的过程;

---

① 刘加霞、申继亮:《国外教学反思内涵研究述评》,《比较教育研究》,2003年第10期。
② 熊川武:《论反思性教学》,《教育研究》,2002年第7期。
③ 张建伟:《反思——改进教师教学行为的新思路》,《北京师范大学学报(社会科学版)》,1997年第4期。
④ 张立昌:《试论教师的反思及其策略》,《教育研究》,2001年第12期。

3. 不断收集寻求他人对自己认识、评价的过程；

4. 将自己转化为他人，站在他人的角度反过来分析、认识自己的过程；

5. 在解构之后又重构的过程，一个在重构的基础上处于更高水平上行动的过程。

（二）教师反思的内容

教师反思的内容主要包括以下八个方面：

1. 教育观念反思：旨在吸收、内化外在的教育理论，并结合自己的教育实践和职业生活，形成自己对教育的个体性的认识。

2. 课堂教学反思：旨在获得有关教学的实践性知识和缄默知识（教学策略知识、课堂情境知识、课堂应变知识等），以及教学的计划与准备、组织与管理、检查与反馈、控制与调节等教学监控能力。

3. 学生问题反思：旨在了解和把握学生学习和心理发展中的问题，包括学生学习的特点和个性心理的特点，以便更好地认识自己的教育对象、更有效地因材施教。

4. 教育现象反思：旨在透过现象看本质，把握规律，转换思维，提升能力。

5. 人际关系反思：旨在建构一个和谐的师生关系和教师间的人际关系，为用脑教学和用心工作奠定心理基础和人文环境。

6. 专业水平反思：旨在分析和把握自己的专业发展状况，制订完善专业结构、提升专业水平的规划和措施。

7. 自我意识反思：旨在不断地认识自我、评价自我、设计自我、超越自我。

8. 个人成长反思：旨在通过对个人成长的过程和影响因素的分析，认清自己成长的特征和阶段，进而制订自己下一步成长和发展的规划。

（三）教师反思的特征

1. 自省性。教师的反思是教师自身自觉地把自己的教育教学实践作为认识对象进行的反观自照，对自身教育实践和活动进行多视角、多层次的觉察、思考、分析和评价，从而重新做出价值判断和选择的过程。在这个过程中，有新旧观念的激烈交锋，有对与错、优与劣的价值判断，有为与不为的重要抉择，有自我评价与他人评价的矛盾冲突，有习惯行为与现实需要行为或理想行为的行为选择，这些都是在心灵深处展开的，看不见摸不着，他人也无法窥视和描摹。因此，自省性是教师反思的首要特征，教师自身既是反思的主体，又是反思的客体。

2. 主动性。无论是何种反思，都是教师主动对教育实践过程进行的回顾和审视，是教师对自己已经作出的教育决策、教育行为及其产生的结果主动进行的反观自照和思考，因而，反思的过程是通过教师主体独立地、自觉地对自己的教育教学实践活动进行认知加工的过程，既有主体的认知因素的参与，也有非认知因素的参与，具有主动性的特征。

3. 自我调控性。教育实践是一个复杂、动态的过程，为保证教育教学活动高质、高效地进行，有效的教育反思要求教师提高自我教育调控能力和应变能力，能够在教育活动实践的全程中加强自我监控，及时地反思自己的教育教学观念和行为是否适宜，时刻关注学生的学习和发展状态，关注所使用的教育方法和手段，善于捕捉教育教学中的灵感，及时调整教育策略的选择，顺应儿童发展的需要，以达到最佳的教育教学效果。而这一系列的措施，实际上是教师根据自己相关的专业知识和已有的经验知识对自身教育教学实践中所遇到的问题进行的自我调控活动。

4. 自我批判性。有效的反思具有自我批判性,需要教师对自己的教育教学行为进行构建、审视和回顾,对自己的教育实践和行为经常持有一种积极、健康的怀疑和自我批判,有较强的问题意识,能够排除定势思维和行为的传统惯性,尤其是勇于否定自我,对自己的教育教学活动进行持续的自我评价和改进,是一种去定势的思维和对自我的超越。

案例 8-1

音乐课堂上的意外事件

不知道别的同行有没有遇到过课堂纪律难控制的问题,反正作为一个一年级的音乐老师,我经常遇到。一般来说,我还是有足够的把握处理一些偶发事件的,比如:有的孩子在大家听音乐的时候做小动作,或者跟别的孩子窃窃私语,还有的写还没写完的作业等。我通常会采用"目光暗示"的方法提醒他们,效果往往不错,孩子们有时会不好意思,有时会在我的目光下赶紧收起自己的"副业",专心听课。我还时常为自己的这种方法暗自得意。可是有一天……

上课了,我走进乱哄哄的教室,课堂礼仪过后,教室里似乎安静了些。对我来说这是"黑色"的一天,因为刚接的代课任务,从今天起我每周的这一天将有连续的四节音乐课。我听说这是一个纪律有些"活"的班级,便在心里叮嘱自己要注意学生的情况。

教学过程开始了,先是复习演唱了以前学过的一些歌曲,然后我想给他们欣赏教材中的欣赏内容。在这之前,因为突然间接的任务,我甚至还没来得及领教材和参考书,对本册中的内容几乎是一无所知,自然也没来得及精心设计教学过程。这时候的课堂一片嘈杂,学生们开始高声谈论自己喜欢的各种话题,而不是刚才我要求思考的问题。看着这种乱哄哄的场面,我的心里突然升起了一股无名火,于是,我气呼呼地问:"班长呢?给我站起来。"一个有点腼腆的男孩子怯怯地站了起来。"你们班这么乱,你为什么不管?"我问。那个班长低头不说话。我余怒未消地冲全班发了一通火。并取消了欣赏音乐的内容,让他们自由复习,一直到下课……

回到办公室里,我继续想着刚才的事情,反思刚才自己的行为。终于发现,其实做错的不仅仅是学生,更主要的还是我呀!

首先,我没有充分备课,没有想到这个早已知道比较乱的班级该如何对待。本来就应该有另外一套对付他们的方案,如:精心设计教案,准备一些更精彩的内容等。但我没有,只是机械地复习和要求听录音,没有"因材施教"。

第二,教学内容不吸引学生。如果我的课生动、精彩,相信学生不会不感兴趣,不会乱成一团。就像我曾经精心准备一年级的几堂课,比如《闪烁的小星星》、《粉刷匠》等,学生是多么兴趣高昂地参与。所以,这节课的失败很大程度上是我的失败。

第三,自己的情绪影响了课堂。当我发现课堂纪律不好时,没有给他们调整的时间,(当时控制不住)于是,情绪突然很坏,并把这种坏情绪传播给了学生。而下一节课当我重新调整了自己的情绪时,面对另一个班的学生,竟然觉得那些调皮的学生也很可爱了。——所以说,这是自己的情绪在影响自己的课堂。怪不得有人说,教师不要带着坏心情去上课呢。[①]

---

① 吴孟儿:《音乐课堂上的意外事件》.http://www.zjjy.com/tbzl/jszp/jxsb/2008-05-28/35812.html[2008-5-28].

三、教师为什么要进行反思

那么教师为什么要进行反思呢？作为一个当代的教师，必须要进行反思吗？接下来就从实践的角度出发，从多个方面来证明：教师为什么需要反思？

（一）教师教育发展的趋势

反思型教师教育是20世纪80年代兴起的新的教师教育模式，而且这一模式正日益成为国际教师教育的主流。[①]在西方教师教育比较发达的国家，反思型教师已经成为教师教育领域最显性、最主导的话语。人们以各个领域和各个学科的视角对反思型教师的内涵、概念和定义进行了探讨。尽管人们对何为反思型教师远未达成共识，但是教师应该成为反思型实践者却是没有疑义的。教师的反思已经成为人们克服狭隘的专业化理念和促进教师成长发展的新的突破口。因为，如果没有教师的反思，一切新的教育改革都将遇到难以克服的悖论。

（二）新的课程改革的要求

传统的课程理论是以泰勒为代表的课程理论。根据这种课程理论，课程是由并不直接介入教学的课程专家设计的，教师只是对课程内容进行把握和传授。对于教学的实施来说，包括教学的内容、方法和教学程序都应该预先选定和设计，教师没有充足的课程设计和修改权。因此，一旦课程内容确定、教学方法选定、教学程序设定，教师就无须进行过多的反思。而现代课程理论在斯腾豪斯过程课程理论和罗杰斯等人的人本课程理论影响下，人们认为：课程不仅仅是预先设定的，而且是在教学过程中生成的；课程实施不仅仅要关注教学内容的传授、教学方法的运用和教学程序的设计，而且要关注学生的各种需要和生命的追求。因此，在新的课程理论指导下的课程改革，要求教师超越技术人员的角色，促使教师对教学的方方面面进行反思，以确保新的课程理念的实现。

（三）教师专业成长的诉求

传统的教师专业发展研究受到技术理性的支配，以"控制"为核心，将教师仅仅看作是知识传授的"工具"，教师就是需要掌握知识传授技能和方法的"技术员"。这使得教师在教师专业发展中的自主性受到忽视，已经严重影响了教师专业发展的效果。当前教师教育研究普遍认为，教师的专业化发展要求教师成为研究者，其最鲜明的特色就是注重教师自身的反思性发展。反思型教师强调教师对生活于其中的教学生活世界进行惯常性的反思。教学生活世界具有丰富性，包括各种错综复杂的内容，因而以教学生活世界为反思对象的反思型教师无疑为教师的成长提供了最为理想也最为充足的平台。

（四）教师实践教学的呼唤

认识的到位不等于实践的到位，师范生从毕业到适应学校教学实践的过程中，"有一种心理倾向性，即总是以习惯的方式应对纷繁复杂的生活……教学生活就像无反思的日常生活一样——无意识、无批判。"[②]当老师们以简单化的方式对待复杂的教学现象时，就会抹杀教学活动丰富的含义，扭曲教学的价值。"每一个世界都是难以被一劳永逸地完全

---

①　任学印：《反思型教师教育探微》，《外国教育研究》，2003年第4期。
②　郭华著：《静悄悄的革命：日常教学生活的社会构建》，北京师范大学出版社2003年版，第202—203页。

读懂的世界"①,所以教师也不能天真地把"学校的课堂"作为纯粹知识的学习场所和机构,而是必须实现对教学活动复杂性的思考:不但了解教学活动的表面结构和表面动态,而且要深掘教学活动的深层结构和动向,以实现对教学活动的真正理解和批判性改进。因此,打开教师思维的反思之门,无论是对课堂成为真正的知识传递和创造的场所,还是对课堂成为实现公平、正义、启蒙等价值的场所都具有重要的意义。②

通过以上内容,能更好地帮助教师在思想上树立起对于反思的重视,从而使得教师能在今后的教学生活中主动地培养自己的反思能力。

案例 8-2

留一只眼睛给自己

宫本武藏是日本历史上一流的剑客,柳生拜他为师。学剑前,柳生就如何成为一流剑客请教老师:"以我的资质,练多久才能成为一流剑客呢?"武藏说:"至少10年。"

"我不能等那么久!"柳生急了,"我愿意下任何苦功夫达成目的,甚至当你的仆人跟随你,那需要多长时间?""那,也许需要20年。"武藏说。

柳生更急了:"如果我不惜任何辛苦,夜以继日地练剑,需要多少时间?"

"如果那样,你这辈子再没希望成为一流的剑客了。"

柳生心生疑惑:"为什么我越努力,成为一流剑客的时间反而越长呢?"

"你的眼睛全盯着'一流剑客',哪里还有眼睛看你自己呢?"武藏平和地说,"要想成为一流剑客,就必须留一只眼睛给自己。如果一个剑客只重视剑道,不知道不断反省自我,那他就永远成为不了一流剑客。"

学剑如此,教学也是如此。如果一位教师只顾埋头教学,从不反思回顾,就永远无法实现真正地超越和自我发展。对教师来说,反思无疑是让教师"留一只眼睛给自己"。

第二节　教师的反思模式

在认识反思之后,那么接下来就应该谈到反思的运用问题了。反思的运用既有能运用于所有反思的宏观框架模式,也有微观的反思途径。在本节中,将为大家介绍几种比较有效的反思模式,以便大家掌握反思的"共性规律",更好地从整体上把握反思的运用。

一、"埃拜模型"反思模式

埃拜(J. W. Eby)重温了杜威的反思理论与柯尔伯格等人的道德理论,并在充分理解和丰富联想的基础上构建了自己的反思性教学模型。埃拜模型的教师不断地监控、评价和修正他们的实践的反思性教学模型如下(见图8-1)。

① 赵光武:《哲学解释学的解释理论与复杂性探索》,《北京大学学报(哲学社会科学版)》,2004年第5期。
② 张务农:《反思型教师:教师成长发展研究》,河南大学2005年硕士毕业论文。

埃拜模型说明,反思性教学有广义和狭义之分。狭义的是指课堂教学行为;广义的不仅是指课堂行为,而且还包括课前的计划与课后的评价。因此由反思性计划、反思性教学、反思性评价三部分构成一个连续统一体:

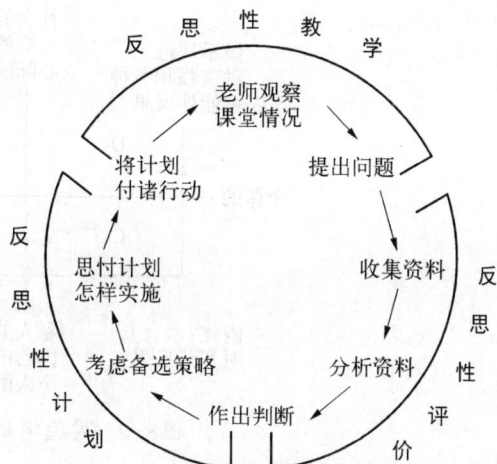

图8-1 埃拜模型

1. 反思性计划。在这个统一体中,计划是相对起点,教师订计划,通常是以道德原则等为基础作出判断,如"我要孩子成功"、"考虑孩子的情感"等。接着考虑备选策略,即设计将前述判断变成现实的各种变通性的方法与手段。最后确定适合学生或课堂具体情况的策略以及完整的实施方案。

2. 反思性教学。课堂教学是将反思性教学付诸行动。在此过程中,教师不仅要运用传授知识与发展能力等具体技能,而且还要察言观色,审时度势,及时发现新情况。若发现了新情况,要针对性地提出问题,如"我能做什么"、"我怎样改进"等,并采取有力的变通措施。

3. 反思性评价。课堂教学结束,进行评价环节。反思性评价要收集关于教学的客观资料和主观信息,通常采取查阅作业或听取学生意见等办法。在对收集到的资料和信息进行分析处理的基础上,做出事实和价值判断,达到相对终点。于是一个反思性教学周期结束,然后再进入新的反思性教学阶段。

二、"爱德华兹——布朗托模型"反思模式

爱德华兹(A. Zdwards)与布朗托(D. Brunton)模型以反思性教学过程是学会教学的过程这一命题为基点。因此,学习理论和行动研究理论成为这一反思性教学模型的理论内在核心。爱德华兹与布朗托一方面对各派学习理论兼收并蓄,另一方面突出重心,以诺曼(D. A. Norman)和维果茨基(L. S. Vygotsky)等人的理论为基本支柱。由于教师的学会教学是与解决教学中的实际问题联系在一起的,因此爱德华兹等人以行动研究螺旋型和维果茨基的学习模型为基础,构成自己的反思型教学模型(见图8-2)。

这个模型说明,在A这个象限,反思性教学的主要任务是"确定目的:反思各种可能性";B象限的主要任务是"改造:在实践中反思";C象限的主要任务是"内化:对实践反思";D象限的主要任务是"显示规划:对实践和各种可能性反思"。A与D象限代表学习周期的公众层次(public level),即维果茨基所谓的"心际层面"(intermental plane,又叫交心层面)。B与C象限是私人层面,即维果茨基的"内心层面"(intramental plane)。这意味着学习要在两个相互联系的层面上进行:首先在心际的或者社会的层面,然后在内心或个人的层面,最后个人层面又转化为社会层面。这样集体问题落实到个人身上,通过个人解决。

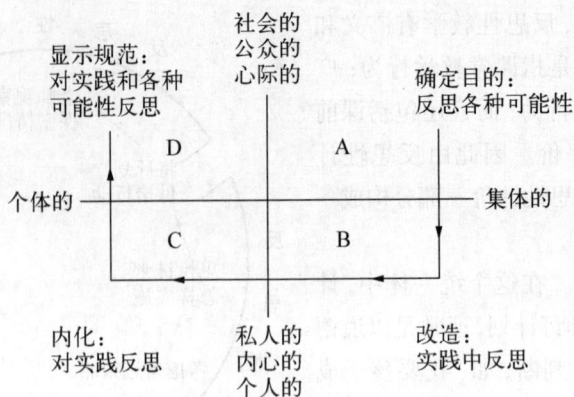

图 8-2　爱德华兹——布朗托模型

　　随着 A 象限工作的深入，教师与介入者（mediator，这里指参与行动研究的理论工作者、专家等）会在社会和集体层面上讨论教学的目的和任务。接着改造并建立个人知识结构的企图出现在 B 象限中，同时 C 象限出现教学行为内化与新的理解的运动。在 D 象限，教师与介入者返回到评论和精心调节后续行动的公众领域。从实质上看，行动研究的螺旋自始至终存在于这个模型之中。

三、"拉博斯凯模型"反思模式

　　拉博斯凯（V. K. Laboskdy）模型是以杜威的理论为基础的，除此之外，还博采众长，但主要立足于杜威与布卢姆等人的理论，把一些教学实验的结果作为建立模型的依据。这一反思具体模型如下（见图 8-3）。

　　这个模型表明，反思性教学主要有三个部分，一个是动力（动机形成阶段），二是行动（进行反思阶段），三是结果（解决问题阶段）。在反思动机作用下，教师采取反思的行动。

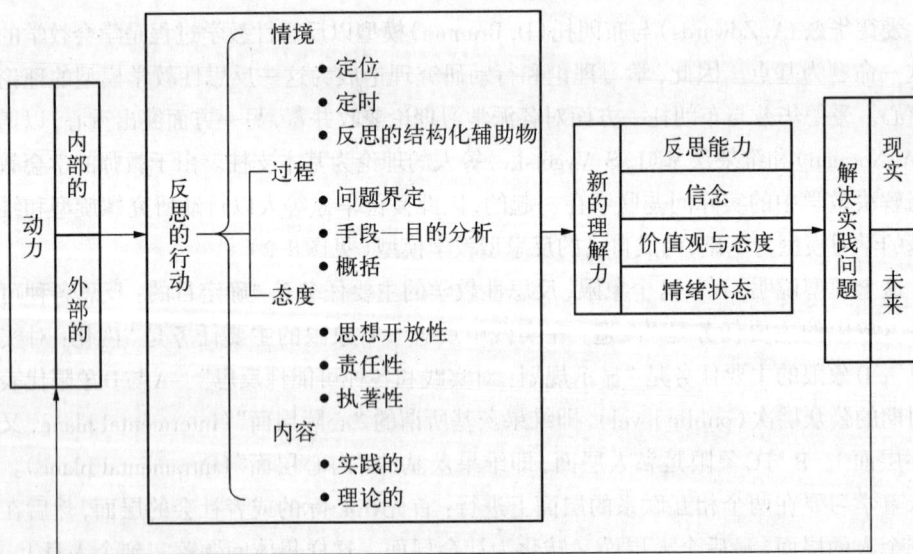

图 8-3　拉博斯凯模型

反思的行动总是处于特定的情境中,并指向特定的内容:实践的与理论的。而在思考实践问题时,理论观点被孕育起来,并被纳入分析之中。相应地,在评价一种判断标准或教育原理的过程中,实践的意义得到总结和探讨。

反思性教学的直接结果是教师"新的理解力"的形成。新的理解力包括四个方面的内涵:可能是改进了的采取反思行动的能力;可能是变化了的关于课程、教材或教学等领域的信念;也可能是进一步澄清了的"教学什么是最重要的"一种态度或价值观;可能是改善了的教师的情绪状态或品质。总之,新的理解力是教师得到提高的标志,但是新的理解力总是处于暂时的、被不断修正提升的过程中。

四、"有效反思循环过程模型"反思模式

北京师范大学的庞丽娟教授等国内学者,综合国内外的各种理论,认为各种对于教师反思过程的认识虽然有差异,但实质都是一样的,即教师的反思是一个教师发现问题——分析判断——形成假设——尝试解决——问题得到解决和教师的经验得到重建的循环往复过程,循环的起点则是发现问题,反思的本质就是教师对自己的教育实践进行自我探究。于是,他们认为有效的教师反思的过程包括以下五个循环作用的环节或阶段(见图8-4):

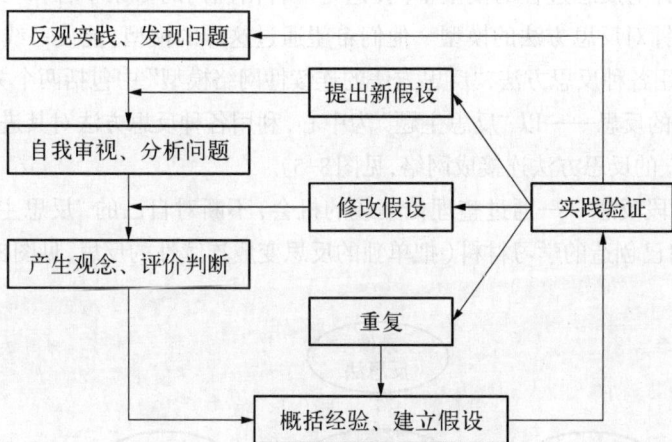

图8-4 有效反思循环过程模型

1. 反观实践,发现问题。反思始于教师对课堂教学中师生活动的观察或教学后对教学过程以及自身或他人教学经验、理念的回忆和反观自照。教师通过反观自身教育教学实践中的特定问题,通过对教育实践的实际感受和经验,并从学校环境、课程、学生、教师本身等方面收集有关的资料,意识和发现到自己在教学中的问题,确定所要关注的内容。教师收集资料的方法包括自述与回忆、他人的参与性观察、角色扮演、轶事记录、各种检查表、问卷、访谈等,也可以借助于录音、录像档案资料等等。

2. 自我审视,分析问题。教师分析所收集到的资料,特别是关于自己教育教学活动的信息,以批判的眼光进行自我审视与分析,包括自己的教育思想、教育行为以及自己的教育信念、价值观、态度、情感和教育策略与方法等,以形成对问题的表征,明确问题的根源所在。

3. 产生观念、评价判断。教师自我审视与分析,在头脑中产生种种关于教育事件或问

题的解释、看法以及可能的解决方案，并且通过和教育教学事实、已有的教育理论的比较和分析，可能就产生一种或多种观念，即对于教学活动（事件）有多种看法和解决方案，教师需要对这多种观念进行评价和做出判断，分析其产生的原因。

4. 概括经验，建立假设。在明确问题，并通过分析、观察认识了问题的成因之后，教师开始在已有的知识结构中（或通过请教专家、同事，或通过阅读专业书籍、网上搜索文献资料等途径）搜寻与当前问题相似或相关的信息，重新审视自己教育实践中所依据的思想观念，将这种观念概括、总结，成为自己的经验，并积极寻找新观念和新策略来解决所面临的问题，以建立提出解决问题的某种假设性方案。这种寻找信息的活动是自我定向式的，它所产生的研究结果有助于教师形成新的、有创造性的解决办法。

5. 返回实践，验证假设。教师将重新概括的经验或提出的假设性方案付诸实践，通过实践检验上阶段所形成的假设和教育方案对解决问题的有效性。在检验过程中，教师会遇到新的具体经验，或重复实践验证假设，或修改假设，或发现新的问题、形成新的假设，当这种行动过程再次被观察和分析时，就开始了新一轮的反思循环。

五、"反思方法的连续性网络模型"反思模式

和以往的针对反思过程的模型不同，这是一种由国内的专家学者和一线老师共同摸索出来的一种针对反思方法的模型。他们希望通过这样的模型，能使一线教师更有效地灵活掌握和运用各种反思方法，"反思方法的连续性网络模型"中包括两个关键点：

1. 对反思的反思——以"反思主题"为中心，利用各种反思方法对其进行反思和再反思（把平行独立的反思方法连接成网络，见图8-5）。

2. 档案阶段反思——通过整理档案袋的机会，不断对自己的"反思主题"点进行回顾，成为教师自己创造的学习材料（把单独的反思变成连续性的反思，见图8-6）。

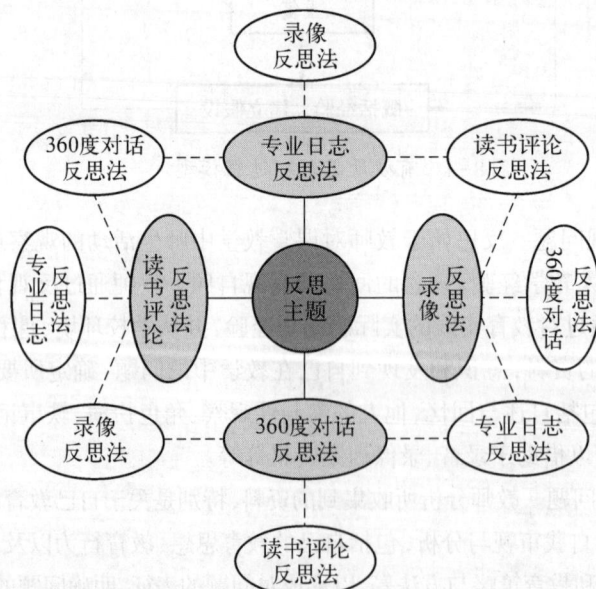

图8-5 把平行独立的反思方法连接成网络

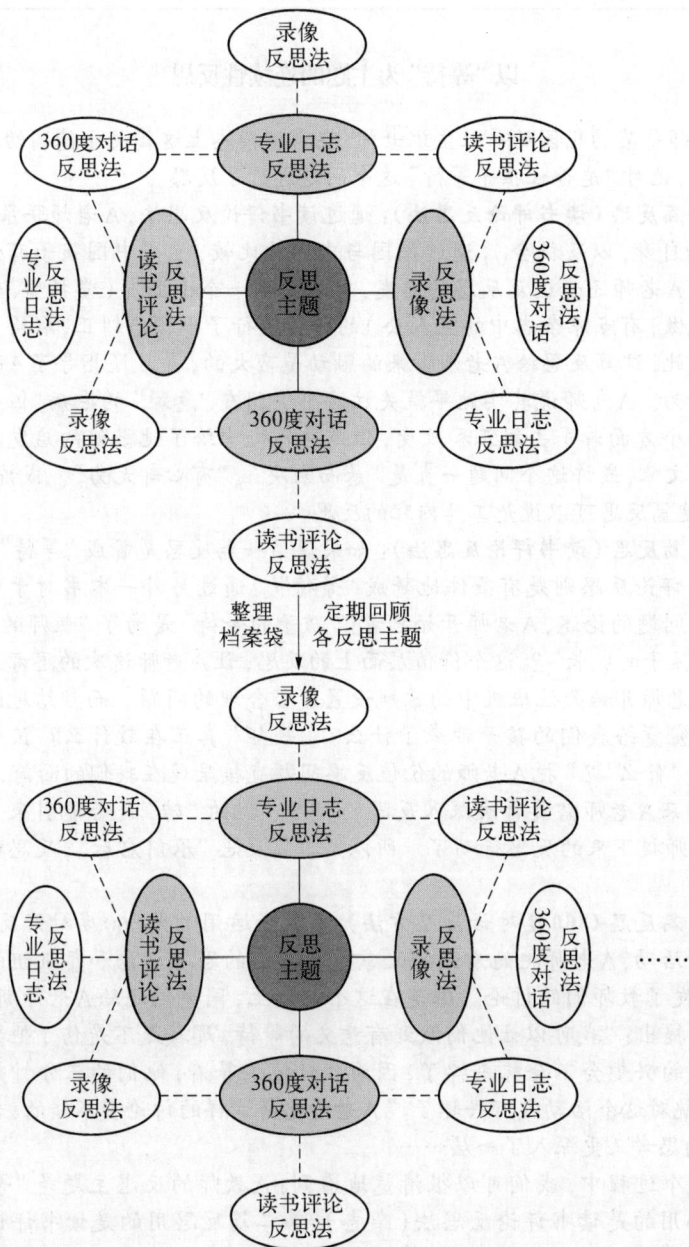

图 8-6 把单独的反思变成连续性的反思

接下来,就结合具体的案例,来对这个反思模型的要点进行系统地阐述。

(一)反思方法的网络者——对反思的反思

如果让老师用一种方法进行反思,很容易让教师只形成片段的独立反思,不容易形成连续性的反思。但是如果有了反思的主题,就可以有机地把这些反思方法[①]整合起来,形

---

① 反思方法有很多种,在本节中,我们只罗列了教师常用的四种反思方法:专业日志反思法、读书评论反思法、360度对话反思法、录像反思法。在本节具体的案例中,我们暂且以这四种方法作为反思方法的整体。至于这四种具体的反思方法怎么操作,在第3节中我们会有具体的介绍,在此节中暂不展开论述。

案例 8-3

以"等待"为主题的连续性反思

A教师是某幼儿园的一位主班老师,在看到杂志上这篇关于德国幼儿园教育的文章时,她对"是否让孩子等待"这个问题进行了反思。

第一篇反思(读书评论反思法):通过读书评论反思法,A老师联系实际(自己班级和自身,以及社会),通过德国与中国的比较,觉得中国孩子有必要学习"等待"。A老师还受这篇反思的启发,对班级里一个小朋友(爱插嘴,什么事情都要抢先做,有点像杂志中的主人公)的行为进行了干预与纠正,取得了很好的效果。因此,这篇反思给A老师带来的触动是蛮大的,并且还指导了A老师具体的教学行为。A老师说其实她早就关注这个小朋友"急躁"的毛病,但是一直不知道从哪个方面着手去纠正和改变,但是这篇文章给了她很好的启发。要是没看过这篇文章,或许这个问题一直是"悬而未决"、"有心却无力"。或许,在一定程度上,这篇反思可以说是工具内容的反思。

第二篇反思(读书评论反思法):如果说第一篇反思是赞成"等待",那么第二篇读书评论反思则是有条件地赞成"等待"。通过另外一本书对于中国孩子等待这个问题的论述,A老师开始思考:"孩子的等待"是为了"教师的方便"还是为了"孩子的成长"?这个价值层面上的反思,让A老师这次的思考又深入了许多。A老师开始关注班级中的常规设置是否合理的问题。而且结尾的三个问句"常规究竟给我们的孩子带来了什么?'规矩'真正在教什么?孩子究竟从中学到了'什么'?"把A老师的价值反思问题直接呈现在我们的面前,或许,这就是接下来A老师需要再次深入反思的问题。抛的"砖"是否能引来"玉",就需要A老师接下来的反思行动了。所以第二篇反思"承前启后",反思程度更上一层楼。

第三篇反思(360度对话反思方法):A教师运用的是360度对话反思方法,通过教研活动,A老师把她看到的文章以及自己的思考评论和年级组的同事们分享,引发了教师们的讨论。但是在这个问题上,同事们还给A老师新的启发,一位教师提出:"我可以让他们做到有意义的等待,那我是不是伤了他们的积极性?他们的兴趣会不会抹杀掉了,因为我让他们等着,他们的三分钟热度就没了,他们就对这个活动没有兴趣了。"A老师觉得这样的讨论蛮不错的,使得她对"等待"的思考又更深入了一层……

在这个过程中,我们可以很清楚地看到:A教师的反思主题是"等待",第一篇反思用的是读书评论反思法(杂志),第二篇反思用的是读书评论反思法(书),第三篇反思是通过教研活动,用360度对话反思法对前一个反思再做反思。A老师对于"等待忍耐"的思考在一步步地加深。……于是通过反思主题,我们就能把各种反思方法串联起来,进行"反思的反思"——连续性的动态反思。(见图8-7)

成连续性的反思过程。简言之:以"反思主题"为中心,利用各种反思途径对其进行反思和再反思。

(二)反思主题的串联者——档案阶段反思

一般而言,档案袋是个人作品的系统收集。它的一个重要特征是不断更新,以反映个

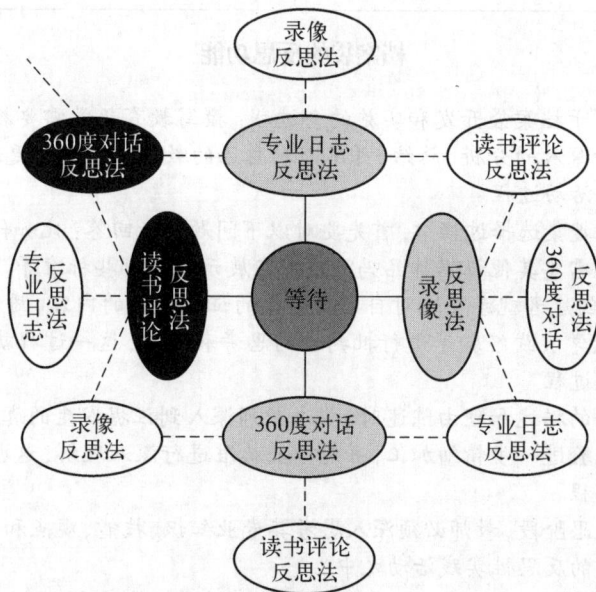

图8-7　以"等待"为主题的反思网络图

人成就和技艺进步。美国的许多学校根据教师的"教学档案袋"进行聘用,认为它能反映教师的教学水平。

　　档案袋的功能最开始是运用于教学评价上。自20世纪80年代后期,欧美国家开始掀起了以"专业发展"为导向的教师评价改革运动,这次改革主题是以真实性表现评价代替传统的笔纸考试测评,要求教师展示其在真实教学情境中的专业知识、技能、性向和潜在的专业特性。而档案袋评价是表现性评价的一种类型,可以评定教师在真实情景中应用知识和技能的能力。

　　根据美国著名学者坎贝尔(D. Campbell)等的解释:"教师档案袋是一个有组织的、目标驱动的、个体在复杂的学习和教学活动中表现出来的作品编集,不但是一个作品编集,更是一个正在成长着的专业人员所拥有的大量知识、技能和性向的有形证据。"[①]

　　随后,教师教学档案袋在国际上的实施经验显示出许多优势功能,包括:评价、反思和自我管理的多重功能。

　　因此,档案袋是能促进教师成长的一条很好的途径。该反思模式把"阶段性整理档案袋"纳入其中:不仅重点发挥了教师教学档案袋的反思功能(选择档案袋的内容本身就是一个元认知的过程),而且还把整理档案袋作为完成"对反思的反思"的中介载体。除此之外,通过整理档案袋的机会,教师可以不断对自己的"反思主题"点进行回顾,成为教师自己创造的学习材料这样就能把单独的反思变成连续性的反思)(见图8-6)。

　　那么,教师该怎样整理反思档案袋呢?下面就提供一些与此相关的建议:

---

① Campbell, Cignetti, Melenyzer, Nettles, Wyman. (2001). *How to Develop A Professional Portfolio: A Manual for Teachers*. Boston: Allyn Bacon, p.7.

档案袋的反思功能

反思贯穿于档案袋开发和实施的全过程：撰写教育哲学需要教师对自己的教育理念进行深入的分析、总结，并不断对自己的教育哲学进行更新，这本身就是一个元认知活动过程。

在证据的搜集选择过程中，首先要对以下问题进行回答：比如什么样的证据是必需的？还需要其他证据作品吗？我现在展示的是哪些标准等。在回答这一系列问题时，创建者就潜在地对自己所选择的证据作品的内容、质量，以及对自己的学习和教学实践经验等进行批判性的思考和处理，这一过程就是批判性自我反思和探究过程。

在对证据的描述和理由陈述时，要求教师深入到证据发生的真实情景中去，对实际情景经验进一步精细加工，并对专业标准进行深入理解，这也是一个十分复杂的反思过程。

档案袋反思阶段，教师必须深入思考其专业知识、技能、观点和信念等，进而深入到更实质的反思性实践活动之中。

可以说，教师教学档案袋是他们反思和批判性思维的窗口，透过这个窗口，能够洞察到有形证据背后的专业思维和实践过程。档案袋就像是物质世界里的一面镜子，它引发的反思涉及观念、态度和信念。因此，教师教学档案袋不但具有评价功能，更是一种有效的反思工具，有利于反思型教师的培养。①

（1）档案整理时间：教师可以一个月进行一次档案袋的整理（时间太久，对各篇反思内容容易遗忘，不方便整理，时间太短，对于一个反思的主题可能还不够透彻，因此教师可以根据自己的反思情况适当做调整）。

（2）档案摆放地点：因为档案是教师自己的学习材料，放在自己身边，以便随时随地整理和学习，而不是放在学校的档案室里。

（3）档案操作主体：老师亲自收集整理，而不是由学校的档案管理员负责收集和整理。因为我们把这个整理的过程作为"温故而知新"中的"温故"，在整理的过程中，教师会从中不断地反思和学习。

（4）档案的内容：一切教师认为有意义的材料都可以归入档案袋（不仅有反思，还包括教案、读书摘录等）。不仅要搜集"成果"，而且要把完成成果的各个阶段的内容放入档案（例如教案，不仅要放终稿，而且每次修改的过程也要放入档案）。

（5）档案的整理：把内容归类，贴上小标签（可以用各种颜色的告示贴）进行分类。可以按照反思的途径：红色代表对话反思、绿色代表日志反思，黄色代表……也可以按照反思的对象：红色代表对自己的反思，绿色代表对孩子的反思，黄色代表对教案的反思……这个分类由教师自己设计。其实就是"反思主题"的大的类别。

（6）反思内容的格式：在教师的反思中写上"日期、名称和关键词"，并在反思的旁边留出空白，以便档案的整理。日期和名称我就不做解释了，关键词主要为方便教师以后查

---

① 赵九松：《教师教学档案袋功能分析》，《广西教育学院学报》，2007年第1期。

阅相关的内容,有点类似论文的关键词。反思的空白处是便于教师的想法和观点在整理的过程中或者今后有所变化,可以随时在旁边添加和完善。其实就是对于具体的细小的"反思主题"反思的不断完善。

第三节　教师的反思方法

在上一节中,从整体角度学习了反思的一些模式。接下来,就应该沿着整体往下走,来细细地学习一下每篇反思可以运用的一些具体的反思方法。当然,本节内容中所介绍的反思方法只是所有反思方法中的冰山一角,因此,教师在教学生活中,可以发挥自己的创造力,寻找到适合自己使用和能进行有效反思的方法。

一、生活的聆听者——专业日志反思法

（一）方法聚焦

"日志"一词源于法语,指的是个人一天中可能完成的行程,是对经验和观察的记录。如飞行员的飞行日志、船长的航海日志等。后来该词被运用到教育领域,为日志学习者或教育者记录一天学习、生活及专业发展提供了一个场所。

那么对于教师而言,需要注意的一点是:不仅仅是和教学相关的内容可以用"专业日志反思法"进行反思,只要和专业发展相关的内容都可以纳入到这种反思的内容中来。既可以是教学生活中的,又可以是个人生活中的;既可以是自己亲身经历的,也可以是间接体验感受的;既可以是有关行为的,又可以是有关观念的;既可以是有关人的,又可以是有关事或物的;既可以是分析认识自我的,又可以是改变和超越自我的……总而言之一句话:与教师专业成长有关的即可。

（二）写作方法

英国学者克里斯汀·奥汉隆认为,教师专业日记的写作有四种类型[1]:

1. 报道性写作:只是真实地记录,包括观察到的数据、描述教学中的事件、存在的事实等。

2. 解释性写作:既报道事实,也写出作者对事件的解释。这种解释包括自己的看法与感受以及对事件的理解。

3. 审思性写作:审思性写作日志除了报道与解释之外,还要在日记中加入自己的猜测与推理,包括作者的思考、自我评价、反省思维和期待性想法。这种日记带有很强的自我意识。

4. 整体性写作:包括以上三种的所有类型,但是更多地表现在将三者融合起来。

在克里斯汀·奥汉隆看来,上述的四种专业日志写作,只有审思性和完整性写作才具有反思性,用他的话来说,在这两种专业日志写作中,作者可以实现自我真诚对话,形成辩证知识及观点,批判其教育实践中所持有的信仰和价值取向。

---

[1]　克里斯汀·奥汉隆著:《高等教育中的专业日志及其种类与个人发展》,见霍林斯沃斯著,黄宇等译:《国际视野中的行动研究——不同的教育变革实例》,中国轻工业出版社2002年版。

大家可以看到克里斯汀·奥汉隆对教师专业日志类型的划分比较细致,理论上的界定也不可谓不清楚,但是在实践中,这种写作方式的划分不是特别容易操作。正如刘正伟教授所说的那样:"在实践操作中,很难区别解释性、审思性及完整性写作三者之间的不同。"[1]于是他在此疑问的基础上又把专业日志分成两种:

- 叙事型专业日志:即客观地记录专业成长中的有关经历和事件。
- 评述型专业日志:是在叙事的基础上,对事件、经历进行诠释、批判,以寻找更加完善的思路和方案。

他认为这种划分方式基于布鲁纳(Bruner)对于人类认知方式的划分:故事的(客观的)和科学的(逻辑的)认知论。故事的认识论由下而上,旨在寻找故事中隐含的理论,用故事来叙述人的行动,协助解释人类存在的完全性,探讨个人特殊性;而科学认识论是由上而下,先成立假设,搜集资料,再加以验证。根据布鲁纳(Bruner)的这一阐述,该学者认为,叙事型专业日志是运用故事认知方式反思教师专业成长中的实践活动,而评述型专业日志则在叙事的基础上,运用科学的认知方式认识和反省专业实践活动。

(三)经验分享

在实践中,很多一线教师在运用这种"专业日志反思法"的时候,有很多的心得体会,具体如下:

第一,运用多元的方式"写"反思,创造属于教师们的"一百种语言"。

在实践中,很多老师说:"有时候很有反思的冲动,但是当写完这些不带感情色彩的客观记录后,之前的反思热情就被消磨尽了,本应该大力写的反思环节也就草草了事。""有时候,在事情发生的时候,心里很有感触,但是无奈,教学还是继续,没有时间去记录,等到有时间的时候,就忘记这些值得反思的内容了。"

那么,面对这样的困难,教师该如何克服呢?或许名人的日志可以给教师一些启发:在毕加索的专业日志里,唯一的文字是洗衣单;荣格用曼陀罗填满自己的日记;爱因斯坦的日记里则写满计算抽象的方程式……

这些特殊的符号反映自己在专业生活中的独特经历、体验及故事,或许有的时候会比文字叙述给人的感觉更加深刻。那么教师不妨随身带本小本子,用这些符号,或者教师特殊的语言来记录这些事情。在有空的时候,再把这些符号整理成文字,就能解决"没有时间来记录"的问题。

儿童有一百种语言,教师也应该有自己的一百种语言来进行反思。

第二,教师们专业日志反思的篇幅不限,只要"有感而发"即可。情节性强的教学生活事件可用"关键词汇"摘记为"备忘录"。

很多教师说,因为工作太忙,没有时间静静地坐下来写反思。其实反思并不需要长篇大论,也不需要教师们花很大的精力写成学究式文章。只要所写的反思能感动教师自己,这就可以了。因为我们的反思是要促进教师自身成长的,是要给教师"自己看的",而不是拿给别人看的,只要是有思想的,哪怕短短的一个词,也能使得教师把这些内容在脑子里"动"起来。

---

[1] 刘正伟:《教师专业日志与专业成长》,《教育发展研究》,2005年第2期。

错误也能成为课堂中的"亮点"

在一节小学6年级的数学课堂上,教师让学生们把下面的比化成最简整数比: $\frac{5}{8} : \frac{5}{9} =$　　 $0.375 : \frac{3}{11} =$　　 $\frac{1}{6} : \frac{1}{11} =$

巡视时,教师发现一位学生在化简 $\frac{5}{8} : \frac{5}{9}$ 时,直接写出了答案: $\frac{5}{8} : \frac{5}{9} = 8 : 9$。显然,答案是错误的。于是,这位教师及时抓住学生出现错误的这一时机,对这个学生说道:"请你把解题过程写到黑板上,好吗?"当她板演出结果时,全班学生哄堂大笑,"反过来了!""这么简单也不会做!"……议论声此起彼伏,教室里一片沸腾。这位学生红着脸,灰溜溜地跑回座位,深深地埋下了头。

教师示意学生不要笑:"你们认为她做错了,是吗? 课堂是你们可以出错的地方。我希望大家能一起来讨论、分析错误的原因,而不是指责、挖苦。"课堂上随即安静下来。"请刚才的同学说说,你是怎么想的,好吗? "这个学生看了教师一眼,鼓起勇气,腼腆而低声地说道:"我发现前项和后项的分子相同,所以比就是前项和后项的分母这两个数的比。"

教师听了之后,不但没有批评,还立即表扬道:"你观察得很仔细,会动脑筋思考。"板演的学生偷偷地看着教师,眼睛里透出一丝光亮。

这位教师继续说:"大家看,化简后的比和前后项的分母到底有没有关系?"这时,教室里又热闹起来:有的学生在冥思苦想,有的在一起讨论,有的在纸上举例验证……过了一会儿,部分学生举起了手。

一位学生说:"我认为 $\frac{5}{8} : \frac{5}{9}$ 简化成整数比不是8∶9,而是9∶8。"

接着,另外一位学生补充道:" $\frac{5}{8} : \frac{5}{9}$ 将前后项的分母调换位置写成9∶8,就是它的最简整数比了。"

最后总结的那个学生说得更好:"对,我试着又举了一个例子进行验证: $\frac{1}{3} : \frac{1}{4}$ 化简后得4∶3。由此,我认为凡是分子相同的两个比,它们的化简比可以由分母调换位置得到,这只要根据比的基本性质计算就可以得到。"

他们的发言非常出色,总结出了解决这类题目的简便方法。接下来,学生在化简 $0.375 : \frac{3}{11}$ 和 $\frac{1}{6} : \frac{1}{11}$ 时,纷纷用刚才的巧妙方法进行了解答。

在课后总结时,教师回问了一句:"刚才的讨论,我们发现了分子相同的化简比的简便方法,同学们思考得非常积极。那么,今天这个知识是怎样获得的呢?"全班学生不约而同地将视线集中到刚才出错的那个学生身上。此时,这个学生如释重负,先前那种羞愧、自责的心理一扫而光,仿佛自己一下子又聪明了许多。

于是,在该课之后,这位教师立即在自己的笔记本上画下了如下的符号:

✗ ➔ 💡

在空下来的时候,教师在这幅图画的旁边写上了自己的反思:"今天的课堂中,错误成了学生探究活动中的教学资源,成了学生思维训练中的载体;在这一过程中,训练了学生思维的灵活性和创造性,提升了学生的能力;在这一过程中,也让学生明白了只要能够仔细观察、认真分析,错误有时也可以打造成为金点子,它的价值可以得到最大化的利用。①

现在再来举一个具体的反思案例。一位幼儿园教师在她的日志中写了以下内容(这里是反思原文内容的概括):一个孩子的妈妈因为工作的原因,不能长期陪着孩子,在放学后,孩子一把抱住老师,闭着眼睛,轻声叫妈妈,因为老师的香水味道和妈妈是一样的,于是孩子和老师就这样静静相拥,没有语言,有的只有凝固的时间和爱。那么这位教师在日志本上只用四个字——"绿茶香水"就可以作为专业日志反思了。因为我相信这位教师以后只要看到自己本子上的这四个字,就能回忆起和孩子在一起的感人的一幕,平时也会注意多给予班级的孩子情感的支持和交流。所以对于一些情节性强的反思,大可以"投机取巧"采用这个方法,但是反思的质量和效果绝对不会因为字数的压缩而压缩。

特级教师应彩云老师当年也是利用这个方法,记录她和孩子的一个个交流互动,在写书的时候把这些"词语"扩展成文章,就有了《孩子是天我是云》这本书。

让我们再来看一个经典的反思(见案例8-5)。

案例8-5	"两句话"的经典反思

> 诗人Ondaatje在他的《紧紧拥抱》的诗篇中描述了他的孩子是怎样在卧室一直召唤他过去行晚安吻的。父亲大喊:"好了,我就来!"但是他正快要做完手头的活儿,然后又做这做那,之后他过去回应孩子的召唤。当Ondaatje慢慢走过卧室的门前时,他看到了他的小家伙:"他站在那儿,手臂张开,等待着一个紧紧的拥抱。咧着嘴笑着。"Ondaatje对父母拥抱孩子的方式作了精彩的描述。接着,几乎是一种事后的反思,两行简短的句子结束了诗篇:**在我走进去之前,他像那样在那儿站了多久?**

简短的两句话,却深刻地表达了父亲对孩子深深的歉意,因此,好的反思不在乎长短,只求能打动自己。

第三,专业日志可以不必每天都写,但是必须及时写、坚持写。

在实践中,有的时候教师感触多的事件会很多,有的时候则相对比较少,因此教师不必限定专业日志反思的时间。但是要注意的一点是,一旦有了感触,那就要及时写。因为距离事情发生的时间越近,教师的感触就会越多,思维也会越活跃。但是如果教师当时没

---

① 褚忠美:《"错误"也可以成为课堂的"亮点"——"化简比"教学案例与反思》,《教育科研论坛》,2008年第3期。

有及时把想法记录下来，拖到几天以后再写，就很容易错失事发当时精彩的"活跃思维"，而且，几天以后你或许有新的感受，你就会用新感受替代旧感受，你就没办法看到自己反思发展的全过程，你只知道从"A"到"B"，而不知道怎样从"A"到"B"。所以我们写专业日志时，可以不必每天都写，但是必须及时写。

此外，"反思过程的本质体现在我们总是处在发展的过程中。我们从不敢奢求把自己看做完成的批判性结果，这种结果意味着我们达到了反思发展过程的顶峰。我们把自己的观念和实践看作需要被不断审查的对象"[②]。在这个意义上来说，在专业日志的写作过程中，如果老师寄希望于一次、两次的"偶然之作"就能对教育实践和专业发展产生立竿见影的效果，是不太现实的。专业日记的写作需要持之以恒、坚持不懈的努力。

二、知识的汲取者——读书评论反思法

（一）方法聚焦

读书评论反思法是通过教师的读书评论来反思的一种方法。

这个方法的前身是"读后感"。在日常生活中，看一篇小说、一部电影、一篇文章、一首诗歌、一幅图画……常常会令我们有所感触，会被高尚的行为所感动，为邪恶的行为所激愤，或从中得到启迪，或从中吸取教训，从而指导自己的生活。如果把自己对所看材料的感想写成文字，就是读后感。读后感包括"读＋感"，读书的重要性自古就被人称颂。有学生问孔子：通往圣贤的路在何方？孔子答道："吾十有五而至于学"，"发愤忘食，乐而忘忧，不知老之将至"。大家都知道李白"斗酒诗百篇"的才情，而这才情来源于他"五岁诵六甲"、"十岁观百家"、"十五好奇书"。所以说读书使得很多名人走向成功。书不得不读。

而读后感更重要的部分是"感"，就是由读而感。写自己真切的感受，联系实际非常重要。就是要结合自己生活中实实在在的感受来谈，也可以把看到、听到的实实在在发生在自己身边的人和事来做对照，有针对性地发表感想，是"感"得现实、"感"得实在。而教师可以通过阅读获得大量信息，可以为自己熟悉的事件提供新的诠释，可以为自己所面临的困难和问题的解决提供可能，并可帮助教师真正理解教学的意义，启迪自己的思想，增强自己的理性智慧，改进教学实践。这也就是这个反思方法中的"评论"二字。

简言之，就是通过"读书＋评论"的方法来帮助教师达到反思的目的。

（二）写作方法

这里有一个"读后感"的口诀：

第一步：引——围绕感点，引述材料；

第二步：议——分析材料，提炼感点；

第三步：联——联系实际，纵横拓展；

第四步：结——总结全文，升华感点。

希望通过"读后感"的写作要点，可以让教师在写读书评论的时候有所启发和借鉴。但是，需要注意的是，在写读书评论的时候，教师们切不可硬套以上的模式，而是要根据反

---

② 布鲁克菲尔德：《批判反思型教师ABC》，中国轻工业出版社2002年版，第52页。

思的需要,对此加以灵活的运用。另外,在写读书评论反思的时候,反思中必须包含以下几个部分:"时间、书籍或者文章的名称(如果是杂志,最好有期刊号)、评论",以方便教师日后查阅。

为此,给大家介绍一种"读书评论反思"卡片(见图8-8),希望能够给教师写读书评论时带来方便。教师可以把自己一段时间的"读书评论反思卡"做成小册子,作为自己读书反思的一个学习材料,以便自己更好地进行反思。

读书评论反思卡

阅读时间			
文章名称		文章出处	
原文摘录:		阅读评论:	

图8-8　读书评论反思卡

(三)经验分享

在读书评论反思方法中,一些做得比较好的老师也提供了以下一些窍门:

第一个窍门是:读书时,要选择得当的读书时间(边角料时间)、易激发教师兴趣的书目(不感兴趣的书目推荐时要做"广告")、适宜的读书方式(眼耳并用、"一手材料"+"二手材料")。

首先,很多教师觉得读书一定要特地划出"一大块"时间来,然后又觉得自己非常忙,所以就得出结论:没有时间来读这个书。其实这个是不需要的,利用边角料的时间也能读好书。饭后休息、等车的时间、睡觉之前等,其实10分钟就能浏览很多。如果你不把读书当成一件"天大"的事情,而当成一件茶余饭后消遣的事情,那么读书就会很轻松,你也不会去计较"还有多少没看完",你会去欣喜"自己又看到了新的内容"。慢慢地,每天10分钟,一年就是3 650分钟。有人曾做过实验,一个小学生1分钟可以阅读300—600字,如果成人也按照这个阅读速度(成人肯定大于这个速度),一年可以读1 095 000—1 825 000字,假设一本书的字数是100 000字,那么一年至少可以读10—20本书。所以读书不会给教师造成很大的负担,每天10分钟就足够了。

其次,并不是"好书"就一定适合教师,读书时,教师一定要选择适合自己的书。如果你不感兴趣,读书肯定不会是件愉快的事情,你会觉得很沉闷。所以书目内容必须是教师感兴趣的。如果是教师自己找的书,那么他们自然会感兴趣;如果是你推荐给教师看的,那么就需要在推荐的时候和教师讲一下你读书的感受,或者可以翻到书本最精彩的部分让教师浏览一下,其实这是"做广告"的一个过程,一旦让教师觉得有兴趣,那么他们一定会抽空看一看。不然教师很多时候会当成"耳旁风"。

最后,就是要选择适宜的读书方式。也许很多教师会觉得读书就是两只眼睛"看",其实非也。虽然"看"是最重要的一种方式,但是还有一种方式就是"听"。一位一线的中学教师说:"我平时很讨厌看一些理论书籍,虽然我也知道理论书籍的重要性。于是,我想了一个办法,我会经常听看一些书评,和一些喜欢看理论书籍的人一起聊天,听一些专家的讲座……通过各种途径,获得理论书籍的相关内容,虽然我没有直接去看这些书,但是也用这种方法了解了相关的内容。"其实很多时候,让一线教师直接去看这些比较理论的书籍是不太现实的,但是通过这种方式,至少能让一线的教师对"理论"有个大致的了解,因此,可以说是"听有所获"的。所以要通过各种途径来扩展读书的形式。虽然他人的读书笔记和他人对书的感悟已经不是书的原貌展现,但是还是能让教师们有一个总的印象——因为,"读了二手材料"总比"没读"要来得好。

第二个窍门是:两类读书内容值得评论并进行反思:工具性内容(分类摘录——点滴积累式);价值性内容(明确他人观点、整理自己的经验和思绪、判断自己的个人立场——专题研究式)。

当然,读书之后就需要进行评论反思。"怎么思"就是具体要做的事。教师在读书的过程中肯定会有很多感悟,但是这些感悟是一瞬间的,如果不记录就会瞬间消逝。所以有感想就可以马上写下来,不必长篇大论,只要在书旁空白边上写下自己的感悟关键词,等到整本书读完后或者有空的时候再加以详细记录就可以。

那么,读书过程中哪些东西需要我们去摘记反思呢?围绕教师的具体工作,有两类东西值得反思,这两类内容需要不同层次的思考:

一类是工具性内容。这些只需要摘录,只要对教师的工作有帮助的内容,都可以分类记录。这个"分类"就是最基础的思考过程,在分类的过程中你其实已经在有意识地为今后的教学等工作进一步筹划。例如:保育(如何急救、四季饮食搭配等)、户外活动(民间游戏的介绍、户外体育器材制作等)、师幼互动(学生的年龄特点等)……经过这些内容的搜集,你能积累到很多有利于教师工作开展的知识,就是点滴积累式读书反思。

另一类是价值性内容。这些内容能引发教师价值层面的思考,例如:到底要教给学生什么样的内容,"为学"还是"做人"?什么样的教师是好教师,"职称高的"还是"学生喜欢的"?……在做这些反思的时候,教师不能人云亦云,教师首先要明确书中的观点,然后结合自己的感受做价值性的判断,理清自己的立场观点,其实就是一个观念的"同化顺应"的过程。在阐述自己的观点的时候,肯定要涉及教师以往经验,所以在这个过程中也是对经验的一个深层回顾和提升。可以采用专题研究式读书反思,前面"反思的网络者——对反思的反思"版块中提到的"等待"的反思专题的案例,实际上就很好地反映了这一点。

三、思维的碰撞者——360度对话反思法

(一)方法聚焦

孔子讲,"三人行,必有我师",讲的就是人际交往中的智慧助长问题。从动态的角度

说，人际交往意指人与人之间的信息沟通和交流。打破教师教学自我封闭的藩篱需要与他人的对话，尤其是批判性的对话。如果教师生活在一种合作的文化氛围中，开放性的对话和讨论会使每位教师的思想得到启迪，使教学行为得以改善，他人的思想和良好的建议可以成为教师自己专业发展的重要资源。因此，如果把对话也纳入反思的范围，这对于教师的成长是十分有利的。

在这里，之所以在对话反思法前加了"360度"的定语，是因为：作为教师，不仅要和同事对话，与儿童之间对话，还要和家长等其他人员进行对话。

同事交往是教师个人交往的重要组成部分，而工作业务上的交往又构成同事交往的主要内容。同事是业务问题上的知音，只有同事之间才具有真正专业上的话语空间；同事是教师的监察者，他们最清楚也最了解我们的短长，也最了解我们教学中的问题；同事是朋友，不论合作程度怎样，你都可以从他们身上学到对你的成长有价值的东西。[①]因此，同事们可以作为一面"批判的镜子，反射出我们行动的影像……当我们聆听他们讲述相同的经历时，就可以检查、重构和扩展我们自己的实践理论"[②]。

除此之外，与学生之间的交往也是历来比较被重视的。我国两千多年以前的《学记》就曾明确写道："是故学然后知不足，教然后知困。知不足，然后能自反也；知困，然后能自强也。故曰，教学相长也。"这里讲的教学相长并不是指现在理解的师生彼此可以得到促进，而是指通过教学来学习，以教师之教促教师之学。因此，在教学这种互动过程中，受益者不仅仅是学生，教师也是师生互动的受益者。通过学生，教师可以更好地理解教学；通过学生，教师可以摒弃自己的许多"霸权假定"；通过学生，教师会把教学当作一项研究来对待，从而切实改进自己的教学。

除了需要教师和同事、学生的对话之外，教师与其他人的对话也应该放入我们的对话反思对象之中。因为随着社会经济的发展，人们对子女的教育都非常关注，在教育方面的投入也非常高。对于孩子的教育，有些家长的水平和专业性不比教师的差，与这些家长进行对话，也同样能够促进教师的成长。

所以，教育必须要注意的一点是，明确"360度"的含义：对话的对象不限——只要能促进教师的成长，使得教师受到启发的对话都能纳入到教师的对话反思中去。

（二）写作方法

这里有一张360度对话反思卡（见图8-9）。当然这只是给广大教师一个小小的参考，大家可以尽情发挥聪明才智，使得对话反思的写作不断深化。

设计此卡是为了方便教师记录一般的对话和反思，但是一些特殊的对话方式（如书信）就可以不拘泥于此。大家尽可以方便的形式进行记录。

（三）经验分享

1. 寻找一切可能的对话反思机会

良好的交流对话，其实对于教师的成长是有很大帮助的。但是很多时候，教师没有意识到对话的这个作用，也没有在对话之后有意识地对此加以整合和思考。通常

① 王映学、赵兴奎：《教学反思：感念、意义及其途径》，《教学理论与实践》，2006年第2期。
② 张建伟：《反思——改进教师教学行为的新思路》，北京师范大学学报（社会科学版），1997年第4期。

一节数学复习课的案例及反思

记得我在教初一的时候，正值期末考试来临，老师和学生都投入到了紧张的复习之中。这节课我的教学内容是和学生一起梳理二元一次方程组的知识点，并辅以练习。但由于本班学生计算能力比较差，课堂气氛比较沉闷。然而，一个学生的小动作却给课堂带来了生机，一石激起千层浪……

为了提高学生的计算能力，我给学生进行二元一次方程组的专题复习，先梳理重要知识点，再理清框架结构，并辅以练习。一开始学生们还兴致盎然，但经过一轮又一轮练习的轰炸，明显感到学生的热情在减退。这时，有一个学生做起了小动作。定睛一看，他正在玩圆珠笔里的弹簧。当时我非常生气，真想没收他的笔，然而我想到学生实在是很累，于是我走到他身边，问道："你能告诉我你在做什么吗？"这时，这个学生意识到自己的错误，把手里的弹簧交给了我，并一脸内疚地低着头，没说话，其他同学顿时来了精神。望着手里的弹簧，我一阵心酸，看来这个小小的弹簧比我的二元一次方程组更具有吸引力……

为了缓和气氛，我问了学生一个出乎意料的问题："你们能从弹簧上找出数学知识吗？"

所有的学生顿时热情高涨，都很积极地思考着，讨论着，回答着。"这个弹簧构成的形状是圆柱体。""它的俯视图是一个圆。"……

"大家回答得都很好，"我鼓励道，"那你能告诉我这个弹簧是由什么围成的吗？""铁丝！"学生们异口同声。

"这个铁丝的截面是一个什么图形？"我继续问道。"圆！"

"请问同学们，这个铁丝的直径如何测量？"我的话音刚落，一个学生抢先答道："可以用游标卡尺测量！"他的声音里充满了自豪，而其他同学疑惑了。"很好，初二物理中的测量工具都很熟悉了。还有其他方法吗？"学生们又开始讨论了。我看到他们的眼中充满了智慧的火花。有一个学生胸有成竹地回答道："我们可以用尺子量出弹簧的长度，去掉中间空隙的长度，再除以圈数，就能得到铁丝的直径。"其他学生报以热烈的掌声。我在肯定刚才的回答后，又问道："我们可以设铁丝的直径为 x 厘米，空隙的长为 y 厘米（设空隙为等距的），我们测量弹簧的长度为 3 厘米，于是可以得到：$8x+7y=3$""老师，这是一个二元一次方程！"我和学生都笑了……

上完这节课，我感触颇多。是学生的一个小动作将这节复习课起死回生，是学生的这个小动作引发的"对话"，叩醒了我对课堂教学的深刻理解。教学过程中不能一味地"讲练"，要积极地探索一些新的教学模式，改变学生被动地接受学习，使之主动，让学生体会到数学在生活中的作用。由于数学源于生活，用于生活，因此，学生对于数学的学习不能仅仅局限于课本，必须把数学放到自己的环境生活中去体验和应用，真正感受到知识发生、发展的过程。而教师教学选用的素材要密切联系学生的现实生活，运用学生关注和感兴趣的实例作为认识的背景，激发学生的求知欲，使学生感受到数学就在自己身边，数学与生活息息相关。

时间		地　点	
参与者			
对话内容 （核心）			
对话感受			
备注			

图8-9　360度对话反思卡

是一只耳朵进一只耳朵出。即使有零星记住的，随着时间的推移，也很少有存留的痕迹。

其实教师每天都和各种各样的人进行各种各样的对话。所以这个方法在一定程度上是最不缺乏反思机会的：可以是"随时随地"（谈话后及时记录）；也可以"故意创造机会"进行对话（这个时候适合用录音记录）；有机会和条件的可以定期安排一线教师和学者进行对话。

2.利用一切可以利用的对话形式

在实践当中，很多教师表示，除了和搭班教师交流比较多外，和其他班级的同事的交流是比较有限的（因为都忙着各自班级的工作，很少有时间碰头），即使碰在一起（例如吃饭的时候），大家谈的是教学以外的事情（娱乐休闲），极少讨论教学（除非是公开课的筹备等）。但是有一个时间例外：就是教研活动。因此大家尽可以利用好教研的时间，在教研活动上尽可能地多和同事交流想法，促进自己的反思。

此外，教师还可以在业余时间通过网上的博客和学校开设的论坛进行同事间的交流。在条件允许的情况下，可以建议教师开一些"教育博客"，吸引同事来进行交流。除此之外，在电子时代来临时，大家也别遗忘了一种古老的对话方式：书信。有困惑的时候不妨写一封纸质书信给你的同事，相信同事在接到你的信时，也会因为你的诚恳而与你真诚地进行对话与交流，在这个过程中，思维一定会激发出火花。

四、细节的记录者——录像反思法

（一）方法聚焦

很多学者曾就录像对于教学的作用进行了评述："把教师的教学录下来是十分精彩的。在纯行为水平上，我们可以在一个教学活动录像中找出大量的体态和言语上的不协调"[1]；"而且可以让我们精确地计算出各类活动时间的分配，师生互动、生生互动的广度和深度，总结出某些特点、性质等。录像评价的作用是难以替代的，它让教师直面自我。"[2]

---

[1]　布鲁克菲尔德：《批判反思型教师ABC》，中国轻工业出版社2002年版。
[2]　王季云：《反思型幼儿园教师培养途径初探》，《教育导刊》，2004年第8期。

教师的"协同反思"

在实践中,当前教师的反思基本上还是一种个体反思、自我反思。缺乏集体合作的协同反思。除了工作中通过教研形式进行集体讨论之外,很少有集体的反思行为。同时,传统的教研组讨论还存在较多问题,教师常常缺乏足够的话语权,往往是领导一个人说了算,教师缺乏积极主动发言的意愿与动机。因此,我们借鉴管理学、社会学等其他学科研究方法,向大家介绍"协同反思"这一方式。"协同反思"方式主要由三种方法构成:小纸条法、六顶反思帽法、360°反馈法。

小纸条法指的是在讨论时,针对某个问题,每个人将自己的看法和意见不记名地写在一张小纸条上,然后由主持人收上来打乱后,再发给每人一张,要求每位教师说出自己拿到的那张小纸条上的内容,并谈谈自己对它的看法。

六顶反思帽法指的是在讨论时,针对某个具体的活动或者问题,准备6种不同颜色的小纸条,每一种颜色代表一个反思的角度。例如,红色代表直觉印象,黄色代表可以有哪些改进建议,蓝色表示活动存在哪些问题,白色表示可以从中学习到哪些经验等。每次给老师们一种颜色的小纸条,请老师们按照这种颜色所代表的角度写出自己的意见或者建议。每次需要采用哪几种颜色,以及每种颜色所代表的角度都可以视具体情况而定。

360°反馈法指的是进行反思时,不仅听取教师的意见,也听取幼儿的意见,同时还可以将问题提供给家长,或者将具体的活动制成录像放给家长看,听取家长的意见。[①]

录像反思法主要针对的是课堂教学:可以是自己的教学,也可以是其他教师的教学;可以一个人看教学录像,也可以和其他人一起看录像。

(二)写作方法

教师观看教学录像的时候,可以是直观的教学内容(对话、动作、表情等),也可以是深层次地对教学价值方面的思考。为了方便反思,教师可以利用以下的"课堂教学反思卡",一边看录像,一边用反思卡进行记录。

时　　间:		反思人:	
背景介绍:			
预期设想	实　际　操　作		课后反思
	课堂环节	课堂实录	

图8-10　课堂教学录像反思卡

---

① 王丽莉、姜勇:《关于幼儿园教师协同反思的访谈研究》,《学前教育研究》,2007年第4期。

（三）经验分享

1. 教师观看自己的教学录像时需要有一个逐步适应的过程

教师观看自己的教学录像是一种旁观者的行为，但对象却是自己，在这个过程中，内心的感受很复杂，需要教师慢慢地习惯。最初可以让教师观察他人的教学录像，学会录像评价的基本方法；第二步由教师独自观察自己的教学录像进行自评，等到教师基本接受这一反思方式后再与同事一起评价，效果会更好。①

2. 观看自己或者他人的教学录像时，要学会选择"感点"

在观看自己或者他人的教学录像时，应该采取"不限定反思点，自由反思"的原则，让教师抓取印象最深的一点进行反思，这有点类似读后感写作中"选择感点"的这一步骤。然后每次反思就围绕选择的感点展开联系自己的反思。在此基础上，多次重复观看录像，每次从不同的感点进行反思……在多次积累感点的基础上形成自己完整性地对他人教学的分析和反思。

3. 运用教学录像反思，边反思边实践，在行动中改善教学

教学录像反思的目的是为了改善教学，因此，反思之后必须要把反思运用于实践。在这个过程中，教师可以采取以下步骤：

环节1：与同事就教学中共同感兴趣的话题（问题）进行交流，并从各自教学的角度彼此提供有效的改善建议；

环节2：带着良好的建议进行教学，可以邀请（或学校组织）同事去听课，也可以对教师的教学进行全程录像（条件许可的话）；

环节3：进行教学对话，就反思教师教学中的得失进行交流。如果反思者不在场（有时不仅对反思教师还是其他同事都是有益的），交流的结果经整理后送达反思者本人；

环节4：反思者将同事们的教学交流意见做认真地研究和分析，并写出书面的个人看法，如果必要的话，还可以进行局部范围内的教学交流；

环节5：再次带着自己实际教学的改良建议组织教学，与"环节2"相同；

环节6：看前后教学有无实质性进展，并进一步提出教学改善的建议。

....

本章小结

本章首先从反思的起源出发，通过对反思定义的阐述，使得大家对反思有一个了解。然后，又把反思置于具体的职业——教师，进一步思考反思型教师的相关内容，对教师反思的定义、类型、内容和特征做简单的介绍，明确了教师反思的相关概念。又从现实的角度出发，对教师反思的必要性进行细微的分析，最终得出教师进行反思是"大势所趋"。

反思的模式是反思的整体骨架，它为"凌乱"的反思总结出"共通（共同的规律）"的部分。埃拜模型、爱德华兹-布朗托模型、拉博斯凯模型是国外比较流行的教学反思的三种模型，三者各具特色。而国内的反思模式立足于国内反思实践：以"反思主题"为中心，利用各种反思方法对其进行反思和再反思（把平行独立的反思方法连接成网络）；通过整

---

① 王季云：《反思型幼儿园教师培养途径初探》，《教育导刊》，2004年第8期。

理档案袋的机会,不断对自己的"反思主题"点进行回顾,成为教师自己创造的学习材料(把单独的反思变成连续性的反思)。

反思方法可以根据不同的反思加以灵活运用。本章对教师反思中常见的四种反思方法:专业日志反思法、读书评论反思法、360度对话反思法、录像反思法依次从方法介绍、写作方法和经验分享三个方面做了细致的介绍,通过大量实践反思案例,希望广大的教师能从中找到并掌握适合自己的反思方法。

关键术语

反思、教师的反思、反思模式、反思方法

思考与讨论

1. 思考:你觉得国内外的反思模式有哪些相同之处,又有哪些不同之处?

2. 想一想、做一做:以小组为单位,通过各种资料搜集方式(访谈、问卷等)来调查某一具体学校教师的反思现状。看看目前教师在写反思中存在哪些问题、遇到哪些困难?教师对于写反思的态度如何?

把调查结果带回课堂,邀请几位一线教师一起参加课堂讨论,寻找这些问题的根源和解决办法。并让一线的教师和大家一起交流反思的心得。

3. 想一想、议一议:针对"好教师的标准"这一问题,任选一种反思的模式,对该问题进行系统的反思。并进行集体的交流,讨论反思的心得。

4. 想一想、做一做:观看一段教学录像或去学校旁听一节教学活动,利用"小纸条法、六顶反思帽法和360° 反馈法"在课堂中模拟一次集体的协同反思。

进一步阅读的文献/网站

1. 布鲁克菲尔德著,郭华译:《批判反思型教师ABC》,中国轻工业出版社2003年版。

2. 杜威著,姜文闵译:《我们怎样思维·经验与教育》,人民教育出版社1991年版。

3. 熊川武著:《反思性教学》,华东师范大学出版社1999年版。

第九章 教师个人自传

通过本章的学习,你能够

◆ 了解中外自传的兴起与发展的历程;理解自传如何越出文学与历史领域,成为社会科学研究的一个正式的方法,并逐步进入教育研究和教师教育领域;

◆ 理解教师个人自传对教师本人的影响以及对其他教师专业发展的影响;

◆ 熟悉自传的写作技巧,学会收集和整理传记事实,学会选择传和解释传记事实;

◆ 理解自传写作中的真实与虚构的难题。

第一节 自传的兴起与发展

宽泛意义上的自传来自人类"认识自己"、"自我意识"的冲动。只要某人追问"我是谁",这个人就很可能进入"我从哪里来"的回忆与反思。自传最初显示为文学传记和历史传记,它介于文学与历史之间。在后来的发展过程中,自传逐步越出文学与历史领域,成为社会科学研究的一个正式的方法,并逐步进入教育研究和教师教育领域。

一、介于文学传记与历史传记之间的个人自传

在文学领域,写作者总是以自己的生命经历为背景去观察世界,因此法国作家法朗士断言:"所有的小说,细想起来都是自传"。我国现代自传体小说家郁达夫从这段话引申说:"所有的文学作品,都是作家的自传。"[1]福楼拜也曾坦言"包法利夫人就是我"。卢梭则说,"我的所有作品都是我的自画像"。可是,理论研究、学术研究由于叙述方式的改变,满足于逻辑推理,致使理论文本中基本上看不到作者的个人生命经历的影子。尤其在一个以"价值中立"为前提的科学概念与命题流行的理论文本中,写作者的精神生命历史更遭受种种人为的阻挡与遮掩。

"自传"的叙事方式进入学术理论的研究领地正是对作者与文本的种种原始关系的恢复。有学者断言,"没有一种理论不是一个精心准备的某种自传的片段",[2]实际上,理论与自传的这种关系已然中断,它需要以恰当的叙事方式重建理论与自传的关系。也因此,

---

① [日]川合康三著,蔡毅译:《中国的自传文学》,中央编译出版社1999年版,第7页。
② [法]勒热讷著,杨国政译:《自传契约》,北京三联书店2001年版,第12页。

"自传法"作为一种研究方法尤其是社会科学研究的方法,它一直或隐或现地承载了这种使命。

（一）自传在中国的兴起与发展

有研究者考证,中国的"自传"一词正式出现于作品标题上,最早出现于唐代中期陆羽的《陆文学自传》和刘禹锡的《子刘子自传》。①

但是,如果把自传理解为"回首眺望自己的一生"并以自己的人生经历来整理自己的成长道路和生活信念,那么,这种自传的努力至少在孔子那里已经成为一个习惯。孔子说:"吾十有五而志于学,三十而立,四十不惑,五十而知天命,六十而耳顺,七十而从心所欲,不逾矩。"又说:"吾尝终日不食,终夜不寝,以思,无益,不如学也。"②

把孔子的"自述"视为自传也许有些勉强,因为孔子的"自述"没有完整地叙述自己的家世、先祖以及自己的经历,只能算"自传"断章。由此,唐代史学家刘知幾在他的《史通》中对自传做了详细的考察,认定屈原的《离骚》为"自传之祖",而明确以"自序"为标题的作品首推司马迁的《太史公自序》。司马迁不仅开创了以"纪传体"的方式书写历史的传统,也开创了在书末的"后记"中撰写"自传"的传统。③此后,东汉的王充在他的《论衡》中附加了长篇《自纪》,为自己的特立独行、异于众人做辩护;三国的曹丕则在他的《典论》中附设一篇"自叙",炫耀他的英才与优越的"个人教育史"。

与王充的"自我辩护"和曹丕的"自我炫耀"相反,东晋的葛洪撰写了一篇奇特的"自叙"。葛洪的"自叙"也是一篇"后记",附于《抱朴子》书末。在《抱朴子》外篇第五十的《自叙》中,葛洪大谈自己年幼时如何愚钝懒散、一事无成。在自传中自我揭短、自我嘲弄的细节与勇气上,葛洪简直可以视为"嵇康第二"或"中国的卢梭"。④

若以"奇文"而论,葛洪的"自叙"之后,比较奇特的"自传"是陶渊明的《五柳先生传》。这份"自传"开创了中国自传的新格局,成为中国自传的一个重要品类。它的新奇之处在于:它既真实,又虚构,在虚实之间显示自传。文章开篇就说:"先生不知何许人也,亦不详其姓字。宅边有五柳树,因以为号焉。"这是故意提示读者:这份自传,不过是虚构作品,不必当真。这样的作品,究竟是否算得上自传,甚至使人怀疑。但是,当人们读到"好读书,不求甚解,每有会意,便欣然忘食"类似的句子时,便自动放弃了对"自传"真实性的执著追问。那些"传记专家"所提出的"传记必须真实"的标准,在陶渊明的《五柳先生传》这里,即使不被瓦解,至少也被淡忘。陶渊明的《五柳先生传》在自传史上是一个标志性的事件,它提示人们:既然传记作品介于文学与历史之间,那么,传记作品就应该在真实与虚构之间保持某种张力。

---

① ［日］川合康三著,蔡毅译:《中国的自传文学》,中央编译出版社1999年版,第172页。

② "吾尝"二字,已接近自传叙事。荀子仿效孔子:"吾尝终日而思矣,不如须臾之所学也。"这句话几乎为孔子话语的翻版。荀子不仅翻录了孔子"思不如学"的观点,也翻录了孔子"吾尝……"的自传叙事的形式。

③ 司马迁著:《史记》,吉林文史出版社2003年版,第776页。这种在书末"后记"中提交"自传"的做法,在现今的种种著作或"学位论文"中仍然是一个流行的方式。

④ 嵇康也曾在自己的《与山巨源绝交书》中大谈生性顽劣,自幼缺乏教养,头发几乎不洗,连小便都能忍则忍,不是做官的材料。

案例 9-1

陶渊明的《五柳先生传》

先生不知何许人也，亦不详其姓字。宅边有五柳树，因以为号焉。闲静少言，不慕荣利。好读书，不求甚解；每有会意，便欣然忘食。性嗜酒，家贫不能常得。亲旧知其如此，或置酒而招之。造饮辄尽，期在必醉；既醉而退，曾不吝情去留。环堵萧然，不蔽风日，短褐穿结，箪瓢屡空，晏如也。常著文章自娱，颇示己志。忘怀得失，以此自终。

赞曰：黔娄有言："不戚戚于贫贱，不汲汲于富贵。"其言兹若人之俦乎？衔觞赋诗，以乐其志，无怀氏之民欤？葛天氏之民欤？

中国近代意义上的"自传"与胡适和梁启超师生二人的努力相关。梁启超和胡适两人都热心倡导介于文学和史学之间的"传记"（包括"自传"），他们自己发表了大量的传记作品，并在不同时期写过"自传"。胡适在他《四十自述》的"自序"中说："我在这十几年中，因为深深的感觉中国最缺乏传记的文学，所以到处劝我的老辈朋友写他们的自传。"照他的说法，"我们赤裸裸的叙述我们少年时代的琐碎生活，为的是希望社会上做过一番事业的人也会赤裸裸的记载他们的生活，给史家做材料，给文学开生路。"[1]胡适本人为后人留下了《四十自述》、《口述自传》等名篇。

知识驿站

胡适和他的自传

胡适儿时读朱熹的《小学》，那里面记载的几个可爱人物，如汲黯、陶渊明等，使他数十年而不忘，并且从中悟出了传记文学有重要的教育意义。青年时代，尚在中国公学读书的胡适，便开始试作传记文章，《竞业旬报》上曾发表过他最早写的《中国第一伟人杨斯盛传》和《中国爱国女杰王昭君传》。留美时写过《康南尔君传》。倡文学革命以后，更写了不少今人古人的传记和年谱。

胡适曾分析过我国教育培养人才方面的六种缺陷，其中的一项便是——传记文学太贫乏了。因此，胡适下决心大力提倡传记文学。胡适曾到处劝老辈的朋友们写自传，他本人尝试用多种方式撰写自传，发表《四十自述》和《口述自传》，还写了一本十余万字的《丁文江的传记》。

除胡适和梁启超外，鲁迅也积极以自己的方式发表自传。他专门写过一份"自传"，开头便是："鲁迅，于一八八一年生于浙江省绍兴府城里的一家姓周的家里。父亲是秀

---

① 胡适著：《胡适自传》，江苏文艺出版社1995年版，第3—6页。

才；母亲姓鲁，乡下人，她以自修到能看文学作品的程度。家里原本有祖遗的四五十亩田，但到父亲死掉之前，已经卖完了。这时我大约十三四岁，但还勉强读了三四年多的中国书。"①但是，鲁迅所发表的更有影响的"自传"是他的《朝花夕拾》。在《朝花夕拾》中，《阿常与〈山海经〉》、《从百草园到三味书屋》、《藤野先生》可以视为鲁迅的"成长自传"或"教育自传"。

鲁迅的《藤野先生》片段

案例 9-2

　　过了一星期，大约是星期六，他使助手来叫我了。到得研究室，见他坐在人骨和许多单独的头骨中间，——他其实正在研究着头骨，后来有一篇论文在本校的杂志上发表出来。"我的讲义，你能抄下来么？"他问。"可以抄一点。""拿来我看！"我交出所抄的讲义去，他收下了，第二三天便还我，并且说，此后每一星期要送给他看一回。我拿下来打开看时，很吃了一惊，同时也感到一种不安和感激。原来我的讲义已经从头到末，都用红笔添改过了，不但增加了许多脱漏的地方，连文法的错误，也都一一订正。这样一直继续到教完了他所担任的功课：骨学、血管学、神经学。……但不知怎地，我总还时时记起他，在我所认为我师的之中，他是最使我感激，给我鼓励的一个。有时我常常想：他的对于我的热心的希望，不倦的教诲，小而言之，是为中国，就是希望中国有新的医学；大而言之，是为学术，就是希望新的医学传到中国去。他的性格，在我的眼里和心里是伟大的，虽然他的姓名并不为许多人所知道。

（二）自传在西方的兴起与发展

　　在西方传记领域，有人把自传追溯到旧约的《诗篇》和《先知书》，也有人认为古罗马的奥勒留的《沉思录》已经接近自传的形式②，但"这个文类的第一部伟大作品被普遍认为是奥古斯丁的《忏悔录》"。③奥古斯丁在这本书中回忆了自己年轻的时候"做过一些糊涂事"并做了心理分析、宗教式的"忏悔"。奥古斯丁的"忏悔录"开创了以"忏悔"的方式撰写自传的传统。这个传统在后来的各种"自传"中或隐或现地延续下来，卢梭的《忏悔录》将这个传统发挥到极致。

　　卢梭因《忏悔录》而被视为法国乃至欧洲自传的开山鼻祖。"在法国乃至欧洲，自传诞生的确切日期就是1782年卢梭《忏悔录》前六卷的发表。"④不过，按"自传研究专家"勒热讷（P. Lejeune）的理解，在18世纪后半叶，自传在大部分欧洲国家几乎同时出现。这是一个普遍的现象。"在德国，最早的现代自传自然而然地诞生于虔信派传统，或者是为了发扬它，如荣格的自传；或者是为了批判它，如莫里茨的自传；英国历史学家吉蓬、意大利

---

①　鲁迅著：《鲁迅全集》（第八卷），人民文学出版社2005年版，第401页。
②　奥勒留的《沉思录》之所以被广泛阅读，除了因为它记录了"帝王"的思想，还因为作者不断地回想自己的祖辈的言论以及相关的故事。这些自传式的记录给读者带来关阅读的亲近感。
③　有研究者考证，该书的成书年代在公元400年前后，在奥氏升任主教之后，参见［古罗马］奥古斯丁著，周士良译：《忏悔录》，商务印书馆1997年版，第1页。
④　［法］勒热讷著，杨国政译：《自传契约》，北京三联书店2001年版，第29页；另参见杨国政：《错在勒热讷》，《读书》，2001年第7期。

的阿尔费埃里、美国的富兰克林都写自传。"①卢梭的《忏悔录》顺应了这种潮流并激起了自传创造的热情。自传体裁不是卢梭发明,"但是他一下子挖掘出了它的几乎所有潜能"。他的《忏悔录》有五个特点值得一提:②

第一,卢梭大量地使用小说技巧以复现过去:这已经不是谈论过去,而是重建过去;另外,他使用人称叙事的所有方法与读者建立一系列复杂的关系。

第二,卢梭是一个寻找自己身份的人。他不满足于说出他对于自己已知的东西,他期望通过自传来重新认识自己。因此,自传写作对他来说是一种充满希望也充满风险的行为。

第三,他发现了个性起源的重要性,对于他的存在的一切开始和源头都给予特别关注。单是《忏悔录》第一卷的构思和方法就足以打乱此前人们对于童年及其在人的一生中的作用的观念。

第四,他追求一种新的个性模式,他在性方面的忏悔的真正大胆之处更多地体现于心智方面,而不是体现于道德和社会方面(突破某种禁忌)。他关注此前一直被忽视的(儿童的性欲)或可笑的(自恋)现象。令他感到如此为难的不是丢脸,而是严肃性。精神分析学在《忏悔录》发现了如此多的素材也就不是偶然了。

第五,他阐述了一种自传问题的理论并以此作为实践的基础。

勒热讷认为,卢梭使自传叙事方式达到了一种完美的高度,也改变了该叙事方式的历史进程。此后,只要有人准备写自己的生平,就可能会想到卢梭,不管他是想模仿还是想批判他。

知识驿站

卢梭和他的《忏悔录》

卢梭曾批评过去写自传的人"总是要把自己乔装打扮一番,名为自述,实为自赞,把自己写成他所希望的那样,而不是他实际上的那样"。16世纪的大散文家蒙田在《随感集》中虽然也讲了自己的缺点,却把它们写得相当可爱。卢梭对蒙田颇不以为然,他针锋相对地提出了一个哲理性的警句:"没有可憎的缺点的人是没有的。"卢梭在《忏悔录》中开篇就宣布:"我现在要做一项既无先例、将来也不会有人仿效的艰巨工作。我要把一个人的真实面目赤裸裸地揭露在世人面前。这个人就是我。"他大胆地把自己不能见人的隐私公之于众,他承认自己在这种或那种情况下产生过一些卑劣的念头,甚至有过下流的行径。他说过谎,行过骗,调戏过妇女,偷过东西,甚至有偷窃的习惯。他以沉重的心情忏悔自己在一次偷窃后把罪过转嫁到女仆玛丽永的头上,造成了她的不幸,忏悔自己在关键时刻卑劣地抛弃了最需他的朋友勒·麦特尔,忏悔自己为了混一口饭吃而背叛了自己的新教信仰,改奉了天主教。

---

① [法]勒热讷著,杨国政译:《自传契约》,北京三联书店2001年版,第56页。
② [法]勒热讷著,杨国政译:《自传契约》,北京三联书店2001年版,第59页。

卢梭的"忏悔录"不只是提供了"自传"的形式,它也暗示了自传的"精神"。自传的"精神"是"个人"、"个性"。在个人受到压抑的时代,自传(包括各种形式的传记)就萎缩隐退。英国的维多利亚时代就被许多历史学家看作是"传记停滞不前"的阶段。欧洲的传记只在"文艺复兴"时期才真正兴旺发达。而在19世纪的美国,乐观向上的精神在当时培养了一大批自学成才的人,各种自传一度引领文学的风骚,成为"美国人最卓越的表达方式"(亨利·詹姆斯语)。①在这种"乐观"、"个性"精神的推动下,富兰克林、亨利·亚当斯、海伦·凯特等人撰写自传,《富兰克林自传》、《亨利·亚当斯的教育》②、《我的生活故事》③成为美国现代自传领域有持久影响力的自传经典。

不仅自传诞生于尊重个人和个性的时代,所有的传记作品(包括自传和他传)的诞生,都是因为传记作家所处的时代为他们的创作提供了传播和阅读的社会支持。古罗马的普鲁塔克(Plutarch,代表作是《恺撒传》)、18世纪英国的约翰逊(S. Johnson,代表作是《诗人传》)、鲍斯威尔(J. Boswell,代表作是《约翰逊传》)、现代传记作家如法国的莫洛亚(A. Murois, 1885—1967,代表作是《唐璜或拜伦传》)、德国的路德维希(E. Ludwig,代表作是《俾斯麦》)、奥地利的茨威格(S. Zweig, 1882—1942,代表作是《玛丽·斯图亚特》)、美国的布拉德福德(G. Bradford, 1863—1932,代表作是《毁坏的灵魂》)、斯特雷奇(L. Strachey, 1880—1932,代表作是《维多利亚时代名人传》)、艾德尔(L. Edel,代表作是《詹姆斯传》)、英国的汉密尔顿(N. Hamilton,代表作是《克林顿传》)等等,他们之所以成为有影响的传记作家,除了因为他们本人的传记智慧之外,更重要的原因在于:在个人和个性受到尊重的年代,传记作品不缺乏"心急如焚"的读者。汉密尔顿在他的《传记简史》中,甚至将传记的发展理解为反对专制、追求个性主义(individuality)和民主理想的社会完善过程。他认为传记的根本在于"个性/个人主义"(individuality)。④

二、作为社会科学研究方法和推动教师专业发展的个人自传

自传不只是一种文学的题材,它还作为研究的方法而广泛应用于历史研究、社会学以及心理学、教育学等研究领域。

(一) 作为社会科学研究方法的自传

在心理学研究中,"日记和自传成为再现个人生命世界的主要资料来源"。在研究人的记忆问题时,心理学研究者大量地借用了自传的形式,自传成为有关记忆研究的两个重要路径之一。⑤在精神病学中,"生活史"和临床检查结合起来,目的在于查明病因即最初的心理创伤。"传记作为文学史、艺术史、政治史和科学史的一种常见的有认识价值的形式(样式),虽然还不具有理论的性质,但是到20世纪初,它本身已经形成分明可见的两极——诠释学和精神(心理)分析学。……诠释学作为一种从历史角度认识、诠释、破译

---

① 参见唐岫敏:《一部西方传记的传记》,《文艺报》2008年3月1日。
② 参见[美]亨利·亚当斯著,周荣胜、严平译:《亨利·亚当斯的教育》,中国社会科学出版社2003年版。
③ 参见[美]海伦·凯勒著,朱原译:《我的生活故事》,中国盲文出版社1998年版;另参见[美]海伦·凯勒著,鲁芳芳译:《假如给我三天光明》,人民日报出版社2004年版。
④ 参见唐岫敏:《一部西方传记的传记》,《文艺报》2008年3月1日。
⑤ 杨治良等编著:《记忆心理学》,华东师范大学出版社1999年版,第415—472页。

人的活动及其产物的隐秘内在涵义的方法,把传记视为最高级、最有教益的人文科学研究形式。但是,在狄尔泰和米什的著作中,传记实际上已经成为一种广义的自传,亦即成为从主体本身的角度观察主体精神成长的历史。"[1]

"自传法"(属"传记法"的一个分支)正式作为社会科学研究的一种方法始于1920年代。当时美国芝加哥大学社会学研究者开始将"传记法"作为社会学史的一个部分。有人曾断言:"作为一种社会学想象,我们应该关注历史与传记以及二者在社会中的联系";"如果不回头去关注历史、传记以及他们之间的内在联系,那么,就没有一个社会研究能够完成其探究过程"。[2]至1970年代随着解释学方法受到广泛的重视,"传记法"再度引起人们的兴趣。国际上出现"传记研究"的专门组织和专门的学术刊物。不少社会学专业杂志和人类学专业杂志也频繁地发表传记体的研究文章。[3]经过社会学研究的积累,1980年代开始出现专门讨论"传记法"的集子或专著,如1981年伯托克斯(Bertaux, D.)编辑出版《自传与社会:社会科学中的生活史方法》[4]、1987年本齐因(Denzin, N.)出版《解释的自传》一书[5],等等。

社会科学研究领域之所以重视自传,是因为它能使人清理自己的人生经历而"找到自己的位置","有助于弄清自己的思想和感情,保持对过去生活的回忆。"按照科恩的说法,"传记"以及"自传"的方式乃是为了概括人生的经历,体验人生的意义:"传记不仅是大众文学的一个最受人喜爱的样式,而且在关于人和社会的一切科学中都牢固地占据了一席地位。首先,对生命全程进行代群分析和历史社会学考察,可以阐明人的各个发展阶段和各次社会性转变的典型结构和连贯性,而且这里所说的人,不是'一般的人',而是'一定社会的个人即一定时代的当代人,一定世代的同龄人'。其次,研究人的生命全程的个体发展,可以更深入地了解个人内部各种心理结构相互作用的机制和个体类型的发展过程的不同形式。再其次,在传记文学中有一种观念日渐强化,认为个人形成的个体特点只有联系具体的社会、文化环境才能展示出来,因为'只有对照这种环境来描述生命,才会具有历史价值,才能具有特殊的时代意义完整性,结合这种完整性来运用独特性、事件性、发展、自我实现等概念'。"[6]

在科恩看来,"正是为了帮助概括这一切,传记法(生平法)便应运而生。"[7]人们开始意识到每个人自身经历的独特性和价值。"人们也意识到个人是有历史的,他并非生来就是成人。对个性内部的历史性的发现具有不同的形式:在情感方面,这一发现可能伴随着一种怀旧心理,作者渴望回到原初状态,回到失去的童年天堂,这一情感在以前是不存在的;在心智方面,它引发了对个性的发生学研究。自传既可探索丰富的内心生活,还具有

① [苏]科恩著,佟景韩等译:《自我论》,北京三联书店1986年版,第261页。
② Mills, C. Wright. 2000. The Sociological Imagination. Oxford University Press.
③ Denzin, N. (1994). Biographical Research Methods, in Husen, T. (1994) Research paradigms in Education, In Husen, T. & Postlethwaite, T. (eds) *The International Encyclopedia of Education*, Elsevier Science Ltd.
④ Bertaux, D. (ed.) (1981). Biography and Society: The Life-history Approach in the Social Sciences, Beverly Hills, CA: Sage.
⑤ Denzin, N. (1987). Interpretive Biography. Newbury Park, CA: Sage.
⑥ [苏]科恩著,佟景韩等译:《自我论》,北京三联书店1986年版,第263页。
⑦ [苏]科恩著,佟景韩等译:《自我论》,北京三联书店1986年版,第260页。

另外一种重要的功能：从某种意义上说，个人自身的经历是处于社会边缘的，而自传将这种经历转化为一种社会价值，它使内心生活外化，并展示给别人。另外，它可以超越流逝和变化，达到永恒和固定的状态。个人以自己的历史为鉴，通过承担和重新塑造自己的过去，不是试图证明命运的偶然性，而是试图证明命运的必然性。因此自传表现了一种关于人的新的境况，但是对于这种境况所可能包含的令人苦恼和无奈的成分，自传也会带来一种疗治办法。它起到一种平衡作用。"①

（二）作为教育研究方法和推动教师专业发展的自传

完整的自传总是显示为"教育自传"，理由是：即便自传的作者不是教师或教育管理者，他也得叙述自己"受教育"的成长经历，他甚至会回想那些对自己的成长发生重大影响的"重要他人"。在这个意义上，卢梭的《忏悔录》是"教育自传"，英国史学家吉本（E. Gibbon）的《吉本自传》是"教育自传"，②德国歌德的《歌德自传——诗与真》是"教育自传"。③所有的自传都可以理解为"教育自传"。

西方的自传领域曾出现明确以总结教育经验为目的的"教育自传"。意大利的维柯（Vico, G.）的《自传》是一部较早的样板。18世纪初，意大利在西班牙帝国统治之下，有一位西班牙贵族泡契阿（C. Porcia）公爵和一些贵夫人为着表示要振兴意大利的教育和学术，提出了一份"请意大利学者们写自传的建议"，"其目的在于改良学校课程和教学方法，来提高学生们"。作为自传的样本，"建议"后面就附载了维柯的这部《自传》。"建议"向自传作者要求："说明出生时间和地点，父母亲属以及生平一切事件，叙述一切关于他的研究的真实细节。先从语法开始，说明语法是怎样教学的，用的是现在通行的方法还是某种新方法；如果是新方法，是否值得赞成，并说明理由。然后依次对各门技艺和各门科学都这样进行说明。要指出学校和教师的毛病及偏见，或赞赏他们的井井有条的课程表和健全的教学法。不要只说老师教得好坏，还要指出应该教而没有教的。接着他就应转到他自己所研究的那门技艺或科学，说明他所追随的或讨厌的是哪些作家，理由何在；他自己已出版过或正在准备写哪些作品，受到怎样的批评，他自己现在怎样进行辩护，在哪些论点上准备承认错误。请他坦白承认自己的错误；只有经过应有的考虑之后，才本着宽宏大量的不偏不倚的态度辩护可以辩护的东西。"④

作为样本的维柯《自传》确实讲述了"老师教得好坏"，指出了教师"应该教而没有教的"，也说明了一个成功的学者年幼时"追随或讨厌某些作家"的理由。

《维柯自传》片段

维柯在1670年出生于那卜勒斯。父母为人正直，身后留下了好名声。父亲为人和蔼，母亲却很忧郁，对孩子的性格都发生了影响。维柯幼年就很活跃，不

---

① ［法］勒热讷著，杨国政译：《自传契约》，北京三联书店2001年版，第57—58页。
② ［英］吉本著，戴子钦译：《吉本自传》，北京三联书店2002年。
③ ［德］歌德著，刘思慕译：《歌德自传——诗与真》（上、下），人民文学出版社1983年版。
④ ［意］维柯著，朱光潜译：《新科学》，人民文学出版社1986年版，第609页。

活动就显得不耐烦。当七岁那年，他从顶楼跌到楼底，这次误伤使他长大成人时性情既忧郁而又暴躁。聪明而又肯深思的人往往如此。由于聪明，他察觉事物之快有如电闪；由于思想的深度，他不喜欢文字上的俏皮或荒诞。经过三年多的长期修养，维柯回到了语法小学。他对老师留给他的家庭作业做得异常快，他父亲疑心他粗心大意，有一天就问老师，他儿子做功课是否像一个好学生那样认真，老师回答说他很认真。他父亲就要求老师给他加倍的功课，老师不赞成，说他应该和全班学生们步调一致，不能自成一班，而且较高的那一班已经走得很远了。维柯听到了老师和父亲的谈话，就大胆地要求老师把自己提升一班，担保愿做必要的准备赶上来。老师答应了他的要求，与其说是相信这孩子真正办得到，倒不如说想试一试他的智力究竟如何。使老师诧异的是，几天后这孩子居然能自教自学。①

　　维柯的《自传》虽然有了"教育自传"的形式和内容，但它对后来的教育自传并没有产生实际的影响。直到自传被引入社会研究领域并成为社会研究的方法，自传才正式获得"教育研究"和推动"教师专业发展"的身份。1998年阿本（M., Erben）主编出版《传记与教育》一书，专门讨论教育研究中的传记或自传方式。其中收录多篇文章如《传记与研究方法》、《自我的故事：教育、经验与自传》、《传记中的学习困难透视》、《教育经验的自传/传记》、《教育历史中的传记方式》、《十八世纪英格兰的非洲奴隶教育的自传》，等等。这些文章展示了传记法或自传法作为一种教育研究方法和促进教师专业发展的特色与多种可能。②

　　在西方行动研究中，不少研究者如英国学者埃利奥特（J. Elliott）、麦克尼芙（J. McNiff）等人采用"自传法"来讲述行动研究的故事。③埃利奥特在《课程实验》一书中以自传的方式回忆了自己在一所中学任教以及后来进入斯腾豪斯领导的"人文课程研究计划"的经历，他将自己的"自传片段"称为《我对制度的理解》。埃利奥特说，他之所以用"自传"的方式讲述自己教育行动研究的故事，实际上是接受了斯腾豪斯的建议。斯腾豪斯鼓励行动研究者撰写自传，通过自传提出行动研究的有关问题并影响后来研究者对教育实践、教育理论以及对教育行动研究的理解。

案例 9-4

埃利奥特的《我对制度的理解》片段

　　圣纳斯是这样一所学校，在这里，可以经常听到学生的声音，学生拥有对课程的介入权。

　　圣纳斯也是教师实验课程决策的一个典范。这种课程实验与其说是教师团

---

① ［意］维柯著，朱光潜译：《新科学》，人民文学出版社1986年版，第612—613页。
② Erben, M. (1998). *Biography and Education: A Reader*, Falmer Press.
③ McNiff, J. (1993). *Teaching as Learning: An Action Research Approach*. Routledge.

体，还不如说是彼此独立的个人和个人之间相互关联的能影响其思维的网络。这是一个很好的网络化学校。我们许多人归属于各种由改革运动构成的已跨越学科边界的策略联盟。这些网络对教育有一个共识，即能使学生运用一个学科的过程和在他们的生活中构建个人意义的源泉是一致的。其他人文学科的教师，诸如历史、地理，被锁定在网络中，也拥有一个相同的课程理念。在学校内，我们形成了一种改革战线。

在圣纳斯，我懂得了最好把教育改革看作是有争议的实验。革新不是强加于不情愿的教师身上，而是当他们的价值观和态度通过证据的讨论而受到影响时，自觉卷入的人数的增加。后来，我知道了这种比较随意的实验被称作"行动研究"。如果一个人相信，尽其所能使课程变革生效，而不是站在改革的对立面，就像我所做的，就是对改革实验最好的概括或理论化。行动研究是改革过程中的重要组成部分，行动研究理论构成了一种理论变革。①

在课程研究领域，美国学者派纳（W. Pinar）把自传作为一个重要的"存在体验课程"（currere）和教师教育研究的途径，在美国一度掀起"传记运动"。②派纳最初的自传研究成果是出版于1976年的《朝向贫困的课程》（*Toward a Poor Curriculum*）。到20世纪70年代，自传理论成为派纳倡导的"概念重建运动"的重要一端（另一端是政治理论）。而且，当派纳在自己的研究领域遇到困难时，他总是试着"重新回到自传"。③

在派纳和他的合作者格鲁梅特（M. Grumet）的倡导下，自传成为课程"概念重建"的一个重要途径，自传被用来重新发现"课程中的个体"。"许多大学和研究生教育中的教师教育者，为了把'讲述他们的故事'作为考察和建构教学假设和实践的一种方法，鼓励学生以自传的形式来写作或讨论。"④我国有研究者受派纳的启发，将自传研究法作为教师教育的一个重要方法。⑤

派纳的学生米勒（J. Miller）在倡导自传时改变了自传的用途，她把自传的重点转向女性主义自传。她反对标签式的自传研究，强调自传的开放性和批判性。米勒的《打破沉默之声：女性、自传与课程》集中地显示了她在教师自传领域所做的努力。米勒对自传的另一个贡献是，她和派纳、格鲁梅特等人一道突破了自传的传统形式，开创了"合作自传"的新方向。⑥

---

① Elliott, J. (1998). *The Curriculum Experiment: Meeting the Challenge of Social Change*, Open University Press. pp.1-16.

② ［美］派纳等著，张华等译：《理解课程：历史与当代课程话语研究导论》，教育科学出版社2003年版，第542页。

③ ［美］派纳等著，陈雨亭、王红宇译：《自传、政治与性别》，教育科学出版社2007年版，前言，第Ⅲ页。

④ ［美］米勒著，王红宇、吴梅译：《打破沉默之声：女性、自传与课程》，教育科学出版社2008年版，第216页。

⑤ 陈雨亭：《教师研究中的自传研究方法——对威廉·派纳"存在体验课程"的研究》，华东师范大学课程与教学系博士学位论文2006年版，第1页。

⑥ ［美］米勒著，王红宇、吴梅译：《打破沉默之声：女性、自传与课程》，教育科学出版社2008年版，第250—257页。

知识驿站

派纳和他的《理解课程》

　　派纳是20世纪70年代"概念重建"运动的发起人之一，当代美国课程领域最富有影响力的课程理论家之一。他对传统的"泰勒原理"提出批评，强调从个体生活经验的角度考察课程，倡导课程理论的多样化和跨学科性。他致力于从自传、种族、性别的角度理解课程，尤其侧重这些领域的跨学科探讨。除《理解课程》这部名著外，他还著有《奇特的水果》、《自传、政治与性别：课程理论论文集 1972—1992》(1994)、《课程：走向新的认同》(1998)、《Maxine Greene激情的思想》(1998)、《把课程理解为种族文本》(1993)、《把课程理解为现象学与解构文本》(与W.Reynolds合编，1992)、《课程作为社会心理分析》(与J. Kincheloe合编，1991)、《当代课程话语》(1988)、《课程与教学：教育的其他方案》(与H. Giroux、A. Penna合编，1981)、《走向贫乏的课程》(与M. Grumet合编，1976)、《课程理论化：概念重建主义者》(1975)等等。他还创办了反映当代课程的杂志《课程理论化杂志》(JCT)。

　　派纳的《理解课程》被认为是继泰勒的《课程与教学的基本原理》之后美国最重要的课程论教科书。该书提供了美国课程理论近170年的发展(1828—1994)，重点论述了美国课程领域经过"概念重建"之后的发展，对"政治课程理论"、"种族课程理论"、"性别课程理论"、"现象学课程理论"、"后现代课程理论"、"自传性课程理论"、"美学课程理论"、"神学课程理论"、"制度课程理论"、"国际课程理论"作了比较详细的解释。

第二节　自传对教师专业发展的影响

　　教师在讲述自己的教育经历时，这种教育经历及其"体验"就为读者提供了理解教师的个人化实践知识的材料。同时，教师的个人自传也为推动教师本人"自我反思"和"教师专业发展"提供了启动装置。

一、推动教师自我唤醒、自我反思

　　"自传"相当于克尔凯郭尔式的"自言自语"[①]，它是人与自己对话。人正是在与自己对话的过程中形成人的"自我意识"并获得"自信感"。奥勒留由此断言："一个人不注意别人的内心活动而变得不幸诚属少见，而一个人若不注意自己的内心活动则必定不幸。"[②]教师自传就是教师讲述个人如何成长或自我如何演变的故事。"回顾过去，作者发现一些事件具有当时不曾料到的后果，另一些事件则是在作者写作之际思考它们时才显示出意义。即使是那些最少自我反思的自传作者也记录自我从童年到青年到壮年的变化。当回顾往事时，观点的彻底改变，如某种改宗经验或政治信仰的改变，甚至可以全盘改变被回

[①] ［苏］科恩著，佟景韩等译：《自我论》，北京三联书店1986年版，第189页。
[②] 奥勒留语，转引自［苏］科恩著，佟景韩等译：《自我论》，北京三联书店1986年版，第119页。

顾的事件的意义。在某些情况下，自传作者并不打算描写一个他或她已经知道的自我，而是去探索另一个自我。这个自我尽管有所变化，却是从一开始就内在于作者自身，等待着一次自我发现，这一发现将会在现在的'我'中把过去的一切汇聚起来。"①

自传的写作过程就是一个自我思考过程，所以蒙田在他的自传性《随笔集》中说，"如果说我创造了这本书，那么也可以说这本书创造了我"；②"已经好几年了，我一心想我自己，我只研究和检验自己，如果我还研究什么别的，那也只是为了有朝一日把它用于自己，或者更确切地说，为了使它归于自己。"③

表面看来，自传不过是"讲述自己的故事"。可是，"讲述自己的故事"主要的目的倒不在于炫耀自己的过去或给后来者留下经验教训。作为"教育自传"，教师在"讲述自己的故事"的当下，就可能发生"自我反思"、"自我唤醒"的效应。人往往以机械重复的方式展开自己的日常生活，人在日常生活中不断重复，也因此而失去"反思"能力。对于那些长久地沉沦于日常生活中的人来说，"说出自己的故事"，就可能因此而引发"自我唤醒"教育效应。

案例 9-5

电影《一一》中的"自我唤醒"

2000年，杨德昌编导《一一》，这部电影获得当年戛纳电影节最佳影片奖。这部节奏缓慢、长达三个小时的电影赢得观众的好感。在这部分电影中，有一个重要的是情节，它暗示了"讲述自己的故事"的相关效应：

敏敏是典型的家庭主妇。她的日常工作是照顾丈夫、孩子和老人，参与朋友的聚会，与同伴聊天，等等。某天晚上，她的母亲因摔倒引起中风。送到医院后，老人一直处于昏迷状态。后来医生建议：让老人回家接受治疗，把她当作正常的人一样，最重要的是常常跟她说话，这样可以刺激她的知觉。

这位女人开始努力和自己的母亲说话，可是，等到她坐到母亲的面前，她竟然不知道究竟可以讲些什么。某天深夜，她向丈夫哭诉：怎么跟妈妈讲的东西都是一样的。我一连跟她讲了几天，我每天讲得都一模一样。早上做什么，下午做什么，晚上做什么，几分钟就讲完了（抽泣）。我受不了了。我怎么只有这么少？怎么这么少？我觉得我好像白活了。我每天像个傻子一样。我每天都在干什么？（哭泣）

她没想到，当她面对她的母亲，开始"讲述自己的故事"时，自己竟然处于"失语"状态。人之所以"失语"，并非自己不会说话，而是自己的日常生活没有

① ［美］马丁著，伍晓明译：《当代叙事学》，北京大学出版社1990年版，第82—83页。
② ［苏］科恩著，佟景韩等译：《自我论》，北京三联书店1986年版，第183页。
③ ［苏］科恩著，佟景韩等译：《自我论》，北京三联书店1986年版，第161页。

值得言说的事件。人无法"聊天"时,就说明自己的生活处于"无聊"、"无意义"的状态。

事实上,这种"无聊"的、"无意义"的状态也不是敏敏一个人的问题。除了敏敏的女儿因"忏悔"而有真诚的言说之外,她的弟弟、她的丈夫也遇到了相同的困难。她的丈夫坐在岳母面前说:这样自言自语对我来说是挺难的。对我自己所讲的话是不是真心的,好像没什么把握。原本自己很有把握的一些事,现在看来好像少得可怜。有时候觉得每天早上醒来的时候,都觉得一点把握也没有。我觉得,好不容易睡着了,干嘛又把我弄醒,然后又要去面对那些烦恼,一次又一次。最后,这个男人在昏迷的老人面前,竟然问:"如果你是我,你会希望再醒过来吗?"

这部电影的精巧之处在于,它让一个老人昏迷,由此老人周围的人不得不讲述自己的故事。人一旦开始讲述自己的故事,人就露出自己的"原形"。

正因为自传具有自我唤醒和自我反思的效应,不少研究者鼓励教师以"讲述自己的故事"的方式来构建自己的个人化教育理论或"保存自己的教育信念"。[1]

二、显现教师"个人化实践知识"

教师个人自传的另一个价值在于:它使教师的"个人知识"(或称为"个人化实践知识")在教师的"个人生活史"的叙说中不知不觉地显现出来,从而缓解"认识你自己"的疑难。[2]

"认识你自己"是自苏格拉底以来的古老的教诲。可是,"认识你自己"虽是古老的教诲,却一直处于遥遥无期的未完成状态。人们要么忙于功利的追逐,而忘记了"认识你自己"这条古训,要么满足于逻辑研究的概念与推理而误入歧途。自传的魅力就在于:它暂时放弃逻辑推理,它将自己带入"个人生活史"的思考和搜索,让自己在个人生活史中领会自己的"个人知识"。

自传让教师不再直接反思自己的个人知识,它让教师从容自如地讲述自己的"个人生活史"(含"专业生活史")以及个人生活史中发生的种种事件。教师一旦开启"个人生活史"的话题,他/她将无须强迫自己使用他人的公共语言以及专业概念去强硬地"提升"自己的个人知识,他/她凭借"个人生活史"的展开而自由进入自己真实的生活世界。这种从容自如的"个人生活史"的叙述将成为触动专业化的个人知识的反思按钮。教师本人的自我反思将在个人生活史的叙述过程中悄然发生。

对研究者而言,教师所讲述的"个人生活史"将成为教师的"个人知识"的背景和边缘。当研究者将教师的"个人知识"作为研究的焦点时,教师的"个人知识"是闭锁的,它不会轻易对研究者开放。当研究者将研究的目光转移到教师的"个人知识"的背景和边缘时,也就是说,当研究者直接进入教师的生活世界而间接地寻觅教师的"个人知识"时,

---

① 黎淑燕、卢芝兰:《教育自传:保存自己教育信念的教育经历》,《人民教育》,2003年15—16期。

② 刘良华:《研究教师个人知识的困难与路径选择》,载陈向明主编:《质性研究:反思与评论》,重庆大学出版社2008年版。

教师的"个人知识"就会在教师的"个人生活史"的某些事件中弹跳出来。研究者可以借助教师生活史中的"本土概念"以及相关的蛛丝马迹，使那些隐匿在教师内心深处的"个人知识"间接地、曲折地"折射"出来。若指望研究教师的个人知识，既可以直接观察教师的行为，也可以阅读教师本人撰写的专业论文。但是，真正有效的路径是：倾听教师的"个人生活史"。让教师"说"出自己的"个人生活史"，这是"口述史"的路径；让教师"写"出自己的个人生活史，这是"教育自传"的路径。

许锡良的《我的教育故事》片段

案例9-6

　　我有十几年写日记的习惯，我高考时的作文几乎得了满分，而且只用了不到四十分钟的时间就一挥而就，一气呵成，几乎没有涂改过一个字，这得力于我多年来写日记练就的写作本领。

　　我在中学任教时就要学生写周记甚至日记。为了练习学生的读写能力并且把这二者结合起来，尝试着让学生在一个时间里读一篇范文，要学生熟记里面的结构、观点及用词，然后再把范文收起来，让学生凭记忆来复写这篇文章。这样做的方法，是我大学时在《富兰克林自传》里读到的。这是美国政治家、科学家富兰克林自己用来提高阅读与写作能力的做法。我自己也多次尝试，觉得练习的效果非常好。在中学里当语文教师后我就是这样来训练学生的。

　　我教过的那所农村中学的第一届毕业生，在毕业前参加省里的作文比赛拿了全县参赛学生中的第一名，全省的一等奖，参加地区的语文知识与能力竞赛，全区的第一名也在我班上，这在当时引起了全县的轰动。以至于当时全县唯一的省重点中学县一中的全体教师在校长率领下来到我们这个偏僻的农村中学听课取经。当我们的校长介绍说，这些参赛得奖的学生全部在我班上时，县一中的教师眼中都露出了敬慕的目光。那时我还只有不到三年的教龄，也就二十出头的一个毛头小伙子，这是我当中学教师六年最为得意的一幕。①

　　加拿大学者康纳利（F. Connelly）和克兰迪宁（D. Clandinin）则把自传作为教育叙事研究中撰写现场文本的一个方式。②他们将个人自传作为探察教师个人化实践知识的一个重要途径："我们中的大多数人没有尝试用传记来重新讲述我们的生活。我们相信，对于探索我们的个人化实践知识来说，它是一个非常有用的起点。在我们的教学中，在上课初我们通常让学员分享简短的自传片段。在口头朗读简单的材料之后再提供篇幅较长的书面材料。我们发现这个办法很有用。我们也要求我们的研究生开始写他们的自传，并根据自传写毕业论文。"③

　　教育叙事研究在中国教育界的兴起和流行推动了中国已有的自传传统，越来越多的

---

①　刘良华著：《教育自传》，四川教育出版社2004年版，第300—301页。

②　[加]克兰迪宁、康纳利著，张园译：《叙事探究：质的研究中的经验和故事》，北京大学出版社2008年版，第109页。

③　Connelly, F.& Clandinin, D. *Teachers as Curriculum Planers: Narrative of Experience*, Teachers College Press, 1988: 37.

中小学教师开始撰写自己的教育自传。比如，北京师范大学出版社2006年出版的"教育家成长丛书"系列作品中，每一本书的开篇都显示为"教师自传"。①

我国有研究者利用"合作自传"的方式促进教师专业成长。该研究选择了四位教师作为"传主"（也称为"案主"），研究者根据四位教师（传主）提供的个人材料分别撰写教师个人自传。然后将撰写的自传返回给传主本人。如果传主本人感觉自传文本不够真实，则由传主提供后续的补充资料，研究者根据后续的补充资料进一步调整自传。②"合作自传"与一般意义上的自传相比，好处在于：第一，它避免了传主本人撰写自传时的随意性，它使自传的资料收集与资料分析以及写作过程更接近科学研究。第二，它避免了传主因工作忙或不善于写作等因素的限制而拒绝撰写个人自传。

三、提供有关教师成长的秘密

对读者或听者而言，教师所讲述的"个人生活史"可以让其他教师获得有关"教师成长"的关键要素。

有研究者通过鼓励教师撰写"教育自传"的途径来研究"好教师"的两个关键要素：一是"对我好"；二是"有激情"。该研究主要通过四种途径收集和整理中小学教师的"教育自传"：（1）在给本科生开设"教育研究方法"、"课程与教学改革"课程时，要求他们撰写自己的"教育自传"，通过反思他们自己的生活历史来研究教师行为对学生的影响。以此作为课程作业的一个部分；（2）在参与中小学教师行动研究的过程中，建议教师撰写"教育自传"，以此作为"自我反思"的一个重要途径；（3）为了鼓励中小学教师撰写"教育自传"，研究者本人也回顾和思考自己曾经作为一个受教育者和现在作为一个教育者的经历。（4）除中小学教师和研究者本人撰写的"教育自传"之外，也收集了某些已经公开出版的各类"传记"文学和具有"传记"意义的电影作品。通过以上四种途径，共收集了485份"教育自传"。该研究采用的研究思路是：第一，阅读所有的教育自传并从这些教育自传中寻找"本土概念"（或称之为"关键概念"）。第二，将这些"本土概念"进行分类。第三，将各类"本土概念"还原为"典型"的教育故事。在叙述这些典型的教育故事时，尽可能解释这些本土概念以及这些典型的教育故事所隐含的教师个人知识。③

案例 9-7

"对我好"与"有激情"

大量的教育自传隐含了"好教师"的两个基本要点：一是"对我好"；二是"有激情"。前者是从学生的角度看待"好教师"的特点；后者是从教师本人的角度看到"好教师"的状态。

① 参见刘可钦著：《刘可钦与主体教育》，北京师范大学出版社2006年版，第3—29页；魏书生著：《魏书生与民主教育》，北京师范大学出版社2006年版，第1—19页；窦桂梅著：《窦桂梅与主题教学》，北京师范大学出版社2006年版，第1—17页。
② 卢明、张红：《"合作自传"促进教师专业成长的个案研究》，《全球教育展望》，2008年第8期。
③ 刘良华：《教育自传中的个人知识：关于"好教师"的调查研究》，《北京大学教育评论》，2008年第1期。

（一）"对我好"

就研究者所收集的"教育传记"来看,不同的教师在与学生交往的过程中总是显现为不同的行为。教师通过自己的行为来影响他的学生。当教师的行为普遍受学生认可、赞赏时,这个教师就被认为是"好老师"。当教师的行为普遍引起学生的反感、憎恨时,这个教师就被认为是"坏老师"。老师"对我好"显示为两个基本要素:一是"赏识",二是"帮助"。

（二）"有激情"

"教育自传"所显示出来的"好老师"的日常行为形象除了"对学生好"之外,接下来的行为是"有激情"。

教师的激情直接地显示为生活的"热情"态度,但更多地显示为教师思想的深度。凡是对生活怀有热情的教师,这个教师总会通过他的热情感染他的学生。相反,如果教师的生活状态呈现为鲁迅所不齿的那样"两眼下视黄泉"、"满脸装出死像",这样的老师必不能引起学生的好感。[1]

第三节　怎样写自传

自传的撰写始于传记事实的收集,终于传记事实的选择和解释。这样,自传的写作过程大体呈现为两个程序:一是收集和整理传记事实;二是选择和解释传记事实。在具体的写作过程中,作者不必严格顺从"收集、整理、选择、解释"的程序,可以在收集传记事实的过程中随时选择并做出解释,或者,在解释传记事实的过程中回头再去搜索和补充新的传记事实。

一、收集和整理传记事实

从收集传记事实的可能途径来看,作者可以采用的方式包括自由回忆、查阅日志、信件、档案、旧报纸、旧杂志,等等。

（一）自由回忆

回忆是撰写自传时最频繁采用的办法。这使自传与"回忆录"保持了类似的形式。教师在撰写自传时并不需要回忆自己所有的经历及其事件,只需要回忆自己做孩子、做学生的故事,自己做家长或做老师的故事:（1）我做孩子的时候我的祖父祖母、我的父亲母亲、我的兄弟姐妹或我周围的环境、我的同伴是怎样教育我的;（2）我做学生时我的老师是怎样教育我的,当时的环境以及我的同伴是怎样影响我的;（3）我做家长时是怎样教育我的孩子的;或者,我做老师时是怎样教育我的学生的以及我是怎样展开我的学校生活的。[2]三者之中,也可以截取其中的片段,做成某个时段的特写。比较成功的例子是吴咏慧的《哈佛琐记》[3]。

---

[1]　刘良华:《教育自传中的个人知识:关于"好教师"的调查研究》,《北京大学教育评论》,2008年第1期。

[2]　刘良华著:《教育自传》,四川教育出版社2005年版,第1页。

[3]　吴咏慧著:《哈佛琐记》,北京三联书店1997年版。

传主可以按照时间的顺序或印象的深刻程度记录自己所能回忆的所有事实。如果某些事件只能回想其中的某些碎片而不能做完整记录,则可以考虑询问自己的父母或某些朋友,让父母或朋友参与传主的回忆。

(二)查阅日志、信件、档案、旧报纸、旧杂志并自编"年谱"

除了"回忆",自传的作者最好通过查阅传主的日志、信件、档案以及相关的旧报纸、旧杂志的方式来收集传记事实。

如果传主一直保持了记录日志的习惯,那么,收集传记事实的最便利的办法就是翻阅传主过去的日志。对于那些打算在未来的某个时间撰写自传的人来说,最好的办法也是养成记录日志的习惯。传主的日记若比较完整而丰富,那么,日记本身就有可能构成自传。比如,1995年,上海人民出版社就曾经推出刘心武、沙叶新、赵丽宏等人的"名人日记"。[①]

在电话与电子邮件尚未普及的年代,书信是重要的交流工具。书信不仅因其书面文字的形式而便于保存,而且因不能及时交流而隐含了思念的情感与美感。可惜,电话以及手机与电子邮件以及QQ等交流工具流行之后,"亲笔信"几乎消失。现在,自传的作者在收集传记事实时,已不太可能获得传主的大量书信,只能退而求其次,去查找那些"交往过剩"而"思念不足"的手机短信、电子邮件、QQ或博客留言。

除了日志和书信之外,自传的作者也可以查找传主出生以来的档案、旧报纸或旧杂志。报纸和杂志虽然可能充满了信息垃圾或花边新闻,但是,那些旧报纸和旧杂志毕竟可以提示:传主自出生以来,周围的世界发生过哪些大事?真实的历史并不一定写在历史教科书中,真实的历史倒可能写在那些市民每天都在阅读和谈论的报纸和杂志之中。旧报纸和旧杂志里的新闻并不能直接构成自传事实,但旧报纸和旧杂志里的新闻可以刺激传主去回忆自己在某年某月某日所经历的某些重要事件及其"时代背景"、"时代精神"。

自传的作者通过传主回忆、查阅日志、信件或档案以及相关的旧报纸、旧杂志的方式获得了足够的经验事实之后,可以采用"年谱"的形式整理传记事实。"年谱"是传记的早期形式。随着现代意义上的自传文学的兴起和流行,自编"年谱"的人越来越少。不过,偶尔也有人假借"年谱"的形式实现自传的功能,比如《吴宓自编年谱》[②]。

"年谱"虽然在自传领域逐渐淡出,但它仍然可以作为收集和整理传记事实的一个有效的工具。自传的作者通过自我回忆或查阅日志、信件、档案以及相关的报纸杂志之后,就可以按照时间顺序,为自己建立一个自编年谱。这个自编"年谱"可以视为自己的"个人成长大事记"。

"年谱"或"个人成长大事记"的完成,意味着第一个阶段("收集传记事实")的暂时结束和第二个阶段("选择传记事实")的开始。

不过,年谱也并不一定由传主本人编写。若传主因时间、写作技巧或身体方面的原因而无法亲自撰写自传,那么,传主可以采用"合作自传"的方式委托他人来为自己撰写自

---

① 刘心武著:《人生非梦总难醒》,上海人民出版社1995年版;沙叶新著:《精神家园》,上海人民出版社1995年版;赵丽宏著:《喧嚣与宁静》,上海人民出版社1995年版。

② 吴宓著:《吴宓自编年谱》,北京三联书店1995年版。

传。在"合作自传"的"合作"过程中,传主只负责提供个人的成长经历,"合作者"通过访问和查阅相关的资料来获得传记事实。如果传主采用口述的方式提供比较完整的传记事实,那么,这种自传一般称为"口述自传"。在合作自传的过程中,传主只负责提供传记事实,合作者负责整理传记事实(包括编制年谱)并完成传记的写作。

二、撰写自传:选择并解释传记事实

通过传主的回忆或查阅日志、档案、信件、旧报纸和旧杂志的方式来收集传记事实,这只是为传记的撰写提供了"真实"的经验材料。即便这种真实的经验材料已经被编制为"年谱"或"个人成长大事记",它们也还是无法构成完整的"自传"。完整的自传除了收集"经验事实"之外,还需要对经验事实进行选择和取舍,以便建立传主的"个性"和故事的"情节"。

为了建立传主的"个性"和故事的"情节",作者需要考虑传记的三个关键要素:一是寻找"成长线索"和"个性身份";二是叙述"个人生活史",由个人生活史带出影响自己成长的"重要他人"和"时代精神"(或称之为"时代变迁");三是"自我反思",通过对"当时的心理感受"和"事后的忏悔",使"自传"与一般意义上的"回忆录"拉开距离。

(一)确认"成长线索"与"个性身份"

自传写作的最大困难就在于:既需要努力回想自己生活中所经历的人和事,又不能将所能回忆的所有事实都排列出来。自传的写作是否成功,取决于自传是否隐含了内在的"情节"。自传是否隐含了内在的"情节",又取决于作者是否留意了"成长的线索"和"个性身份"。

陶渊明的《五柳先生传》虽然算是自传中的经典名篇,但这份中国式的自传有一个弱点:它只是列举了静态的"读书"、"醉酒"、"家贫"三个传记事实。三者之间缺乏动态的发展,没有"时间性",没有"成长线索"。[①]

真正的"成长线索",要么显示成长的"冲突",要么隐含在某个"影射"自己个性身份的"标志"或"形象"之中。

好的故事总是显示或暗示了某种冲突。冲突越宏大、深刻、不可调和,与这种冲突相关的故事就越可读、动听、迷人、感人。冲突越微小,越容易解决或缓解,与这种冲突相关的故事就越不值得阅读。

没有必要期望每一个教师提交的自传作品都是震撼人心的,但教师可以尽量讲述自己成长道路上的"成长冲突"和某个时间所扮演的"个性身份"。

凡有"成长冲突"发生的地方,这个地方就隐含了相关的成长的故事。凡是没有"成长冲突"的地方,这个地方就没有教育故事。好的教育故事总是拉着读者或听众进入某种教育事件及其冲突中。

教育日常生活不断在制造和涌现教育冲突,有些教育冲突是可见的,但大量的教育冲突是看不见的。这些教育冲突潜伏在教育日常生活中,它们保持沉默,处于遮蔽状态。这些看不见的、沉默不语的教育冲突堆积在一起,构成了真实的教育日常生活。做教师的

---

① 赵白生著:《传记文学理论》,北京大学出版社2003年版,第21页。

人,实际上一直被大量的保持沉默的"教育冲突"所包围、围困。

只有那些对教育冲突比较"敏感"的人,才会关注、注视、识别并面对这些沉默不语的"教育冲突"。所谓"敏感",实际上是某种"眼光"("理解力"和"判断力")。而某人是否具有发现教育冲突的"眼光",取决于这个人是否已经形成了自己的"个人化的教育理论"。如果这个人具备了"个人化的教育理论",那么,他对教育实践就有了自己的理解和判断,他就能够"慧眼识冲突"。

教师的个人自传不能直接讲教育道理、教育理论,否则就不是教育自传,而是教育论文。但是,教育自传又需要讲故事的人有自己的"个人化的教育理论";教育自传的撰写需要教师个人已经建立了自己的"教育道理",需要讲故事的人用他的"个人化的教育理论"、"个人化的教育道理"去照亮、公布那些沉默不语的"教育冲突"。比如,人们一直居住在自己的日常生活中,但是只有鲁迅那样的人才识别了"狂人"、"阿Q"、"孔乙己"这些隐藏在中国人的日常生活中的"国民性"及其冲突。

鲁迅之所以能够识别这些"国民性"及其冲突,是因为鲁迅的头脑里积累了关于中国的"国民性"的理解和理论。鲁迅在写小说之前已经形成了自己关于中国"国民性"的理解、理论。鲁迅的小说不过是把这些理解、理论还原为具体的角色。你可以因此而抱怨鲁迅的小说过于"主题先行",过于模式化,但你不得不承认,几乎所有的小说家在写小说、讲故事的时候都有"主题先行"的痕迹。写小说表面上看是"讲故事",实质上是宣布自己的道理、理论。小说家和哲学家、思想家其实是一家人,他们都在宣布、传播自己的理论。小说家只是惯于用讲故事的方式宣布自己的理解、理论,哲学家比较习惯于用写论文的方式宣布自己的理解、理论。

这样看来,教师撰写个人自传并不简单。教育自传并不直接论述教育道理,但教育自传的作者又必须掌握、领会相关的教育道理,然后再把这些教育道理巧妙地隐藏在自己的"描写"中。有"深度"的教育自传与词语的华丽无关,描写的"深度"只取决于所描写的故事背后是否隐含了相关的教育道理或教育理论。

除了留意"成长冲突"之外,建立"成长的线索"和故事"情节"的另一个技巧是确立"个性身份":在大量的传记事实中寻找最能够"影射"自己个性的某个"标志"和"形象"。比如,外人赋予富兰克林多种"身份":印刷人、邮政局长、历书作者、随笔家、化学家、演说家、勤杂工、政治家、幽默家、哲人、沙龙人、政治经济学家、家政教授、大使、公益人、箴言家、草药医生、才子、电学家、战士、代理人、议长、和平缔造者、宾州总统等等。但是,富兰克林本人在他的自传中不断地提示他的"印刷人"的形象。他在遗嘱中劈头就写:"我,费城的本杰明·富兰克林,印刷人……"[①]

与富兰克林不同,萨特对自己的"身份"似乎并不满意。他以《词语》命名他的自传时,他本人也因"词语"而建立他的个性和身份。这个"身份"意味着:萨特一生都在"与词语打交道",他因"词语"而著名,"我生来就是写作的";可是,萨特本人也因词语而苦恼,一度陷入"文学神经症"。于是,他总在寻找另外的"存在"方式,包括他的奇特的"爱的存在"方式。

---

① 赵白生著:《传记文学理论》,北京大学出版社2003年版,第85—91页。

无论萨特对自己的"词语"形象和"词语"身份是否满意，"词语"确实显示了他的"个性"。

如果自传的作者既建立了传主的"个性身份"，又隐含了传主的"成长线索"，那么，它就可能成为出色的自传。

不过，自传是否成功，除了作者能够提供清晰的"成长线索"和"个性身份"之外，还取决于作者是否能够通过"个人生活史"牵引出影响传主成长的"重要他人"和"时代精神"，取决于作者是否能够由"自我反思"提供"心理分析"和"忏悔录"。

案例 9-8

王栋生的"不跪着教书"

我大学毕业已经32岁，要抢回工作时间，此其一；其二，我看不起懦夫懒汉，这也是我能做成一些事的精神动力。我刚到附中就教了一个大循环，从初一到高三毕业，并担任班主任，底子打得比较结实。多年来任文学社指导教师，我还开一门"小说欣赏"选修课，从1984年后连开了十几年。后来参加苏教版初中、高中语文教科书的编写；先后发表过一二十篇教学论文，编过一些自己比较满意的教育教学用书，其中最费心思的是由广西教育出版社出版的《新语文读本》。1988年起，以"吴非"的别名写过一些杂文和评论，作品被收入多种选集。专著《中国人的人生观》和《中国人的用人术》1997年由上海古籍出版社出版，次年出了台湾版，后来被译成韩文在汉城出版；教育随笔《不跪着教书》由华东师范大学出版社出版，有过一些影响。

教学是愉快的，因为教师自身也在提高。作为老教师，我从没有过春蚕丝尽、蜡炬成灰那种凄楚，我在许多方面都有所进展。要求学生做到的，我自己能先做到。也许我在许多方面仍旧像个学生，比如，有时晚上发现自己白天上课犯了错误，恨不得立刻到班上去，把自己的发现告诉学生。

6年前，我参加编写《新语文读本》，之后主编《新语文·写作》（高中卷），前后近三年时间，这些书产生了较大的影响。当时一批志同道合的学者和教师在一起工作，研究语文教学问题，我吸收了一些新观念，对语文教学有了新的思考。这项工作进行到中期，洪宗礼先生邀我参加苏教版初中语文教科书的编写，又因为他多年从事中外母语教学研究，这就又为我拓开了新的视野。比较艰苦的是参加苏教版高中语文教科书的编写，劳累三年，也算进修了三年。我在工作中认识了许多一线教师，他们的实践给了我许多有益的启示。

说不清是什么原因，我喜欢写作。如同阅读是一种生活方式一样，只要不功利，写作也完全可以成为一种生活方式。我坚持认为语文教师应当有很强的写作能力。那种动辄以"我忙"为借口不愿写作的教师，其实大多数是不会写。

我曾在文章中谈到"语文教师应当是思想者"，有人认为是不是拔高了，"思想者"三字不是一般人能担当的。但是我坚持这个观点。知识分子要有自己的立场，要独立思考，否则就不是真正意义上的知识分子。到了痛定思痛时期，变得更强烈。当然，因为思想，痛苦会多一些；而如果没有思想，人生也就毫无价值。[①]

---

① 王栋生：《做一个合格的语文教师》，《语文教学通讯》（高中版），2006年第1期。

（二）由"个人生活史"带出"重要他人"和"时代精神"

教师自传是教师讲述自己的"个人生活史"，可以称之为"一个人的教育史"。可是，"一个人的教育史"并不意味着只叙述"一个人"的故事。恰恰相反，出色的自传总是由"个人生活史"带出影响他的成长的"重要他人"和"时代精神"。

寻找影响自己的"重要他人"，这既是自传（尤其是教育自传或教师自传）的一个任务，也是自传的内在精神。正因为如此，有研究者认为，古罗马奥勒留（M. Aurelius）的《沉思录》是比较典型的"自传"形式。奥勒留在《沉思录》里不断地提出影响自己的"重要他人"。《沉思录》的开篇就提出自己的曾祖父、父亲、母亲、老师、朋友、名人的言行对自己的影响。比如："从我的祖父维勒斯，我学习到弘德和制怒。从我父亲的名声及对他的追忆，我懂得了谦虚和果敢。……"①

完整的教育自传或教师自传的核心内容是回忆自己的亲人、老师和朋友对自己成长的影响。这样看来，钱穆的《八十忆双亲·师友杂忆》最适合做教育自传或教师自传的主题。在这部自传中，钱穆坦言他写自传的目的并不在于记录"一人之事"："余所追忆亦可使前世风范犹有存留。读此杂忆者，苟以研寻中国现代社会史之目光视之，亦未尝不足添一客观之旁证。有心世道之君子，其或有所考镜。是则凡余之所杂忆，固不仅有关余一人之事而已。"②

以这个标准来考量，胡适的学生罗尔纲的《师门五年记》只能算是教育自传的一个"切片"。在这部自传中，罗尔纲"只字不提日常琐事，专讲五年间师生的切磋学问"。③

除了叙述那些曾经影响自己的重要他人之外，完整的自传往往由"个人"的成长史牵引出他所处的"世界"（"时代背景"或"时代精神"）。这样看来，曹聚仁将他的自传称为《我与我的世界》，算是明智的选择。④与曹聚仁相比，梁启超似乎更看重"我与我的世界"。他在"自传"中叙述自己的出生年月时，自信地列举当时的"世界大事"："余生同治癸酉正月二十六，实太平国亡于金陵后十年，清大学士曾国藩卒后一年，普法战争后三年，而意大利建国罗马之岁也。"⑤蒋梦麟则在他的自传《西潮》里向读者交代："我原先的计划只是想写下我对祖国的所见所感，但是当我让这些心目中的景象——展布在纸上时，我所写下的可就有点像自传，有点像回忆录，也有点像近代史。"⑥在蒋梦麟的自传中，三分之一的篇幅专门讨论中国文化特征、中日关系，等等，这使自传几乎远离了作者的"个人生活史"。不过，这样的笔法虽有失"自传"的身份，却在"我"与"我的世界"的关系上做了大胆的尝试。

① ［古罗马］奥勒留著，何怀宏译：《沉思录》，海南出版社2002年版，第3页。
② 钱穆著：《八十忆双亲·师友杂忆》，北京三联书店2005年版，第44页。
③ 陈平原著：《中国现代学术之建立——以章太炎、胡适之为中心》，北京大学出版社1998年版，第325页。
④ 曹聚仁著：《我与我的世界》，人民文学出版社1983年版。
⑤ 陈平原著：《中国现代学术之建立》，北京大学出版社1998年版，第322页。
⑥ 蒋梦麟著：《西潮·新潮》，岳麓书社2000年版，第15页。

案例 9-9

刘良华的《教育自传》片段

影响我的重要他人

每个人的成长，总会受他人的影响。有些人的影响不怎么重要，是不怎么重要的他人；有些人的影响很重要，是"重要他人"。

小学的胡老师，是第一位影响我的重要他人。小学三年级以前，我的成绩很糟糕，属于老师心目中的四个笨蛋之一。

我在小学三年级读了两年。这是我人生中的第一次留级，也是最后一次留级。

直到第二个三年级的某一天，我忽然成了班上的英雄人物。那天我们的数学老师去了亲戚家，学校的胡老师临时作为代课老师走进了我们的教室里。

胡老师是我的邻居。我们两家关系说不上好，但好像也不怎么差。在那节课上，胡老师猛烈地鼓励我、赞赏我。（这可能是湖北人的毛病：湖北人一旦喜欢某个人，就猛烈地喜欢他。）我呢？就开始猛烈地喜欢胡老师的样子，喜欢胡老师的数学课。那天放学后，胡老师让我检查其他同学的作业，凡是经过我检查合格的，就可以回家。如果不合格，就留下来更正（你知道什么叫做"农奴翻身"吗）。那天晚上我把很多同学留在了教室（这叫"小人得志便猖狂"）。

几个星期后，胡老师推荐我参加全镇小学生数学竞赛。事先我并不知道这事，那天早晨我上学迟到了，没赶上出发的时间。远远地看见胡老师骑车带着两个学生离开了村庄。当时听说胡老师推荐了我，因为等不及了，才临时换了一个人。我心里虽然将信将疑，但莫名其妙地兴奋了整整一天。直到今天我都坚持：所谓好老师，就是能够让他的学生莫名其妙地兴奋整整一天的人；所谓坏老师，就是每隔一段时间总是让他的学生莫名其妙地痛苦整整一天的人。[①]

（三）由"自我反思"提供"心理分析"和"忏悔录"

西方的自传从奥古斯丁开始，就延续了心理分析和忏悔的传统。奥古斯丁的《忏悔录》、卢梭的《忏悔录》和托尔斯泰的《忏悔录》，一起被称为"世界三大忏悔录"。[②]

一般意义上的传记（"他传"）也许无法提供过多的心理分析，因为传主的心理感受很难为外人知道。自传的优势就在于：作者就是传主本人，自己可以回忆当时的心理感受或表达"事后的忏悔"。

出色的自传几乎没有例外地显示为大量的心理分析和忏悔意识。萨特的《词语》之所以著名，正与萨特的自我分析和忏悔意识相关。萨特在《词语》中随时为读者提供自我反思和心理分析，比如："事实上，我父亲的突然隐退留给我一种极不完整的'恋母情结'：没有超我，这我赞同，但我同样没有进攻性。我的母亲是属于我的，没有任何人因为我平静地占有她而向我挑衅：我不知暴力与仇恨为何物。同时，我还被免除了学徒期间艰难的一课——嫉妒。"[③]

---

① 刘良华著：《教育自传》，四川教育出版社2006年版，第103—105页。
② ［俄］托尔斯泰著，冯增义译：《忏悔录》，华文出版社2003年版。
③ ［法］萨特著，潘培庆译：《词语》，北京三联书店1989年版，第15页。

与西方自传相比,中国的自传向来缺乏心理分析,更缺乏忏悔意识。罗尔纲在《师门五年记》中说:"我这部小书,不是含笑的回忆录,而是一本带着羞愧的自白。其中所表现的不是我这个渺小的人生,而是一个平实慈祥的学者的教训,与他的那一颗爱护青年人的又慈悲又热诚的心。"[①]该书原名《师门辱教记》,原因是:"我沉痛地感到有负师教与他对我的希望"。[②]尽管如此,罗尔纲的这部自传急于宣示他的成长历程和学术成就,仍然看不到深度的"忏悔意识"。

案例 9-10

张文质的"教育忏悔"

到期末时,学校评选我班级为校先进班级,全班喜气洋洋。按惯例,先进班级要拍集体照,同学们穿得漂漂亮亮,来到操场。排列位次时,大家仍然兴奋不已,摄影师喊几次还是排不成队。我只好亲自出马,又喊了半天,同学们仿佛完全陷于相互交流的快乐之中。我突然气极了,脱口而出:"你们都是混蛋!"话音未落,空气就像凝固了一般,很快拍完了照,我没有回到班上。当天晚上,我一直想着这件事。第二天早读时,我对大家说:"我度过了一个非常难过的夜晚。上个学期,我上课时对捣乱不止的郑树同学大吼一声:滚出去!后来我在班上向郑树和全班同学诚恳地道了歉,大家也原谅了我的粗暴。这个学期我努力做班主任工作,班级起色很大,有些同学说年段其他5个班级加起来的笑声也没我们班多,我心里挺得意。没想到,昨天我那样对待你们,我感到被自己打败了。我心灵深处仍然有很可怕的力量,有时它控制了我。要成为你们心目中的老师,道路是多么漫长,但愿我还能走下去!"[③]

三、传记事实中的"真实"与"虚构"

让传主"回忆"自己的生活经历,查阅传主的日志、信件、档案、旧报纸、旧杂志,这样做的目的是为了寻找"真实"的传记事实。传记的写作乃是对那些真实的传记事实进行选择和解释。有人甚至将"讲述真实的故事"、"拒绝虚构"视为"传记家的誓言"。

不过,在具体的自传写作的过程中,"拒绝虚构"并不容易。传记既然被认定为介于史学和文学之间的形式,这种形式的写作就可能既亲近历史研究又类似文学创作。对前者的强调意味着自传的写作必须保持必要的忠实和真实;对后者的强调意味着传记的写作必须有某种"艺术"品格并以此张扬传主的"个性"和"故事情节"。英国传记作家沃尔夫(V. Woolf)也因此而视传记为"最难的艺术",原因在于:"事实的真实和虚构的真实水火不容。可是,他(传记家)最迫切地需要把这两者糅合在一起。因为虚构的生活在我们看起来更真实,它专注的是个性,而不是行为。……然而,如果他滥用虚构,不顾真实,他

---

① 罗尔纲著:《师门五年记·胡适琐记:增补本》,北京三联书店2006年版,第7页。
② 罗尔纲著:《师门五年记·胡适琐记:增补本》,北京三联书店2006年版,第55页。
③ 张文质著:《唇舌的授权》,福建教育出版社2001年版,第168页。

的作品只会出现不和谐。结果,他会失去两个世界:他既不能享受虚构的自由,也不能得到事实的精髓。"①

吴尔夫在这里提出了两种"真实":一是事实的真实,二是虚构的真实。看来,在自传的写作过程中,虚构,还是非虚构,并不是一个简单的问题。吴尔夫提醒人们不"滥用虚构",言外之意,自传总是不可避免地隐含了虚构的成分。汉密尔顿对自传的定位更清楚,他将传记定义为"既创造而又非虚构的作品"②。自传是"非虚构"的作品,但同时它又是一种"创作",而不是"实证研究报告"。

所谓"虚构的真实"或"既创造而又非虚构",这是说,自传不同于虚构的小说、戏剧或电影故事,它必须"讲述真实的故事"。而在"讲述真实的故事"的前提下,自传又可以保持某种文学的品位。歌德将自己的自传称为《诗与真》,言外之意,这份自传既讲述真实的故事,也有诗化的艺术创造。尽管有人批评说:"歌德的《诗与真》是迄今为止最伟大的德国自传,但它也最清楚地表明了自身的失败",但也有人认为它解决了"自传里的难题,这是一次罕见的成功"。③

无论东方还是西方,自传领域并不缺乏"虚构"的先例。美国传记作家韦牧斯(M. Weems)撰写《华盛顿传》时,特意虚构了"樱桃树的故事"。④但虚构并不能阻挡《华盛顿传》在过去的100年时间里再版80多次而使韦牧斯成为"美国历史上最著名的英雄故事的作者"。陶渊明的《五柳先生传》开篇就声明"先生不知何许人也,亦不详其姓字。"这简直是对"拒绝虚构"的"传记家的誓言"的公然挑衅。但是,这并没有引起读者的反感。周作人在叙述近代作家费名的故事时,说:"费名之貌奇古,其额如螳螂,声音苍哑"。⑤额如螳螂虽然夸张,但它为读者提供了有趣的想象的空间。

自传的写作发展到了胡适的年代,按说,经过长期的努力,人们已经克服了真实与虚构的难题。但是,胡适本人写自传时,也还是感到为难。他本人的说法是,"我本想从这40年中挑出十来个比较有趣味的题目,用每个题目来写一篇小说式的文字,略如第一篇写我的父母的结婚。这个计划曾经得好友徐志摩的热烈的赞许,我自己也很高兴,因为这个方法是自传文学上的一条新路子,并且可以让我(遇必要时)用假的人名地名描写一些太亲切的情绪方面的生活。但我究竟是一个受史学训练深于文学训练的人,写完了第一篇,写到了自己的幼年生活,就不知不觉地抛弃了小说的体裁,回到了谨严的历史叙述的老路上去了"。⑥

在真实与虚构之间,胡适确实做了最后的选择。但是,这个选择并不意味着"真实自传"的彻底凯旋。胡适"抛弃了小说的体裁"而"回到了谨严的历史叙述的老路"之后,真实与虚构的张力依然存在。

① 转引自赵白生著:《传记文学理论》,北京大学出版社2003年版,第50页。另参见杨正润:《索解司芬克斯之谜——漫谈现代西方传记新方法》,载中国·中外传记文学研究会编:《传记文学研究》,湖南文艺出版社1997年版,第41页。
② Hamilton, N. Biography: A Brief History, Harvard University Press, 2007: 1.
③ 参见赵白生著:《传记文学理论》,北京大学出版社2003年版,第33页。
④ 赵白生著:《传记文学理论》,北京大学出版社2003年版,第71页。
⑤ 赵白生著:《传记文学理论》,北京大学出版社2003年版,第76—77页。
⑥ 胡适著:《胡适自传》,江苏文艺出版社1995年版,自序,第5页。

究竟如何维护自传写作中的"虚构的真实"或"既创造而又非虚构"？自传的作者可以听从内心的召唤而自己作出抉择。

知识驿站

汉密尔顿和他的"传记简史"

汉密尔顿(N. Hamilton)，出生于英国。1981年开始发表有关"蒙哥马利"将军的系列传记，迅速成为知名的传记作家。为了推动传记的出版和传播，汉密尔顿于1987年与人合作，在伦敦开办"传记出版社"和"传记书店"。1988年移居美国，开始收集美国总统肯尼迪的相关资料。1992年出版《肯尼迪传》，名声大振。1994年返回英国，专攻传记研究，成立了"英国传记研究中心"(the British Institute of Biography)。后来，为了撰写美国前总统克林顿的传记，他再度来到美国。2003年出版《克林顿传》第一卷(第二卷于2007年出版)。2005年，他成为美国多所大学的研究员，专门从事传记艺术研究。2007年发表《传记简史》(*Biography: A Brief History*)。2008年发表《怎样写传记》(*How To Do Biography: A Primer*)。①

本章小结

本章从讨论了自传的兴起与发展及其原因；解释了自传对教师本人的专业发展影响以及对其他教师的专业发展的影响；提出了撰写自传的三个策略：真实、有冲突和情节、隐含相关的教育道理。

关键术语

自传、合作自传、自我反思、个人化实践知识、叙事研究

思考与讨论

1. 想一想、做一做：

写一份自己的教育自传，然后相互传阅并讨论。

2. 想一想、做一做：

你读过哪些"好自传"？与大家交流你曾经读过的"好自传"，并说出其好在哪里。

---

① 刘良华：《汉密尔顿和他的"传记简史"》，http://blog.sina.com.cn/s/blog_502e7a6d0100cchd.html.（2009-3-02）[2009-3-22]

3. 想一想、做一做:

自传对教师专业发展有哪些影响?

4. 想一想、做一做:

写一份"合作自传",并讨论合作自传与访谈的关系。

5. 案例分析:

请分析下面这份案例中隐含了哪些"个人化教育理论"。

遥远的高三八班(节选)

孔庆东

文科班存在的时间不到两年,但在同学的记忆中,却俨然是一个完整的阶段。那是因为我们班不仅集中了全年级的大量精英,而且发生了数不清的趣谈逸事。

首先是干部严重过剩。当过班长和团支书的足够组成一个"政治局",班委和课代表俯抬皆是。班主任左平衡,右解释,总算草草委任了一届"内阁"。我们班主任教语文,四十多岁,长得很像那时的影星颜世魁,一张黑脸上布满杀气,永远穿着一身黑色中山装和一双黑皮鞋,拿着一本黑教案,我们管他叫老魁,管他上课叫"黑手高悬霸主鞭"。我跟老魁说,我在初中当过学生会主席,领导这个班,没问题,老魁一摆黑手,你啥也别当,就给我当语文课代表,有事儿我直接找你。后来我才明白老魁的用意,并由此悟得了许多"统治之道"。10年后我也在北京一个中学当过一年班主任,也是让最可靠的学生当语文课代表。其实老魁很少找我,可我们班同学,尤其是女生,都造谣说老魁待我像亲儿子。我说老魁从未表扬过我,而且还批评过我,都没用。现在回想起来,才明白老魁在重大事情上都是依靠我的,只是感情不外露而已。

文科班虽然"内阁"整齐,人才滚滚,但班级的实际权力机构,或者说权力核心,是"十三棍僧"。那时电影《少林寺》风靡一时,我们班五十多人,却只有十二个男生,于是加上老魁,就号称"十三棍僧"。别看男生只有十二个,却有六个的成绩排在前十名。即使成绩排在后面的,也各有神通。比如班长田凤,英俊倜傥,聪明绝顶,具有极强的组织领导能力,待人谦和仁义,办事成熟老练,文艺体育都是能手,口才又极佳,看过一部电影,他可以从头到尾讲得跌宕起伏,大家都很佩服他。可不知为什么,他的成绩总不见提高,也许是一个人太多了,对命运就缺乏危机感,区区分数也就不大放在眼里了。

我们十二个男生,一半坐窗下,一半坐在后边。每天嬉笑吵闹,令女生十分痛恨。班里的大事小情,都由男生说了算。其实三十九名女生里头也人才济济,但女生一多,就好比鸡多不下蛋,谁也不服谁,谁也甭想出头,干脆乐得让这帮傻小子领导,自己正好安心学习——我估计这就是母系社会垮台的根源。可是学习这东西很邪门,不专心学不好,太专心也学不好。众女生成天心无旁骛,出来进去手不离书,口中念念有词,一脸三贞九烈的样子,却大多数事倍功半。比如团支书刘天越,从来不抓团的工作,一大早来到教室,就粘在座位上一动不动,下课也不出去,吃午饭时,她的同桌赵静把饭盒放到她面前,满满一大盒饭菜,她居然吃得一粒不剩,可见她的蛋白质消耗是够大的。我们那时男女生之间相敬如宾,很少直接说与学习无关的话。我和同桌肖麟与她们相隔一个过道,经常旁敲侧击,冷嘲热讽。我对肖麟说:"看,又吃了一槽子。"肖麟说:"已经一上午没出窝了。"刘天越听了,只是低头窃笑,继续背书。可她如此用功,也只能在女生里排进前五名,不具备领导男生的威望。这些该死的男生,上课说话,自习吵闹,一下课就跑出去翻单杠、扔铅球,可是学习就是棒,见解就是高,办事就是灵,而且老师们还喜欢。真不知上帝是怎么安排的。

进一步阅读的文献/网站

1. 赵白生著:《传记文学理论》,北京大学出版社2003年版。

2.[日]川合康三著,蔡毅译:《中国的自传文学》,中央编译出版社1999年版。

3. 陈兰村主编:《中国传记文学发展史》,语文出版社1999年版。

4. 张倩仪著:《另一种童年的告别》,北京商务印书馆2001年版。

5. Hamilton, N. (2007). Biography: A Brief History. Harvard University Press.

6.[美]米勒著,王红宇、吴梅译:《打破沉默之声:女性、自传与课程》,教育科学出版社2008年版。

7.[美]派纳等著,陈雨亭、王红宇译:《自传、政治与性别》,教育科学出版社2007年版。

8.[苏]科恩著,佟景韩等译:《自我论》,北京三联书店1986年版。

9.[德]歌德著,刘思慕译:《歌德自传——诗与真》(上、下),人民文学出版社1983年版。

10.[美]亨利·亚当斯著,周荣胜、严平译:《亨利·亚当斯的教育》,中国社会科学出版社2003年版。

11. 胡适著:《胡适自传》,江苏文艺出版社1995年版。

12. 张文质著:《唇舌的授权》,福建教育出版社2001年版。

13. 刘良华著:《教育自传》,四川教育出版社2006年版。

第十章 教师入职辅导中的师徒制

通过本章学习,你能够

◆ 了解现代学校师徒制的由来以及学校中的师徒制与企业中的师徒制的差异;

◆ 理解师徒制在学校中是运作内容与方式;

◆ 了解在教师专业发展背景下师徒制的改进思路。

第一节 现代教师培训体系中的师徒制

师徒制,也称为"师徒带教制"、"师徒结对"、"以老带新"或"传、帮、带"等,虽然说法不同,但其意和实质是相同的。作为一种经验形式,师徒制已在教育中广泛运用,并对新教师入职适应与专业成长起着重要的作用。现行教育培养新教师这种形式借鉴了古代行会中学徒制的做法,并经历了职业教育的再发展。梳理师徒制的发展历程,有助于我们更好地认识师徒制的内涵。

一、古代职业培训中的学徒制

人们一向认为学徒制度起源于欧洲中世纪行会组织中的一种教育形式,但学徒制本身可以追溯到古代甚或是更早的原始时代。在人类进入有史时代之后,传授与学习逐渐成为一种有意识的活动,便产生了学徒制度这种最简单的形态。①

学徒制的最初形式是为了生存,父辈通过口耳相传的方式将生产和生活经验传授给自己的后代,而晚辈则通过模仿、在边干边学中习得这些生存技能。随着社会经济的发展,手工业作坊逐步扩大,仅仅靠父辈和自己的后代已不能维持,在追求经济利益的驱使下,开始招收其他年轻人到自己的作坊里来做帮手,并将技艺传授对象扩大到除自己后代以外的孩子。于是这种以父子关系为基础的学徒制开始转向以契约形式为基础的学徒制,并且学徒制在历史的发展过程中也形成了许多约定俗成的规则。

11世纪,欧洲行会兴起并发展,学徒制作为中世纪手工业行会的显著特点之一,与行会一同建立起来。12到13世纪,贸易的发展和市场的扩大促进了城市手工业的日益发展,手工业者的经济地位也随之得以提高。为了加强团结、扩充实力和提高其社会地位,

---

① 细谷俊夫著,肇永和、王立精译:《技术教育概论》,清华大学出版社1984年版,第11—12页。

同行业的手工业者开始组织行会,保护本行业的利益。纳入行会统治下的手工业,其生产经营方式——学徒制也不可避免地受到行会的监督和掌控。最初,行会对于其成员雇佣徒弟这种现象只是采取承认的态度,并把师徒之间的关系看作是一种私人关系。但随着行会权利的扩大,且出于保证其行业良性发展的目的,行会开始转向监督学徒制,进而对学徒制进行了严格的规定,如徒弟的义务、编制师徒合同等。因此,从13世纪中期到17世纪中期,师徒制逐渐从私人性质的制度过渡到公共性质的制度。

中世纪学徒制不仅促进了手工工业的持续发展,而且还具有一定的教育意义:首先,由于学徒人数少、学习期限长,不仅师傅可以全面照顾学徒的学习,还有助于学徒的技艺真正提高到工艺师的水平。其次,学徒制是在公共监督下的一种教育形式。从师徒合同到学徒期限、学徒人数、劳动时间等一系列问题都是由行会决定,并且行会工作人员也会定期到车间巡视并监督培训学徒的实施情况,这为学徒制的效果提供了保证。再次,技术教育与品德教育同时并举。师傅不仅要传授技艺,而且还要进行包括读、写、算、道德品质和宗教教育在内的广泛教育。因此,中世纪的学徒制,一方面是一种真正理想的技术教育体制,同时也是一种卓越的社会教育组织。[①]

二、学徒制瓦解,职业教育兴起

随着贸易和财富的聚集,一些获得财富的师傅逐渐掌握了生产上的统治权。他们以自己的资本力量扩大经营规模,并把那些不能独立当上师傅的工匠们置于自己的控制之下。由于相互竞争日益激烈,使得人们放弃了生产优质产品,而热衷于生产廉价产品,以致行会终于堕落成为产业组织的障碍物。在它衰落的同时,具有悠久传统的师徒制也开始出现了衰退。

在18世纪60年代至19世纪70年代之间,欧洲主要国家先后通过产业革命实现工业化,即以机器工业生产取代手工业生产。新机器的发明和机械化、专业化的大工业生产大大加速了旧的学徒制的崩溃。首先,大工业生产增加了对一般劳动力的需求,在吸纳了很多原先从事家庭劳作和一部分手工业者后必然使原先从事技艺传授的人大大减少。其次,工业生产降低了对劳动者的技能要求,使工人变成了机器的附属品,手工业者因无法与大工业竞争而变得非常不稳定。手工业性质发生变化,学徒更多的被当成劳动力使用,人们拜师学艺的热情有所减退。另外,机械化、专门化的生产使每个劳动者从参与一种产品生产的全过程转变为只参与某一道工序的生产,整个手工业生产的秘密因工序的划分而破解,手工业在生产中的作用越来越小。工人只要在很短的时间内学会简单的操作便可从事生产劳动,这激发了儿童和家长迅速获得工资的愿望,并认为拜师学艺耗时而没必要。技术进步带来的上述种种影响加速了学徒制的灭亡。同时随着《工匠、徒弟法》的废除和《济贫法》的修订,旧式的学徒制度已不再为了职业和社会的共同利益而受到统治,也没有通过法律要求强制执行的约束,终于不得不自行消亡。[②]

---

① ［日］细谷俊夫著,肇永和、王立精译:《技术教育概论》,清华大学出版社1984年版,第24页。
② 细谷俊夫著,肇永和、王立精译:《技术教育概论》,清华大学出版社1984年版,第31—32页。

学徒制瓦解之后，代之而起的是职业教育的发展。究其原因，主要有以下两个方面：第一，大机器工业生产对劳动者的素质提出了更高的要求。19世纪与20世纪之交，以电力为动力的机器体系逐步取代以蒸汽为动力的机器体系，实现了生产工具的专业化、工艺过程的复杂化和产品的多样化，过去那种通过在生产劳动中掌握生产技能的方式、凭借经验来进行生产劳动的方式已经变得难以适应产生发展的需要，劳动者必须掌握一定的科学知识和技能。如果工人不能看懂图纸，便无法进行操作。工人不仅要能够操作机器，还需了解机器生产的一般原理，并以文明的态度对待越来越精密的部件和机器，并适应现代企业管理的新情况与新要求。[①]

第二，科学技术从生产生活中分离出来，变成脱离直接经验的独立知识体系，使得过去那种准劳动力的培养方式无论是在质量上还是数量上都远远满足不了大机器工业生产的需要。因此，生产方式的改变也要求劳动培养形式发生根本的改变，即由过去那种在生产过程中以师傅带徒弟的传统方式转换成另一种在生产活动之外集中培训的现代方式——现代学校职业教育。并且，由于大机器工业生产在生产劳动中的广泛使用，极大地提高了社会生产力水平和劳动效率，使得物质财富迅速增加，这也为发展包括职业教育学校在内的学校教育提供了必要的物质基础。

正是在这种背景下，职业教育从初等职业教育、到中等职业教育、到高等职业教育得到蓬勃的发展。并在此外相当的历史时期，学校职业教育形式在职业教育与培训体系中一直占有主导地位。

三、现代学徒制思想应运而生

然而，职业教育发展到一定程度以后也暴露出一些弊端。首先，很多学校的职业教育脱离生产，导致学生毕业后空有理论知识，缺乏实际的操作技能；其次，由于原先的职业教育主要是在与职业现场平行的学校中进行的，学校能供学生操作的技术设备比较少，即使有相关的技术设备，但是巨额的设备成本使得它终究无法跟上企业技术设备更新的步伐。同时，由于知识更新速度日益加快，学生毕业后无法将原有职业课程中所学的知识与技能运用于特定的工作岗位，狭窄的职业口径越来越不适应日趋频繁的职业流动性。学徒教育与学校教育最重要的区别在于：在学校教育的环境中，作为教与学对象的知识和技能已被从它们实际运用的情景中抽象出来，以教材、教科书等形式独立存在，由此造成了理论与实践的脱节；而在学徒教育中，作为学习对象的知识和技能则存在于实际运用的情景中，学徒是在解决真实任务的过程中进行学习。

基于对职业教育的反思和对学徒制价值的重新评估，构建现代学徒制度的思想应运而生。现代学徒制度并非传统学徒制度的回归，而是在吸收传统学徒制的优点以及融合现代学校职业教育优势的基础上发展起来的，它强调学校与企业之间的合作，师傅指导与职业技术理论教育并重。

[①]　陈桂生：《且说初任教师入职辅导中的师徒制》，《湖南师范大学教育科学学报》，2006年第5期。

四、现代学校中师徒制的建立

义务教育的普及和发展,对教师的数量和质量提出了更多的要求。为满足这些需求,师范教育承担起了师资培养的任务并发挥了积极作用。但是随着师范教育的不断发展和教育改革的推进,人们逐渐认识到这种以大学为本的教师职前教育模式存在很多弊端。它基本上是依据大学科系的学术性和专门性进行设计,而不是依据教育实践问题和实践知识建构的,课程内容过于理论化、抽象化。教育教学活动基本上局限于狭窄的大学课堂之内,封闭在与社会隔离的校园之中,学生的学习脱离了社会实践,无法将所学的理论知识指导教育实践。唯一有机会接触中小学教育实际的实习,也由于实习时间短、实习安排不合理、政策不明确、法规简略、社会压力(如中小学因担心影响升学率和扰乱教学秩序而不乐意接受实习等)等因素的影响,而使得实习对培养师范生教育教学实践能力起到的作用大打折扣。[①]由此,传统的师范教育没能为师范生的未来从教做好充足的准备,许多师范生在正式从教时缺乏应有的实践知识和智慧。

基于对传统师范教育的反思,人们开始逐渐认识到:其实职前教育的功能很有限,它无法全面解决整个师资培养和教育改革的问题,不仅由于师资培养问题不是一蹴而就的事情,短短的几年师范教育不可能培养出优秀的师资,更由于教育本身就是一种实践性很强并随着社会发展不断改进的职业。因此,师范教育的结束并不意味着整个教师教育过程的终结,统一的师范教育只是单纯的"助跑"阶段,师范生还需花更长的时间将所学的理论知识运用于实践并接受实践的检验。"学然后知不足,教然后困",随时在教,随时在学;教中学,学中教,在职教育是无限的。由此,在职培训的思想被广泛接受。

传统的教师在职培训一般采用将中小学教师集中起来由大学或教师教育机构进行统一培训,但由于这种培训太过关注理论而忽视对教师教学实践情境的关注,太过强化知识传授而忽视教师专业发展问题与需求的考察,太过突出被动接受而忽视学习者的主动参与。因此,立足于学校,推行以学校为基地的教师在职培训被越来越多的人认可。

事实上,在现代学校中一直有立足于学校来培训教师、提升教师专业水平的传统。最典型的就是学校中的师徒制了。学校中的"师徒制"有多种名称,比如"以老带新"、"师徒结对"、"师徒帮带"、"青蓝工程"等,虽然名称不同,其实讲的都是同一件事。即在学校中"初任教师(新教师)入职辅导,采用有经验的教师与初任教师结成对子的办法,对初任教师进行个别辅导。由于这种办法借鉴古代行会中的学徒制,故称其为'师徒制'。学校中的这种师傅带徒弟的办法,一方面不仅可能对于初任教师开始适应教师职业生涯有一定帮助,还可能使入职期(少则1年,多则3年)已满的年轻教师的教学业务进修得到专门的指导。另一方面,它也可能使学校中卓有建树的教师所代表的学校文化得以传承。"[②]

---

① 赵昌木:《教师成长论》,甘肃教育出版社2004年版,第141—151页。
② 陈桂生:且说实任教师入职辅导中的"师徒制",《湖南师范大学教育科学学报》,2006年第9期。

案例 10-1

在日本,师徒形式的新教师培养更多的体现在新任教师研修制度的校内研修中。它对初任教师、指导教师以及校长、学科专员、辅助教师、学校中的其他老师都提出了相应的要求,如对规定初任教师都要参与校内研修。为了促进初任教师对研修活动的参与,缓解初任教师面对的困难和挑战,学校分派给他们的课时数和任务有一定程度的削减,减少部分由辅助教师承担。每个初任教师都有相应的指导教师,负责初任教师的校内研修。指导教师要在校长及教导主任的指导下,为初任教师的校内研修制订年度计划,填写培训日志,汇报培训实际进行情况以及有关培训会议的详细评论,并作好指导的后续工作。根据文部省拟定的《年间研修计划要领方案》,每学期指导教师的指导重点都有详细的规定,比如有"成绩通知单的制作和各种簿册报表的整理","学生午餐指导与清扫工作指导"等[1]。日本对新教师这种一对一的指导方式带有一定的强制性,在初任教师研修制度中对其做了统一的规定。

在美国,由于实行的是分权式的教育管理体制,因此各个州的教师入职指导计划不尽相同。但是"师徒结对带教"是一种被美国中小学广为采用的新教师培训模式。由具有经验的专家型教师担任指导教师。他们具有很强的教学能力,不仅能给新教师提供足够的自由发展空间,帮助新教师把教学理论迁移并运用到工作中去,还能够精通问题的诊断,对症下药,提出解决问题的办法。同时他们还要评估新教师的教学工作。为了使这种传统的模式在信息化的时代继续发挥其作用,美国教育界采取了一系列的行动来完善这一模式。这些行动主要包括对带教者素质的研究和探讨;建立带教者支援系统;新教师支援网络等。[2]

英国把在职培训作为师范教育中的一个阶段,并强调在专业培训阶段中的"入门指导年",即针对完成专业培训第一年学习已经领到教师执照的学生,要在受聘学校工作一年接受该校专业指导教师的监督和指导。在英国的初任教师入职引导制度中,对初任教师和指导老师等相关人员提出了一定要求。如规定每一个初任教师都有一名指定的指导教师。一名指导教师可以指导一至多名的初任教师,如果学校中有两个以上的指导教师,还需要引导协调者协调他们的工作。指导教师直接管理初任教师,一般资历较深,校长也可以成为指导教师,他们自身拥有丰富的技能、知识和经验,完全了解引导期的要求。[3]

由于师徒制对新教师入职适应和专业成长具有独特的作用,我国中小学一直非常重视对新教师的带教培养,早在20世纪60年代就形成了很多师徒带教经验,比如有的新教师开始时先帮助老教师批改作业或当教学辅导员;有的一开始就和老教师教同年级、同进度的课,新教师的授课时间略晚于老教师,以便新教师一面备课,一面听课,学完一课教一课;有的则让新教师先抽出一段时间,进行重点学习,由教研组针对新教师准备担任的课程内容组织几次讲座,帮助他掌握一些基本的知识及教学上应注意的问题后,然后教课。老教师再通过经常听课,加以指点,帮助他逐步提高,直到能够独立地进行工作。[4]

---

① 李园会:《初任教师研修制度之研究》,台湾书店印行1988年版。

② 许明、黄雪娜:《从入职培训看美国新教师的专业成长》,《教育科学》,2002年第2期。

③ 程方平:《国外教师问题研究》,沈阳出版社2000年版。

④ 陈以一:《采用带徒弟的办法培养普通中学师资》,《人民教育》,1960年第4期。

20世纪80年代之后,新教师的培养工作依然受到了高度关注。1986年当时国家教委颁布了《教师职务条例》,规定中学一级教师和高级教师,除了自己具有较强的教学能力和科研能力以外,还要求指导比自己低一级别的教师的教育教学工作,以及承担培养新教师的任务。1994年,国家教委又颁布了《关于开展小学新教师试用期培训的意见》,指出无论是小学还是中学,新教师都必须在第一年试用期内接受不少于120学时的培训。采用集中培训和分散培训两种方式。其中的分散培训由新教师所在学校负责。要求学校为每位新教师安排有经验的指导教师,通过围绕备课、说课、听课、评课、检查作业批改、考核教学效果等方面,发挥指导教师的"传、帮、带"作用。

随着基础教育改革和课程改革的进行与深入,师徒制在中小学得到了普遍发展。特别是当校本教师培训作为"教师在职培训的新概念与新策略"最先在英、美等国产生,并逐渐得到世界各国的响应。[1]师徒制理所当然地作为校本培训的一种经验形式被广泛认可,一些新的师徒制理论也适时产生。

知识驿站

20世纪80年代后期,近代认知心理学和建构主义的发展,将传统的"学徒制"和近代的"认知论"加以结合,建构出了"认知学徒制"(cognitive apprenticeship)理论。它是指一位具有实务经验的专家,引领新手进行学习,经由这位专家的示范和讲解,以及新手的观察与主动学习,在一个真实的社会情境脉络下,透过彼此的社会互动,让新手主动建构知识学习的过程。[2]如果说传统师徒制中的学习,通常是易于观察的,基于认知学徒制模式的现代师带徒式的指导所面对的则是复杂环境中的学习与思考,尤其注重的是新教师向指导者学习如何进行高层次的思维和解决复杂问题的能力。

现代学校中的师徒制的确立,使得新教师像新医生有机会跟随专家医生进行临床实习那样,也有机会在完全真实的教学环境里向本领域富有实际经验的专家学习。

第二节　师徒制在学校中的运作

在学校中,师徒制运作包含师傅的任命与培训、师徒结对确定师徒关系、制订一般和个别带教计划、师徒进行带教、对带教活动的定期监督评价及总结性评价等环节。通过这一系列环节,试图促进新教师的发展。

一、带教师傅的任命与培训

师傅是带教活动的重要主体,师傅的素质是影响带教效果的重要因素。在带教活动开始之前,学校会采用一定正式或者非正式的程序来任命师傅,并对师傅进行一定培训,从而保障师傅的带教素质。

① 教育部师范教育司组织编写:《教师专业化的理论与实践》,人民教育出版社2003年版,第308—310页。
② 吴清山:《认知学徒制》,《教育研究月刊》,第99期。

　　我国在选择带教师傅的时候，一般是选择知识渊博、经验丰富、教育教学能力强、在教师中有威信的骨干教师，或者简称为"德才兼备"的有经验的教师。在国外，对带教者素质要求除了教学技能和丰富的教学经验之外，对心理素质、指导技巧及对师徒带教的认同感等方面也有规定。比如澳大利亚要求带教者要有接受新教师对自己提出批评意见的心理承受能力，要把对新教师的指导当成自己专业成长的一种方式。[①]美国学校从新教师的角度对导师提出了要求，认为新教师应找"那些对自己要求严格并能从容应对其他教师观摩的优秀教师。一位有能力的导师会对你学习付出的努力充满耐心，会渴望与你分享观点，而且还是一位和蔼可亲、机智谨慎、满腹经纶的人。简言之，找导师要选那种热衷教学、热爱学生、乐意帮助你不断成长的教师。"[②]

　　对于带教师傅的任命，我国有些地区规定带教师傅由学校或区教研室推荐，经区教育局审核批准后发给聘书，由校长聘用。但这种做法并不普遍。在实际带教活动中，通常是由学校行政（包括校长、教务处、教研组）指定产生。

　　为了使带教师傅能对新教师进行有效的指导，在带教活动启动之前和带教过程中，对带教者进行一定的培训并有针对性地给予各种帮助和支援就显得非常必要。在我国并没有这方面成熟的经验，而国外则比较重视这方面的工作。比如在英国，为胜任引导工作，大部分教育局为指导教师开展培训。在培训的早期阶段，教育局通常提供一次性的小组培训，包括为指导教师介绍入职培训的要求和标准，在听课、反馈和评估技巧上提供建议；培训开展的过程中则往往提供长期的、多种活动形式的培训课程，如指导教师技能培训、文件学习、执行指导；在2002年后，教师训练署出版了小册子为指导教师提供培训和指导。

二、师徒关系的建立

　　新教师入职后，所在学校通常会为其指定一位指导教师，称为"师傅"。此时，工作意义上的师徒关系也就确立了。这种师徒关系在确立过程中会受多种因素影响：首先，在性别配对问题上，很多学校认为男—女带教关系可能会遇到一些特殊问题，特别是女性初任教师会感到不适应，而同性搭配可能有助于彼此间的透彻交流。因此很多学校都尽量采取同性组合的原则来配对师徒。其次，在年龄特征上，一般要求师傅都是"老"教师。这里的"老"，除了资质上比较老外，还有一点是在年龄上要比新教师大。这种观点很可能来自一种传统的认识：资质老、年龄大的教师教学经验丰富，知道如何应对教育教学中出现的问题，能给新教师提供"正确的"答案。此外，绝大多数的学校都要求带教者必须来自同一年级同一科目，甚至是同一科目同一版本教材的任课教师。

　　师徒配对是带教活动的前奏，它关系到整个带教活动的效果。国外有很多学校在新教师到校正式开始教学之前就已经开始了师徒配对工作。"很多学区获益匪浅就是因为在

---

① 李方、钟祖荣主编：《教师专业标准与发展机制：教师专业化国际研究译文集》，北京出版社2004年版，第201—203页。

② Julia G. Thompson(2002). *First-Year Teacher's Survival Kit: Ready-to-Use Strategies, Tools & Activities for Meeting the Challenges of Each School Day*. San Francisco: Jossey-Bass. p.50.

聘任新教师时尽可能早地为其安排指导者,而不是在学校入职培训开始时,或者开始后。及时地给新教师安排指导者可以为新教师指明方向,告诉他们怎样为开学做计划以及计划哪些内容。"[1]在明确师徒关系的同时,为更好实施师徒带教,通常会对师傅或徒弟职责作出规定。

案例 10-2

国外带教者的职责规定

1. 参加所有的指导者培训会,参加部分新教师培训会和一些会议。

2. 确保新教师指导所需要材料的位置,使他/她熟悉学校常规和计划,为新学年良好的开端奠定基础。

3. 提供教学支持。

4. 定期为被指导教师提供相互课堂观察的机会,定期召开讨论会。

5. 为新教师改进不同的教学策略提供支持,讨论一些如何进行有效课堂管理和如何与家长有效交流的问题。

6. 为新教师认识多样化的学习风格和学生的独特需要提供支持。

7. 为新教师提供专业支持,例如,提供一些关于学校制度与实施步骤的信息,特别是关于如何评价教师绩效的标准和步骤的信息。

8. 不仅给新教师支持和鼓励,还可以把他/她介绍给其他的同事,帮助他/她成功解决开始教学时出现的问题,这样可以减轻新教师的压力。

9. 和新手教师保持一定的私人关系(保密关系)。

10. 帮助新教师与其他教师(包括教育资源)建立联系,这样,他/她会参与到各种有希望的教学实践活动中去。

11. 帮助新教师和各种专业协会建立联系,以获得各种发展机会。

12. 新教师所需要的有助于他们成功的其他责任。[2]

相比较国外对师徒职责的规定可以发现,我国现有对师徒双方的职责规定总体上比较聚焦,一般主要围绕教学常规进行规定。其中对师傅的示范课、徒弟的汇报课或公开课一般都有量上的要求,这往往也是评价带教活动成效的主要依据。但这样就有可能将带教成效完全等同于量上的达标,而忽视带教过程中的努力与体验。

三、学校层面带教计划的制定

为了使带教活动能够有序进行,学校要根据特定时期新教师和老教师的情况,制定学校层面的带教计划,就带教的内容、方式、过程等提出要求。

---

① William B.Ribas (2006). *Inducting and Mentoring Teachers New to the District*. Ribas Publications, p.5.

② William B.Ribas (2006). *Inducting and Mentoring Teachers New to the District*. Ribas Publications, p.224.

国外学校的年度带教计划

八月

——8月1日,学校应为新教师安排指导者,并安排他们见面。

——指导者和新教师一起制订班级计划。

——指导者向学校教职工介绍新来的教师。

——指导者帮助新教师拿到学校手册以及为本学年工作准备的其他资料。

——指导者帮助新教师在学校网站上建一个E-mail信箱。

——指导者帮助新教师拿到所需的物品。

——新教师回顾一下日程表,提出不懂的地方,指导者应负责解答,并着重强调一些重要日期,比如家长见面会、报告会和专业研讨会日期。

——指导者让新教师列出与工作冲突的事情,包括隐私、生病等意外事件,并帮助新教师了解为这些请假所需要的步骤。

——新教师详细回顾一下学校的规章制度,比如参加会议、迟到、学校活动、学术活动等,列出不明白的地方,指导者予以解答。

——指导者和新教师一起建立一份全年的会议日程表。

——在指导者的帮助下,新教师制订一份主动与家长交流的计划。

——新教师应为开学第一天和第一周作出周密的计划,确保得到所有必需的物品,指导者应为这一计划提供帮助。

九月

——指导者和新教师一起计划每周会议。

——指导者观察新教师工作并给予反馈意见。

——讨论与学生家长交流的主题,比如家长的期望、给家长打电话、与家长通信等等。

——一起回顾评价步骤及实施标准。

——一起回顾制订的标准和教师的专业发展机制。

——一起回顾整学年中,班上所有的国家节日、地方节日、统一组织的考试时间。

——讨论让学生接受特殊教育的推荐程序及帮助内容。

——指导者帮助新教师建一个每周时间表。

——回顾新教师的责任和义务。

十月

——指导者和新教师坚持每周召开会议。由于开会时间可能很难确定,最好每周确定一个固定的时间开会或者事先把相关会议的时间都安排好,不要单独安排每一次会议的时间。

——帮新教师做好10月份的计划。

——指导者应注意观察新教师的课堂教学并给予反馈意见,同时,新教师也要认真学习指导者如何上课。

——指导者和新教师约定一个时间,共同完成改进报告,共同准备家长会。

十一月

——坚持每周见面,共同计划十一月份的工作计划。

——指导者认真观察新教师教学并给予反馈意见。

——一起准备家长会。

——指导者为新教师安排一些轻松的活动来减轻新教师的压力。

——新教师应仔细考虑一下怎样更好地利用十二月底的假期时间。

十二月

——坚持每周见面，共同计划十二月份的工作计划。

——指导者认真观察新教师的教学并给出反馈意见。

——继续召开家长会。

——讨论改进报告。

——许多学校在十二月份假期后，教师需接受一些小测试，指导者应帮助新教师为这些测试做准备。

一月

——坚持每月见面两次，如果需要的话，可以更多，共同回顾新教师一月份的教学计划。

——指导者认真观察新教师教学并给出反馈意见。

——一起为学期期末考试做准备。

——约定时间一起完成改进报告。

二月

——坚持每月见面两次，如果需要的话，可以更多，共同计划二月份的工作。

——指导者认真观察新教师的教学并给出反馈意见。

——为三月份或四月份的春季教学会议做准备。

——在适当的时间，询问主要负责人关于你所指导的新教师是否被续聘。如果为被续聘，要准备为他提供帮助。

三月

——坚持每月见面两次，如果需要的话，可以更多，共同计划三月份的工作。

——指导者认真观察新教师的教学并给出反馈意见。

——小学和中学要准备召开家长会。

四月

——坚持每月见面两次，如果需要的话，可以更多，共同计划四月份的工作。

——指导者认真观察新教师的教学并给出反馈意见。

——协助新教师制定第三季度报告卡片或成绩单。

五月

——坚持每月见面两次，如果需要的话，可以更多，共同计划五月份的工作。

——指导者认真观察新教师的教学并给出反馈意见。

——讨论初中、高中学校的有关制度及其执行情况。

——讨论初中、高中学校的发展规划及其人员责任。

六月

——坚持每月见面两次，如果需要的话，可以更多，共同计划六月份的工作。

——讨论有关完成学生档案的工作。

——讨论本学年底工作步骤。

——关闭教师门窗，储存好相关资料。

——回顾记录笔记，通过笔记联系一年中的各部分工作。

————回顾一整年的工作情况，讨论一下印象深刻的事情。暑假过后，为新学年的开始做好准备。[①]

这是学校在新教师正式开始上课之前就为新老教师的带教活动制订好的带教计划，其中明确了每个时间段带教活动的特定内容，新老教师据此展开有计划的带教活动。新老教师都要记录下这些条款，并对每项活动的完成情况做上相应的记号，学校可以依次对带教活动进行监督和评价。对于未完成的项目，指导者要协助新教师一起完成。

四、个别带教内容与方式的确立

由于学校层面的带教计划是针对所有师傅和徒弟所作的一个共性规定，无法照顾到特殊情况，因此，学校通常会要求每一对师徒在学校总体带教计划的基础上就各自的特殊情况制订个别化的带教计划，对带教内容、带教方式作出进一步的规定。

带教内容是指师徒双方就哪些方面展开带教活动，它是整个带教活动的核心。由于教学是学校教育的核心，但也是新教师入职时面临的主要问题，而老教师往往在这方面积累了较丰富的经验，因此在带教活动中常常会自然而然地把带教重点放在教学上。

案例 10-4

许多欧美学者致力于初任教师专业发展的研究。著名学者魏曼(S. Veenman)在1984年以83份世界各国的实证研究为基础，总结了新教师最常面临的24个问题，共中13个问题涉及教师的教学。[②]我国学者王小棉在1995年也通过问卷调查广东省几百位在职教师回忆自己入职初期的困难，归纳了新教师面临的20个问题，其中12个问题与教学直接相关。[③]下表为两个研究结果的总结对比：

表10-1   新教师面对的常见问题

Veenman(1984)	王小棉（1995）
课堂纪律	根据学生的个别差异因材施教
激发学生动机	根据学生的知识基础和心理特点教学
处理个别差异	教学过程的设计和教学方法的选择
评价学生的表现	组织学生外出活动
组织课堂工作	激发学生兴趣和积极性

① William B.Ribas (2006). *Inducting and Mentoring Teachers New to the District.* Ribas Publications, p9-36.
② Veenman, S.(1984) Perceived Problems of Beginning Teachers. *Review of Educational Research*, vol. 54, No.2, pp. 143–178.
③ 王小棉：《新教师入职初期所遇到的困难研究——兼析传统师范教育的缺陷》，*Teacher Education in the Asian Region* (pp. 360–367), Proceedings of International Teacher Education Conference organized by The University of Hong Kong and Hong Kong Institute of Education in June 1995.

（续表）

Veenman(1984)	王小棉（1995）
处理个别学生的问题 备课和计划学校工作日 有效地使用不同的教学方法 判断学生的学习层次 学科知识 处理迟缓学生 处理不同文化和不利背景的学生 有效地使用教科书和课程指引	及时根据学生的反馈调整教学 根据教学大纲的要求处理教材 理解教材的重点和难点 让学生了解和接受自己，建立威信 与学生交朋友，了解其个性和思想 恰当评价学生的学习情况 维持课堂纪律和控制课堂气氛

　　带教内容偏重于教学的现象在我国尤为明显。在20世纪90年代初，上海市第二师范学校、美国密歇根州立大学全国教师学习研究中心和英国牛津大学曾联合对中、美、英三国的青年教师职初带教情况进行了实验研究，结果显示，教学在我国的师徒帮带中的比例相当高。从研究的日程表、周记及访谈中，我国师徒探讨得最多的问题是教学，占整个教学过程的比例是43.4%，而英美分别是21.%、15.3%。与此相印证的是在有关"教与学的广泛讨论"中中国师徒帮带的比例是最小的，只有11.2%，而英美两国则分别为27%、17.1%。[①]我国的师徒制在教学方面进行的带教是很全面而详细的，包括课程标准（以前称教学大纲）的学习、教学计划的确定、教材重难点的把握、教学方法的运用、作业的批改、开家长会、出考卷、设计板书等等，几乎涵盖了教学工作的所有方面。带教者若指点到位，可以使新教师在教学技能方面获得迅速提高。

　　师徒带教除了有关教学方面的指导外，往往还涉及很多非教学领域的内容，诸如班级管理，教学设备的使用，学生的性格特长，与学生的沟通交流，教师的兴趣爱好、家庭生活等。表10-2是日本文部省所拟定的《年间研修计划要领方案》中对指导教师重点指导内容的规定。[②]

表10-2　日本指导教师的指导内容

时间	内　　容
第一学期	* 服务的内容与组织 * 服务学校的教育目标、校内组织、校内事务、校区儿童及学生的状况 * 年间指导设计、学习指导案的制作 * 学习辅导的理论与实际 * 班级经营 * 教材研究 * 学校行事（1）

---

① 沈莉、陈小英、于漪：《"师徒帮带"的教师培训模式——中美英青年教师职初岗位培训比较研究》，《外国教育资料》，1995年第5期。

② 李园会：《初任教师研修制度之研究》，台湾书店印行1988年10月版，第19—21页。

（续表）

时间	内　容
第一学期	* 道德教育的教学方法 * 与儿童、学生的沟通方法 * 与监护人的沟通方法 * 特殊班级的实际情况 * 测验和成绩的测评 * 成绩通知单的制作和各种簿册报表的整理 * 假期间的学生辅导
暑假	* 第一学期的反省和第二学期的反省
第二学期	* 课外活动的指导 * 学校行事（2） * 团体活动的指导 * 同和教育的教学方法 * 班级经营中的学生辅导 * 学校午餐指导与清扫工作指导 * 健康及安全指导 * 教育咨询的实况 * 进程（升学、就业）辅导 * 教育机器的使用 * 指导要录的使用法 * 家长会的组织与经营；其与外面机关、团体的关系 * 第二学期的反省与第二学期的设计
第三学期	* 儿童会议或学生会议的指导 * 教育的活用 * 学习评量的方法与实际 * 指导要录的使用方法 * 班级经营的评量 * 学校图书馆的使用指导 * 社区与教育 * 一年间的反省

　　带教方式也称指导方式，它有多种类型，功能也各不相同。从指导教师所给予徒弟的支持性和挑战性程度来看，带教有三种类型：高支持、低挑战的指导，这类指导教师更关注合作过程中对新教师的支持和培养，愿意给予新教师较多的自由；高支持、高挑战的指导，这类指导教师既重视对新教师的支持，又对新教师有较严格的要求；低支持、高挑战的指导，这类指导教师往往强调自己的权威地位而忽视对新教师的理解和支持。[1]其实在实践中，应该也存在第四种情况，即低支持、低挑战的指导，这类带教者给予新教师很多自由，但不提供相应的支持，相当于放任自流，师徒形式名存实亡。带教者不同的带教方式决定了徒弟的成长方向和途径。

　　从带教内容的角度来分，带教方式可以分为教学支持和情感支持两大类。[2]指导教师

①　王建军：《课程变革与教师专业发展》，四川教育出版社2004年8月版，第129页。
②　冯生尧：《指导教师的支持和新教师的专业发展》，未发表博士论文，香港中文大学2002年版，第23—24页。

给予的教学支持,包括工具的、信息的和评价的支持,情感的支持包括喜欢、关心、爱护、尊重和信任等方面。不同的支持类型针对新教师不同的需求,并会相互影响,教学的支持中包含情感的支持,而情感的支持又能够促进教学支持的效果,两者不可或缺。

从带教者的角色定位来看,带教方式有四类:同伴关系式的带教,指导者作为与新教师处于同一水平上的同伴,一起分享与工作有关的信息、策略,并从相互支持中受益;职业指导者式的带教,指导者作为新教师从事同一职业的身份,向新教师解释组织,给予专业上的指导;激发者式的带教,指导者并不需要拥有组织权力,而是能够激发新教师规划他们的职业生涯;赞助人式的带教,利用指导教师的权力帮助新教师提高他们的教育教学能力。[1]

从我国的情况来看,学校中的师徒带教方式主要表现在两个方面。第一,行政层面的带教,这主要是由学校组织结构所决定的。学校通常都规定师徒双方必须是同级同科,即任教于同一年级,教授同一门学科,只是任教班级有所区别而已,这也是师徒配对的重要依据。这是因为,同级同科意味着师徒双方有着完全相同的教学内容和教学任务,面对相同的教学标准,这样师徒之间就具备了共同的话题对象;此外,由于学校通常以教研组或者年级组来安排备课组和教师的办公室,同级同科的师徒配对就意味着师徒会在同一个教研组或者年级组,这为师徒间随时的交流与探讨提供了机会。第二,专业层面的带教,这主要是由实践内容所决定的。我国著名的语文特级教师于漪,先后带教了30余名中青年教师,她总结了以下几种指导方式:[2]

表10-3   于漪"师徒带教"指导方式

指导方式	具体实施
说 课	在年轻教师听课后,分析解剖指导教师自己课堂教学的得失和原因。
评 课	听年轻教师讲课后,指导教师对此进行评价分析。
互 评	让年轻教师相互听课并相互评价。
专题讲座	围绕教和学的问题,由指导教师一讲一讲地系统讲授。
随时讨论	年轻教师或者指导教师发动均可。

研究表明,我国带教者的指导方式主要有资料提供、相互观课、集体备课、办公室讨论、教案审阅等方面。[3]相比较而言,专业层面的带教更为师徒双方所看重。

五、带教活动的评价

评价是带教活动中的重要环节,是带教活动取得成效的重要保障。从已有实践来看,我国师徒制在评价方面存在不少问题,如形式主义明显、评价重视结果而忽略教师在过程中的发展、激励机制单一等。因此,有必要完善师徒制的评价机制,保证师徒带教效果。

---

[1] Joha C.Daresh(2002). *Teachers Mentoring Teachers: A Practical Approach to Helping New and Experienced Staff*. California: Corwin Press, INC.p.23.

[2] 张贻复,张徐顺:《著名特级教师于漪谈"以老带新"》,《人民教育》,1985年第9期。

[3] 冯生尧:《指导教师的支持和新教师的专业发展》,未发表博士论文,香港中文大学2002年版,第74—83页。

依据评价目的不同,对教师的评价可以分为这样两种:第一种是以加强教师绩效管理为目的的奖惩性教师评价制度。它特别注重甄别与选拔的功能。在现实的实施中往往只有少数优秀教师和不合格教师受到触动,得到奖励和惩罚,甚至只有极少数不合格教师受到惩罚,而绝大多数教师是"走过场"的"陪同者"。第二种是以促进教师专业发展为目的的发展性教师评价制度。它弱化了甄别与选拔的功能,强化了教师评价促进、发展的功能,主张在没有奖励和惩罚的前提下,通过开展教师评价,促进全体教师的专业发展。[1]可见,师徒制的评价应更多指向发展性评价。对师徒带教进行评价,主要目的是为了发现问题,提供改进带教的专业支持,从而更好促进新教师的专业发展。

基于发展性评价的思想,学校应有一套完整的评估思路,并将该思路贯穿于带教始终,发挥其反馈与调节的功能。

案例 10-3

　　　上海市实验小学为带教活动专门印发了带教手册包括"带教老师"手册和"被带教教师"手册,用来记录带教过程,如读书进修、备课、听课、评课、说课、公开课、主题班会等活动概要。手册上设置了定期小结、总结、考核等栏目。考核每学期一次,分考查、考评两档,考查即定量考核,检查带教中师徒双方常规任务指标的完成情况。考评即定性考核,先由师徒双方相互评价,再由他们所在组室提出评价意见,最后由学校分管领导做出评价结论。两年带教期满时,学校举行带教汇报活动,包括三方面的内容:新教师上展示课;研讨带教工作,交流经验;总结、表彰。[2]

此外,评价方式与评价主体要多元化。在评价方式上可以动静结合,"动"指的是可以采用现场评价的方式,让新教师以汇报课的方式展示成果;"静"指的是书面化的评价方式,如师徒双方的带教小结、听评课记录与反思、科研论文等。也可以采用自评和互评相结合的方式。在互评中,新教师对师傅的评价往往是缺失的。美国学者里巴斯(William B.Ribas)提出新教师可以采用以下这种方法对带教者的指导进行评价。[3]

表10-4　新教师对指导者指导的评价

每月指导者对我的指导	指导的次数	平均每月指导的持续时间	我对指导者在满足我需要方面的评价
七月			1　2　3　4　5
八月			1　2　3　4　5
九月			1　2　3　4　5
十月			1　2　3　4　5

---

① 王斌华编著:《教师评价:绩效管理与专业发展》,上海教育出版社2005年版,第53—57页。

② 张玉华:《校本培训研究与操作》,上海教育出版社2003年版,第145—149页。

③ William B.Ribas (2006). *Inducting and Mentoring Teachers New to the District*. Ribas Publications, p229—230.

（续表）

每月指导者对我的指导	指导的次数	平均每月指导的持续时间	我对指导者在满足我需要方面的评价
十一月			1 2 3 4 5
十二月			1 2 3 4 5
一月			1 2 3 4 5
二月			1 2 3 4 5
三月			1 2 3 4 5
四月			1 2 3 4 5
五月			1 2 3 4 5
六月			1 2 3 4 5

表10-4中，1表示每月在我需要帮助时，我的指导者尽到超过90%的职责，满足了我全部或大部分的需要；2表示每月在我需要帮助时，我的指导者尽到超过90%的职责，满足了我的部分需要；3表示每月在我需要帮助时，我的指导者尽到50%—89%的职责，满足了我全部或大部分的需要；4表示每月在我需要帮助时，我的指导者尽到50%—89%的职责，满足了我的部分需要；5表示每月在我需要帮助时，我的指导者尽到不足50%的职责。

第三节　教师专业发展背景下的师徒制

随着对教师专业发展理论与实践的深入研究，人们对"师徒结对"这种方式提出了质疑。有学者认为"这种模式依然是手工业经济方式在教师教育上的延伸，其实质是把教师职业视为一门手艺，需要师徒之间个别化地口耳相传，言传身教。确实，教师的工作是存在许多技艺性的成分，经验至今仍是许多老教师、名教师成功的真正法宝。但是，教育毕竟是一门科学，需要更多思想的笼罩、理性的反思，师傅在传给经验的同时，也可能窒息了思考的空间。另外'师徒制'在教育大众化的今天显然已不能满足社会对合格教师的需求。"[1]从学校的角度来说，既要承认"师徒结对"这种形式对新教师成长所具有的实践价值，又要认识到师徒制所存在的局限性，思考师徒制的进一步改进问题。

一、确立多类师徒关系

师徒双方角色定位及其由此形成的师徒关系，是影响师徒结对的效果的重要因素。依据师徒关系发生的不同领域及所依赖的不同组织，师徒关系存在着三种类型，即行政层面、专业范围和私人领域的师徒关系。

行政层面的师徒关系的发生完全依赖于学校行政组织上的安排，诸如学校教导处、年

---

[1]　蔡方、王丽琴：《骨干教师专业成长规律》，《中国教育报》，2004年1月14日。

级组的统一活动,师徒将带教活动视为学校统一安排的一种行政任务。师徒分属不同的教师层级,上下等级分明,各自分工明确。徒弟视师傅为自己的上级,掌握着对自己的评价权,因此不敢毫无顾忌地吐露自己教学中遇到的所有困惑和自己所期望得到的帮助,对师傅有的言听计从、毕恭毕敬,有的则表面上听从师傅的指导,心底里却非常抗拒这种行政化的安排。

这种师徒关系体现的是上级对下级的领导,带教活动中缺乏积极性和主动性,带教更多的是为了应付学校硬性的考核,各种带教活动并没有真正得以开展,或者开展得并不是很到位,带教容易走向形式化。

专业范围的师徒关系更多地依赖于专业组织和专业活动,比如教研组、青年教师专业发展小组和公开课等。师徒关系的维系除了学校行政方面的约束外,更多的是师徒双方出于共同的或不同层次的专业发展需求,注重师徒的共同改进、共同提高。师徒间是担当相同性质的教育教学任务的教学经验丰富者与教学新手的关系,师徒间的区别更多地体现在教学经验、教学技能上,而不是行政地位上。这种师徒关系在以"课"为载体的专业活动中最能得到体现,特别是汇报课、公开课比赛。

但由于如今很多专业活动特别是公开课过于强调最后的成绩与名次而使之丧失了诊断与改进的作用,师徒关系更多地表现为荣誉、利益捆绑关系,很多时候师傅往往越俎代庖,很难做到师徒共同的专业发展。

学校中除了正式组织之外,实际上还存在着公开或隐蔽、紧密或松散、规模大小不一的非正式组织,它是学校成员的某种自然结合。由于这种非正式组织的存在,带教过程中形成的师徒关系往往会在双方的私人领域得以延伸,包括各自的兴趣爱好、情感生活、结婚生子等等。师徒间的这种私人关系在一定程度上会有利于巩固师徒关系,加深师徒感情,有助于带教的深入。师徒之间若没有真情实感,也很难有效地传承学校文化。

私人领域中的师徒关系有利于带教者、被带教者和学校管理者一起来设置清晰的带教计划和教师的专业发展目标。但前提是这种私人关系所遵循的价值取向必须与学校正式组织的相一致。如果他们的价值取向与正式组织不一致时,就会产生冲突和对抗,出现徒弟把师傅当作自己的庇护人,师傅凡事过于呵护偏袒徒弟的极端,造成学校内部派别林立、内讧四起的局面。严重的话还可能扰乱正式组织的日常运行,整个带教将会偏离正常的轨道。

就像每个人在社会中承担着不同的角色一样,师徒双方在师徒结对实施过程中都承担着多种角色,因角色定位的不同也引发了不同的类型的师徒关系,并影响到了师徒制效果。因此,必须合理定位师徒双方的角色,按重要程度处理好几种关系。师徒制的本意就是促进新教师的专业成长,从这个角度来说,师徒角色应主要定位于专业层面,二人专业上的带教关系形成二人之间关系的主体,行政关系与私人层面的关系起辅助作用。行政层面上的带教关系在一定程度上给师徒制带来规范与约束的作用,但是太严肃的上下级关系会影响到专业层面上的师徒交往,从而减低师徒带教的效果,而此时良好的私人领域层面的师徒关系则起到润滑的作用,为师徒专业交往效果带来转机。因此,应发展恰当的行政层面师徒关系与融洽的私人交往师徒关系,以期促进专业发展范围内的师徒关系的发展,使师徒双方的专业发展更进一步。

如何把握师徒之间的关系,美国学者里巴斯(William B.Ribas)提出了以下建议[1]:

1. 在新教师知道的前提下,指导者可以与指导小组中的其他成员讨论新教师各方面的表现情况。

2. 在新教师知道并允许的前提下,指导者可以联系其他专职辅导员,以给新教师帮助。例如,如果新教师需要在设计"计算机键盘操作"上获得帮助,那么指导者可以联系学区的计算机协助员来使新教师获得帮助。

3. 在新教师知道的前提下,基于指导者的职业判断,为了改进学术,或者使学生或学校其他成员的健康和身体安全免遭威胁,指导者可以与相关管理者讨论新教师的表现。

里巴斯主要是从私人领域角度提供建议的,但这些建议又是以学校教育教学活动为基本依托的,没有脱离教学范围;而这一层面的师徒私人关系的发展,对于促进师徒专业层面的交往十分有益。

随着教育的发展,教师专业发展这一理念逐渐得到重视,师徒制中师徒双方的发展成为需求。因此,不管是哪种层面的师徒关系,都应建立在平等、互惠的基础之上,唯有如此,师徒制的效果才能得以最大发挥。

二、形成多样带教形式

我国中小学目前实行的多为"一对一"的师徒结对。"一对一"师徒结对是一种完全依赖于个人力量的形式,这种形式能否取得预期的效果,主要取决于带教老师的专业能力、责任心,以及个人影响力。但是,如果师傅个人的专业能力没有达到一定的水平又会导致什么结果呢?"师徒对子"的"老带新"模式,不但存在演变为形式主义的危险,而且更有可能像古德莱德(Goodlad)所观察到的那样,在教师社会化的过程中强化了现在的做法而不是促成革新,因为在这种较为亲密的"师徒对子"中,"师傅"更有可能将一些可能已经不合时宜的观念与方法"带"给新老师,从而造成抱残守缺的局面[2]。

此外,在现有"师徒结对"的体制下,如果"师傅"是胜任的,当"徒弟"如愿以偿地从"师傅"那儿获得专业"营养"的时候,但通常"师傅"能从"徒弟"获得的东西却少得可怜。"师傅"与"徒弟"带教过程更多体现了一种"输出"与"获得"的过程。因此,构建一种新型的师徒制,以确保为新教师的专业发展营造一个更有可能具有合作性,并更有可能进行师徒之间、新教师之间专业上的交流也就十分必要了。

① WilliamB.Ribas(2006).Inducting andMentoring *TeachersNew to the Distriet*. Ribas Publieations,P.93

② 王建军:《合作的课程变革中的教师专业发展:上海市"新基础教育实验"个案研究》,未发表博士论文,香港中文大学2002年版,第134页。

案例10-5

某学校除了有一对一的师徒制以外，还聘请一些已经退休的各学科的特级教师、中学高级教师组成导师组，由他们带教青年教师，通常是一个导师带教一个学科组的青年教师。导师组每星期开展活动一次，主要活动内容是备课、听课与评课。采用的活动方式是：在导师的带领下，几个被带教的青年教师一起轮流听课、评课，一般是先听2节课，然后再利用1—2节课进行评课。评课的流程是：先由青年教师自己汇报课的设计思路、教学之后自己发现的问题；然后由其他听课青年教师讲评；最后由导师评课，提出进一步的改进建议。

学校认为，这种形式与“一对一”师徒结对有几个不同之处：(1) 相比较而言，导师组的“师傅”有较高的专业水准，比较容易令徒弟心服口服；(2) 虽然由于时空条件的限制，导师组带教更多针对课堂教学，但导师自身的成长经历与深厚专业基础，使他们传授给青年教师的东西常常会超出课堂；(3) 由于是一个“师傅”带多个“徒弟”，“徒弟”与“徒弟”之间就有了研讨，特别是“徒弟”都处于同一个发展水平，是听其他青年教师的课，却犹如在看另一个自己，使得听课与评课具有了“反射”的功能，便于提高青年教师的自我认识与自我改进；(4) 由于学校所聘请的导师都具有较高的专业水准，所以，一些骨干教师或有一定实践经验的教师也常常加入到导师组活动中去，虽然青年教师带教的界限模糊了，但却有助于建立一种群体研讨的氛围。①

采用导师组带教新教师，突破了原有的“一对一”的带教形式，不但为新教师之间的交流提供了机会，而且当学校中的其他教师加入其中之后，群体研讨的氛围也会逐渐形成。

为此，有学者专门提出一个改进的“多对多”的师徒制形式，在这种师徒制专业互动模型中，由多个指导教师和多个新教师共同构成一个“师徒群体”（见图10-1）。②

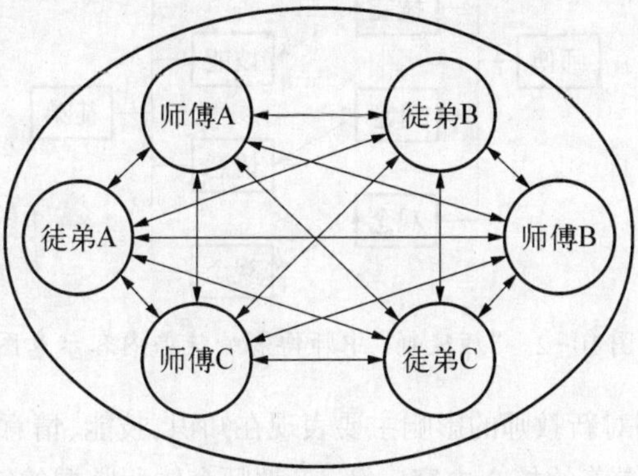

图10-1 “多对多”的师徒制专业互动模型

在这个群体中，因为有多个指导教师参加，更有可能避免因为某个指导教师在个人特质上的某些不良倾向而导致新教师的专业成长受到限制。同时，多向度的互动也减少

① 胡惠闵：《校本管理》，华东师范大学出版社2005年版，第180页。
② 王建军：《课程变革与教师专业发展》，四川出版集团四川教育出版社2004年版，第130页。

了"一对一"式的师徒关系给新教师带来的心理压力,更有可能营造某种亲和的、合作的氛围,使新教师乐于向指导教师们求助。从理论上讲,更有助于使这个"师徒群体"变成一个研究性的、学习型的组织,不但促进新教师的专业发展,也有利于指导教师的专业发展。①

三、指向多种影响作用

作为一种传统的青年教师培养方式,"师徒结对"的评价一直是褒大于贬。通常认为师徒制是一举两得的,新教师变得成熟起来,完成从新手教师到合格教师的转化;老教师也完成了再学习、再思考、再研究、再提高的过程。正确定位师徒制对师徒双方的影响,有助于师徒制的完善。

香港教育统筹委员会2002年1月发布的《教育改革进展报告(一)》认为,师徒制是一项专业支援,它可以让资深教师成为新入职教师的伙伴,并为他们提供辅导,协助新入职者尽快适应工作环境和促进专业发展。从中可以看到,报告是充分肯定师徒对新教师专业发展的影响。那么,如何理解师徒制对新教师专业发展的影响呢?

无论从理论上还是实践上都可以发现,"教师在专业发展中会经历若干阶段,……这些阶段总体上存在着程度或幅度的递进。……而处于高一阶段的教师,既然已经从前一阶段发展过来,他在知识、技能、情意、观念等方面,就有可能比仍处于前一阶段的教师丰富、深刻、全面,而作为徒弟的新教师则处于弱势地位。"②因此,作为过来人的师傅,就有可能在这些方面给还未进入这一发展阶段的徒弟以指点。这种影响内容和过程如图10-2所示③:

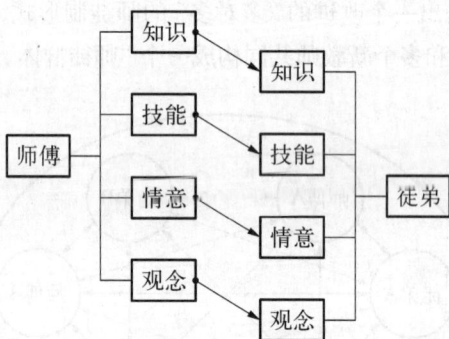

图10-2 "师徒制"中师傅影响徒弟内容示意图

上图显示,师徒制对新教师的影响主要表现在知识、技能、情意和观念等方面,而这些恰恰是构成教师专业素养的核心内容。第一,教师个体所掌握的知识是促进教师专业发展的基本保证。而师傅在对新教师的指导中,直接或间接地也使得新教师的专业知识得以丰富。这些知识包括普通文化知识、专业学科知识、一般教学法知识、学科教学法知识

① 王建军:《课程变革与教师专业发展》,四川出版集团四川教育出版社2004年版,第130页。
② 王建军:《课程变革与教师专业发展》,四川出版集团四川教育出版社2004年版,第128页。
③ 王建军:《课程变革与教师专业发展》,四川出版集团四川教育出版社2004年版,第128页。

和个人实践知识等几方面。第二,教师的专业能力应包括一般能力(智力)和教师专业特殊能力两方面。教师在智力上应达到一定水平,它是维持教师正常教学思维流畅性的基本保障。教师专业特殊能力既有与教学实践直接相联系的特殊能力,如语言表达能力、组织能力、学科教学能力等,又有有利于深化教师对教学实践认识的教育科研能力。[1]作为师傅的教师通常是拥有较高的教学科研等方面的能力的群体,他们对新教师的指导与示范使新教师的能力发展"有据可依"。第三,作为分析教师专业发展的一个维度,教师的教育信念反映的是教师对教育、学生以及学习等的基本看法,它形成以后,在一段时间内保持相对的稳定。在师徒制中,师傅的教育信念在对徒弟的指导中潜移默化的对徒弟产生着影响。这种教育信念包括关于学习者的信念、关于教育的信念、关于学科的信念、关于学会教学的信念和关于自我和教学作用的信念。教师的教育信念不仅影响其教学、教育行为,而且对教师自己的学习和专业成长也产生着重大的影响。第四,教师自我专业发展意识,是教师自我专业发展的主要动力,独立的自我意识和自我控制能力的形成,把个体对自身发展的影响提高到自觉水平[2]。按照时间的维度,其内容构成至少包括对自己过去专业发展过程的意识,对自己现在专业发展状态、水平所处阶段的意识及对自己未来专业发展的规划意识等方面。在教师保持自我专业发展意识的前提下,经过一定时间专业生活的积累,还可逐渐形成自我专业发展的能力,为教师专业进一步发展奠定基础,并成为促进教师专业发展的新的因素。[3]师傅在专业发展上的自我意识,在其与徒弟的交往与指导之中给徒弟以或多或少的影响。

师徒制的作用除了可以促进新教师的成长外,也对指导教师有着重要的作用,尤其是师徒制中的互惠原则逐渐被重视后,指导教师在师徒制中的利益所得也成为关注的焦点。师徒制促进指导教师的专业发展的作用体现在以下几方面:首先,分享经验的同时加强了教学反思。指导教师从事教学工作多年,同时又具有较为丰富的教师管理工作经验,对于新教师的专业成长有着自己的切身体悟,这些很丰富的实践知识,很多都具有缄默性质,只有靠老教师对新教师行为的观察和模仿才能获得。而新教师往往能力有限,不可能很快领悟老教师每个教育行为背后的信念和意图,这就需要老教师把自己的缄默知识转化为显性知识,将理论知识与实践知识相结合传授给新教师。而要实现知识的这种转换,老教师需要通过反思、同事之间的交流和学习、教育理论知识的更新,成为具有教育智慧的专业教师,才有可能真正解决,由此带教的过程对老教师来说也是专业提升的过程。其次,为老教师的再学习提供机会。新教师的专业基础好、理论知识扎实、思想活跃,反过来也影响着老教师观念和思想的更新。新教师刚从师范学校毕业,充满了生气和活力,加上对工作充满了期待,他们在工作初期必然会表现出极大的激情。而老教师经过长期的工作,习惯了每天处理繁琐的事务,而在带教的过程中,老教师首先感受到的必然是来自新教师的一份活力。而且,刚从师范学校毕业的新教师,掌握了一定的最新教育理念,双方在相互观摩、思想碰撞、对话交流中,可以达到教学智慧的共同提高。再次,新教师在技能

① 叶澜:《教师角色与教师专业发展新探》,教育科学出版社2001年版,第237页。
② 叶澜:《新世纪教师专业素养初探》,《教育研究与试验》,1998年第1期。
③ 叶澜:《教师角色与教师专业发展新探》,教育科学出版社2001年版。

上也能给老教师以耳目一新的感觉,这些都与老教师习以为常的教学风格不同,值得老教师学习。

由此可见,师徒制对师徒双方的专业发展都有着极其重要的促进作用。就"徒弟"而言,"师徒制"是迅速实现新手成长的必经之路;对"师傅"来说,则是从成熟型教师迈向反思型、专家型教师的一条捷径,师徒双方在互帮互学的过程中实现教学相长。

但是影响作用的产生并非理所当然,它需要在认识层面和实践层面对师徒制加以改进。有学者提出"师徒学习"是否真的可以促使教师的专业成长,基于三个假设前提[①]:首先,它应是一种社会化互动的学习形态,提供给有意愿采取"师徒学习"方式的人,且彼此需要有较长时间的浸润以及参与,才会感觉到对方的影响、改变与收获。其次,"师徒学习"应是一种人际互动的经验,这种经验无论是正面的或负面的刺激,参与者会透过自我反省及思考,逐渐建构、调整个人的思维行为。再次,改变无法以短时间的参与、片段的观察,或任何形式的短暂访谈以及调查等便能确定是否有改变的现象发生。它是一项长时间的动态历程,需要个体深刻体会、反省、确认及行为表现后,才能做出是否改变的结论。而要真正实现以上假设,必须采取相应的行动策略,并且这些策略是有序列性的:第一,学校支持"师徒式专业成长"的概念及方案,并形成一个体制;第二,透过教师组织来传播、推动"师徒式专业成长"方案;第三,为教师举办有关"师徒式学习"的研习进修课程;第四,鼓励研发不同"师徒式学习"策略作为配合其他专业成长方案实施的基模;第五,规划有关"师徒式专业成长"的行动研究 。

··

本章小结

师徒制从产生起就经历了不断的变化发展,从最初的以父子关系为基础的学徒制转向以契约形式为基础的学徒制;从私人性质的师徒制到公共性质的师徒制;从传统师徒制瓦解到职业教育兴起再到现代学徒制建立,并最终在现代学校中形成师徒制,其内涵和定位也在不断变化发展。

现代学校中的师徒制的运作包含师傅的任命与培训、师徒结对确定师徒关系、制定一般和个别带教计划、师徒进行带教、对带教活动的定期监督评价及总结性评价等环节。通过这一系列环节,试图促进新教师的发展。

从学校的角度来说,"师徒制"这种形式对新教师成长具有实践价值,但也有一定的局限性。在教师专业发展背景下,师徒关系、带教形式、师徒制作用指向等方面都有进一步改进的空间。

关键术语

学校师徒制   师徒带教   师徒关系

---

① 陈嘉弥:《师徒式专业成长促进教师改变之理念与实践》,载潘慧玲主编:《学校革新:理念与实践》,第403—440页,台北:学富文化事业有限公司,2002年版。

思考与讨论

1. 想一想,议一议:

学校中的师徒制与企业中的师徒制有什么不同?

2. 请对下列观点进行评论:

观点1. 学校中的教师都是公职,不允许在教师工作中夹杂个人之间的私人关系。但师徒之间如果没有真情实感,也很难有效地传承学校文化。

观点2. 我国中小学教师相当一部分专业活动是以集体活动的方式进行的,包括师徒制。但它并不能代表一个真正的专业集体的形成。很多时候恰恰是这些制度化的组织妨碍了学校内部真正的教师专业社群的形成。

进一步阅读的文献

1. 王建军著:《课程变革与教师专业发展》第八章,四川出版集团四川教育出版社2004年版。

2. 陈桂生著:《且说初任教师入职辅导中的师徒制》,《湖南师范大学教育科学学报》,2006年第5期。

3. 李园会著:《初任教师研修制度之研究》,台湾书店印行1988年版。

4. 陈嘉弥:《师徒式专业成长促进教师改变之理念与实践》,载潘慧玲主编:《学校革新：理念与实践》,台北：学富文化事业有限公司2002年版。

5. 科林、马什著,吴刚平、何立群译:《初任教师手册》,教育科学出版社2005年版。

第十一章　作为教师业务组织的
学校教研组

通过本章学习，你能够

- ◆ 了解学校教研组提出是特定历史时期的产生，它的发展受到多种因素的影响，使之并未完全与最初的定位相符；
- ◆ 了解教研组的工作内容最初指向教学研究，以后包括了教学业务与行政管理等方面；
- ◆ 了解受到行政组织特征的影响，教研组的运作方式具有独特性；
- ◆ 了解"校本教研"理念使得传统的学校教研面临变革需求。

⋯⋯⋯⋯⋯⋯⋯⋯⋯⋯⋯⋯⋯⋯⋯⋯⋯⋯⋯⋯⋯⋯⋯⋯⋯⋯⋯⋯⋯⋯⋯⋯⋯

　　教学研究组织简称教研组，在我国中小学久已有之，是教师直接面对的、和教师关系最为密切的业务组织。相比较教师教育机构的培养与培训，学校教研组及所开展的各项教研活动，由于深深植根于教师的日常教学实践，对教师的教学实践产生直接而非间接的、有操作性而非说教性的、有针对性而非泛泛的帮助而受到教师的欢迎，并在提升教师专业素养等方面产生了积极的影响。

第一节　中小学教研组的发展

　　20世纪50年代我国中小学师资数量匮乏且业务水平较低，为尽快解决这一问题，教研组形式应运而生。在历史发展中，教研组逐渐形成了一套稳定的运行制度。

一、学科教学研究组织的萌芽

　　在现代学校形成之前，虽然有教学活动，但严格意义上的教学研究组织并不存在。到了民国时期，随着我国现代学校的日臻成熟，一些规模较大的中小学除校长及教务、事务（或总务）、训育各主任外，开始设立各种会议及委员会，以处理校务、研究教学①。1935年，教育部公布《省、市中学、师范教育研究会办法大纲》《初等教育辅导研究办法大纲》，

---

① 吴研因、翁之达：《三十五年来中国之小学教育》，《最近三十五年之中国教育》(商务印书馆创立三十五年纪念刊)，商务印书馆1931年版，第4、23页。

要求各省市分别组织各级教育研究会,研究中小学行政、课程、教学方法、训育方法等问题,但所列研究会成员主要是校长等,与一般教师无关[①]。1936年,教育部修订并公布了《小学规程》,规定"小学有教员五人以上者,应组织教育研究会,研究改进校务及教学训育等事项"。[②]1939年至1941年,教育部相继发布了《中等学校行政组织补充办法》、《中等学校各科教学研究会组织通则》,要求中学"依所设学科情形"组织国文、算学、外国语、社会、自然、艺术、体育等各科教学研究会,由该区中学教育研究会辅导,从事课程标准实施结果之讨论、教学方法之研究、乡土教材之搜集、每学期教学进展之预定、学生课外作业之规划及指导,以及教员进修与阅读图书杂志之报告及讨论等教学研究事项。[③]至此,中小学建立了较为正式的学校教学组织。这时期的教学组织,主要有教务管理、教学研究两大职能,由教学研究的职能,引申出了相应的教学研讨或报告的制度。

在民国时期,从各省市到地方学区都成立了各科教学研究会,这种作为由官方主导的学术性团体,主要从事课程、教材及教法等方面的研究与改进工作,研究会的成员除了专门研究人员、学校管理人员外,也有教师参与。此外,在中小学内部,也成立了正式的教学组织,除了承担教学管理职能外,还组织学科教师开展教学研讨或报告,形成了初步的教学研究制度。这时的学校,有了教师"教学研究"的某些做法,但由于受制于当时的学校规模和发展水平,中小学教师的教学研究并不非常普遍,"研究"的含量也有一定的局限性。

二、学科教学研究组的提出

在我国,教学研究组织成为一个专门组织,并对中小学教师真正产生实际影响是在1949年之后。

1949年12月,教育部召开了第一次全国教育工作会议,确定教育工作必须为国家建设服务的总方针。不过,当时的教师质量现状却不令人乐观。如何尽快提升教师专业素质,使之胜任教学岗位,成为教师在职教育的重要任务。和当时的社会建设一样,教育改革也经历了较长一段时间的"学苏"时期,学习苏联"教学法小组"的做法,通过建立教学研究组来提升教师业务水平便是其中一项重要的举措。

> 知识驿站
>
> 苏联教育部1938年颁布并于1947修订了《中小学校教学法研究工作规程》、《农村小学教师联合教学法小组规程》和《区教育研究室规程》。《中小学校教学法研究工作规程》规定:小学在"每年级至少有三个教师"的情况下,按年级设立"各年级联合教学法小组";中学"教每门课的教师有三人或三人以上"时,按

[①] 《省、市中学、师范教育研究会办法大纲》(国民政府"教育部"1935年3月7日公布),《中国教育事典》编委会编《中国教育事典·中等教育卷》,河北教育出版社1994年版,第892页。

[②] 《初等教育辅导研究办法大纲》(国民政府"教育部"1935年3月7日颁发)、《小学规程》(国民政府"教育部"1936年7月修正公布),中央教科所教育史研究室编《中华民国教育法规选编》,江苏教育出版社1990年版,第266—269、271—282页。

[③] 《中等学校行政组织补充办法》(国民政府"教育部"1939年8月21日发布、1941年2月2日修正公布)、《中等学校各科教学研究会组织通则》(国民政府"教育部"1941年5月22日发布),《中国教育事典》编委会编《中国教育事典·中等教育卷》,河北教育出版社1994年版,第854—855、895—896页。

学科设立"各科教学法小组"。如学科教师人数较少，则可选择性质相近的学科组成混合科教学法小组。此外，"为了在教学法业务上帮助教师，为了整理、保管和推广有关教学法的材料"，在有14个班级以上的七年制学校和中学可组织"校内教育研究室"。教育研究室及教学法小组的工作，均在教导主任或校长的领导下推行。由此便形成了如下的学校组织架构：

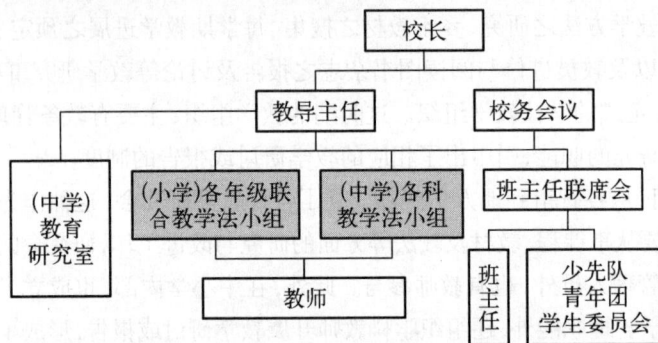

苏联中小学教学法小组与学校组织结构简图

《中小学校教学法研究工作规程》规定：教学法小组是学校中教师的一种"常设集体研究组织"，其目的在于"提高教师的思想政治水平和教学法水平"。教学法小组的基本任务是：系统地提高教师思想政治水平；用新的、更完善的对儿童进行教学和教育的方法去丰富教师（尤其在教学方法上帮助缺少经验的新教师）；研究和宣传优秀教师与教导员的工作经验；经常给教师介绍新出版的教育学、教学法、儿童文学及通俗科学的读物；培养教师在理论问题上独立钻研的熟练技巧。

教学法小组总领导是校长，通过在教学法小组会议上分析教师的课堂教学工作布置情形、批准各组工作计划来实行对各组的教学法领导。教学法研究工作的组织者是教导主任，通过安排各教学法小组固定的开会日期、指导和监督组长工作、出席各组例会等，保证各组的教学法研究工作协调一致。小组工作的具体领导者是组长或主席，一般由校长从最有经验最有威信的教师中指定，负责小组例会的召集举行。组长在小组教学法研究工作的组织、内容及按期开展等方面向校长负责，并履行如下职责：(1)编制工作计划，和全组讨论计划，经主任检查同意后提请校长批准；(2)定期召开小组会议；(3)领导小组会上的问题讨论；(4)考查小组工作，并向校长和校务会议报告工作，说明教学研究的成绩和存在的问题；(5)准备举行观摩教学，组织教师互相听课，并总结这些措施的执行情况；(6)组织教师在小组会上发言，交流工作经验；(7)帮助教师准备在全校或全区教育会议上的发言；(8)在刊物上发表小组工作经验；(9)帮助校教育研究室主任搜集材料和组织展览会。①

---

① 参见［苏］福尔柯夫斯基、马立雪夫主编，陈友松等译：《学校管理·第2分册》，人民教育出版社1954年版，第7、158—159页；《中小学校教学法研究工作规程》(苏联邦教育部1947年12月6日发布)，中华人民共和国教育部翻译室译《苏联普通教育法令选编》，人民教育出版社1955年版，第324—329页；雁汀：《规模较小的中学的教研组应怎样进行工作？怎样组织？》，《人民教育》，1955年第12期。

受苏联教学法小组做法的影响，1952年教育部颁发了《中学暂行规程（草案）》和《小学暂行规程（草案）》，提出要在中小学建立类似教学法小组的"学科教学研究组"。

《中学暂行规程》提出：（1）中学在校长之下设教导主任一人，在校长领导下负责计划、组织和检查全校教学和学生生活指导事项；（2）在教导处之下，各学科成立教学研究组，以研究改进教学工作为目的，在班数较少的学校，教学研究组可以联合性质相近的学科一起组织；（3）建立学科教学会议制度，由各学科教学研究组分别举行，其任务主要是讨论及制订学科教学进度、研究教学内容和教学方法；（4）各科教学会议每两周举行一次，必要时可举行各组联席会议。[1]

《小学暂行规程》提出：（1）小学在校长之下设教导主任一人，协助校长办理教导和行政事宜；（2）建立教导研究会议，由全体教师依照学科性质，根据本校具体情况，分别组织研究组，研究改进教学内容和教学方法，并交流、总结经验。教导研究会议每两周举行一次，也可联合各研究组举行联席会议。规模较小的学校，可由同地区内几个小学联合举行教导研究会议。[2]

《中学暂行规程（草案）》和《小学暂行规程（草案）》发布后，各地中小学做出了响应，不少学校都设立了学科教学研究组织和教学研究会议制度。[3]与中学的"分科教学研究组织"不同的是，小学由于学校规模不大，且多数是"包班制"方式教学，因而较多采用"教导研究会议"的形式开展教学研究活动。从这时开始，对学校有了建立学科研究组织或制度的要求，以此来推动教师业务活动的开展。

三、教研组正式确立

学科教学研究组在实施过程中，因各校对《中学暂行规程（草案）》和《小学暂行规程（草案）》解读不同而引发了一些问题。有的是名称上不规范，有的是工作内容上有差异，有的是要求上有不同。针对所产生的问题，为进一步明确教学研究组的性质、任务和工作内容，1957年，教育部在《中学暂行规程（草案）》和《小学暂行规程（草案）》的基础上，颁布了《中学教学研究组工作条例（草案）》及《关于〈中学教学研究组工作条例（草案）〉的说明》。

《中学教学研究组工作条例（草案）》提出，中学教学研究组简称教研组，它是各科教师的教学研究组织，同一学科教师可以成立教研组，也可联合相近学科教师成立教研组。教研组的主要任务是：组织教师进行教学研究工作，总结、交流教学经验，提高教师思想、业务水平，以提高教育质量。

---

[1] 《中国教育年鉴》编辑部：《中国教育年鉴1949—1981》，北京：中国大百科全书出版社，1984：125，126，1022，731，728。

[2] 《中国教育年鉴》编辑部：《中国教育年鉴1949—1981》，北京：中国大百科全书出版社，1984：125，126，1022，731，728。

[3] 参见湖南省长沙一中：《湖南省长沙一中》，北京：人民教育出版社，1997版，128页。瞿葆奎：《教育学文集·学校管理卷》，北京：人民教育出版社，1988版，391页。热河省文教厅视察组：《热河朝阳中学的教学工作》，《人民教育》，1953年第3期。山东实验中学地理组：《我们怎样进行地理教学的课前准备工作》，《人民教育》，1953年第6期。哈尔滨第六中学教导处：《我们怎样领导教学工作的》，《人民教育》，1953年第10期。松江双城兆麟中学：《教导主任如何领导教学工作》，《人民教育》，1953年第12期。上海中学生物教研室：《我们教研室怎样改进教学工作》，《人民教育》，1955年第10期。

中学教学研究组工作条例（草案）

第一条　中学教学研究组（简称教研组）是各科教师的教学研究组织。

第二条　教研组的任务是：组织教师进行教学研究工作，总结、交流教学经验，提高教师思想、业务水平，以提高教育质量。

第三条　教研组工作内容如下：

（一）学习有关中学教育的方针、政策和指示；

（二）研究教学大纲、教材和教学方法；

（三）结合教学工作，钻研教育理论和专业科学知识；

（四）总结、交流教学和指导课外活动的经验。

第四条　同一学科教师在3人以上者成立教研组，不足3人者可联合相近学科教师成立教研组。

第五条　教研组设组长1人，由校长聘请有教学经验、并有一定威信的教师担任。

第六条　教研组长负责组织领导教研组的工作。

第七条　教研组的教学研究工作计划经校长或教导主任批准后执行。

第八条　教研组每两周或三周开会一次，每次会议以不超过二小时为原则。

为明确中学教学研究组的组织性质，《关于中学教学研究组织工作条例（草案）的说明》专门指出，教学研究组是教学研究组织，而不是学校行政组织；它的任务是组织教师进行教学研究，而不是处理行政事务；教研组长负责组织领导本组教学研究工作，而不是学校一级行政干部。

《中学教学研究组工作条例（草案）》是我国第一部也是迄今唯一一部有关中小学教学研究组织的专门法规。它规范了教研组的名称，明确了教研组的性质、任务与工作内容，并对教研组的设置及组织管理问题进行了原则性的规定。特别是"教学研究组织不是学校行政组织、不是处理行政事务、教研组长不是一级行政干部"的规定，明晰了"教学研究组织"的研究性和专业性。这些对于学校教学研究组织的建立和发展具有里程碑意义。自《中学教学研究组工作条例（草案）》颁布之后，教研组的这一名称开始正式出现。

以后，随着办学规模的扩大，小学也陆续建立了教研组。至此，我国中小学大致形成了如下教学组织架。如图11-1所示：

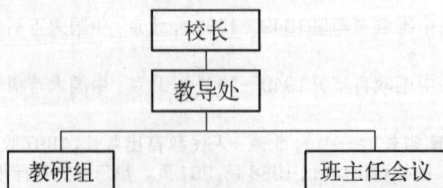

图11-1　20世纪50年代形成的中小学教学组织简图

这一组织结构体现了校长作为学校教学总领导的地位,校长之下所设的教导处实际上是教研组的直接领导者,教研组成为与教师关系最为密切的基层业务组织。这一组织结构的设计思路和总体框架一直延续至今。

四、教研组的发展

从1966年开始以后的10多年里,学校正常的教学秩序受到了冲击,学校的教研组名存实亡,教研制度销声匿迹。直到1978年,教育部对1963年颁布的《全日制中学暂行工作条例(试行草案)》和《全日制小学暂行工作条例(试行草案)》进行了修订,并再次颁布。修订后的《全日制中小学暂行工作条例》对中小学教研组与教研制度并未提出新的内容,只是对学校教研制度提出了原则的要求,如中学"应加强对教学研究工作的具体领导,总结教学经验,帮助教师提高业务水平";小学"组织教师研究教材和教学方法,注意组织有经验的教师,帮助水平较低、经验较少的教师提高教学质量,交流教学经验"等。但在历史发展与实践过程中,教研组慢慢形成了一套运行制度,并对教师发展产生了一定的影响。

首先,我国中小学基本形成了相对稳定、层次清晰、职责明确的的教学组织体系,教研组是其中最核心的业务组织。

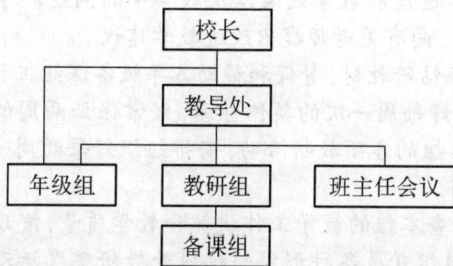

图11-2　20世纪80年代以来中小学教学组织简图

在这一组织结构(见图11-2)中,校长是学校教学工作的最高领导者。校长之下设教导处(或相类似的机构),负责组织与领导全校教学工作。教导处之下,再按学科分设不同的教研组,如语文教研组、数学教研组、英语教研组等,如果有些学科教师人数较少则形成联合教研组。教研组设组长一人,担负本学科教学、教研、科研等活动的计划、组织和协调等职责。在一些规模较大的学校,通常还会在教研组之下设立由同一年级任教同一学科教师组成的备课组。备课组长负责计划、实施与协调本年级本学科的教学、教研等工作。在这一组织结构中,教研组及备课组是学校推进教学、研究及相关工作的重要组织,几乎包罗了教师所有的日常业务活动,它对教师业务上的帮助和业务水平的提升是学校其他组织无法比拟的。

其次,建立了一系列教研组管理制度,并据此规范与引导教研组的工作。为保证教研组活动常态化、制度化进行,使教研组活动有据可依,教研组成员有章可循,有些地区或学校制订了一系列教研组管理制度,比如教研组活动制度、教研组长工作职责、教研组考评标准等。

各地各校的教研组活动制度名称可能会有不同,但内容基本上大同小异,通常会对教研组和备课组的活动内容、方式、要求作出规定,区别在于有的学校规定比较笼统,有的则比较具体。而这些内容也常常会反映在教研组长的工作职责中。

在学校中,教研组长是保证学校教学工作的正常开展、推进学校教学改革与研究的重要力量,教研组长的专业水平在某种程度上也决定了学校该学科的教学与研究水平。因此,教研组长一般由学校中教学和研究的骨干教师或学科带头人来担任。为了确保学科教研工作的开展和质量,学校会对教研组长的工作职责作出明确规定。

案例 11-1

某中学教研组长工作职责

1. 抓好教研组思想和师德建设,组织全组教师认真学习党和国家的教育方针、政策、法规、教育教学理论及课程标准。协调本组人员的工作和人际关系,促进本组教师在思想上、业务上的交融,努力抓好本组的教风和组风建设。

2. 根据学校教学计划,全面制订教研组工作计划,定期检查计划的实施情况,搞好学期或学年教研工作的自评和总结。参与对本组教师教学情况的考核和评价。

3. 根据本学科教师结构和特点,提出本组新学年或新学期教师任课安排的建议。及时了解教学进度和教学效果以及教学中的问题和学生的学习情况,听取学生的意见和要求,向有关老师提出改进教学建议。

4. 组织本组教师钻研教材,督促和帮助各年级备课组工作,组织备课组制订教学进度计划,组织好每周一次的集体备课,经常保证两周的超前备课量,并认真督促实施。组织本组的各项教研活动,安排组织好每两周一次的教研活动,做到定时、定点、定内容。

5. 经常了解、检查本组的教学工作状况和教学质量,发现、总结和推广行之有效的教学经验。组织开展各种形式的校内外教研观摩活动,安排教师相互听课。做好本学科公开课的组织评议工作。每学期组长听课不少于15节,课后进行交流评价。

6. 帮助新教师熟悉业务,关心新教师的成长,在教学的各个环节和教法上,对新教师施以具体的帮助和指导。不断提高教学技能和教学质量,积极组织本组教师参加业务进修活动。

7. 积极开展学科辅优补差工作,举行专题讲座和各种课外活动。争取各年级合格率达100%,优秀率有提高。

8. 督促本组教师经常了解学生的学习情况,每月一次检查各年级学生作业,了解作业量、难易程度和学生完成作业及教师批改作业的情况,注意听取学生对教学的意见和要求,以便及时改进教学。

9. 协助教导处检查本组教师执行授课计划、备课、批改作业等方面情况。协助教导处做好学科的日常管理工作(检查、考核、评价等),做好期中、期末考试命题卷、补考卷的指导及评价审核工作,考试后的质量分析等。做好本组学科竞赛的组织工作。

10. 教研组对本学科的课程标准、课程实施方案达到比较熟练解读的程度。积极开展校本课程的开发和实施,完善考核评价制度。

　　教研组长职责涉及教学及相关活动的各个方面,从工作过程来说,有计划、实施、检查、小结等;从工作内容来说,有建设师德、教学实施、学生学习、课程开发、质量评估与提升等;从教学流程来说,包括了备课、上课、作业、命题、考试等各个环节;从对象来说,既有优秀教师经验提炼、普通教师活动参与、新教师带教指导,又有学生的辅优补差,可以说是包罗了学校教学工作的方方面面。透过这些包罗万象的职责条例,也可以折射出教研组的工作内容与功能。

　　在对教研组工作和教研组长职责作出规定的同时,学校每学期还会对教研组工作计划、活动安排、活动记录、工作小结提出要求,通过这些措施强化对教研组的日常管理。

　　此外,为了保证教研组活动质量,有些地区和学校还会制订相关考评细则,对教研组、教研组长进行考评。下表呈现的是某市教研室制订的优秀教研组评价标准,从表中可以看出相关教育部门或学校对教研组的期待与要求,这种类似的规定在很多地区或学校都可以看到。

表11-1　某市中小学优秀教研组评价标准

内容	具体标准	分值
师德建设10分	本组教师能坚持正确的政治方向,德高身正,具有奉献精神。	2
	工作认真负责,学生满意度较高。服从学校安排,出色完成各项任务。	4
	遵守学校规章制度,组内教师之间团结协作,充分发挥团队精神。	4
常规管理20分	教研组工作有明确目标,发展规划既切实可行又具创新精神,并能采取有效措施逐步落实到位。	4
	积极开展校本教研。各种研讨活动有相关记录,做到定时间、定地点、有分工、有实效。	4
	每学年本组教师互相听课、评课、说课不少于20次/人。	6
	教研组长能协助教导处做好教学管理工作,严格要求、积极组织教师参加市级或校际间教研活动。	3
	能定期反思、总结本组的教学教研工作情况并有相关记录。	3
教学活动40分	本组教师能认真上好每一堂课,善于反思、总结并有相关支撑性材料。	6
	本组教师每个学年开设研究课不少于2次/人。	10
	本组教师在各类教学评优、竞赛中获得好成绩。	8
	能指导学生开展各种研究性学习活动及其他社团活动,并取得一定成果。或者教学效果显著,所辅导的学生在有关学科竞赛活动中成绩优异。	8
	积极参与学校课程管理和校本课程开发,并有相应成果。	8
教育科研30分	本组教师能认真学习现代教育教学理论,教学观念新颖。	
	具有在省、市及所辖市区有一定影响的学科领衔人。	8
	教研组有大市级以上研究课题,并能常年开展有目标、有序列、有成效的研究,并有阶段性或终结性成果。	8
	本组每个教师都有自己的发展规划和研究方向,且能分步落实。	6

（续表）

内容	具体标准	分值
	每个学年本组有三分之一教师有教学论文、教学案例（教学叙事）在市级以上刊物发表或在论文评比中获奖。	6
	校际间的联系紧密，有一定的交流、合作与研讨。	2

最后，特别值得关注的是，这一时期年级组逐渐成为除教研组与备课组之外学校内最重要的教师组织，并对教师产生实质意义的管理作用。1949年后的相当长一段时间，学校一直采取的是学科教研体制，虽然教研组从一开始就被定性为非行政组织，但它却承担了大量的教学管理、教师管理的职能。随着学校规模日益扩大，教研组已无法完全担负教师管理任务，于是年级组建制应运而生。到了20世纪80年代，由于学校行政化倾向不断强化，年级组作为学校一级行政组织，逐渐取代了教研组在学校中的地位，成为更具有管理实权的教师组织。

年级组是指由同一年级不同学科教师组成的行政组织，它直接负有对教师实施行政管理的职责。年级组通常有两种不同的形式：一种是由同年级各班的班主任组成，其主要任务是研究班主任工作和学生教育工作；另一种是由同年级各班主任和任课教师组成，其工作任务除了研究班主任工作之外，还涉及促进学生德、智、体等方面发展的各项教育工作，以及教师管理工作。从管理上来说，年级组管理更便于有效地对教师实行分而治之的管理，解决了由于办学规模不断扩大而造成的教师管理上的困难。

教研组和年级组虽然是学校中最基层的教师组织，但其组织性质却迥然不同，对教师发展意义也不尽相同。学校教研组是非行政组织，而年级组却是真正的行政组织。如果将学校纯粹地作为一级行政管理组织，如果学校的管理制度多从行政的角度来加以构建，如果校长室、教导处、年级组均作为一级行政组织，其主要负责人作为学校一级管理者对教师实施管理，年级组与教研组的运作并不构成大的矛盾。因为在这样的组织体制中，学校是一个纯粹的行政管理组织，学校更多呈现的是作为一般行政组织的性质，其作为专业组织的特征并不明显。但是当面对"教学及研究"这一与教师发展密切相关的问题时，情况却有了变化。由于年级组是由所有任教同一年级的不同学科的教师组成的，导致产生用不同学科教师之间的行政性联系、切断同一学科教师之间的学科专业性联系的结果；特别是当年级组拥有"实质性"管理权时，教师自然而然地便将行政管理置于教学及研究之上了。因此在教研组的发展过程中，有一问题始终无法回避，即在强化行政管理的背景之下，教研组如何体现其专业领导的作用。

第二节　教研组的工作内容

1957年颁布的《中学教学研究组工作条例（草案）》对教研组工作内容作了明确规定，主要包括四个方面：学习有关中学教育的方针、政策和指示；研究教学大纲、教材和教学方法；结合教学工作钻研教育理论和专业科学知识；总结、交流教学和指导课外活动的经验。但实际上教研组的工作内容超出了上述规定。特别是受到学校行政倾向化的影响，其内容则更加多元。教研组的工作内容不只是说明了教研组在做些什么事，也反映了学校对教师发展的要求。

一、文化和业务学习

20世纪50年代初期，中小学师资匮乏，教师文化和业务水平普遍较低，最初教研组的业务学习比较注重文化与业务知识方面的内容。

> 天津南开中学将业务进修列为教研组的一项重要任务，根据教育部提出的"教什么、学什么，缺什么、补什么"的原则，提出教师的在职学习须为教好当前课程服务。为此，各科教研组开展了专题补缺的学习活动，发动在某些方面有特长的教师帮助有困难的教师。如语文教研组开展了汉语拼音、几种常用字典查法的学习。此外，为解决教师文言文的困难，他们还把文言文分为左传、国语、诸子散文等若干单元，请业务基础好的教师讲解并批改练习。理化教研组做了有关常用基本仪器使用方法的讲座、学习了有关做好实验的书籍。

案例 11-2

以后随着教师业务水平的逐步提升，教研组的学习内容拓展到党和政府颁布的有关教育政策和指示决定、国内外教育理论、与学科教学内容相关的知识、教育实践经验等。

20世纪80年代以后教研组业务学习内容有了很大的变化。如果早期的业务学习更多是指向"补缺"、"带教"的话，后来的学习则越来越强化"提升"，重点指向教师的教育理论与学科研究水平的提高。1997年原国家教委发布《关于当前积极推进中小学实施素质教育的若干意见》，明确提出了"素质教育"的理念，2001年教育部颁布《基础教育课程改革纲要（试行）》拉开了课程改革的帷幕，我国教育界陆续提出了"学会学习"、"愉快教育"、"以学生发展为本"等诸多新教育理念和课程理念[①]。各级教育部门要求一线教师"加强学习，更新观念"，以新的理念来指引和改进教育教学行为。由此，教育理论学习成为教研组的重要活动内容。

案例 11-3

> **某小学2013年第一学期语文组业务学习计划**
>
> 一、学习内容
> 1. 语文学科课程标准和《基础教育课程改革纲要》。
> 2. 各教育教学刊物的优秀教育论文或案例。
> 3. 体现新课标理念和课程改革精神的课堂教学经验。
> 4. 上级教育主管部门下发的各种教育教学工作指导性文件。

[①] 国家教育委员会：《关于当前积极推进中小学实施素质教育的若干意见》，1997年10月29日颁布；中共中央国务院：《关于深化教育改革、全面推进素质教育的决定》，1999年6月13日颁布；教育部：《基础教育课程改革纲要（试行）》，2001年6月8日颁布。

二、学习重点

1. 语文学科新课程标准。

2. 学习新课程标准的基础理念。

三、学习方法

1. 集中学习。主要学习新课程标准，通过学习打造共同的教学理念，进行教学指导。

2. 自学、自练。自学上级教育部门下发的各种教育教学指导性文件、方针、政策。各级各类教育报刊、杂志，校内外能充分体现新课标观念的课堂教学经验，教师必备的教学基本功、教学基本技能等。

四、学习要求

1. 每两周一次业务学习，单周二下午第一节课。

2. 学习时要带好有关资料，积极发言，虚心听取他人发言，认真做好笔记，严守纪律，不得做其他无关的事。

随着素质教育和课程改革的理念与要求的不断提高，党和国家的教育方针政策、法令法规及上级教育部门的指示规定、现代教育理论与新课改理念、本学科的课程标准和教材，已成为教研组业务学习的常规主题。正是通过这些制度化的学习活动，学校试图对教师的理论水平与实践行为产生影响。

二、教材教法研究与集体备课

1953年，政务院通过《关于改进和发展高等师范教育、整顿和改进小学教育的指示》，要求"一切教师对新教材都必须很好地钻研，学习苏联的先进经验，特别是学习苏联的教学研究组，着重钻研新的教材；并在通晓教材的基础上，相应地改进教学方法"，认为"这是一切学校提高师资的十分重要的办法"[1]。因此，除了政治和文化业务学习，教研组最初的活动主要是集体钻研教材教法。[2]但由于当时教师的业务能力参差不齐，有相当多的教师没有能力独立完成教学设计，于是在教研组内所开展的研究教学大纲、研究教材等活动逐渐演变成了集体备课。

备课，通常是指"教师在上课前的教学准备"，[3]它包括教师对任教课程的整体设计即学期教学设计、单元教学设计和课时教学设计即教案。从传统的角度来说，备课就是指教师个人独立备课。但由于特定的历史原因，为了让一些业务水平较高的教师带着其他教师一起备课，于是又有了集体备课。集体备课在实施过程中，一定程度上确实起到了以老带新、相互交流的作用，因而在当时便成为相当通行的一种做法，并一直延续至今。随着着集体备课经验的不断积累，集体备课也形成了相对固定的内容和做法。

---

① 《关于改进和发展高等师范教育、整顿和改进小学教育的指示》(政务院会议1953年11月26日通过)，转引自《贯彻政务院关于改进和发展高等师范教育、整顿和改进小学教育的指示》，《人民教育》(社论)，1954年第1期。

② 雁汀：《规模较小的中学的教研组应怎样进行工作？怎样组织？》，《人民教育》，1955年第12期。

③ 《中国大百科全书教育》，中国大百科全书出版社1985年版，第20页。

集体备课是备课的一种形式,通常是指以教研组或备课组为单位来开展备课活动。从内容上来说,主要围绕学期、单元、课时体系,对教材与主题、学生学习、教学方法和过程、作业与检测等方面进行课前准备。从做法上来说大同小异,集体备课典型的做法:分配主题—个人主备—集体研讨—完善教案。备课组长每学期初按教材专题(或单元、章节)分配到个人,确定每一专题的主要备课者(也称主备教师);在组长主持下,由主备教师介绍本专题的教材分析、课时安排、课程设计、教学方法以及练习测试等;组内教师对主备教师的备课进行讨论评议,调整和充实教学内容与方法,制订出适合全组应用的教案;各位教师依据集体备课的教案,结合本人和本班实际,直接选择主备教案或对主备教案进行修改从而形成自己的教案。有些学校会根据实际情况对上述做法作些调整。比如,有的要求教师个人先初备,然后在大家讨论的基础上形成预案,再对预案进行讨论后形成正式教案;有的在集体教案形成后会要求主备教师先试教,然后大家根据试教结果再对教案进行修改。

由于集体备课提供了教师的相互交流和学习机会,且从某种意义上确实减轻了教师的备课负担而受到了学校和教师的欢迎。集体备课成为教研组最核心的活动内容。

但在实施过程中,集体备课出现了一些误区,教育界对此质疑的声音也一直存在。2005年初《中国教育报》就集体备课问题展开了讨论,最后列出了以"集体备课"为首的教研活动的四大"罪状":教师被动参加、不以个人钻研为基础、一言堂、耗费时间。[①]

一开始我校的集体备课组是所有教师以备课组为单位进行分工,每人负责一篇课文或一个课时的备课,提前写好教案,提交到备课组集体讨论,之后,形成一个比较成熟的、可以供大家使用的"通案",分发到所有老师。这样的合作,节省了大家不少的时间和精力,受到教师的普遍欢迎。但是,几次下来,问题便暴露出来。一些备课组将各章节平均分配给各位任课教师,由大家分头撰写教案,然后合订起来复印给大家,以这样的个人教案之"和"作为集体备课的成果;也有一些备课组充分利用现代信息技术的优势,分头到各大教育网站搜集下载与教材内容相匹配的教案合订起来,形成教学资源库;有的备课组虽然也组织研讨活动,但大家都"十分尊重"主备教师,主备教师基本包办了备课组的教案;备课组教师以集体备课形成的"通案"为纲,并遵照执行,但不同风格的教师,面对不同基础的学生,"通用"也导致问题百出。这种方式虽然可以减轻教师的备课量,但这样的集体备课老师们觉得价值不大,只是走过场,应付检查而已。甚至出现了有的老师自己没有很好备课,还怪集体备课的教案没有及时发下来,或者埋怨集体备课的教案质量太差。[②]

---

① 参见丁甫东:《集体备课应凸显"个人钻研"》,《中国教育报》,2005年1月25日;程仲:《集体备课是一种教研幻想》,《中国教育报》,2005年2月8日;周湘辉:《如此集体备课,还是"革"掉好》,《中国教育报》,2005年3月22日;陈鲁峰:《理性地审视集体备课》,《中国教育报》,2005年4月12日;丁善辉:《挤掉"冒牌"集体备课的水分》,《中国教育报》,2005年4月26日。
② 周炳炎:《中小学校长》,2008年第10期

集体备课在我国中小学通行已久，教师对此也早就习以为常，成为一种习惯。也因为如此，按惯性去思考与活动也在集体备课上留下了烙印。特别是当集体备课被贴上"参与"、"合作"、"探究"等标签时，对集体备课这一形式的关注甚于对实质的关注。作为学校教学研究的一部分，要使集体备课对教师发展真正产生影响，集体备课从认识上到实践上都有待进一步完善。

应当承认，教学是一个个性化很强的活动，每位教师都拥有自己的教育经验和教学风格，且面对的学生是千差万别的，如果教师不能立足于自己的学生进行个性化备课，如果对教学没有一个独立思考与准备的过程，集体备课效果就会大打折扣。因此，集体备课不能离开教师的自主性和创造性这一前提。同时，还应看到，集体备课在最初产生时就有些"先天不足"。早期的集体备课，虽然说是组织教师钻研教材教法，并将其作为教学研究的一部分，但实际上更多是属于先教的教师为其他教师提供资料和样板，较多基于经验和感受来分析和解决问题，只考虑具体的教材和班级情况，从而带有一种就事论事的性质。[①]在这一过程中，开展教材教法研究的理论基础薄弱，教学法指导缺乏，以至于以后的集体备课也基本处于从经验学习到经验学习的循环中。因此，集体备课应摆脱就事论事的痕迹，强化教学研究的成分。

三、听评课与公开课

在教研组正式成立以前，我国中小学就有了听评课活动。1954年，中央发出《关于改进1954~1955学年度中学教育工作的通知》，提出要在新的学年组织教师"加强业务学习，特别是教育理论学习，结合教材教法的研究，通过听课、观摩等多种方式进行"[②]。伴随听评课要求的提出，公开课教学也在学校中出现。由于公开课常常离不开听评课环节，公开课其实也是一种听评课活动。

公开课教学，顾名思义就是指教师在公开场合上课。追溯公开课的历史，可以发现，20世纪50年代初期的公开课是作为一种示范教学的性质出现的，最先面向的是师范院校的学生，而后扩大到在职教师。这　做法与当时国家希望尽快培养和培训一批可以胜任教学任务的教师，以弥补当时合格教师不足的现状直接相关。示范教学性质的公开课直接指向课堂教学，让教师马上可以模仿照搬，因而在相当长的一段时间内受到了教师的肯定。

以后在单一观摩示范教学的基础上，增加了课后研讨和评课环节，于是就出现了公开课教学的另一种类型——教学研讨课。当时的教学研讨课由现场上课、听课、课后评议会三个环节组成。课后评议时，主要围绕课的长处和不足、产生问题的原因，如何改进建议来进行。当时出版的一本有关听课评课的小册子里，收录了一则小学算术教学研讨课的课后评课记录。[③]

① 陈桂生：《"中国的教研组现象"评议》，《南通大学学报（教育科学版）》，2006年第4期。

② 《关于改进1954—1955学年度中学教育工作的通知》（中央人民政府1954年8月25日通知），《中国教育事典》编委会编：《中国教育事典·中等教育卷》，河北教育出版社1994年版，第205页。

③ 盛克猷著：《怎样听课与分析课》，山东人民出版社1956年版，第68—69页。

案例 11-5

　　陈老师的这堂算术课，能够围绕教学目的进行，讲解教材基本上正确，并运用了许多直观教具，把很多儿童教懂教会，所以从总的方面来看，应该下这样的结论：基本上是一堂好课。

　　它的主要优点：第一，运用了直观教具，如把苹果、厚纸做的圆从当中分开，又结合了周围生活材料——课桌、黑板来说明这个问题，由具体到抽象地形成了儿童对分数的正确概念。……第二，小学算术教学的基本任务是养成学生计算的技能，陈老师在形成儿童正确的分数概念基础上又作出结论，以便儿童记忆，接着就指导儿童学习读、练习写1/2、1/4、1/8……，为他们将来运算分数练习题打下了基础。第三，这堂课的内容较多，包括1/2、1/4、1/8，教师以1/2为重点讲解，通过分析、综合、归纳、演绎，使儿童从一般性结论上逐步理解1/4、1/8，减少了儿童学习上的困难。

　　任何一堂课，有优点也有缺点，这堂课的主要缺点：第一，在全部教学过程上，复习检查形式化，而且只作了复习，没有检查。……第二，在培养儿童逻辑思维上，首先表现在复习的口算问题过于简单，其次提出的问题暗示性太大，是非齐答太多……第三，在教学内容上，首先是分数的写法有错误，其次某些讲授的思想性感染力较差。例如教师对儿童说：我们把课桌中间画一条线，各坐课桌二分之一。这不但暗示儿童破坏公共财物，而且影响了儿童的团结。又如教师运用教具有时不耐心、不细致，如揭示纸圆形揭不开，随手扯去，这就影响儿童道德品质的培养。

　　产生以上缺点的主要原因：（一）对于整数与分数的关系以及分数的基本概念了解不深刻。（二）对于教学过程、思维过程的领会、应用较差。

　　因此，对于今后改进算术教学的建议是：甲、继续学习"小学算术教学大纲"，深入钻研小学算术课本及教学参考资料，做到切实掌握算术教材的科学性、思想性、系统性、连贯性。乙、有重点地学习教育学的"教学理论"及心理学的"思维与语言"部分，并结合普乔柯著《小学算术教学法》的学习，做到边学边做，边做边学。丙、随时检查、总结自己教学改进的发展情况，做到逐步把教学质量提得更高。

　　这一评课记录反映了当时教学研讨的水平：既关注教学程序和教学方法，又不乏对儿童学习的考量；既关注学科教学本身，借助学科教学法和心理学理论来分析教学，既指出问题所在，又分析问题产生的原因并提出相应的改进建议。从这时开始，听评课与公开课已合在了一起，公开课为听评课提供了素材，听评课则以公开课为基础。

　　以后，带有研讨性质的听评课与公开课除了保留原有的形式外，还增加了说课的环节，即上课——听课——说课——评课。先由一位教师上课，其他教师随堂听课，听完课之后由上课者汇报自己的教学设计、教学过程中的感受以及教学之后的反思，最后由听课者对课进行评价，包括课堂教学的长处、问题和改进建议。

　　为了不断强化改进教学的功能，有些学校在评课之后又增加了教学改进的环节，即评课之后形成改进方案，再进行一次教学。

图 11-3　听评课流程

由于教学研讨性质的公开课围绕教学过程中相关问题进行研讨,加深教师对课堂教学及其问题的理解,并直接指向课堂教学改进,一直很受教师欢迎。

案例 11-6

　　我们语文学科组每周进行一次研究课活动,每次半天时间。一般每次我们安排两位教师开课,组织全校有空课的语文教师来听课,然后再安排一节多课进行评课。

　　我们采用的方式是:按年级按专题的方式进行研究课活动。比如说,这几周内容主要围绕三年级作文教学,前几周主要围绕二年级的新教材童话题材的内容。这样按专题进行,可以一下子起到举一反三的作用。我们评课时,一般要先请上课老师讲备课意图,还要讲备课意图哪些方面落实了,哪些方面没有落实,为什么没有落实;然后再由其他老师一起进行评课。上完课评好课之后,并不是说就结束了,这位教师还要根据大家的修改意见,再上一次同类型的课,我们要看看她是否改进了。有时因为一些客观的原因,如果这位老师不能上了,就请另一位老师按照修改的意见再上一次。这样一来,我们每个老师一学期起码有两次上课机会,其中一次是"为了改进"的课。而参加听评课的机会则每周都有。

　　如果要问我们老师有哪些变化,我觉得有很多。原来有些老师备课只知道从课本到课本,比较注重上课的技巧,心中没有学生,课上完就完了,很少再去考虑下一堂课要如何改进。现在这些方面都有很大的进步。[1]

当然这类研讨性质的听评课与公开课效果取决于参与者的态度与表现。比方说,有的教师只听不评,有的教师因上级要求而不得不听课,听课后要提意见,提和不提都有难处,只好想到什么谈什么;有的教师在发言中重在突出优点,缺点轻描淡写。凡此种种,致使听课流于形式。

而教育界真正对听评课与公开课产生争议,与教学竞赛类公开课的产生直接相关。教学竞赛类公开课通过比赛的方式,对参赛教师的课堂教学水平作出评判。教学竞赛类公开课名目繁多、形式各异。下至学校上至全国都会举行教学竞赛类公开课活动,这些活动既有"现场"教学比赛,也有教学录像比赛;既有按教龄段举行的比赛,也有按主题进行的比赛。由竞赛组织者邀请教学专家、经验丰富的优秀教师以及中小学管理人员作为评委,对参与教学比赛的教师打分,根据打分结果确定竞赛名次。这类公开课以比赛为主要形式,比赛的结果决定教师个人及所在学校的荣誉,甚至决定教师的晋升。因而,学校和教师个人都会为准备这类公开课全力以赴。

通常一节完整的公开课程序大概是:指定或者自荐参加竞赛的上课教师,由上课教师或其所在教研组选择教学内容。上课教师首先对课堂教学设计有一个大概的设想,并以此为基础,与主管本学科教学的教师及其他同行共同研究,形成具体教案。然后借班上课,根据教学效果对原有设计进行适当调整。通过这样一次或多次的"实战演习",最终打造出一节完美的公开课。[2]

---

① 胡惠闵著:《校本管理》,四川教育出版社2005年版,第183页。
② 郭华:《公开课——日常教学的理想化及合法化》,《教育科学研究》,2003年第6期。

如何认识公开课,公开课对教师专业成长有何作用,什么样的公开课才会对教师成长有帮助,这是公开课教学研究中无法回避的问题。公开课的价值主要表现在以下两个方面:

第一,公开课包括了备课、说课、上课、听评课等基本的教学活动(一次完整的公开课教学的程序通常是确立选题——备课组集体备课或有经验的教师指导备课——教师试教和其他教师评议——正式开课——课后讲评或研讨——写教后感),这种方式可以使教师教学基本能力得到全方位提高,这种功能是其他手段很难取代的。

第二,公开课与平时的"家常课"有一个根本的区别,它的最终指向是这节课能够被"像样地公开"。因此,准备公开课的过程就是一个不断寻找问题——改进问题——直至完善的过程:(1)有些在平时的教学中教师比较容易忽视的问题,在公开课准备过程中很容易被发现,从某种意义上说,公开课既是课的公开过程,也是问题的公开过程;(2)公开课可以一遍一遍地试教,这为教师提供了解决问题的机会,有些问题可以在试教中解决,有些问题在试教中难以解决,但由于在试教中不断强化了这些问题,就会给任课教师留下较深刻的印象,也就促使他在平时的教学中注意解决;(3)在公开课准备过程中,任课教师不断得到其他教师的帮助,这就为其发现问题、解决问题、完善实践提供了一根"拐杖",有些问题教师自己看不到,有些看到了但不知原因在哪,有些知道了原因但不知怎么解决,有了"拐杖",他"上手"就会很容易。平时的"家常课"也可以发现问题,但想有针对性地解决问题有时却比较困难,因为机会太少甚至没有。

公开课为教师专业发展提供了一个很好的途径,但途径毕竟只是途径,如果公开课价值取向发生偏差的话,其结果则迥然不同。目前教育界对公开课有不少争议,最集中的批评意见是"公开课"成为"造假课"、"表演课"、"花瓶课",也有人指出"公开课对正常的教学秩序造成干扰"、"多人围着一人转"等。[①]为了解决公开课教学追求名次、成绩的问题,有些学校对公开课进行了某些改进:比如增加开课过程中评课研讨活动的比重,并且将研讨的重点放在发现问题、解决问题和改进实践上;建立常规的课后反思制度,比如公开课活动结束,会要求教师写教学反思,然后进行小组或全校性的交流。审视这些改进措施就会发现,其实这些做法都是教学研讨类的听评课与公开课活动一直提倡的。

四、教学常规管理

教研组自成立以来,其职责范围不断扩大,从最初以教学研究为主,逐步扩大到教学业务及行政管理等事项,后来拓展至研究与管理两重职责。2012年,中国教育学会中学数学教学委员会为使教研组工作更加规范化、科学化,基于对国家相关指示和精神的理解,制定了"关于实施《中学数学教研组工作指导意见(试行稿)》"的通知。[②]该通知对中学

① 参见张大锁:《公开课不搞为佳》,《中国教育报》,2002-1-18;张丽萍、王锦飞:《表演——公开课的悲哀》,《基础教育研究》,2002年第11期;韦宗林:《公开课之风宜煞不宜长》,《教学与管理》,2002年第28期;曹艳霞:《公开课=时装表演? ——兼议课堂教学的价值取向》,《人民教育》,2001年第7期;杨余庆:《表演课是一种教学腐败》,《中国教育报》,2005-12-9。
② 参见中国教育学会中学数学教学专业委员会:关于实施《中学数学教研组工作指导意见(试行稿)》的通知,《中学数学教育》,2012年第6期。

数学教研组所涉及的教学常规管理的内容作了非常明确而又细致的规定,并提出了相应的工作要求。该通知为了解当前教研组常规管理的工作范围提供了依据。

表11-2 中学数学教研组教学常规管理内容

类别	主要内容
工作计划	每学年(期)初协助学校教学管理部门完成教研组人员组织与分工、安排教研组活动的时间、地点、人员和主题,制订教研组工作计划; 每学年(期)初协助学校教学部门完成备课组人员组织和分工,安排备课活动的时间、地点、人员和主题,确定备课组内教学进度、组织制订备课组活动计划。
常规检查	协助学校教学管理部门进行教学常规检查,每学期初、期中与期末各一次。内容如下: 教学计划执行; 备课情况与教学设计; 作业布置与批改; 考试命题与成绩分析; 课外辅导、数学特长生培养和数学困难生辅导; 学生评教反馈、听课评课,以及参加教研活动情况等。
质量监控	通过抽查学生作业、日常听评课和个别访谈等形式,进行教学质量的过程性评价; 在教学行政法规对考试考查规定允许的范围内,每学期组织全校性检测考试; 视必要与可能,组织章节、单元或模块的教学质量检测; 组织试卷评阅、质量分析和教学反馈等工作,发现教学中存在的问题,提出改进教学的具体建议。
总结考核	每学年(期)结束前,协助学校教学管理部门完成对教师教学工作的评价和考核; 在教师自我总结的基础上,对教师的教学工作、参加教研活动情况、专业水平和教学能力等作出评价; 教研组与备课组要对本学年(期)开展的各项活动进行总结。
档案管理	协助学校教学管理部门建立教师个人业务档案,内容如下: 发表的论文和教育科研成果等; 各类评比获奖证书; 学生评教情况; 分年级将备课资料、考试试卷及评价、学生成绩分析报告等整理汇集。

每学期、每学年的计划与总结一直是教研组的常规管理工作,备课组也不例外。从表面上看起来,计划与总结只是一个文案工作,但事实上,伴随着教研组计划的是学校和教研组对教师的组织与分工、学校教学工作的安排与要求,以及对保障计划落实的措施与机制等一项项具体工作的追求与设想;而总结恰恰是对这些追求与设想的实现程度的评估与反思。也正是在这样年复一年的计划与总结中、在日复一日的实践与反思中,学校的教学及研究工作得以推进,教师的专业能力得以提升。

学校教研组从成立之初并未将教学质量监控和分析作为其职责之一。不过,约定俗成的是,教学质量监控和分析一直是教研组的常规和重点工作,并且,与教学常规检查相关的工作通常也被纳入教研组质量监控和分析的范围。教研组质量监控与分析的工作内容包括:安排和检查教学计划执行、教材使用和教学进度、随机和专项的课堂教学检查、设计作业和规定作业数量、考试命题与考试结果分析等。其中,考试命题与成绩分析是教研组全体教师定期研讨的内容。通常,在学期考试之后,学校都会要求教师或备课组长或教研组长进行教学质量分析,先组内交流,然后各教研组作出组内教学质量分析总结。教学质量分析交流的重点是对各备课组发现的"试题"中的问题进行分析,以便提高"命题"的质量;对考试中学生"学"的问题和教师在"教"中所存在的问题进行讨论,以便制定改进教学的措施。

　　教研组常规管理还包括教师业务进修、新教师培养、教师发展规划、教师考核与评优等教师管理内容,包括所有与教研组活动相关的资料积累、整理等档案管理内容。此外,教研组还要应对学校及上级教育行政部门的各种检查,甚至有时还会涉及教师生活、教师人际关系的处理与协调。在有些学校,教研组其实更像是一个"教学业务组织"和"教师工作组织"的集合。①虽然1957年颁布的《中学教学研究组工作条例(草案)》、《关于〈中学教学研究组工作条例(草案)〉的说明》早已明确中学教学研究组为非行政组织,但无论是1957年之前的各学科教学研究组还是1957年以后的教研组,其工作内容表明它都从未摆脱过行政组织的印迹。

第三节　教研组的运作方式

　　作为一个教学研究组织,学校中的教研组其实一直在努力推进教学研究,但由于受到行政组织特征的影响,使得教研组的运作方式具有独特性。教研组不同的运作方式对教师发展产生的影响也会不同。

一、任务型运作方式

　　无论是在组织形式上,还是在活动内容与运作方式上,我国教研组都深受苏联教学法小组的影响。苏联教学法小组在实施过程中逐渐形成了一套特有的运作模式。首先根据教师工作中存在的问题或遇到的困难确定集体研讨的专题,然后由每位教师分头准备,搜集材料,形成报告,并在小组研究会上共同讨论;或者集体阅读参考资料,并指定一位教师(通常是新教师,借此帮助新教师提高)做重点准备,在小组中作研究报告。②整个活动流程大致如下:

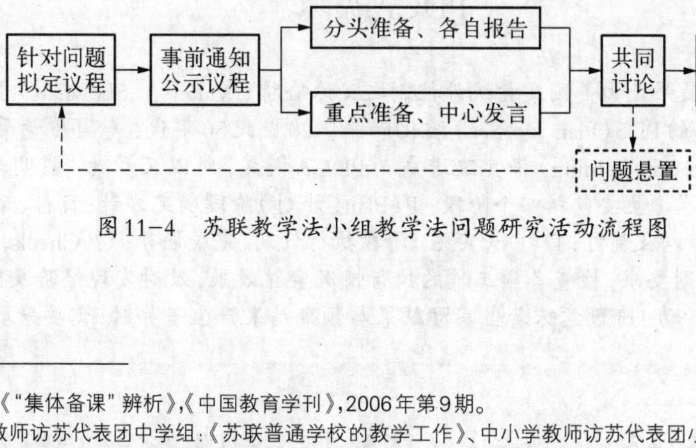

图11-4　苏联教学法小组教学法问题研究活动流程图

---

①　陈桂生:《"集体备课"辨析》,《中国教育学刊》,2006年第9期。

②　中小学教师访苏代表团中学组:《苏联普通学校的教学工作》、中小学教师访苏代表团小学组:《苏联普通学校的校长领导工作》,《人民教育》,1956年第4、5期。

苏联教学法小组相对成熟的运作方式成为我国教研组活动运作的最好参照。但在实际运行过程中，教研组并非一成未变地"复制"教学法小组的活动运作模式，而是根据本校及本组具体情况，进行了不同程度的"本土化"调整。[①]调整后的教研组活动运作大致分为两种情况：一种是确定主题后在个人准备的基础上组织中心发言，经全组讨论研究后统一思想、一致行动；另一种同样是确定主题后在个人准备的基础上组织中心发言，经全组讨论研究后对讨论结果进行实践验证，通过实践发现和改进不足或总结和推广经验。

但随着集体备课的全面推开及教研组工作内容的不断扩大，早期的运作方式受任务导向的影响越来越大，逐渐简化成了任务型的运作方式。

在任务型的活动运作中，全组教师为了完成学校或上级主管部门分配给教研组的常规任务或临时任务而组织起来，大致经历"分配任务—分工准备—集体合成—完成任务"的流程。即先由教研组长分配任务，通过安排组内教师按照统一规格的任务分工与合作，达到完成任务的目的。

分配任务 ⟹ 分工准备 ⟹ 集体合成 ⟹ 完成任务

图11-5　任务型活动运作方式

集体备课或公开课教学基本上都是按照这种方式来实施的。任务型的运作方式多数是以一种教学管理措施来表现的，虽然带有一定的研讨成分，但行政指令性的痕迹比较浓，它关注的是任务的完成、工作目标的实现，集中力量完成任务是其最大的优点。但任务导向也带来负面结果，它忽视对问题的关注、淡化教师个人的思考与准备，即研究的成分被弱化，而这也正是集体备课倍受质疑的地方。

二、"戴明环"的运作方式

"戴明环"是管理学中的一个通用模型，它是全面质量管理所应遵循的科学程序。20世纪80年代左右被引入我国，并对我国的学校管理产生影响。

知识驿站

"PDCA 循环"

　　PDCA最早是由美国质量统计控制之父休哈特（Walter A. Shewhart）于1930年左右构想的PDS（Plan Do See）演化而来。20世纪50年代，美国质量管理专家戴明（Edwards Deming）将其改进成为PDCA模式，所以又称为"戴明环"或"PDCA循环"。主要包括四个阶段：P（Plan，计划）阶段确定方针、目标、管理项目、活动安排以及制订；D（Do，实施）阶段执行计划、完成任务；C（Check，检查）阶段对照计划要求，检查各项工作的执行情况实施效果，及时发现经验及问题；A（Action，行动）阶段意味着当实际结果与预期结果产生差异时，需要采取矫正

---

① 参见曹清：《向苏联学习所得的一些体会》，《人民教育》，1952年第11期；哈尔滨第六中学教导处：《我们是怎样领导教学工作的》，《人民教育》，1953年第10期。

行动。在行动阶段会对产生差异的原因进行分析,并决定何如何进行有关产品质量提升的变革,从而进入下一个"PDCA循环"。这是一个循环往复、不断向上递进的过程。

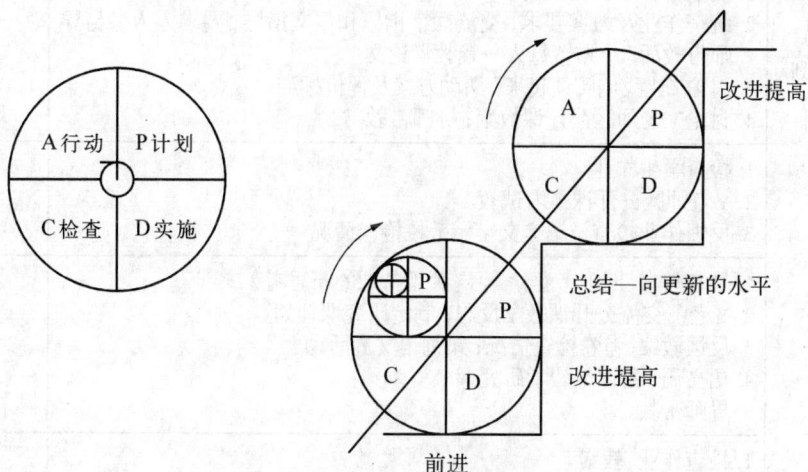

图 11-6 "戴明环"动态管理模式

"戴明环"对我国中小学的管理产生了很大的影响,学校管理过程基本上都是按照这样的思路来进行的。但与"戴明环"思想不同的是:(1)学校管理将四个阶段称为"计划——实行——检查——总结"[1],阶段初制订计划,规划未来要做的工作;计划通过后按计划实行;阶段中对计划实行情况进行检查,解决所发现的问题;阶段结束时对计划实行情况进行总结,总结经验与问题。下一个阶段再重复这一过程;(2)这一过程并不是不断发现问题、解决问题的过程,而是一个布置任务、检查落实、考核奖罚的过程;(3)这一过程虽然也是不断循环往复的,但基本上是原地重复的,前一阶段和后一阶段的关系,更多是时间阶段划分的不同。

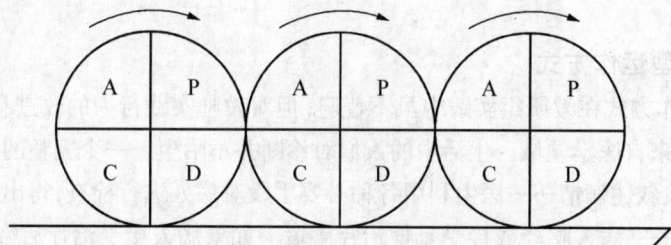

图 11-7 教研组"戴明环"的运作方式

---

① 张济正著:《学校管理学导论》,华东师范大学出版社1990年版,第201—223页。

我国学校教研组的运作基本与此相符。教研组的学期活动流程主要包括四个基本环节：计划—执行—检查—总结，四个基本环节构成了一个相对封闭的管理控制系统。

表11-3　某小学2006年第一学期四年级语文备课组活动安排

活动过程	教研活动内容	活动时间
制定计划 ⇩ 实施 ⇧⇩ 检查	1. 制定备课组工作计划 2. 统一作业及教案要求；交流写字指导和作文指导；要求人人参与导师带教活动；布置每人一篇教学论文 3. 讨论"让我们阅读起来"活动方案及评价标准 4. 讨论Y老师区公开课教案；导师带教	9月
	1. 检查学生作业 2. Y老师区公开课组内试教 3. 反馈作业检查及语言文字示范校检查情况	10月
检查 ⇩ 实施 ⇧⇩ 检查 ⇩ 总结	1. 抽查教案、期中考卷；学习《关于备课的新思考》 2. Y老师交流公开课教学反思；制定研究课计划 3. 反馈教案、考卷检查情况；策划语文周活动 4. 语文周；备课组教学研究课 5. 导师带教	11月
	1. 检查作业、教案 2. 备课组教学研究课 3. 学习"小学生作文能否虚构"专题 4. 讲评作文考试；外出听课教师交流作文课听课体会 5. 反馈作业、教案检查情况	12月
	1. 讨论制定考试复习计划；分工编制复习卷 2. 总结学期工作；评估教师工作表现，推选优秀教案	1月

教研组与学校管理过程一样，虽然它们的运作方式在形式上与"戴明环"有着极强的相似性，但在实质上却有很大的差异。"戴明环"的转动旨在"通过发现问题、解决问题向更新更高的水平前进"，而教研组活动的主要目的更多的在于完成各项事务，忽视了在最后阶段当实际结果与预期结果产生差异时所做的问题分析与行动改进，从而表现为不断重复常规活动的"水平向前"。

三、诊断型运作方式

诊断型运作方式在教研组实践中虽不普遍，但对教师实践行为的改进有很大的帮助。"诊断"的思想来自医学领域。生活中的人们对诊断并不陌生。一个完整的诊断行为包括以下环节：病人叙述病情——医生利用各种必要手段对病人进行检查，得出结论——医生开出治疗处方——病人吃药或接受其他治疗手段。如果病人接受治疗后恢复健康，这一诊断行为就结束了；如果没有恢复或出现了其他情况，则再继续另一个完整的诊断行为；如果一个医生无法完成治疗行为或需要专业帮助时，则其他医生就有可能参与到这一诊断过程中来。通常一个完整的诊断行为有两个基本特点：一是指向疾病（病人）；二是恢复健康。

教研组所采用的"诊断",与医学上的诊断有些不同:(1)医学上病人和医生的角色基本上不互换的(除非医生自己生病之外),但在教研组中医生和病人的角色是不断互换的,当A老师叙述"病情"时,组内的其他教师充当医生的角色,但轮到B老师叙述"病情"时,这两位教师的角色发展了互换;(2)医学上的诊断病人与医生通常是一对一的,但在教研组中,却是一对多的,当一位教师叙述"病情"时,其他教师都充当了"医生"的角色;(3)医学上,病人对医生的处方基本以"遵守"为主,但教师本身是具备专业能力的,这就决定了他或她完全可以对其他教师(医生)所提供的"处方"作出选择。但相同的是,始终围绕"问题及问题的解决"、"改进教师实践"这两点展开诊断过程。

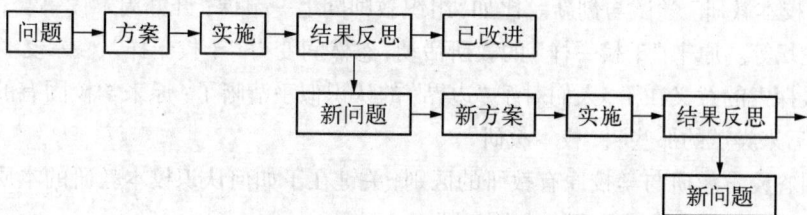

图 11-8　诊断型的运作方式

诊断型的活动运作模式实际上是一种循环研讨的模式,包含了"问题——方案——实施——反思——再方案——再实施——再反思"等一系列环节,直到解决问题、改进实践。具体过程是:教师带着实践中的问题走进教研组进行交流——在组内其他同事的帮助下带着解决问题的行动方案离开教研组——依据行动方案在实践中加以实施——带着自己根据方案实施后的结果向组内同事汇报交流——由同事们对行动结果进行诊断并形成新的改进方案——再次回到实践中去实施改进方案。这是一个周而复始的过程,直到解决问题、改进实践为止。在诊断型的活动运作中,教研组更多地关注教育教学中所存在的问题,寻找产生问题的原因,提供解决问题的措施和建议,通过实施来解决问题,并对实施结果进行反思。

第四节　校本教研对学校传统教研的挑战

"校本"是一个复合概念,包括校本课程、校本管理、校本培训、校本研究等。这些"校本"理论存在着以下共同之处:(1)都产生于同样的社会背景,面对的是同样的问题,即如何更好地提高学校教育质量,培养合格学生。(2)都基于共同的指导思想,即"要改进教育,我们必须改进学校;要改进学校,我们必须变革(学校中的)个人;而要改进个人,我们必须改变我们试图引发变革的方式"。[①](3)都确立了立足于学校、改进学校实践的行动构想。在这些共同的目标、指导思想、行动构想之下,它们又有各自不同的实践指向。在基础教育改革背景下,我国中小学都面临着不同程度的变革需求,因此,当"校本"思潮被引入我国之后,由于它所倡导的思想与实践指向与学校变革需求相一致,因而在教育界特别是中小学产生了广泛的影响。

---

① 王建军著:《课程变革与教师专业发展》,四川教育出版社2004年版。

　　校本教研属于"校本"范畴，由于它与基础教育课程改革、教师专业发展直接相关，因而在我国教育教学改革中备受重视。但与西方中小学的情况不同的是，我国中小学早有一套形式上非常完善的教研组织系统与运作模式，因此，当校本教研被引入中小学之后，有一个问题不断被提出：校本教研与学校原有的教研有什么不同？

　　我国中小学原有的"教研"是"教学研究"的简称；为教学研究而建立的组织称为教学研究组织，简称"教研组"。教研组建立与发展至今，逐步形成了相对固定的教研内容和教研方式，因此，只要一说起"教研"，中小学教师就会有基本的共识："那"就是"教研"。

　　校本教研提出之后，"教研"的"边界"开始由清晰变得模糊了。于是，很多学校开始了很多"校本教研"尝试与创新。比如，组织教师同上一节课；开办周末读书会；创设教师网络论坛等。原来"千校一样"的教研活动，忽然间变得"千校千样"、"一校多样"了。这些实践探索的意义在于，人们对于"边界"的认识似乎清晰了：原来学校固有的那些叫"教研"，后来尝试的那些叫"校本教研"。

　　要回答校本教研与学校原有教研的区别，关键在于如何认识校本教研的本质？如何认识学校原有教研的追求及所存在的问题？

　　学校原有的教研组，虽然从一开始就定性为"教学研究组织"，但在发展过程中，特别是在20世纪80年代以后，我国中小学不断强化行政管理思想之后，教研组的"行政性"色彩越来越浓，逐渐成为学校一级的行政组织。于是，"布置任务、检查工作"成为教研组的常规活动内容，"计划——执行——检查——总结"就成为教研组的主要工作流程。因此，在教师专业发展背景下，学校教研系统就面临着一个问题，如何淡化行政取向的思想，回归或强化教研组的专业取向？

知识驿站

　　"科层制"是由德国著名的管理学家韦伯创立的，它是"一种权力依职能和职位进行分工和分层，以规则为管理主体的组织体系和管理方式。"[1]"它强调组织成员之间有明确的分工；上下层次之间有职位、责权分明的结构；组织内部任何人都必须遵循共同的法规和制度；组织成员的任用一视同仁，严格掌握标准；成员之间的关系是工作与职位的关系，不受个人情感影响。受科层制思想影响所建立的学校管理制度，体现了行政取向的三个基本特征：

　　（1）学校中的每一个成员分属于不同的层级之中，每一个层级中的每一个职位的业务范围、工作程序、行为标准以及学校系统内的各部门的职责及相互关系，都以制度的形式确定下来，使得学校中的各项工作都有法可依。

　　（2）每个教师接受组织分配的任务，并按分工原则完成自己的岗位职责；教师凭自己的专业所长、技术能力获得工作机会、享受工资报酬；组织按成员的技术资格授予其某个职位，并根据成员的工作成绩与资历条件决定其晋升与加薪，从而促进个人为工作尽心尽职，保证组织效率的提高。

　　（3）教师的一切行为都要接受来自上级行政领导的指示与控制，对教师行为的评价要视其是否与学校现存的各项制度规定相一致。

---

① 孙远东：《组织管理方式的历史生成与现代重构》，《管理现代化》，1998年第4期。

校本教研作为"以校为本的教学研究",从一开始就凸显了其专业取向。这种专业取向与学校管理制度的行政取向有很大的不同:

第一,它不是以约束人的行为、强制服从为目的,而是旨在帮助教师建立专业自主意识,促进教师自我反思,不断完善教师的实践行为。

第二,它不是通过制订一系列的行为规范或规则,而是通过确立共同认可的专业愿景或目标,形成平等互利的研究共同体,并据此开展专业活动。

第三,它对教师没有行政性的惩戒作用,而是通过一系列引导性、诊断性、激励性的措施,让教师体验到职业的乐趣与专业的进步,从而产生更大的行为动机。

第四,它并不强调通过检查与考核等行政性手段来明确教师所处的水平等级,而是试图建立一种伙伴共生的教师文化。[1]

从这个角度来说,"千校一样"或是"一校多样"的教研或校本教研并不是最重要的,重要的是组织或行动取向:行政取向还是专业取向?

学校原有的教研组织,注重关注教师"教"的行为,习惯以一篇篇课文(课题)、一个个单元为线索开展活动,凭已有经验或现成答案解决所出现的问题。由于一篇篇课文、一节节课都是个别的,所以,教师所获得的也是关于这篇或那篇课文怎么教,这节或那节课怎么上的经验或感悟。这样做的好处是,便于统一进度,便于检查,便于控制和管理。但是,一旦当教材内容发生变化或者关注教学情境的差异性时,教师立即会显得极不适应。校本教研关注教与学中所存在的问题,关注教师在教育教学实践中所存在的问题。它的活动内容主要由"问题及问题解决"所构成,这些问题可能存在于每一节课上,也可能存在于某一(特定)教育教学环节之中,但其活动流程是以"从发现问题到解决问题"的线索展开的。学校原有的教研组织的设置,对以问题为核心的内容指向及解决问题的活动流程,表现出相当的不适应。在学校中,教师发展水平是多层次性的,各类教师所面对的教育教学问题也是多种多样的,现有的单一性教研组织很难满足"解决不同发展水平教师面临的不同问题"这一需求。因此,学校教研组织应强化"问题及问题解决"导向,并且由于教师遇到的问题是复杂多样和不断变化的,这就意味着学校教研组织也可以是多样的,并不是一成不变的。

学校原有教研活动在行政性思想驱动下,比较强调任务取向,是否完成教研任务成为衡量教研质量的指标之一。校本教研指向教师实践行为改进,指向教师专业发展。在校本教研中,教师可以通过对自己教育、教学行为的直接或间接的观察与反思,通过与其他教师或与专业研究人员的合作,不断地加深对自己教育教学实践的理解,并在这种理解的基础上提高和完善自己以及自己所从事的教育实践;教师更可以通过反思不断发现实践中存在的问题,提出解决问题的设想与计划,并在实践中验证设想与方法,从而使自己的实践行为不断加以改善。这样一个过程,既是校本教研的行动过程,也是教师自主学习的过程,更是实践行为的改善过程。因此,与任务取向不同,衡量校本教研的指标是教师是否在教研活动中发现和解决了实际的教学问题,促进了教师实践行为的改善。

① 胡惠闵:《教师专业发展背景下的学校教研组》,《全球教育展望》2006年第？期。

以校为本的教学研究,作为一种教学研究活动,在学校教育实践中并不陌生,但作为一种教学研究机制还有待进一步的研究与实践。比如,如何围绕学校和教师所遇到的真实的教育教学问题而非校外机构或单位所要求或布置的问题开展研究?如何在分析经验与问题基础上,将校本教研与学校原有的教研制度作有效整合?如何在校本教研中实现"伙伴共生"的合作的教师文化,从而真正促进教师专业发展?这些都是校本教研制度本身所无法回避的问题。

本章小结

为解决中小学师资数量匮乏且业务水平较低问题,教研组形式应运而生。并确立了教研组是教学研究组织而不是学校行政组织、它的任务是组织教师进行教学研究、而不是处理行政事务、教研组长负责组织领导本组教学研究工作而不是学校一级行政干部的基本原则。在历史发展中,教研组逐渐成为最基层的教师业务组织。

受到学校行政倾向化的影响,教研组活动内容已超出最初的法规范围,内容更加多元,从中反映出教研组已兼具教师业务组织、行政组织、政治组织等性质。

作为一个教学研究组织,学校中的教研组致力推进教学研究,但由于受到行政组织特征的影响,教研组的运作方式呈现了任务式、阶段式等特征,基于教师专业发展视角,教研组更应采取诊断式动作方式。

校本教研思想的提出使学校传统教研面临着挑战,学校教研需要解决淡化行政取向、回归和强化专业取向的这一问题。

关键术语

教研组   教研组内容   教研组方式   校本教研

思考与讨论

1. 想一想、做一做:

请将苏联教学法小组与我国的学科教学研究组织进行比较,完成下表。

类别	苏联教学法小组	我国学科教学研究组织
组织性质		
任务和内容		
组织结构		
活动制度		

2. 想一想、议一议:

学校教导处、教研组与备课组有哪些相同的职责?这些职责与教师发展有什么关系?

3. 想一想、议一议:

下列案例呈现的是某校语文组的一次教研组活动。请从教师发展的角度对案例进行分析：（1）这次活动有哪些做法是值得肯定的？（2）还有哪些做法有改进的必要？并请说明理由。

上一周Z老师给全组老师呈现了一堂阅读研讨课。研究课结束，全组给Z老师提了四条建议：（1）教学过程设计得很巧妙，但朗读指导过少，朗读形式单一；（2）作者的背景资料可由教师出示，学生补充；（3）教师说得太多，不应包办代替，而应让学生通过朗读感悟出主人公的慈爱和勇敢；（4）板书设计可围绕课文结构进行。本周，Z老师再次试教一篇阅读课文。课结束后，先由Z教师给大家讲了自己的设计思路，着重讲了自己教学后的反思：教学设计哪些方面落实了，哪些没有，为什么没有落实？自认为存在哪些问题，哪些优点，原因是什么？然后由带教Z老师的师傅、备课组长、教研组长三位教师发言。他们认为，Z老师教学思路很清晰，抓准切入口让学生体会作者情感的变化，在品味词句中指导学生朗读，结束时的语言训练也恰到好处。同时，他们也指出了Z老师教学中的问题：学生在学习时对文章的中心句有些茫然，说明老师没有把语言训练和对课文的感悟结合起来。比如，没有让学生先根据自己的理解把中心内容说出来，再回到课文找相应的语言进一步体会；没有让学生感受前后文的关联。活动结束时，全组就进一步的改进意见达成初步共识，并商定好下次再由S老师和另一位老师上同类型的两节阅读课。

4. 想一想、做一做：

在我国，公开课先后经历了示范性公开课、教学研讨类示范课、教学竞赛类公开课三个类型，不同的类型有不同的功能指向，从促进教师发展的角度，应该如何正确认识这些功能？

公开课的类型与作用

类型	值得肯定的地方和有待改进的问题
示范性的公开课	
教学研讨的公开课	
教学竞赛的公开课	

5. 想一想、议一议：

中小学有指向教学检查的听评课。这类听评课由学校领导和上级教育行政部门通过听课来检查监督教师的教学工作，而检查结果则是考核教师的重要依据。为了更好地开展教学检查的听评课活动，一般学校都会制订相应的检查或评价量表。评价量表从某种程度上可以反映指向教学检查听评课的主要目的和内容。

课堂教学评价量表

项目	标准	权重
教材理解 （20分）	课题准确、简洁	2分
	能体现知识与能力、过程与方法、情感态度价值观等教学目标	4分
	教学目标明确、具体、层次恰当、符合课程标准、教材要求和学生实际	4分
	教材知识、编排意图、纵横联系理解正确	5分
	讲授内容正确、无误	5分

（续表）

项目	标准	权重
教材处理 （16分）	容量恰当，思路清晰，结构严谨，层次清楚，转换自然	3分
	时间分配合理，能够抓住关键，突出重点，突破难点	3分
	检查复习内容精当，铺垫作用明显	2分
	引入新课自然，效果良好，课题出示适时	2分
	设计的教学情境新颖、有趣，能引发学生的好奇心和求知欲	2分
	设问明确、具体，难易智谋，有启发性、探索性和开放性	3分
教学思想 （15分）	促进学生全体发展，全面发展，主动发展	3分
	重视培养学生的创新精神与实践能力，注意思想方法的训练	3分
	重视双基，发展辨别力，培养能力，渗透德育	3分
	教学作风民主，师生关系融洽	3分
	让学生结合生活实际和已有知识，学习、认识和使用知识	3分
教学方法 （20分）	教学方法灵活多样，适合教材与学情	5分
	善于激发学生的学习动机，引导学生积极思考、自主探索	5分
	学法指导明确、具体、实际、有效	3分
	坚持练讲结合，注意反馈调控	3分
	善于运用教具、学具和电教手段	4分
教师功底 （10分）	仪表端庄、大方，教态亲切、自然，举止合理、得体	2分
	语言清晰、流利、生动、简洁、严密，普通话准确、熟练	3分
	善于处理偶发事件，课堂秩序良好	3分
	板书布局合理、内容精当、书写规范	2分
教学效果 （20分）	学生活动的时间多，人数多，方式多，热情高，水平高	4分
	学生充分投入，思维活跃，讨论热烈，提问积极，答问正确	4分
	学生善于收集信息，处理信息，合作交流	4分
	学生独立完成作业，错误少，能及时矫正	4分
	学生得到身心发展与成功体验	4分

　　联系上述"课堂教学评价量表"的内容，谈谈你对这类听评课与教师专业发展关系的看法。

　　6. 想一想、做一做：

　　在我国的中小学，校本教研的做法有很多种，比如"同课异构"、"教师大讲堂"、"教师专业发展小组"、"网上论坛""课例研究"等。请收集一个真实的校本教研究的实践案例，来分析这一案例与传统的教研组活动有何异同。

进一步阅读的文献

1. 陈桂生著:《普通教育学纲要》,华东师范大学出版社2012年版,第三部分。

2. 王建军著:《课程变革与教师专业发展》,四川教育出版社2004年版,第七章、第八章。

3. 胡惠闵著:《校本管理》,四川教育出版社2005年版,第七章。

4. 饶见维著:《教师专业发展——理论与实务》,五南图书出版公司1996年版。

5. 教育部:《教育部关于〈中学教学研究组工作条例(草案)〉的通知》(1957年)。

第十二章　教师成为研究者

通过本章学习,你能够:

◆ 了解教师成为研究者的思想源头;
◆ 了解教师开展研究的内容;
◆ 掌握教师开展研究的实践路径。

　　"教育行动研究"理论引入我国之后,"教师即研究者"的观念越来越被教育界认可,通过教育研究促进教师专业发展也已成为共识。了解教师成为研究者思想产生的历史背景,理解这一思想的本质意义有助于更好地达成"教师即研究者"的目标。

第一节　教师成为研究者思想的提出

　　自英国课程专家斯腾豪斯(L. Stenhouse)于20世纪60年代明确提出"教师成为研究者"以来,这一极具感召力的口号逐渐深入人心,日益成为中小学教育、教师教育改革中一个热点的研究领域和努力的方向。

一、"教师成为研究者"的早期构想

　　教师成为研究者的源头可以追溯到20世纪初期。早在1908年就已经出现了使教师从事研究的努力,两年后这个话题开始在专业杂志中出现。正如美国学者奥尔森(Olson)所说,"令人感兴趣的是,在20世纪初期已经把教师看作是确定与教学相关的教育问题的人。而且,教师们对探究这些问题的解决方法负有责任,尽管他们的实践从来没有被称作是研究。"[①]

　　在教师成为研究者的早期倡导者中,英国教育家布克汉姆(Buckingham)作出了重要的贡献。布克汉姆是1918至1920年美国教育研究会的会长,他在代表作《为教师的研究》(*Research for Teachers*)一书中,围绕"教师作为研究工作者"(the teacher as research worker)问题进行了专门研讨,表达了教师应该作为研究者的思想。针对"研究应是理论

---

① 转引自宁虹:《教师成为研究者:国际运动、理论、路径与实践》,北京:首都师范大学出版社2002年版,第4页。

家为探索知识而进行活动"的传统观点,布克汉姆对"教育研究"进行了重新定位。他认为"教育研究不应该是专业人员专有的领域。这一领域没有不同于教育自身的界限。实际上,研究根本不是一个领域,而是一种方法,是一种观念。"在此基础上,他对当时教师在教育研究中所处的尴尬地位这一现状表示了不满:"教师总是情愿站在旁观者的位置上,听凭大学的人员来定义他们的专业,他们只是在别人通过他们并不了解的实验向他们提供某种方法的时候向人道谢,而从来没有想到这些可能并不是真的适用,并且他们并没有参与其中。"他指出,教师拥有研究机会,如果他们能够抓住这个机会,不仅能有力地和迅速地推进教学的技术,而且将使教师工作获得生命力与尊严。教师研究"将是很有希望的,即便它的结果并没有考虑到知识上的贡献,教师研究的精神仅仅是在教师自己的作用上已经得到证明"。①

在西方社会科学研究传统中,"行动"是实践者用以改造实践的活动,而"研究"则是理论者为探索知识而进行的活动。因此,研究大多是以理论者为主体,而实践则是实践工作者的职责。教育研究亦不例外。教师作为实践者,不仅是别人研究成果的简单照搬者,而且是外在规范的被动执行者。这一关于研究的观点,不但造成了理论与实践的脱离,而且人为地将"理论者"和"实践者"区分开来。布克汉姆从根本上对这一观点进行了质疑,并重新定义了研究,为"教师作为研究者"的观点提供了理论基础。

需要指出的是,虽然教师开展研究受到鼓励,但在20世纪上半叶,"教师成为研究者"还主要停留在观念层面。事实上,当时教师的研究类型和水平非常有限,教师还没有成为研究的主体,也不是完全的研究伙伴,而主要是研究成果的被动接受者。

二、"教师成为研究者"的正式提出

20世纪三四十年代,美国学者柯立尔(J.Collier)和勒温(K.Lewin)先后在社会活动领域提出了行动研究的概念,这一概念包含两个方面内涵,一是"人们为达到提高社会生活质量,改变自身境遇的目标而设计的一系列渐进活动";二是"试图确认这些活动的标准、提供行动的处方,使渐进的活动系统化"。②行动研究提出后,很快引起了教育研究者的关注,开始探讨行动研究对于教育活动的意义。他们"把教育领域中的行动研究看成是由教育情景中的参与者,为提高对所从事的教育实践的理性认识,加深对教育活动依赖背景的理解,以及为改进这种活动所进行的反思性探究"。③

受行动研究对教育领域的影响,教师成为研究者的思想逐渐被教育界所接受。1952年美国学者万恩(K.Wann)发表了《教师成为研究者》一文,提出了"教师成为研究者"的观点。④20世纪60年代末英国课程专家斯腾豪斯(Lawrence Stenhouse)主持了"人文课程研究",并提出了"教师成为研究者"的思想。在课程研究过程中,斯腾豪斯意识到教师在课程开发中的地位和作用,他认为教学实际上是一个课程探究的实验过程,因此他在课程

---

① Santa C M, Santa J L. Teacher as researcher[J]. Journal of Reading Behavior.1995,27(3):439-451.
② 施良方主编:《中学教育学》,福建教育出版社1996年版。
③ 施良方主编:《中学教育学》,福建教育出版社1996年版。
④ Wann K D. Teachers as Researchers[J]. Educational Leadership,1952,9:489-495.

编制问题上提出了"教师成为研究者"和"研究成为教学的基础"的两大口号,坚持"没有教师的发展就不会有课程的开发"。他认为教师要成为研究者,意味着要改进教育实践关键要靠真正进行教育活动的教师发现自己实践中的问题、思考解决办法来实现,教育改革的关键在于使教师得到发展,扩大他们的专业自主性。[①]鉴于斯腾豪斯的重要贡献,学术界认定斯腾豪斯是"教师成为研究者"思想的代表人物。并逐渐成为一项有影响力的国际运动。

知识驿站

> 劳伦斯·斯腾豪斯(Lawrence Stenhouse, 1926—1982),英国著名的课程理论家,在教育研究和探讨课程的设计发展方面作出了卓越贡献。同时,他还是东英吉利大学应用教育研究中心的创始人之一。
>
> 1967年,英国学校委员会和"拉菲尔德基金会"联合发起"人文课程研究",成立了以斯腾豪斯为主要负责人的指导中心小组,着手解决人文课程改革的问题。1975年,斯腾豪斯出版了《课程研究和开发概论》一书。该书核心的一章题目为"教师是研究者",提出了教师作为研究者从事教育研究的基本概念和方法。斯腾豪斯因之而成为这一研究领域中公认的有影响的领袖。
>
> 斯腾豪斯领导的"人文课程研究"指导小组影响了他身边的同事如埃利奥特(John Elliott)、凯米斯(S.Kemmis)等人。1982年斯腾豪斯去世后,埃利奥特领导了英国的教育行动研究,凯米斯则前往澳大利亚迪金大学工作,直接领导了澳大利亚的教育行动研究。埃利奥特与凯米斯两人一起成为行动研究领域中的核心人物。由斯腾豪斯、埃利奥特、凯米斯等人倡导的行动研究在英国和澳大利亚等国逐步成为一种"行动研究运动"(Action Research Movement),并推进了教师成为研究者。

如果说布克汉姆仅从观念层面论证了教师从事研究的必要性,那么斯腾豪斯则在实践层面改变了以往教师等待研究者提供新成果或纯粹依赖习惯和经验的状况,直接把教师视为研究者,使教师将教学与研究结合起来。自斯腾豪斯正式提出"教师成为研究者"之后,这一口号在后来许多行动研究的倡导者那里几乎成为"教育行动研究"的代名词。如埃利奥特(John Elliott)提出了"教师即行动研究者"、凯米斯(S.Kemmis)提出"教师即解放性行动研究者"等。

埃利奥特在主持"福特教学研究"时,将研究的方式确定为"教师本位行动研究"。他认为教学与研究不是分开的两种活动。教学被视为教育研究的一种方式,研究也是一种教学的方式。埃利奥特认为"教师成为研究者"是教师将研究者提出的方案用于解决实际问题以便改进自己的教学,观念上的转变先于教学策略的变更,为此埃利奥特建议从"教师成为研究者"转向"教师成为行动研究者",使研究与行动真正合二为一。[②]教师既

---

① 刘良华:《校本行动研究》,四川教育出版社2002年版,第20—21页。
  Stenhouse L. An introduction to curriculum development and research[M]. London: Heinemann,1975:142.
② 高慎英:《教师成为研究者"教师专业化"问题探讨》,《教育理论与实践》,1998年,第3期。

检验他人的理论假设也提出自己的实践假设,教师应该发展自己的教学理论,而不仅仅停留于使用他人的理论,这样可以帮助他们反思课堂教学问题的目的与价值。埃利奥特认为课堂行动研究主要是一种合作的而不是个人的研究形式,只有当教师发现了问题并需要外界研究者帮助他们分析这些问题时,研究小组才能提供帮助。①

三、"教师作为研究者"的进一步推广

教育行动研究将研究的内涵和外延大大拓展,从而为"教师成为研究者"奠定了理论的基石,并在世界范围内产生了积极的影响。

20世纪80年代以来,教师成为研究者这一观念在许多国家得到越来越多的教师、师范教育工作者和教育研究者的支持,并得到英国、澳大利亚、欧洲大陆和美国若干教育机构、研究机构的资助,在一些地区还出现教师研究的网络。

教师成为研究者在方法上得到实验研究、行动研究、质的研究的支持,不断有学者积极探讨教师成为研究者的实践路径。比如,有学者提出,教师们的研究应植根于行动研究。他们认为,教师的行动研究所关注的,是每个教师所亲身经历的实践问题而不是纯研究者的理论问题;有学者提出实验的教师研究。他们认为实验的教师研究鼓励教师运用科学探究过程来表述并回答与他们自己的课堂有关的问题,教师使用这种模式思考他们自己的教学方法,确定可研究的问题和变量,进而开展小规模的试验;还有学者认为教师研究的方法是自然主义的,通常是合作的,采用参与观察、人种志研究技术和富有个性特点的个案研究方法。②

但是,教师的研究特别教育行动研究"具有相当的高难度,而不是如一般的看法一样,是不需高深复杂的理论与研究技术,并且仅适合于缺乏研究方法训练与实务经验背景者(如教师)的研究方法。"③教师在理解和践行教育研究的过程中,经常会出现一些误解和偏差。因此,教师研究离不开外界力量的帮助和支持。20世纪70年代,西方学者提出了"U-S联合"模式,即"大学—中小学联合"(University-School joint)的行动模式,主张理论者与实践者联合起来,互取所长,共同促进教育理论与教育实践的发展。所有这些努力,都旨在促成"教师成为研究者"这一目标。

20世纪80年代以来,"教师成为研究者"成为具有号召力的口号和教育观念,在世界范围内广泛传播。就我国而言,"教师成为研究者"因大学——中小学合作而逐渐在实践中扎根。20世纪90年代以后,我国的大学学者纷纷走进中小学,与中小学教师合作开展研究。其中影响较大的是:1994年,华东师范大学叶澜教授领衔的"新基础教育"项目组开始进行理论和实践上的探索;1995年,华东师范大学陈桂生教授领衔的团队开始与上海市打虎山路第一小学、无锡扬名中心小学合作开展研究;2001年,首都师范大学教育科学学院的十余名大学教师走进了北京市丰台区和朝阳区的几所中小学,开始创建中国的首批教师发展学校,与中小学教师合作开展教育教学研究。这些本土研究,使得"教师成

---

① 刘良华:《校本行动研究》,四川教育出版社2002年版,第31页。
② 参见宁虹:《"教师成为研究者"的理解与可行途径》,《比较教育研究》2002年第1期。
③ 陈惠邦:《教育行动研究》,台北师大书苑有限公司,1998年版,第2—3页。

为研究者"在我国积极尝试。

第二节　教师成为研究者的现实意义解读

从促进教师专业发展出发,立足于学校如何开展教育研究,专业研究制度如何构建,特别是在学校实践中如何实施,涉及对一些基本问题的认识。

一、学校教育研究的主体

学校教育研究是一种面向中小学日常教育实践问题的研究。在这类研究中,如何确定研究的主体? 是专业研究人员还是中小学教师?

教育研究有多种分类方法,按研究开展的地点与方式来说,研究可分为"书斋式"研究与"现场式"研究。

在"书斋式"研究中,研究者主要是通过查阅文献来获得事实材料,并进一步通过艰苦的思维加工而取得研究成果的,因此,"书斋式"研究又可称为"文献研究"。"现场式"研究是在实践活动发生的现场进行的,研究者通过直接的观察,对现实存在的、与教育实践有关的各种人物、事件、活动、问题进行如实的记录、分析与推论。在这类研究中,研究者与实践是直接接触的,甚至研究者本身就生活在"现场"之中。

学校教育研究主要是"现场式"研究。中小学本身就是一个活动现场,任何一个研究者,当他把研究指向中小学时,都必须亲历这个现场,这是因为这类研究通常是在实践活动发生的现场进行的。

如果说"书斋式"研究主要由专业研究人员所为的话,"现场式"研究的主体则是实践工作者,在中小学,研究主体就是中小学教师。这是因为:

从研究开展地点来说,现场研究的发生地在中小学,而中小学教师一直生活在中小学现场之中,对所要研究的教育实践活动是直接接触、非常熟悉的,她(他)无需体验现场便能明晓现场的问题。

从研究内容上说,现场研究是以实践、事实为指向的,主要研究教师自己而不是他人在实践中产生的问题,具有浓厚的实践体验与广阔的事实基础的中小学教师在这方面占有得天独厚的优势。

从研究方式上说,现场研究具有研究与实践一体性的特点,通常研究者与实践者是合而为一的。对中小学教师而言,繁重的教学任务使她(他)不可能、也没必要中断实践活动,去进行与她(他)的实践活动关系不大的"书斋式"研究,现场研究的研究与实践一体性的特点,为其参加教育研究提供了便利。

而对专业研究人员而言,当他们将研究的课题指向现场时,首先都必须有一个"体验现场"的过程,他们需要对实践加以了解,而对"现场体验"的程度又直接决定了他们的研究成果的信度与效度;同时,他们通常研究的是别人(实践工作者)而不是自己在实践中产生的问题,他们与教育实践活动不是直接接触的,确切地说,他们是实践的旁观者与思考者。

不得不承认的是,在中小学具体的教育研究工作中,无论是在观念上还是在操作中,中小学教师作为研究者的主体地位很难保证。这主要表现在三个方面：

第一，在有些中小学教师看来，"教学"是自己的事情，"研究"则是专业研究人员的事情。长期以来，由于教育研究与实践的分工，中小学教师一般认为教育研究是专业研究人员的工作，即使是在中小学情景中开展的教育研究，也更多依赖于专业研究人员，期待他们来解决实践中的问题，希望由他们来发现新的原理、创造新的方法。所以，研究实际上成了专业研究人员的"专利"，中小学教师成了纯粹的实践者，他们的职责只是在行动中体现和贯彻专业研究人员的意图，即为专业研究人员提供必要的数据与事实，协助他们开展（某种）试验，并将他们的成果运用于自己的实践中去。

第二，即使有些中小学教师想自己独立开展些教育研究，也常常有"力不从心"之感。传统的师范教育将培养目标定位在合格的"教学者"上，所有的课程内容都围绕此目标设置，因此，在职前培养中，师范生所接受的"研究者"方面的训练极有限。80年代以来，虽然在教师职前或职后教育的课程设置中，教育研究方面的内容有所涉及，但我们比较多的是进行一些研究方法论方面的培养与培训，技术层面的训练较少；比较多讲授教育研究的一般理论与方法，对教育研究的方法涉及较少，所以一旦教师自己独立要"做"课题时，仍然觉得不知所措。

第三，在教育研究活动中，我们有时比较多的用理论研究的思路与规范来要求教师，认为他们的研究缺乏理论性。而教师们为使自己的研究更具理论色彩，无论是在课题确定之初，还是在成果表述之时，千方百计寻找"理论"的支持，将"理论"术语硬"贴"到研究内容上去，为理论而理论，较少考虑所用"理论"是否真正对研究有指导作用；并且，在研究中，照搬理论研究的方式，较少考虑中小学情景中开展的教育研究的特殊性。由于教师们比较缺少理论视野，因此，在整个研究过程中，他们一直被"理论"所拖累。"理论"使他们对研究产生了畏惧心理。于是，他们心甘情愿地（或不得不）"出让"研究的主体地位。

为了确保中小学教师在教育研究中的主体地位，同时也使中小学教师更规范地、更有效地开展教育研究，西方学者提出"U-S联合"模式。在我国，20世纪80年代以后，专业研究人员与中小学教师的合作研究越来越频繁，也取得了大量的研究成果。通常的合作方式有：专业研究人员立项，中小学教师配合实验或提供数据；中小学教师立项，专业研究人员来指导；专业研究人员和中小学教师联合立项，专业研究人员规划，中小学教师实施等。这样的"合作研究"存在着两个问题：

第一，合作研究的一方多停留在中小学领导层面上。在实际运作中我们常可发现类似的现象：中小学领导热心地与大学（或相关研究机构）挂钩搞合作研究，教师却常常表示冷淡，被动应付，害怕增加自己的负担；有些领导对教师与专业研究人员的合作研究非常支持，但专业研究人员与教师的直接接触却很有限，常依赖于领导的"摆渡"；教师们之间由于缺乏一种合作研究的机制，且日常教育教学工作又很繁忙，几乎很少开展实质意义上的合作研究，而教师自主的研究，未必都能得到中小学领导的理解和支持。

第二，多数合作研究实际上仍是一种以专业研究人员为主体的研究。在这样的合作研究中，专业研究人员"操纵"着整个研究的过程，中小学教师起着辅助的作用。从课题的确定到研究的进程再到成果的表述，仍由理论工作者"说了算"，中小学教师确实"参与"了研究过程,但他(他们)主要是负责在行动中体现和贯彻专业研究人员的意图。

直接指向教育实践的合作研究,应当是以中小学教师为主体、以中小学为基地的、中小学教师与专业研究人员共同参与的教育研究。以中小学教师为主体,意味着整个研究包括制订计划、实施行动、总结成果都是以教师为主体进行的,实践者支配着研究行动的全过程。以中小学为研究基地,意味着研究的问题来自中小学现实,是一些真正发生在中小学或课堂上的问题,是一些教师在工作中经常会遇到的或难以解决的问题,可能会是很具体的,事实化的。对中小学教师们来说,这些问题发生在他们的生活场景之中,它们不是想象,而是现实。

在以中小学教师为主体的教育研究中,专业研究人员的作用是弥补由于中小学教师缺乏足够的时间和精力、没有足够的资源和技术、不了解专门的理论术语和思想而可能带来的不足。专业研究人员所提供的支持主要有:参与选择课题,帮助制订课题研究计划;共同研究同课题相关的理论假设;提供研究方法与研究成果表述方面的指导;破译参与研究的中小学教师自身对研究课题的认识的意义。

二、教师开展研究的目的

任何教育研究都有一定的目的性。学校本位的教育研究的目的是什么? 目前,在中小学开展的教育研究主要有以下一些目的:(1)扩大中小学的影响和地位。在现实中,有些中小学将教育研究作为提高其知名度的手段。部分中小学或教师的教育研究成果由于产生了具大的社会效益,而使得中小学的知名度大大提高;但也有部分中小学的教育研究成果本身并无多大价值,由于运作手段成功,也大大扩大了中小学的影响。(2)完成任务或实现某项指标。是否从事教育研究、教育研究成果的水平如何已成为衡量中小学及教师个人发展的一项重要的指标,中小学等第评定、教师职称晋升等都与教育研究密切相关,因此,有些中小学或教师个人是不得已而为之。对这部分人来说,教育研究并不是一种内在的需要,而是一种外在的任务。(3)改善教师的实践行为。以此为目的的中小学,将教育研究作为提高教师素质、促进教师专业发展的主要途径。这些中小学更多注重研究过程中教师参与的数量与程度,更多关注研究方式是否对教师的日常实践真正有帮助。(4)探寻某种规律或理论。在现实活动中,有些中小学或教师试图通过自己的研究,发现某种规律或创立某种理论,从而使自己的研究成果具有普遍的适用性。

教育研究的目的是什么? 如何看待教育研究中存在的这些目的?

教育研究以实践为中心。教育研究的根本目的则在于改善中小学教师的实践。具体说来,就是它意在帮助中小学教师省察他们自己的教育理论与他们自己的日复一日的教育实践的联系;它意在将实践研究行动与中小学教师教育背景紧密相连,使研究能在实践的改善中起直接而迅捷的作用。即目的在于改善某一个教师自己(或某个中小学教师们自己的)而不是其他人的实践。

教育研究以学习为中心。教师在这个过程中并不是像以往专业研究人员一样是某种理论的产出者,而是一个不间断的学习者,他通过对自己教育、教学行为的直接或间接的观察与反思,通过与专业研究人员或其他合作者的交流,不断地加深对自己实践的理解,并在这种理解的基础上提高和完善自己以及自己所从事的教育实践。

从"以实践与学习为中心"的观念出发，就应当将改善中小学教师的实践行为放在首位。教育研究是促进教师专业发展的重要途径，在教育研究中，教师通过反思不断发现实践中存在的问题，提出解决问题的设想与计划，并在实践中验证设想与方法，从而使自己的实践行为不断加以改善。这样一个过程，既是一个实践研究的过程，也是一个行为改善的过程。

对研究目的的价值认识决定对研究目的的选择。从某种意义上，扩大中小学的影响、完成研究指标、改善教师实践这三种目的都有一定的合理性，问题在于如何按重要性程度排序。

如果将扩大影响、提高地位放在首位，在教育研究中就可能更注重功利性、表面性，更注重对研究成果的包装，而可能无法真正有效地达到改善教师实践行为的目的。在现实中，有个别中小学在课题确定之初，就尽量通过各种渠道宣传自己所研究的课题的重大价值；在课题结题之时，广邀官方或专业权威人士参加课题成果发布会。如果研究成果确是建立在踏实的研究基础之上，我们除了钦佩与学习之外无话可说，但如果不是这样呢？

如果将完成研究指标放在首位，对中小学教师来说，研究将会成为一种负担。任何人做自己不想做但又不得不做的事情，都会是比较痛苦的。对这部分教师来说，教学与研究是两回事，教学是本职工作，研究是额外负担。70年代西方有学者提出"教师即研究者"之后，"教师既是教学者，也是研究者"的观念逐渐被广泛接受，这一思想的根本主旨在于改变教师"教书匠"的形象，使研究也成为教师的工作内容。在教师还没有研究需求与动力的时候，确实可以通过一些行政手段来"迫使"教师加入到研究者的行列中来，但这只能作为一种辅助手段；如果作为主要手段（长期）使用，就有可能使教师形成"研究是领导让我做的"这样一种态度，慢慢地他就会视研究为一种负担，进而对研究产生厌恶情绪。现实中的有些现象已经证明了这一点。

而将改善教师的实践行为放在首位，整个研究就会更注重过程对教师行为的诊断，更注重培养教师的反思意识与研究能力。事实上，将改善教师的实践行为放在首位，最终也会实现扩大中小学与教师个人的知名度、完成研究任务的目的，但相比较而言，周期可能要长些，更费时费力些。这涉及一个研究价值选择的问题。

至于说到"提出某种理论与规律"，能实现这样的目的是非常好的，但问题是，教师个体所从事的实践研究要达到发现规律、产出理论这样的目的是很困难的。教师从自己的中小学实际出发，立足于个人的实践体验，更多的是研究这一个中小学或这一个教师的实践活动，研究对象具有较强的特定性，而研究对象的特定性使得教师一时无法在"理论"上有较大的突破；即使有所突破，所产出的理论也具有极强的特定性，很难有普遍的适用性。

以教师自身的教育实践行为的改善作为研究的目的，就需要研究者（中小学教师）将研究的重点放在发现问题与改善实践上。本着这样的目的，研究过程主要围绕以下环节进行：

第一步，提出问题：教育教学实践所存在的问题是什么？教育教学实践中会存在各种问题,但对中小学教师来说,她应当更多关注自己在实践中所遇到的问题。具体说来值得思考的问题有:存在哪些不足?有没有令人不安的现象?是否存在遇到可能是所做过的一件事后仍不知对与错的事?是否有值得关注的(重要的)事件?

第二步,设计解决问题的方案:如何解决这一问题?在确认了问题之后,组织教师进行探讨:产生这一问题的原因是什么?解决这一问题的方法有哪些?比较可行的方法是什么?在此基础上,设计一个或几个值得一试的行动方案。

第三步,实施行动方案:在日常教育教学实践中应当如何落实方案?这一阶段不仅需要行动,还需要对行动本身进行观察、实录、讨论、小结等。

第四步,反思行动过程:问题解决了吗?在这一阶段值得考虑的问题有:是否按计划执行?哪些方面没有按计划执行?为什么?是否达到了预期的效果,程度如何?哪些方面没有达到预期效果?为什么?有待进一步改进的问题是什么?有没有引发新的问题?

反思行动过程的目的有两个:一是对已实施的行动过程作小结,二是为酝酿新的行动计划作准备。为了达到真正改进的目的,在整个反思活动中,应不断重复以上实践环节。整个过程,既是一个不断循环往复的研讨过程,也是一个周而复始的行为改善过程。

在现实中,常常可以发现有的中小学一个课题做完了,似乎一项工作也就结束了;重新开始一项新课题,也意味着重新开始一项新的工作。他们不断在致力于挖掘新的课题,而本身的实践行为的改善却可能是不连贯的。在教育研究中,研究课题的首要目的并不是为了完成课题,甚至可以说做多少课题也不是最重要的,关键在于通过课题研究是否实现了改善教师实践行为的目的。研究者不一定要特别关注这一研究对他人是否有指导或改进意义,也不需要过多考虑研究成果该如何表述,对研究者来说,没有比改善自身的实践行为更重要的事了。

三、教师开展研究的内容

课题是研究的起点,它决定着研究的价值。如何确定研究课题、确定什么研究课题都是教育研究中必须关注的问题。

现实中有些中小学在确定研究课题时,常常会出现以下现象:1. 紧跟潮流。有的中小学或教师为了追求有价值的研究课题,会不管自身的特点与条件,盲目地"赶时髦"、"追潮流",造成研究课题的"一窝蜂"现象。比如选择一些教育领域共同关注的比较"时新"的、"热点"的问题,比如素质教育、创新教育、儿童自主性、创造力培养等。2. 追随他人。有的中小学或教师跟随一些在教育研究方面取得有影响成果的中小学,别人研究什么,我们也研究什么。3. 课题围着立项转。有的中小学或教师以能否立项作为确定课题的依据,什么课题比较容易在省(市)或所在地区立项,就研究什么课题。4. 轻视自身的实践问题。有的中小学或教师习惯于或倾向于做一些"大"一点的、"新"一点的、"有价值"的课题(而不管这些课题离自己的实践有多远),认为身边的一些问题太"鸡毛蒜皮",似乎不太值得研究。5. 追求做一些他人从未做过的课题。有的中小学或教师在确定课题时特别在乎其他人是否做过类似的课题,认为别人做过的课题自己再做意义不大,希望所做的课题最好属于填补"空白"性的。

教育研究是以日常的中小学教育实践问题为直接指向的一种研究,它关注的是已经发生或正在发生的教育行动,谋求的是未来教育行动的改善。因此,教育研究的课题主要应来自教师们实践中所遇到的问题。对作为研究者的中小学教师来说,从自身的实践中发现问题并以此作为自己的研究课题,是其确立研究课题的基本思想。

基于这一思想,教师们如果在实践中发现了问题,而它确实是一个自己实践中遇到的问题,那它就是一个值得研究的课题。也许在他人看来这一课题可能没有多大的研究价值,或许还是别人已经研究过的,但这并不妨碍它成为你自己的研究课题。因为中小学教师主要研究的是自己的实践问题,并通过这一研究达到改善自己的实践行为的目的。同样,有些课题在他人看来可能很有价值,但如果离自己的实践很远,那它就不太值得自己去研究。当然在他人看来很有价值、又正好是自己在实践中遇到的问题,那就是最理想的研究课题了。

总之,对中小学教师来说,确定教育研究的课题的标准,不在于这一课题他人看来是否有价值,不在于这一课题是否是他人从未做过的,不在于这一课题是否是他人做得很成功的,也不在于这一课题是否特别容易被立项,而在于这一课题是否来自自己的实践,是否是自己在实践中所遇到的问题。从自身的实践中发现问题,通过对问题的研究来改善自身教育实践行为,是教师确立课题的基本准则。

怎样才能发现问题从而确立课题呢? 反思是发现教育实践问题的起点。通过反思,可产生一系列的研究问题,更重要的是这类反思可以促使教师对自己的工作作出认识,而这种自我认识又往往包含有对现实或自我的批判;并且,自我认识还会导致自我教育,这样反思便生成为自我改造(教育实践)的行动。

在中小学情景中开展的教育研究不同于专业工作者的"书斋式"研究,它更多的是一种"现场式"研究,而教师一直生活在这一现场中,对所要研究的教育的实践活动是直接接触、非常熟悉的,这就为教师的反思行为提供了可能。但同时我们也应该看到,中小学生活天天一个样,上课、下课、批改作业、和学生谈话、完成领导布置的任务、处理突发事件,有的时候所面对的事实、问题太熟悉、太普通了,有些甚至是很微不足道的,教师对此早已习以为常了,以至于难以发现问题。因此,教师们要学会对自己的教育实践进行反思。

在日常的教育教学活动中,教师们每天都会碰到很多实际问题,通过这些问题我们可以促使自己对所发生的现状进行反思:发生了什么事情? 问题是什么? 这是应当发生的吗? 应当如何面对这(些)事情或问题? 怎样解决这一问题? 哪一种解决问题的措施更有效? 在尝试着解决问题之后,我们可以进一步反思:是否达到了预期的目标? 达到程度如何? 哪些方面有所改进? 哪些方面的情况似乎更糟糕? 为什么没有达到? 产生了哪些新问题? ⋯⋯

当教师对问题不仅停留在直觉或经验上,而试着做一些有计划地收集、分析、比较、归纳时,或试着有计划地对某些问题在行动上进行探索、寻找解决问题的方法时,教师便开始扮演研究者的角色了。对中小学教师而言,开展教育研究更多地是借助观察记录、日记、案例、活动纪实、作文、访谈纪要、教历等材料来进行研究。

在反思之前,教师的不少教育行动是经验使然、是职业使然,有的甚至是不假思索的。

通过反思我们获得了一定思想认识,这些思想认识会成为我们进一步教育改造行动的依据,这样一来,我们的教育改造行动则带有明显的理性色彩。

当然,并不是每位教师一开始都具有发现问题、反思问题的意识与能力的。在合作研究中,专业研究人员由于受过专业的训练以及"旁观者清"的因素,有时可能比实践者更容易发现问题,因此在合作研究过程中特别是在研究初期,专业研究人员应帮助中小学教师提高发现问题的能力。合作的初期,可以由专业研究人员直接将问题点出来,请教师思考,有些会得到教师的认可,有些可能教师没有认可,这样可以先研究得到教师认可的问题;以后,专业研究人员可以启发教师去发现问题;当教师有了一定的"问题感"之后,就要鼓励教师自己发现问题。

从根本上来说,一个教师能否扮演好研究者的角色,关键还在于教师能否发现问题。教育研究离不开作为研究者的中小学教师自身对实践的体验、反思与改进,他人所提供的理论、技术上的支持等都要有一个研究者自身的"内化"过程,教育实践的改善及对教育实践的研究是他人无法取代的。

第三节　教师开展研究的实践路径

虽然"教师即研究者"的观念已经被越来越多的人所认可,但围绕着中小学教师如何开展教育研究问题,怎么才算是真正意义上的教育研究,如何通过研究真正改进教师实践等问题一直是实践的难点。

一、行动研究

"行动研究法是实际工作者为研究自己的实践所实行的一种研究方式。"[1]作为教师,在课堂上每天都会碰到很多问题,因此就需要及时地解决这些问题,从而使得课堂得以正常、良性地运转。这种有计划的谋求教育行为改善的研究就是所谓的行动研究。有学者用三句话概括行动研究的特点:为行动的研究,在行动中研究,对行动的研究。这在一定程度上帮助我们理解教育行动研究的特征。

那么,教师应该怎样做行动研究?行动研究的开展需要经历怎样的过程?关于行动研究的过程,勒温曾经用"步子"(step)、"圆环"(circle)、"螺旋循环"(spiral of cycles)等隐喻比较完整地设计了行动研究的一般过程。[2]在此基础上,英国学者凯米斯认为,行动研究是一个螺旋式加深的发展过程,每一个螺旋发展圈又都包括"计划—行动—观察—评价"四个相互联系、相互依赖的基本环节。其中,"评价"是对行动效果的思考,并在此基础上计划下一步的行动。因此既是第一个螺旋圈的终结,又是过渡到另一个螺旋圈的中介。具体如图12-1所示[3]:

①　凯米斯:《行动研究法·上》,《教育科学研究》,1994年第4期。
②　刘良华著:《校本行动研究》,四川教育出版社2002年版,第164页。
③　施良方主编:《中学教育学》,福建教育出版社1996年版,第505页。

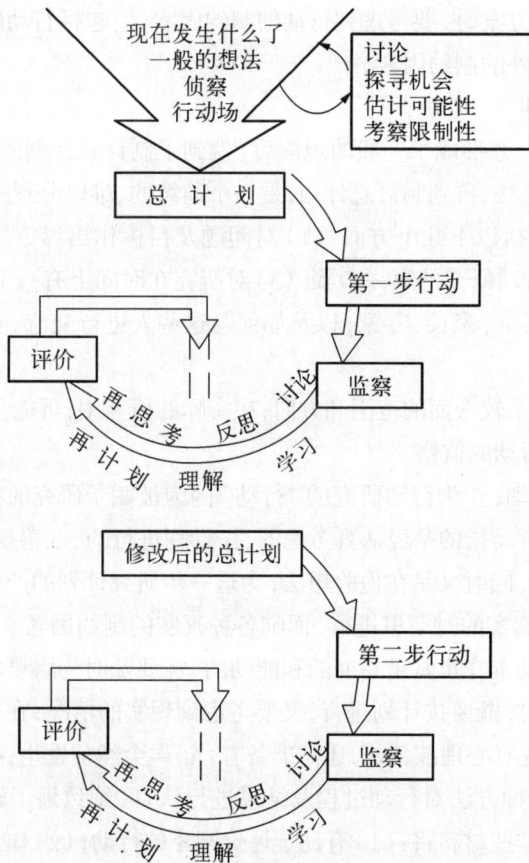

图12-1　行动研究的螺旋式过程

具体而言,行动研究大致经历如下的过程。

(一) 对问题进行确认

和一般的理论研究通过阅读文献来提出研究问题不同,行动研究要研究的问题来源于实践,是教师在教育教学过程中遇到的难题,迫切需要解决的问题,或是引起教师兴趣的问题,其目的是获取适用于特定情境的知识。因此,开展行动研究,需要教师对教育教学过程中遇到的问题进行分析,确认值得研究的问题。

一般而言,确认值得研究的问题,需要考虑这样几个方面的内容。首先,要确认在以往的教育教学过程中,遇到了哪些棘手的问题。这些棘手的问题,可能就是行动研究的课题。接下来,要思考这些棘手的问题是暂时的还是经常出现的,是否会对对继续开展教育教学活动造成障碍。这一思考过程是对研究问题重要性和价值的确认。在行动研究的过程中,一般都会选择那些经常出现的、对教育教学活动的开展有重要影响的棘手问题。

(二) 形成一般的想法

问题确定以后,就需要形成一般的想法,从而大致确定研究的大致思路。一般的想法大致包括这样几个方面:(1)打算解决哪些问题? 面对几个棘手的问题,有时候可以有所侧重,从中选择某个重要的问题予以解决。(2)怎么解决这个问题? 这需要研究者有一个初略的想法,主要涉及到研究的假设。(3)行动的设想是什么,能否设计几个值得尝试的行动方案？在设计行动方案时，要考虑到行动的制约因素，它包括行动研究者主体自身的制约因素及行动环境内外的制约因素。

（三）制订总计划

确定了研究问题，并形成了一般的想法后，就到了制订总计划的阶段。事实上，问题的确认，形成一般的想法，再到制订总计划，是一个连续的、难以分割的整体。

总计划的叙述包括以下几个方面：（1）对问题及目标作出界定。目标要可见、可行，从小做起。（2）制订行动研究的第一步骤。（3）对研究在时间上有一个大致的安排。（4）对涉及的人，如校长、同事、家长、专家，以及如何与这些人进行交流、获得反馈的途径作些安排。[1]

总计划仅提供一个较全面的范围和方向，在实际的研究中，可能会有很大的变数。

（四）行动及对行动的监察

相较于一般的行动，作为行动研究的"行动"因为被赋予研究的特征而具有独特的内涵。在行动研究中，行动指的是经认真考虑的、按计划进行的、改善现状的实践。易言之，行动既是在贯彻想法，同时又是在检验想法，为进一步研究计划的产生提供基础。尤为需要强调的是，行动在真实的时空里进行，面临各种真实的制约因素。因此，像行动计划必须灵活机动一样，行动本身也常是易变的和能动的，需要随时为将要做什么作出判断。也就是说，教师在行动时，既要按计划进行，又要考虑到现实的情况，在行动中修改计划。除了对想法、计划的改变有心理准备外，还需准备着：错误会经常发生，问题会不断出现。

监察是要运用各种方法对行动过程及结果进行认真、细致地了解和把握。监察能提供真实可靠的材料，这些材料将：（1）有助于评价刚才的行动；（2）作为计划下一步行动的基础；（3）作为修改总计划的基础。[2]在对行动进行监察时，需要用到这样一些方法与技术：观察、交谈、学生的个人资料与教师日记等。

（五）对行动的反思、评价与蕴酿新的计划与行动

这一阶段主要是对问题确定、总计划与研究行动加以反思。行动研究强调反馈和调整，反思在这一阶段起着至关重要的作用。行动研究以实际问题为研究对象，力求使中小学教师在"实践——反思——实践"的过程中，不断总结经验，改进教育教学实践。有研究者甚至指出，"严格意义上的教育行动研究成果，主要看两方面：教师自身实践是否有所改进；教师从这种研究中学到了什么。"[3]因此，对行动的反思和评价主要可从这几个问题入手：（1）行动的结果是否达到了预期的目标？哪些方面有所改进？（2）行动的过程中出现了怎样的意外？如何对待这些意外的？就行动过程中出现的意外，以"小学生品德评语实验研究阶段报告"为例，在反思的阶段，研究者发现，所谓评语的片面性与全面性，原是从整个班级评语倾向中提出来的问题，如有的班级重在学习态度的评价，有的重在行为习惯的评价。而在此项行动的过程中，由于对此项假设的意义不明确，以致引起困惑。[4]

---

① 施良方主编：《中学教育学》，福建教育出版社1996年版，第509—510页。

② 施良方主编：《中学教育学》，福建教育出版社1996年版，第510页。

③ 陈桂生：《漫话教育研究中的"塑料花"》，《上海教育研究》，2001年第4期。

④ 曾令奇：《"小学生品德评语"试验研究杰顿报告》，载陈桂生等主编：《教育理论的性质与研究取向》，华东师范大学出版社2006年版，第501页。

为进一步解决原来的问题或新问题，需要提出进一步的行动方案，甚至修改总计划。这样，第二轮行动又开始了。研究的进程同样包括上述几个阶段，形成另一个螺旋圈。

二、案例研究

由于中小学教师每天接触最多的就是现象、事实，将教师身边的事转化为案例，对案例进行研究，是教师最容易接受的一种研究方法。案例研究主要包括四个阶段：案例描述—案例分析—案例归类—新案例创设。

（一）案例描述

案例研究所涉及的案例与案例教学所涉及的案例意义有所不同。案例教学是教师常使用的一种教学方法。在案例教学中，案例主要用于使学生"理解并掌握某一理论的原理及基本概念；了解实践中相关的典型事例；领会某些伦理观念及道德问题；掌握某些教学及管理策略，达成思维的某些技能和习惯；扩大学生的想象力和视野"。[①]因此，在案例教学中，对如何撰写案例有比较严格的规定。[②]对教师而言，为案例教学之用所写的案例并不一定是自己亲历的事情，可以是日常教育实践中所听到的、看到的、发生在其他老师身上的事情；不一定是一件事，有时可以是几件事情的综合。这类案例既可以完全忠实或还原于生活，也可以来源于生活又高于生活。

但在教师所开展的案例研究中，案例是为进一步研究提供素材的。在日常教育实践中，教师每天都会遇到一些具体的、细小的问题，有些早已习以为常了，研究的第一步是让教师们用其熟悉的语言把自己在教育教学中遇到的问题、感到困难或困惑的事件"叙述"出来，形成"故事"。加拿大学者康内利（M. Connelly）和柯兰迪宁（J. Clandinin）曾提出一种教师研究的"自我叙述法"，他们认为，每个教师都因自己的生活经历而形成了特定的"个人哲学"，这种"个人哲学"直接影响到教师对教育、学生、师生关系等的理解，并基于这种理解做出教育行为。一个教师要想改进自己的实践，首先必须先认识自己，特别是认识自己的"个人哲学"以及它对教育行动的影响，然后才谈得上改进与提高自己。[③]因此，对教师而言，撰写案例其实是了解"我是谁"、"我从哪里来"的基础。

案例描述包括四个最基本的要求：

第一，自己亲身经历的事件。教师日常工作所涉及的事情有很多，没有必要将自己遇到的事情都转化为案例。所撰写的案例应当指向问题，即在日常教育教学中遇到的问题。强调要指出问题，是因为对教师来说，教育研究的过程，实际是不断发现实践中存在的问题，提出解决问题的设想与计划，在实践中实施设想与方法，并最终解决问题的过程。这既是一个开展研究的过程，更是一个行为改善的过程。

第二，事件经过要翔实。完整的事件有利于更好地对案例进行分析，特别是对行动

① 郑金洲编著：《案例教学指南》，华东师范大学出版社2000年版，第17页。
② 参见郑金洲：《认识案例》，《上海教育研究》，2001年第2期；郑金洲编著：《案例教学指南》，华东师范大学出版社2000年版。
③ 卞松泉、胡惠闵：《"学会关心学生"研究》，上海科技教育出版社1999年版，第5页。

过程进行"诊断"。在实践中,有些教师往往三言两语就把一件事情"概括"、"抽象"了,缺少对事件发生、发展、结果的描述,使人无法了解事件的全貌,当然也就很难对事件进行"诊断"了。案例应当尽可能翔实地呈现事件的发生、发展过程,有问题及对问题的处理过程。

第三,反映事件发生过程中自己的原始想法。作为事件的亲历者,教师对事情及引申的问题会有一些自己的想法,但因为这样或那样的原因,在叙述过程中,有时会有意无意"掩饰"或"修饰"一些自己的原始想法,特别是自己认为不正确的想法,这样无形中掩盖了事件的"真相"。

第四,用事实具体表达教育效果。对要做研究的教师来说,学会用事实表达教育效果是非常重要的。有时,在描述自己所采取的教育行动的效果时,有些教师常会说:"在我的耐心教育下这位学生有了很大的进步";"在学校、老师与家长的共同努力下,这位学生终于转变了";"通过这件事情我收获很大",等等。这些话用于表达教育效果时,其实是非常抽象、空洞的,他人从中所能获得的事实信息很少。

(二)案例分析

在案例撰写完成之后,研究进入到了"案例分析"阶段。在整个研究过程中,案例分析是最重要的环节。在案例分析中,要对案例中所表现出的教育思想、教育行动和教育效果进行分析;要深化对研究主题的认识,完成研究成果的表述;要形成自我反思的意识和群体研讨的氛围。简言之,通过案例分析,教师要学会诊断行动、反思行动、改进行动。案例分析包括以下主要活动内容:

以撰写案例的教师为主,成立合作研究小组。与一般行政组织不同的是,这一组织所应遵循的基本原则是:(1)自愿;(2)自主地研究;(3)相互交流,开放式研讨;(4)尊重同伴的研究成果。研讨应定期进行,这样便于形成研讨与反思的习惯。

实行中心发言和互相诊断制。学校中通常交流所采用的方式是,教师轮流发言,然后由主持者、有经验的教师或相关专家作些点评。这样的交流更像是个会议。案例研讨虽然表面上看起来是开会,但又不完全是开会,它更多借鉴了了医学上诊断与治疗的形式。每次研讨由若干教师作中心发言,其他教师进行"问题诊断"并提供"改进建议"。研讨的方式与流程是:(1)由一位或几位教师作中心发言,向小组内其他教师"叙说"自己在教育教学过程中遇到的问题(即案例描述所呈现的问题)。(2)其他教师进行讨论与诊断,发表自己的看法,给中心发言者提供行动建议。可供讨论的问题有:我是否遇到过相类似的问题?我以前是如何解决这一问题的?如果今天这一问题发生在我身上,我打算如何解决?中心发言者在其他教师的帮助下,形成解决问题的行动方案。(3)第三,中心发言者根据其他教师的建议和自己的思考,制订行动方案,并在行动中加以落实,同时,应对行动过程及结果作必要的"实况"记录。(4)第四,行动方案实施并有了初步的结果之后,中心发言者回到合作研究小组再次作中心发言,叙说自己所制订的行动方案、如何落实方案及行动结果状况。比如,有没有按行动方案实施?如果没有按行动方案实施,原因是什么?有没有收到预期的效果,效果的程度如何?有没有比预期的效果更糟,原因是什么?有没有遇到新的问题?其他教师对中心发言者再次进行"诊断",并提供进一步"改进建议"。(5)中心发言者在实践中再次制订或修正自己的方案,按新的行动方案实施,并对行动过程及结果"实况"记录。概括地说,这是一个"带着问题来,带着方案走;带着行动的结果来,带着新的方案走;带着更新的行动结果来……"的过程,这一过程不断周而复始,直到解决问题、改进实践为止。

尝试"将研究与工作合而为一"。"在工作中研究、在研究中工作"是教育行动研究追求的方向。但有些教师觉得"工作"与"研究"是两回事,要把两者结合起来,将研究渗透到工作中去时,他们会感到不习惯或有困难。因此,有待加强的意识与做法有:第一,通过教育行动研究解决实践中的问题。教师更习惯于开展教育行动。当他发现实践中的问题之后,通常会采取相应的行动对策,即使不从事研究,也会力争解决问题,可以说,教师每天都可能在开展"教育行动",但一旦"进入"了研究状态,就要考虑如何通过研究的方式来解决问题,即"教育行动研究"。教育行动研究致力于解决教师的实践问题,改进教师的实践行为,但解决实践问题、教师实践行为的改进却未必都是教育行动研究。第二,在研究过程中,力图将案例研究过程、教师实践过程与成果呈现方式(过程)结合在一起。案例分析之初,有些教师的思维很容易受案例本身所呈现的一个个具体的现象(问题)及相关因素的影响,有时会出现"脚踩西瓜皮——滑到哪里是哪里"的情况,如何聚焦问题,并将研究、工作、成果呈现结合起来,是关注的重点。下表所呈现的是教育案例的分析思路[①]:

表12-1　案例分析思路

案例报告呈现类型	实践与研究过程
报告程式一	1. 现象 2. 原因 3. 对策 4. 结果与反思
报告程式二	1. 现象与观察 2. 诊断与分析 3. 措施与效果

表12-1所呈现的"案例分析思路",试图将实践过程、研究过程及案例报告框架三者合一。对教师来说,依照此思路开展实践过程与案例分析过程,同时也据此形成报告框架并最终完成案例研究报告。

(三)案例归类

案例归类是指根据案例所表现的主题,将教师们所呈现的案例进行归类,形成一个个不同的研究主题。如果说在这之前,更多感受到的是一个个具体的案例,那么案例归类之后,就会对课题研究的轮廓有一个总体把握,了解构成课题的各个不同的研究主题,从"树木"看到了"森林"。

---

① 陈桂生主编:《到中小学去研究教育》,华东师范大学出版社2000年版,第32页。

（四）新案例创设

"案例描述"与"新案例创设"从表面上看起来好像都是撰写案例，但所表达的意义却迥然不同：（1）"案例描述"阶段教师是对已经发生的教育行动进行回顾或反思之后撰写的案例，所反映的都是"过去"发生的行动，是一种"追溯式"的描述。过去的教育行动虽然与研究课题相关，但教育行动发生时并没有明确的研究主题，只是事后当教师"进入"研究状态时，才发现这些事件可能与研究主题相关。而以改善教师实践为主旨的行动研究，是一种指向未来行动改进的研究，"创设新案例"正体现了这一思想。（2）在未"进入"研究之前，教师依据经验、直觉，针对问题采取相应的行动对策。问题发生是偶然的，因而对策也是不确定的。但开展"创设新案例"环节之后，教师围绕相关研究主题，根据研究假设，主动"设计"行动情境，有意识地进行一些改进试验。

为实现实践过程、研究过程及案例报告框架三者合一，"创设新案例"这一研究环节所呈现的分析思路可以是：（1）设想与设计；（2）方案的实施与效果；（3）问题的再思考；（4）进一步的设想与设计；（5）新方案的实施及其效果；（6）反思与讨论[②]。以上分析思路强化了一个明显的"再改进"过程。

案例 12-1

　　教师的"教例研究"类似医师的"病例研究"、律师的"案例研究"、军事学上的"战例研究"。正如医师通过病例研究提供医疗服务，从事医学研究，扬名中心小学的教师通过教例研究，一面从事教育工作，一面从事教育研究，并把工作与研究有机地结合起来。

　　他们首先把工作中发现的问题以及处理问题的全过程写成"教例"；进而围绕教例展开集体研讨和分析，在此基础上形成"教例研究报告"；最后，通过对特殊教例的分析取得新的发现，或者，通过对同类教例的研究，概括出具有一般性的结论。

　　最初，大家以为，学生只要有爱心和同情心，乐于助人，就学会了关心。一些教例研究报告却显示，学会关心还需要更多的品质，如善解人意，敏锐地感受和觉察到别人的情感、利益和需要，设身处地为人着想。于是，教师们对"学会关心"的目标逐渐变得清晰起来。

　　这些品质如何培养？学校从大量的教研究报告中总结出诸多教育策略：（1）以师爱启发学生的爱心。教师光靠耐心的说教，培养不了学生的爱心。培养学生的爱心的上佳办法是，教师自己热爱学生，关心学生，以此感染学生，启发学生。教师通过学习关心学生，来引导学生学会关心。（2）设置和利用人际和社会情境问题，唤起学生的人际意识和社会意识，培养学生对他人心情和处境的敏感性。（3）在角色扮演中教会学生设身处地。（4）在学校和课堂中营造相互关心、相互体谅的生活气氛。（5）引导学生在助人中学会关心。

---

① 卞松泉、胡惠闵《学会关心学生研究》，上海科技教育出版社1999年版。
② 陈桂生主编：《到中小学去研究教育》，华东师范大学出版社2000年版，第32页。

三、问题研究

案例研究针对某一个具体的、特定的事件，其研究结论只适用于案例本身，并不具有普适性；"问题研讨"试图把"各案例的研究上升到一般教育问题的讨论"[①]，从自我叙述的主观式研究上升到具有一定普遍意义的客观式研究，从而更好地理解案例背后更为深远的教育意义与目的，提高教师理性思考水平。

问题研究顾名思义就是一种旨在发现问题与解决问题的研究。这类研究其基本程序是：[②]（1）问题的发现和界定。教师每天都可能遇到疑难问题，这些问题就是教育的研究对象或课题。教师发现问题之后，需要对问题范围和性质加以界定。这项工作往往与问题的成因分析交织在一起。（2）问题的成因或症结，即通过调查、咨询或文献研究查明问题产生的原因。（3）问题的解决，包括提出解决问题的设想和方案，方案的实施，收集系统的证据说明教育措施的具体效果。为了说明研究效果，"收集证据至少有两种方法，一种是自然状态上收集原始资料，即利用身边已有的素材（如评语、记录），二是在人为状态下收集资料（如设置情景、观察反应和作文）"[③]。（4）反思与讨论。自我反思，与同事讨论，吸纳他人的意见。

在问题研究过程中通常也伴随着集体研讨。具体做法是：

第一，教师围绕"个案归类"所提炼的专题查阅相关文献资料，撰写发言提纲。为使准备更有针对性，将思考过程与问题研究报告框架有效结合起来，可设计一个"问题研讨思路"：

1. 问题及对问题的分析

（1）围绕某个专题遇到的问题有哪些？

（2）产生这些问题的原因有哪些，可能造成的不良后果有哪些？

2. 行动对策

（1）行动对策之一

（2）行动对策之二

（3）行动对策之三

……

3. 问题与反思

（1）行动的效果如何？哪些方面达到了预期的效果？

（2）还有没有不令人满意的地方？何以如此？

（3）有没有引出新的问题？如果有，是什么？为什么会产生这些新问题？

（4）反思这些行动对策，有没有形成对这些问题的新看法，有没有其他方面的收获等等。

如果说案例研究着重于"我"是怎么想的，"我"是怎么做的，反映的是研究者的亲身经历的话，问题研究所反映的并不一定都是自己的想法或行动对策，也可以是周围教师对

---

① 陈桂生主编：《到中小学去研究教育》，华东师范大学出版社2000年版，第35页。
② 陈桂生主编：《到中小学去研究教育》，华东师范大学出版社2003年版，第11页。
③ 陈桂生主编：《到中小学去研究教育》，华东师范大学出版社2003年版，第308—309页。

这些问题的看法和采取的做法,或是从文献资料中所收集的相关研究成果,即"我们"是怎么想的、怎么做的,"他们"是怎么想的、怎么做的,然后作一分析归纳。

第二,根据所确定的一系列专题与框架,可举行专门的研讨活动。这类研讨活动,除了课题组成员之外,也可邀请校内外其他相关人员的参与。

第三,教师根据自身的研究实践、研讨中的收获,以上述的"问题研究"程序为线索,完成问题研究报告,以期达到理解自我、理解这些案例背后更为深远的教育意义的目的,并提高教师理性思考水平。

此时,完成了从自我叙述为标志的主观式(案例)研究到具有一定普遍意义上的客观式(问题)研究的整个过程。

这类问题研究具有以下三个特点:[①](1)教师"在教育中"研究教育。就是说,他们在工作中发现问题,研究问题,解决问题,不脱离自己的教育工作另搞一套。(2)教师"通过教育"研究教育。就是说,他们通过教育工作来检验自己对教育问题的看法是否正确,检验自己解决问题的设想和办法是否有效,而不是关在书房里苦思冥想,坐而论道,纸上谈兵。(3)教师"为了教育"研究教育。就是说,他们是为了改善自己的教育和教学工作,去研究教育问题的,不是为研究而研究,不是为了建构什么理论体系去研究。尽管他们的研究可能会促进理论进步,但是他们研究的原始动机或出发点却是为了工作,使自己的教育行为更加合理,更加有效。所以,他们不但研究自己成功的教例,而且反思自己不很成功甚至失败的教例;教例研究报告中不但有对教例的反思,而且提出改善行为的进一步设想;不但有自己的反思,还充分吸纳同事的意见和建议。

本章小结

教师成为研究者的源头可以追溯到20世纪初期。这一观点的代表人物斯腾豪斯在实践层面改变了以往教师等待研究者提供新成果或纯粹依赖习惯和经验的状况,直接把教师视为研究者,使教师将教学与研究结合起来。教育行动研究将研究的内涵和外延大大拓展,从而为"教师成为研究者"奠定了理论的基石,并在世界范围内产生了积极的影响。

从教师即研究者的视角,教师应当是学校教育研究的主体,教师研究的内容应当是自身在教育教学实践中遇到的各种问题,而开展研究的目的就是为了改善自身实践。

教师成为研究者的实践路径有行动研究、案例研究、问题研究等多种。这些路径的共同之处是以教师为研究主体、指向教师实践中的问题、旨在改进教师实践。

关键术语

教师成为研究者　　教育行动研究　　案例研究　　问题研究

---

① 陈桂生主编:《到中小学去研究教育》,华东师范大学出版社2003年版,第12页。

思考与讨论

1. 想一想、做一做：

请说明行动研究对教师成为研究者思想的影响。

2. 想一想、做一做：

你认为中小学教师的教育研究与理论工作者的教育研究有区别吗？如果认为没有，请说明理由；如果认为有，请说明区别在哪。

3. 想一想、做一做：

请分别收集一个案例研究、问题研究、行动研究的实践例子，运用相关理论对这三个例子进行评述。

进一步阅读的文献

1. 宁虹著：《教师成为研究者：国际运动、理论、路径与实践》，首都师范大学出版社2002年版。

2. 陈桂生主编：《到中小学去研究教育——"教育行动研究"的尝试（修订版）》，华东师范大学出版社2003年版。

3. 刘良华著：《校本行动研究》，四川教育出版社2002年版。

4. 陈惠邦著：《教育行动研究》，台北师大书苑有限公司1998年版。

5. 施良方主编：《中学教育学》，福建教育出版社1996年版。